SEMIPRESIDENCIALISMO

TEORIA GERAL E SISTEMA PORTUGUÊS

SEMIPRESIDENCIALISMO

TEORIA GERAL E SISTEMA PORTUGUÊS

2021 • 3ª Edição

Jorge Reis Novais

ALMEDINA

SEMIPRESIDENCIALISMO
TEORIA GERAL E SISTEMA PORTUGUÊS

AUTOR
Jorge Reis Novais

EDITOR
EDIÇÕES ALMEDINA, S.A.
Rua Fernandes Tomás, nºs 76-80
3000-167 Coimbra
Tel.: 239 851 904 · Fax: 239 851 901
www.almedina.net · editora@almedina.net

DESIGN DE CAPA
FBA.

PRÉ-IMPRESSÃO
EDIÇÕES ALMEDINA, SA

IMPRESSÃO E ACABAMENTO
ACD Print, S.A.

outubro, 2021

DEPÓSITO LEGAL
489319/21

ALMEDINA | GRUPOALMEDINA

BIBLIOTECA NACIONAL DE PORTUGAL – CATALOGAÇÃO NA PUBLICAÇÃO

NOVAIS, Jorge Reis

Semipresidemcialismo : teoria geral e sistema
português. – 3ª ed. – (Manuais universitários)
ISBN 978-972-40-9781-7

CDU 342

ÍNDICE

Introdução

O objecto deste trabalho é o semipresidencialismo, em geral, e o semipresidencialismo português, em especial, e, daí, a divisão em duas partes em que se faz o estudo desenvolvido de cada um desses temas. Na primeira parte, apresentamos uma teoria geral do semipresidencialismo enquanto sistema de governo próprio e autónomo dentro dos sistemas de democracia representativa. Na segunda parte, dedicamo-nos ao *semipresidencialismo português*, identificando as razões que permitem proceder à qualificação do nosso sistema nesses termos e tratando desenvolvidamente o seu surgimento, evolução, caracterização e eventuais necessidades de reforma.

Qualquer dos temas reveste alguma complexidade e tem sido objecto de controvérsia, apesar de, em grande parte dos casos, uma e outra se deverem ou, no mínimo, serem agravadas pela persistência de equívocos conceptuais que, em boa medida, derivam da oscilação ou mesmo confusão terminológica que domina o tratamento doutrinário destas questões.

Assim, começamos por precisar os pressupostos conceptuais e terminológicos em que nos baseamos, para que a elaboração que se segue não seja inutilmente contaminada por razões meramente formais.

Sem pretensões de originalidade e, sobretudo, sem pretender que a tipologia apresentada constitua a única possibilidade de enquadramento conceptual, partimos de uma primeira distinção entre regime político e sistema de governo.

Quando falamos em **regime político**, referimo-nos às diferentes modalidades de exercício do poder político no Estado contemporâneo, considerando o relacionamento institucional entre governantes e governados e tendo especialmente em conta a titularidade e o exercício efectivo do poder constituinte, a existência e peso das instituições representativas e a natureza, graus e formas de participação dos governados no exercício do poder. Essencialmente, teremos hoje como principais regimes políticos, sintetizando, as democracias representativas, os regimes ditatoriais e os regimes de transição.

Por sua vez, directamente relacionado com o objecto específico deste trabalho, importa-nos o **sistema de governo**, que é o nosso tema e que se refere, já não às relações entre os cidadãos e o Poder, entre governantes e governados, mas apenas às diferentes modalidades de relacionamento institucional entre os vários órgãos de exercício do poder político. É neste domínio que se fala em sistema parlamentar, em sistema presidencial e, o nosso tema, em semipresidencialismo.

Poderíamos considerar, ainda, outras formas políticas. É o caso da **forma de Estado**, enquanto forma política referente à diferenciação da estrutura vertical interna do ordenamento jurídico-constitucional e do poder político que regem determinada colectividade, em função da origem do poder constituinte e da divisão vertical (territorial) de poderes (Estado unitário, Estado federal, Estado regional, Estado unitário com regiões autónomas).

A **forma de governo**, por sua vez, restringe-se unicamente a um aspecto particular, o da consideração do tempo e modo de sucessão na chefia do Estado, enquanto suprema magistratura de um dado sistema político, distinguindo-se a monarquia e a república em função do carácter vitalício ou temporário do exercício do cargo e, em regra, em função da via, hereditária ou não hereditária, de sucessão.

Por último, recorremos à forma **sistema político** para abranger, integradora e unificadamente, as restantes formas políticas e tendo em conta todos os factores (jurídicos, institucionais, políticos, culturais) que relevam na vida política de uma comunidade, considerando, aí, para além das já referidas, outras formas hoje tão decisivamente importantes nas nossas democracias como sejam os sistemas eleitorais e os sistemas partidários.

Sendo esta, simplificadamente, a tipologia que propomos[1] e que aqui utilizaremos, há, porém, como dissemos, que ter a consciência que esta

[1] Para o estudo desenvolvido das diferentes formas políticas, cf. J. Reis Novais, *Teoria das Formas Políticas e dos Sistemas de Governo*, 2ª ed., Lisboa, 2019.

classificação é, em princípio, tão boa como qualquer outra e que, por exemplo, o que aqui designamos, e habitualmente se designa, em Portugal, por sistema de governo pode ser designado, por outros autores ou noutros países, como forma de governo ou, no que é até mais habitual, por regime político. Mas essa é uma discussão menor, que não merece mais que um minuto de atenção; o que é necessário é ter consciência da irrelevância das designações e, conhecendo já o código que vamos utilizar, portanto, sabendo do que falamos quando aludimos a sistema de governo, a forma de governo ou a regime político, poder passar, assim, a discutir as questões de fundo.

E, quanto a estas, a primeira nota a ter em conta é a de que só consideramos os sistemas de governo de democracia representativa. Por uma razão simples: em ditadura o relacionamento entre os diferentes órgãos é tão só aquele que a cada momento for ditado pelo... ditador. Só em democracia representativa faz sentido o estudo da forma política *sistema de governo*.

Relacionada com esta, a segunda nota a ter em conta é a de que, na história das democracias representativas, durante muito tempo o semipresidencialismo não existiu como tema; os sistemas de governo das democracias representativas eram, simplesmente, na América o presidencialismo e, na Europa, o sistema parlamentar. E tão claras eram as diferenças entre um e outro que, praticamente, não havia necessidade de proceder a um estudo aprofundado da forma política *sistema de governo*.

Com efeito, o sistema parlamentar caracterizava-se pela existência de dois centros de poder, o Parlamento e o Governo, sendo o Governo politicamente responsável perante o Parlamento. As únicas eleições eram as eleições parlamentares, em função do resultado dessas eleições constituía-se o Governo e, a seguir, ao longo da legislatura, o Governo respondia perante o Parlamento, podendo, naturalmente, ser destituído por ele. A figura do chefe de Estado, fosse um monarca ou um Presidente da República, era meramente representativa, sem legitimidade e capacidade efectiva para exercer poderes políticos.

Por sua vez, no presidencialismo americano, os dois centros de poder eram o Presidente e o Congresso (parlamento). Os dois órgãos eram eleitos pelo Povo, e, respeitando essa legitimidade democrática, nem o Parlamento podia destituir o Executivo (formado pelo Presidente) nem o Presidente podia dissolver o Congresso.

Precisamente, o tema do semipresidencialismo surgiu quando se começou a perceber que, na Europa, para além dos dois pólos clássicos de exercício do poder político — Parlamento e Governo — alguns Presidentes passaram também a ser eleitos e, de alguma forma, podiam exercer e, por vezes, exerciam poderes políticos significativos, ao mesmo tempo que se mantinha a estrutura clássica da responsabilidade política dos Governos perante os Parlamentos. Tratar-se-ia simplesmente de uma variante episódica de um dos sistemas de governo clássicos — sistema presidencial ou sistema parlamentar — ou tratar-se-ia de um terceiro género dentro dos sistemas de governo da democracia representativa?

Esse é o tema objecto deste estudo, tão mais importante para nós quanto Portugal, desde 1976, é uma das muitas democracias representativas que adoptaram esta forma de relacionamento entre os órgãos que exercem o poder político.

PARTE I
TEORIA GERAL DO SEMIPRESIDENCIALISMO

Capítulo I
O Semipresidencialismo: Um Novo Sistema de Governo?

1. As origens políticas do semipresidencialismo

a) A ideia de reconhecimento do semipresidencialismo enquanto novo sistema de governo, autónomo e de relevância equiparável à dos dois sistemas clássicos, o parlamentar e o presidencial, é, na história das formas políticas, relativamente recente. Mais precisamente, data de 1970, quando o Autor responsável por essa ideia, MAURICE DUVERGER, considera que a França da V República, mas só após a reforma constitucional de 1962, passou a viver sob um tal sistema, na medida em que aquilo que era já uma prática política desenvolvida, desde 1958, sob a égide do Presidente da República, o General De Gaulle, encontrara então, com a adopção da eleição presidencial directa, em 1962, a correspondente e plena consagração jurídico-constitucional.

Mais, para DUVERGER este *novo* sistema de governo francês não seria uma novidade absoluta ou uma experiência única e isolada, uma vez que se podia inscrever na linha das tentativas de transformação e de superação, algumas delas com o correspondente apoio constitucional, que o sistema de governo parlamentar vinha experimentando nas décadas anteriores.

b) De facto, com o objectivo de superação dos defeitos estruturais do parlamentarismo *de assembleia*, de *tipo francês* ou *continental*, ou seja, o sistema parlamentar tal como se praticava em França[2], surgiram, designadamente nos períodos de reconstrução que se seguiram às I e II Guerras, diferentes tentativas de *regeneração* ou de *racionalização* do sistema de governo. O meio encontrado para realizar essa ideia-mestra foi sempre o de *enxertar* no sistema parlamentar mecanismos de ordem jurídico-constitucional susceptíveis de induzir maior estabilidade e governabilidade no exercício do poder nas democracias representativas, procurando-se, através do reforço ou da protecção da posição relativa do governo, alcançar um funcionamento institucional mais equilibrado entre os poderes das assembleias parlamentares e os do executivo[3].

No entanto, estes mecanismos e institutos de racionalização podem assumir uma natureza muito diferenciada e, sobretudo, inscrever-se em linhas de justificação substancialmente distintas. Assim, podemos manter-nos estritamente no quadro parlamentar, introduzindo apenas mecanismos de racionalização no relacionamento entre os dois órgãos clássicos de exercício do poder —Governo e Parlamento—, mas também podemos situar-nos num projecto de transformação mais abrangente e ambicioso que procura introduzir modificações na própria estruturação e natureza dos diferentes poderes, essencialmente através da revalorização do órgão chefe do Estado[4].

A primeira estratégia é a que se corporizou na Constituição alemã desde 1949 ou na Constituição espanhola de 1978, com a consagração constitucional dos mecanismos típicos do sistema parlamentar *racionalizado* (moção de censura construtiva, mecanismos eleitorais que previ-

[2] Em termos históricos, a experiência parlamentar das III e IV Repúblicas francesas dos séculos XIX e XX (respectivamente, de 1870 a 1940 e de 1946 até 1958) é normalmente indicada como contraponto *continental* ao parlamentarismo de gabinete ou maioritário britânico e os *males* dessa experiência parlamentar francesa imputados à instabilidade gerada por um excessivo poder das assembleias parlamentares, de algum modo associado à história constitucional francesa e à sua tendência de oscilação e de compensação cíclicas entre períodos de poder ilimitado e disfuncional das assembleias convencionais e parlamentares a que se seguem períodos de poder autoritário individual.

[3] Cf. Oreste Massari, "I sistemi semipresidenziali: differenze e analogie in prospettiva comparata" *in Semipresidenzialismo*, Bologna, 1996, págs. 10 e segs; Pasquino, "Duetti e duelli: l'adattabilità dei semipresidenzialismi" *in Semipresidenzialismo*, Bologna, 1996, págs. 100 e seg.

[4] Assim, K. Loewenstein, *Teoria de la Constitución*, trad., Barcelona, 1986, pág. 112 e seg; Gonçalves Pereira, *O Semipresidencialismo em Portugal*, Lisboa, 1984, págs. 48 e segs.

nam a pulverização partidária dos parlamentos, viabilização da sobrevivência de governos minoritários). O objectivo visado é, em última análise, o de prosseguir a governabilidade e a estabilidade política, numa tentativa de escapar ou de prevenir a possibilidade de ocorrência das práticas dissolventes oriundas das assembleias parlamentares que haviam marcado a história do parlamentarismo continental com bloqueios tendencialmente paralisantes e instabilidade governativa continuada.

Porém, é a segunda orientação estratégica, a de revalorização do órgão chefe de Estado, que acaba por se revelar da maior importância na história da evolução dos sistemas de governo na Europa do século XX, com a adopção desse procedimento que pode, hoje, ser considerado a inovação mais marcante e impressivamente duradoura neste domínio —a eleição popular do Presidente da República—, na medida em que vem superar a dicotomia até então tradicional: Presidentes eleitos na América, chefes de Estado não eleitos e meramente representativos na Europa.

Através da eleição do Presidente recuperava-se, de algum modo, na Europa do século XX, a tradição dualista das monarquias constitucionais do século XIX, designadamente da chamada *monarquia orleanista*, agora adaptada às circunstâncias da forma republicana de governo e colhendo, também, a inspiração democrática que vinha do outro lado do Atlântico. Com a *sagração* do chefe de Estado através da eleição popular, o Presidente da República adquiria a legitimidade democrática que lhe permitia exercer poderes directamente executivos ou, pelo menos, de responsabilização política do executivo, ao mesmo tempo que se acautelavam, com a criação de um novo pólo de poder democrático que acrescia ao Parlamento e ao Governo, os perigos dos monismos tendencialmente concentracionários, fossem eles de assembleia ou de gabinete.

c) Este processo verificou-se em várias experiências constitucionais, como na Constituição alemã de Weimar em 1919, na Constituição finlandesa de 1919 e na Constituição austríaca de 1929; assomou de alguma forma, mas mais timidamente, na Constituição espanhola de 1931[5], e

[5] Assim, Juan Linz, "Presidential or parliamentary democracy: does it make a difference?" *in* J. Linz/ A. Valenzuela (orgs.), *The failure of Presidential Democracy: Comparative Perspective*, Baltimore, 1994, págs. 56 e seg.

encontrou, depois, largo e decisivo acolhimento nas sucessivas *vagas* de democratização dos anos cinquenta, setenta e noventa do século XX[6].

Em todo o caso, quando comparada com as outras estratégias de *racionalização* do sistema parlamentar, a eleição directa e universal do Presidente da República era politicamente muito mais controversa e, em certa medida, despertava os velhos *fantasmas* de disputa política que separavam, a propósito, a esquerda e a direita europeias.

Do ponto de vista filosófico, de teoria política, de tradição cultural e mesmo de experiência política, a esquerda era tradicionalmente contrária a qualquer hipótese, mesmo que potencial, de reforço de poderes personalizados na chefia do Estado, tendendo, quase que instintivamente, para uma sensibilidade pró-assembleias representativas. Nesse sentido, a má memória da experiência da II República francesa, de 1848, que ensaiara, na Europa, o modelo de eleição directa de um Presidente da República que, rapidamente, se metamorfoseou em *imperador*, constituía como que o *contra-modelo* inspirador daquela sensibilidade.

Ao contrário, a aversão histórica da direita europeia à concentração de poder nas assembleias convencionais, depois transferida para a diabolização dos alegados *desmandos*, instabilidade e insegurança gerados por um poder excessivo das assembleias parlamentares, tendia, em contraponto, a favorecer quaisquer propostas de reforço do poder personalizado no lado do executivo.

Assim, sistematicamente, a adopção da eleição directa e universal dos Presidentes da República foi, na Europa, sugerida, animada e proposta sob incentivo dos partidos de direita ou de personalidades conservadoras, enquanto merecia, também por sistema, as reservas ou a oposição dos sectores de esquerda. Foi assim em Weimar em 1919, na Finlândia em 1919[7], na Áustria em 1929 e em França em 1958-62[8].

[6] Veja-se, neste sentido, a impressiva listagem de A. Neto e K. Strøm: em 1950 havia na Europa apenas três Presidentes eleitos; em 2000 já havia vinte ("Breaking the parliamentary chain of delegation: presidents and non-partisan cabinet members in european democracies" *in British Journal of Political Science*, 36, 2006, pág. 622).

[7] Na Finlândia, a oposição entre as duas sensibilidades conduziu à solução de compromisso da eleição presidencial por colégio eleitoral, só muito mais tarde substituída por eleição formalmente directa.

[8] Note-se que esta mesma luta de sensibilidades também se manifestou em Portugal entre 1974 e 1976, não apenas no plano da eleição presidencial, mas também quanto à relação entre executivos e parlamento, tendo, neste último aspecto, conduzido à solução consti-

Curiosamente, e aí residirá uma das razões que explicam o sucesso do semipresidencialismo na Europa, em todos os sistemas em que essa solução foi adoptada de forma duradoura —Finlândia, Áustria, França, Portugal—, a esquerda pôde fazer a prova de que, em democracia representativa, não há nada de politicamente enviesado, de antidemocrático nem de *tendencialmente* conservador no processo e no resultado de uma eleição directa e universal de um Presidente da República.

d) Apesar de muito marcada pela conjuntura nacional da época, a versão originária da Constituição francesa de 1958 integra-se, genericamente, nessa tendência ou esforço de *racionalização* das instituições típicas do sistema parlamentar. Nesse sentido, não seria algo de verdadeiramente novo ou desconhecido no panorama constitucional da segunda metade do século XX. Havia, no entanto, especificidades da situação francesa que potenciavam ou induziam o surgimento de algo que ia para além de uma simples aspiração racionalizadora.

Largos sectores políticos e sociais franceses propugnavam, na época, uma transferência radical da dominância política para o Executivo em detrimento das funções parlamentares, ainda que permanecesse a indefinição sobre quem, no executivo, deveria constituir o novo centro de gravidade do regime. Discutia-se, designadamente, se o centro do poder do Estado deveria ser o Presidente da República, como propunha De Gaulle, sob o lema da centralização, na figura do Presidente, de poderes efectivos de direcção e de arbitragem políticas, ou se deveria ser o Governo liderado pelo Primeiro-Ministro, mas num quadro formal de sistema parlamentar racionalizado, como propunha Michel Debré, tido como o "pai" da Constituição de 1958 e que foi Ministro e Primeiro-Ministro sob a presidência do General de Gaulle[9].

tucional algo contraditória de, por um lado, favorecer a formação e subsistência de governos minoritários, mas, por outro, não lhes garantir condições efectivas de governabilidade. Quanto à questão específica da eleição presidencial, em Portugal, aquela diferença de sensibilidades entre direita e esquerda foi relativizada através da intervenção decisiva de outros factores, como a necessidade de enquadramento institucional da presença dos militares na vida política e a memória positiva da campanha presidencial do General Delgado em 1958, que acabaram por neutralizar a tradicional aversão da esquerda à eleição directa e ao reforço do papel dos Presidentes.

[9] Cf. Rinella, *La Forma di Governo Semi-presidenziale*, Torino, 1997, págs. 98 e segs; Bahro/Bayerlein/Veser, "Duverger's concept: semi-presidential government revisited" *in European Journal of Political Research*, 34, 1998, pág. 212.

Nesse quadro de incerteza, o texto da Constituição de 1958 estabelecia uma espécie de moratória ou de compromisso dilatório entre as diferentes expectativas, mantendo uma base clara e indiscutivelmente parlamentar, mas contendo vários elementos de racionalização e de abertura a uma intervenção presidencial de tipo novo, com inspiração na ideia, proclamada pelo General de Gaulle num célebre *discurso de Bayeux* em 1946, de que o Presidente da República estava destinado a desempenhar um papel autónomo de arbitragem, colocado que deveria estar acima da *melée*, não dependendo dos partidos políticos.

Curiosamente, era essa preocupação com a *independência* do Presidente da República face aos partidos políticos que, aparentemente de forma contraditória, levara o General de Gaulle, no início, a formular reservas à proposta de eleição directa do Presidente da República. De Gaulle temia que uma eleição desse tipo potenciasse uma intervenção e influência excessivas dos partidos. Como o objectivo último era o de conferir ao Presidente da República uma margem de acção subtraída ao domínio das instâncias partidárias, tanto a eleição directa como a nomeação pela assembleia parlamentar eram vistas com desconfiança. Isso justificaria, na versão originária da Constituição, a alternativa da adopção de um sistema de eleição do Presidente por um colégio de notáveis, mas muito mais amplo que o mero círculo partidário parlamentar, ou seja, um colégio de notáveis com dominância política da província, onde a influência partidária seria seguramente mais difusa e politicamente mais conservadora.

A Constituição de 1958 teria, assim, instituído, pelo menos na interpretação mais generalizada, uma espécie de Presidente moderador ao lado de um Primeiro-Ministro que, ele sim, determinaria a política da Nação. Por outro lado, a delimitação constitucional rígida e restritiva de um domínio material próprio para a lei parlamentar, com atribuição generosa de poderes regulamentares independentes ao executivo directamente liderado por um Primeiro-Ministro e a atribuição da presidência do Conselho de Ministros ao Presidente da República, constituíam outras tantas inovações que, de algum modo, expressavam essas mesmas tendências de racionalização do sistema parlamentar.

Porém, a prática do regime viria a forçar os limites desse quadro constitucional, na medida em que o Presidente da República, General De Gaulle, se assumiu progressivamente como centro da vida política francesa, como detentor de um poder, na prática, cada vez mais decisivo e hegemónico. Com efeito, no plano político, as necessidades da conjuntura francesa, a questão argelina, o receio do *putschismo* militar, bem como a própria personalidade e o carisma popular e nacional do principal protagonista da época, o General De Gaulle, estimularam, durante esse período, uma intervenção política do Presidente da República que não se coadunava com o perfil típico de um Presidente de sistema parlamentar.

Justificava-se, então, entre 1958 e 1962[10], colocar a questão de saber se a prática *presidencializante* do regime nesses primeiros anos apenas significava um parêntesis conjuntural na história do sistema de governo francês, parêntesis que seria eventualmente fechado após a solução da questão colonial e a sucessão do General De Gaulle, com o consequente retorno a um funcionamento normal de sistema parlamentar e o *apagamento* da figura presidencial, ou se, ao invés, os elementos dissonantes, relativamente a um quadro parlamentar típico, constantes do texto constitucional de 1958, abriam a oportunidade para algo de verdadeiramente novo na mais recente história constitucional francesa. Mais precisamente, questionava-se se não se estaria a induzir a adopção de um modelo que acabasse por consagrar a transição definitiva do centro de gravidade do Parlamento para o Presidente e para o executivo, como algo que se situasse difusamente entre o *velho* sistema parlamentar e o sistema presidencialista[11] [12].

[10] Cf. DUVERGER, *Bréviaire de la Cohabitation*, Paris, 1986, págs. 22 e segs.

[11] Esse algo novo poderia ser a também cíclica tentação *presidencialista* acarinhada no segundo pós-guerra por alguns, eventualmente o próprio DUVERGER, e que ainda hoje estimula a discussão em torno do tema recorrente da chamada *VI República* (cf. F. ROUVILLOIS, "La VIe République et le mythe du régime présidentiel" *in Revue du Droit Public*, 1/2, 2002, págs. 139 e segs; LE DIVELLEC, "Réflexions sur l' avenir du système de gouvernement de la Ve République" *in Revue du Droit Public*, 1/2, 2002, pág. 220).

[12] Curiosamente, data desta altura, 1959, um artigo publicado no *Le Monde*, pelo seu director Beuve-Méry, que, mais até pelo título que pelo conteúdo —vem reproduzido *in Mélanges Maurice Duverger*, 1987, págs. 533 e segs.—, expressava, de algum modo lapidarmente, as dúvidas ou as incertezas da época. Premonitoriamente, o título do artigo era "*Da ditadura temporária ao regime semipresidencial*" e é tido como constituindo a primeira utilização do termo *semipresidencial* em França. LE DIVELLEC indica, porém, o jurista austríaco René Marcic como tendo sido o primeiro a referir-se, já desde 1957, à "democracia semipresidencial" (cf. "La neutralisation de la Présidence de la République en Autriche" *in Revue Française de Science Politique*, 1996, 46, pág. 936).

e) A primeira hipótese, a da interpretação da conjuntura da época como sendo um *parêntesis presidencializante* num sistema parlamentar racionalizado, era a opinião mais comum[13], tal como era também aquela que as elites políticas do regime, designadamente os sectores da esquerda tradicional intrinsecamente reactivos a quaisquer laivos de autoritarismo personalizado, mais desejavam ver confirmada. Mas, a reforma constitucional de 1962 —que, não por acaso, mas como sempre acontece, é um elemento de natureza jurídica— veio esclarecer definitivamente a dúvida em favor da segunda hipótese, ou seja, o surgimento de algo novo.

Aparentemente, a reforma de 1962 não era mais do que uma simples alteração na forma de eleição do Presidente da República: de eleição indirecta, por um colégio de notáveis, passava-se a uma eleição popular directa, por sufrágio universal. Mas, com a mudança da forma de eleição do Presidente da República, a reforma de 1962 introduz no sistema de governo um elemento qualitativamente novo que alterava substancialmente a lógica do sistema de governo. E alterava-a porque, sendo aparentemente um aspecto procedimental, introduzia, no fundo, um novo princípio de interpretação da Constituição. E de uma nova interpretação, não apenas das normas referentes à eleição do Presidente, mas de toda a parte de organização do poder político, designadamente das normas referentes às competências do Presidente da República e ao seu relacionamento com os outros órgãos.

Pura e simplesmente, através da instituição da eleição presidencial directa, por sufrágio universal e a duas voltas[14], a Constituição confere ao Presidente da República a legitimidade democrática de que ele care-

[13] Era, também, a posição doutrinariamente sustentada por LOEWENSTEIN, mesmo já após a reforma de 1962 (cf. *op. cit.*, págs. 117 e segs, págs. 124 e seg). Para LOEWENSTEIN, sendo certo que o desenvolvimento de uma dinâmica autónoma em favor do reforço do executivo era o *Leitmotiv* da nova Constituição, tal não geraria um novo sistema de governo autónomo, mas antes uma *Constituição com cabeça de Janus*, um parlamentarismo *contido, frenado*, que dificilmente sobreviveria ao seu Criador.

[14] Este procedimento da eleição a duas voltas, aparentemente apenas um pormenor técnico, tem grande significado político na configuração do órgão Presidente da República, já que, necessariamente, com base nesse específico procedimento eleitoral, o Presidente da República acaba por ser eleito pela maioria absoluta dos votantes, o que lhe assegura uma legitimidade democrática indiscutível.

cia para desenvolver, agora com inteiro e indiscutível apoio constitucional, aquilo que o General de Gaulle vinha já praticando como Presidente da República nesse período indefinido de transição. A reforma de 1962 adaptava e conformava o quadro constitucional à prática já vivida do *gaullismo* e, simultaneamente, prevenia e afastava a possibilidade de retorno ao parlamentarismo clássico quando da sucessão do General De Gaulle[15].

Permanecendo praticamente inalterada em toda a sua extensão (só se modificara o artigo referente à forma de eleição do Presidente da República), a Constituição francesa, no entanto, mudara. Como DUVERGER dizia, a reforma constitucional de 1962 não veio dar mais poderes ao Presidente da República, mas veio dar-lhe *poder*. Um poder que o Presidente da altura já exercia, na prática, mas que os Presidentes que lhe sucedessem passariam a poder exercer também de direito.

Na altura, em França, a grande discussão doutrinária, política e constitucional, centrou-se obsessivamente no tema da muito duvidosa regularidade processual desta reforma constitucional, o que obnubilou, de alguma forma, a percepção daquilo que, na verdade, estava a ocorrer —e que escapava, então e tal como ainda hoje escapa, à grande maioria da doutrina francesa—, ou seja, a mudança de sistema de governo, com a passagem, através da alteração da forma de eleição do Presidente, de um sistema de governo parlamentar racionalizado para um sistema novo, que hoje podemos designar, mas ainda com a objecção da maioria dos autores franceses, como sistema de governo semipresidencialista.

2. A descoberta doutrinária do semipresidencialismo como sistema autónomo e o problema da designação

a) Deve-se a MAURICE DUVERGER a *descoberta* da *novidade*, ou seja, do semipresidencialismo enquanto novo e autónomo sistema de governo, tal como se lhe deve a designação proposta para identificar esse sistema. Esta ideia de *descoberta* pode parecer uma afirmação estranha no domínio dos sistemas de governo, mas é inteiramente justificada e merecida, até como homenagem ao seu Autor.

[15] Cf. MAURICE DUVERGER, *Le Systéme Politique Français*, Paris, 1996, pág. 180

De facto, muito poucos tiveram, na altura, a percepção do alcance da reforma constitucional de 1962 e, desses poucos, só DUVERGER — ele próprio propugnando, desde há alguns anos, a eleição do chefe do executivo por sufrágio popular, ainda que a sua proposta originária fosse a da eleição, não do Presidente da República, mas do Primeiro-Ministro[16]— teve a noção de que se estava a criar um novo sistema de governo. E esse novo sistema nascia com a eleição do Presidente da República por sufrágio popular —anteriormente era eleito por um colégio restrito— porque tal facto, de natureza jurídica, dava origem a um novo princípio de interpretação da Constituição em tudo o que nela se referisse aos poderes atribuídos ao Presidente da República e essa reinterpretação afectava a compreensão do sistema de governo no seu conjunto.

Esta transição para um novo princípio geral de interpretação constitucional é verdadeiramente decisiva na compreensão do semipresidencialismo e na sua distinção dos sistemas parlamentares. Em grande medida pode dizer-se que reside aí, nesse novo princípio de interpretação constitucional, a justificação da existência do semipresidencialismo como sistema próprio.

Com efeito, as Constituições de sistemas de governo parlamentares atribuem um acervo alargado de poderes aos chefes de Estado (Presidentes da República ou Monarcas), mas fazem-no com a reconhecida intenção de que, na realidade, esses poderes sejam, de facto, exercidos pelo Primeiro-Ministro ou pelo Governo e sejam estes a responsabilizar-se jurídica e politicamente por eles. A referenda ministerial, através do qual um membro do governo se responsabiliza pelos actos só formalmente assinados pelo chefe do Estado parlamentar, mas, na realidade, praticados por quem os referenda, ilustra o carácter *fictício* daquela distribuição constitucional de competências.

Essa desvalorização do papel político do chefe de Estado parlamentar faz todo o sentido porque, hoje, em democracia representativa assente na legitimidade democrática electiva, um chefe de Estado não eleito carece da capacidade para interferir no exercício do poder polí-

[16] DUVERGER não esconde alguma preferência nostálgica por essa sua velha proposta quando assistiu, nos anos noventa, a idêntica sugestão em Itália e mesmo à sua experimentação em Israel. Cf. DUVERGER, "Les monarchies républicaines" *in Pouvoirs*, 78, 1996, págs. 116 e segs.

tico democrático. O Monarca ou o Presidente da República de sistema de governo parlamentar não possui nem pode praticar, por isso, nenhum dos poderes que formalmente a Constituição lhe atribui. Trata-se de poderes meramente nominais, a não ser quando resulte clara, inequívoca e expressamente da Constituição que, num ou noutro caso particular, se trata de um poder efectivo, real. Esse é o princípio geral de interpretação da Constituição de sistema parlamentar.

No entanto, quando, sob a mesma Constituição, um chefe de Estado passa a ser eleito democraticamente por sufrágio popular e universal, então afirma-se um novo princípio de interpretação constitucional. Isto é, se um chefe do Estado tem uma legitimidade democrática indiscutível —recolhida através da eleição de forma tão ou mais forte e directa do que a dos outros órgãos de exercício de poder político, incluindo a do Parlamento—, então os poderes que a Constituição lhe atribui devem ser considerados poderes reais, ou seja, poderes que ele, se quiser, pode efectivamente exercer e pelos quais se responsabiliza exclusivamente perante o corpo eleitoral que o elegeu. O novo princípio de interpretação constitucional significa, portanto, que todos os poderes que a Constituição de democracia representativa atribui a um Presidente da República eleito por sufrágio popular são poderes reais, efectivos, a não ser que da Constituição resulte clara, inequívoca e expressamente o contrário[17].

b) Em 1970, apenas alguns anos passados sobre a reforma constitucional de 1962, Maurice Duverger começou[18] a retirar, no plano da teoria do sistema de governo, as consequências desta transformação de fundo. Conclui que, apesar de a anterior Constituição de 1958 permanecer inalterada, seja no seu todo, seja no que se referia especificamente ao plano do exercício do poder político, e apesar de, em 1962, *apenas* se ter inovado na forma de eleição do Presidente da República, o sistema de governo mudara. E mudara porque, com a alteração na forma de designação presidencial, se alterou radicalmente a natureza dos poderes constitucionalmente atribuídos ao Presidente da República.

[17] Cf. Duverger, *Le Systéme*...cit., págs. 182 e seg.

[18] Para uma visão detalhada da evolução do pensamento de Duverger, cf. Bahro/Bayerlein/Veser, "Duverger's concept...", *cit.*

Temos, agora, como anteriormente, um sistema de responsabilidade política do governo perante o parlamento, em que a subsistência do governo depende da confiança parlamentar como é típico dos sistemas parlamentares, mas temos também a configuração constitucional de um órgão Presidente da República —e não já, apenas, o caso concreto e particular da prática do General De Gaulle— a quem são atribuídos poderes significativos que o respectivo titular, se quiser, pode exercer a título próprio, independentemente da opinião e da vontade do Governo ou do Parlamento. Ora, esta possibilidade distingue claramente este sistema de qualquer um dos sistemas parlamentares.

Mais, Duverger, não apenas detecta a novidade e autonomia de um sistema de governo assim delineado, como inscreve este novo sistema de governo francês na linhagem aberta pelas Constituições de Weimar e da Finlândia, em 1919, da Áustria de 1929, da Irlanda de 1937 e da Islândia de 1944[19]; por último, reconhece-lhe igualmente potencialidades objectivas de expansão e de reprodução noutras experiências constitucionais[20], pelo que, tudo considerado, defende ser possível e necessário falar, com propriedade, de um novo sistema de governo ao lado dos clássicos sistemas parlamentar e presidencial.

2.1. A questão da designação do novo sistema de governo

a) A este novo sistema de governo Duverger dá a designação de *semi-présidentiel* [21], caracterizando-o, na definição estabilizada[22], como sendo um sistema de governo em que:

(*i*) o Presidente da República é eleito por sufrágio universal,

[19] Sobre a evolução do pensamento de Duverger acerca da inscrição progressiva destas várias experiências como exemplos de semipresidencialismo (e as dúvidas iniciais que, desde logo, lhe suscitou o caso da Irlanda), cf. R. Elgie, "The politics of semi-presidentialism" *in* Elgie (org.), *Semi-presidentialism in Europe*, Oxford, 1999, págs. 2 e segs.

[20] Duverger *acolhe* Portugal na família semipresidencialista na obra de 1978, Échec *au Roi*.

[21] Recorre pela primeira vez ao termo na 11ª edição do seu *Institutions Politiques et Droit Constitutionnel*, Paris, 1970, pág. 277.

[22] Cf. *Le Système...*, cit., pág. 188. Em obras anteriores (assim, por exemplo, em "A new political system model: semi-presidential government" *in European Journal of Political Research*, 8, 1980, pág. 166), a característica *(ii)* era mais abrangente: *o Presidente da República dispõe de poderes significativos ou poderes consideráveis.*

(ii) dispõe de poderes próprios que lhe permitem agir politicamente e de forma independente do Governo,

(iii) mas existe também um Primeiro-Ministro e ministros que formam um Governo responsável politicamente perante o Parlamento e que dependem da confiança deste.

b) Como é frequente nos meios académicos, a *descoberta* do semipresidencialismo é mal recebida pela generalidade da doutrina francesa, o que, não deixando de surpreender, tal a evidência e a força dos argumentos de DUVERGER que os seus pares se recusavam obstinadamente a reconhecer, é perfeitamente compreensível.

Como pedir, de facto, a especialistas, que se habituaram a qualificar o sistema de governo da V República ora como parlamentar racionalizado, ora como presidencial ou hiperpresidencial, que acedessem agora a reconhecer que o sistema objecto do seu estudo era, afinal e sem que eles o tivessem percebido, um sistema novo e que *reivindicava* a sua autonomia sob uma designação estranha?

A reacção generalizada nos meios académicos franceses foi, então, ao contrário do que depois ocorrerá por todo o mundo —onde o reconhecimento do novo sistema e a própria designação são progressivamente aceites[23]—, a de negar o evidente. Negação da autonomia e da razão de ser do *novo sistema*, mas também, mesmo quando, perante a força dos factos, se concede nesse reconhecimento, contestação da designação escolhida por DUVERGER.

Contra o reconhecimento do semipresidencialismo é sistematicamente invocada a sua falta de autonomia, recusando-se, então, a sua existência enquanto sistema próprio com pretensões de alinhamento autónomo ao lado dos dois sistemas clássicos. Para a doutrina tradicional, o dito *semipresidencialismo*, longe de constituir um novo sistema, era antes um *híbrido* que ora funcionava como sistema presidencial, como acontecia em França, ora como sistema parlamentar, como ocorria na

[23] De algum modo, e apesar de, em Portugal, a doutrina de DUVERGER ter feito imediato sucesso —hoje, praticamente, só um ou outro autor sustenta posição diversa—, pode-se dizer que a *tese do semipresidencialismo* só começou verdadeiramente a romper o cerco gaulês a partir de 1980, quando o mundo anglo-saxónico a descobriu logo que a *pôde* ler, ou seja, através da publicação, por DUVERGER, do primeiro escrito em língua inglesa sobre o tema, citado na nota anterior, *"A new political system model: semi-presidential government"*.

Áustria. Além do mais, a designação proposta seria criticável já que, mesmo do ponto de vista do seu autor, em nada traduzia o sentido e a prática do pretenso novo sistema.

De todo o modo, esta reacção negativa seria um *problema* especificamente francês, a ser resolvido pelos próprios, se, entretanto, não tivesse sido retomada nos mais diversos tempos e latitudes e, de alguma forma, servido para caucionar todas as incompreensões e confusões que o tema do sistema de governo vem alimentando. Não há, de facto, crítico do semipresidencialismo ou, simplesmente, da sua designação, que, a dado momento da argumentação, não recorra ao velho *argumento: até em França, berço do dito semipresidencialismo, ele nunca foi reconhecido pela doutrina....*

Justifica-se, assim, que nos detenhamos a apreciar o sentido das críticas, principalmente a da pretensa falta de autonomia do semipresidencialismo, mas também, e em primeiro lugar, a eliminar a razão de ser de qualquer disputa centrada em problemas de designação.

c) Não há, com efeito, qualquer necessidade de manter e alimentar uma discussão sobre o *nome da coisa*. Se for simplesmente tomada e utilizada como mera convenção, a designação *semipresidencialismo* ou *semipresidencial* é tão boa como qualquer outra desde que os participantes na discussão saibam do que falam. Este tem sido, no entanto, o *subtema* preferido quando a discussão permanece à superfície e é normal que cada recém-chegado ao debate faça jus em começar por apresentar a *sua* proposta de designação, invariavelmente justificada com uma profusão de razões, mas, na maior parte dos casos, sempre pior que as antecedentes e inevitavelmente condenada a ser exclusivamente utilizada pelo respectivo proponente[24].

É que, indiferente, a designação *semipresidencialismo* fez o seu caminho, generalizou-se e não é possível discutir adequadamente, hoje, o tema de fundo sem a utilizar como termo de referência, mesmo quando não se concorda com ela ou com a existência do *novo* sistema de governo.

[24] Porventura, o ponto mais alto desta tentativa pode já ter sido definitivamente atingido (o que deveria desiludir novos potenciais candidatos) com a proposta de BERNARD SUSSER: o sistema em causa seria "parliadential", isto é, uma *mistura* literal de *parliamentary* e de *presidential*... (cf. ANTÓNIO DE ARAÚJO, "El Presidente de la República en la evolución del sistema político de Portugal" *in* ANTÓNIO BARRETO/BRAULIO GOMEZ/PEDRO MAGALHÃES (orgs.), *Portugal: Democracia y Sistema Político*, Madrid, 2003, pág. 102).

Assim, e só para que o tema da designação do sistema de governo não se converta também em discussão lateral que obscureça e distraia do problema central de perceber do que se fala quando se fala em semipresidencialismo, convém precisar alguns pontos a propósito.

Primeiro, a designação *semipresidencialismo* não é, de facto, a mais feliz. Segundo, todas as outras que têm sido propostas são, por uma ou outra razão, ainda mais infelizes. Terceiro, se estivermos conscientes destas limitações e adoptarmos a designação *semipresidencialismo* como mera convenção, não há especial razão que nos deva levar a abandonar uma expressão já consagrada em favor de outra não mais feliz e que terá, seguramente, a desvantagem de ser menos comunicativa.

A designação proposta por DUVERGER não é a mais feliz porque, mesmo admitindo que se concorda com a proposta de fundo do Autor, sugere, erroneamente, ser este sistema de governo algo que tende para o presidencialismo, mas que fica a *meio caminho* ou que é um presidencialismo *menor*, *adaptado* ou de *compromisso*. De resto, acoplar um prefixo à designação de um sistema de governo já conhecido —a qualquer deles que fosse— para designar um sistema que se pretende novo e autónomo é, desde logo, diminuir, à partida, o alcance da autonomia do novo sistema e menorizá-lo face aos sistemas clássicos já existentes. Por último, a designação sugere uma aproximação privilegiada a um desses sistemas clássicos, no caso o presidencialismo, quando não há razões que permitam tal ilação: o semipresidencialismo pode ser considerado tão próximo ou tão afastado do presidencialismo quanto do sistema parlamentar[25].

De resto, o próprio DUVERGER, quando justificou a designação escolhida, ensaiou diferentes e não muito convincentes explicações. Ou que a designação se ajustava bem a um regime onde o chefe do Estado só tinha uma parte das prerrogativas do seu homólogo de sistema presidencial[26]; ou que a referência se deveria fazer relativamente ao presidencia-

[25] Cf., a propósito, as páginas esclarecedoras de ANTÓNIO DE ARAÚJO, "El Presidente de la República...", cit., págs. 99 e segs, sugerindo, porém, uma eventual justeza do termo *semipresidencialismo* com base na sua pretensa maior proximidade com o sistema de governo presidencial.

[26] Cf. *Échec au Roi*, trad. portuguesa da edição francesa de 1978, pág. 36 (citaremos sempre da edição portuguesa, mas mantemos o título em francês; a razão é o facto de *échec au roi* ter sido incorrectamente traduzido, na edição portuguesa, por *xeque-mate*, o que altera substancialmente a intenção do Autor: nas regras do xadrez, um *xeque* significa um Rei em dificuldades, enquanto que um *xeque-mate* significa já um Rei *morto*).

lismo, e não ao sistema parlamentar (portanto *semipresidencial* e não *semiparlamentar*), dado o dualismo de eleições (Presidente da República e Parlamento) e consequente dualismo na legitimação democrática do poder que é comum a semipresidencialismo e presidencialismo e que distinguiria estes sistemas do monismo típico do sistema parlamentar[27]. Ulteriormente[28], justificaria a designação com a intenção de expressar a *média* da amplitude dos poderes que o Presidente da República pode exercer nas duas possíveis diferentes situações em que pode exercer o cargo: quando *tem* uma maioria parlamentar e quando se encontra em situação de *coabitação*.

Nenhuma das explicações parece aceitável. Se é certo que o semipresidencialismo se aproxima mais do presidencialismo no que se refere à *participação* eleitoral dos cidadãos no exercício do poder político[29], já quando se considera essa questão capital da formação e subsistência política do executivo, a base do semipresidencialismo é exactamente a mesma que existe em sistema parlamentar, ou seja, nos dois sistemas deparamos com esse eixo fundamental da responsabilidade política do governo perante o parlamento e que não existe no presidencialismo.

O que parece *explicar* a escolha terminológica de DUVERGER é apenas a forte impressão que na altura provocava a *concentração* prática dos poderes políticos na pessoa do Presidente francês e a não perfeita distinção entre quadro jurídico-constitucional do sistema de governo — aquilo que o define, que lhe confere uma natureza própria— e plano do funcionamento prático do sistema de governo. As posteriores oscilações de DUVERGER quanto à justificação da sua escolha de designação favore-

[27] Cf. "Le concept de régime semi-présidentiel" *in Les régimes semi-présidentiels*, Paris, 1986, págs. 7 e seg. Apoiando esta justificação, cf. SARTORI, *Ingegneria Costituzionale Comparata*, Bologna, 1998, pág. 135.

[28] Cf. *Le Système* ..., cit., págs. 6 e 188.

[29] É por privilegiarem arbitrária e unilateralmente esta aproximação que SHUGART/CAREY fazem uma amálgama entre o semipresidencialismo e os sistemas presidenciais, numa estratégia de argumentação contra o sistema parlamentar em que compõem artificialmente um pretenso bloco presidencialista/ semipresidencialista (onde as vantagens do semipresidencialismo servem para compensar os inconvenientes manifestos do sistema presidencial), no quadro daquilo que é o principal objectivo teórico da sua proposta: a contestação de que, como sustenta parte substancial, e talvez maioritária, da doutrina especializada, o sistema parlamentar possua uma eventual maior capacidade de adaptação e expansão fora do círculo dos Estados Unidos da América. Cf., assim, *Presidents and Assemblies*, Cambridge, 1992, *passim*.

cem esta interpretação: tratou-se de uma escolha que foi mais *jornalística* (curioso o facto de ter origem, como vimos, no *Le Monde* e no seu director) do que *científica* ou do que resultado de uma reflexão específica.

Se fosse possível a DUVERGER, na época, relevar aquela distinção entre os planos constitucional e de funcionamento prático e as suas consequências dogmáticas, não haveria, de um lado, nenhuma razão que justificasse privilegiar a escolha *semipresidencial* em desfavor da *semiparlamentar*[30] e, sobretudo, em escolher uma designação para um sistema novo e autónomo a partir da designação de um dos dois sistemas *clássicos*.

Todavia, a proposta de DUVERGER só seria rejeitável, hoje, se houvesse uma outra designação que, superando ou prevenindo aqueles inconvenientes, apresentasse igualmente, relativamente àquela, vantagens comunicativas. Essa outra designação, pura e simplesmente, nem existe nem faz sentido procurá-la, estabelecida que está a expressão hoje já quase *tradicional*.

d) Veja-se, a título de exemplo, o que acontece entre nós. Apesar de uma preferência avassaladora pela designação *semipresidencialismo* para identificar o nosso sistema de governo[31], há, contudo, uma resistência singular, mas qualificada, e que, por isso mesmo, importa considerar.

O exemplo a que nos queremos referir é o de GOMES CANOTILHO/ VITAL MOREIRA, cuja obra *Os Poderes do Presidente da República*[32] é da maior utilidade para uma compreensão adequada do nosso sistema de governo. Mas, quanto à questão terminológica, e na linha do que dizíamos, estes Autores —que são, entre nós, praticamente a única excepção à adesão à fórmula *semipresidencialismo*— começam por contestar a de-

[30] Sintomático desta ambiguidade e deste relativo mal-estar provocado por uma designação não muito feliz, é, a este propósito, o facto de, em 1996, DUVERGER ter apresentado tanto o regime semipresidencial como o semiparlamentar (que ele nessa altura identificava como regime de base parlamentar, mas que elegia directamente o Primeiro-Ministro —a referida experiência de Israel dos anos noventa) como sendo dois regimes muito próximos entre si e, mais, como sendo duas variantes do regime parlamentar. Cf. "Les monarchies...", *cit.*, págs. 118.

[31] Cf. a resenha muito completa em ANTÓNIO DE ARAÚJO/ TSIMARAS, "Os poderes presidenciais nas Constituições grega e portuguesa" *in O Direito*, III/IV, 2000, págs. 399 e segs, 405 e seg; ver também, VITALINO CANAS, "Sistema semi-presidencial" *in DJAP*, 1º supl., 1998, págs. 490 e seg.

[32] Cf. *Os Poderes do Presidente da República*, Coimbra, 1991.

signação escolhida por Duverger, quer para o sistema de governo em causa, em geral, quer no que respeita especialmente ao caso português.

Assim, numa obra com 107 páginas de texto, consomem sete a *demonstrar* a inadequação da designação *semipresidencialismo* e propõem, alternativamente, para o nosso sistema de governo, as designações "*forma de governo parlamentar, mas com uma componente presidencial*" ou "*forma de governo misto parlamentar-presidencial*"[33].

Até aí, embora não se aceite, compreende-se a intenção. Porém, em seguida, ao longo do resto da mesma obra, estes Autores vão necessariamente ter que designar o sistema de alguma forma e, como seria natural, assente como estava a sua *declaração de princípios* terminológica, Gomes Canotilho/Vital Moreira deveriam ser os primeiros a seguir as próprias propostas, ou seja, deveriam passar a designar o nosso sistema de *parlamentar com componente presidencial* ou de sistema *misto parlamentar-presidencial*, abandonando, naturalmente, a designação *semipresidencialismo*.

Todavia, verificámos que há na obra vinte e cinco posteriores referências expressas a esse tal sistema de governo que nem é presidencial nem é parlamentar. Mas, curiosamente, dessas vinte e cinco vezes, em dezoito delas, ou seja, quase sempre, o sistema de governo continuou a ser designado sob a *rejeitada* formulação de *semipresidencialista* ou *semipresidencial* (muitas das vezes, é certo, com as *necessárias* aspas[34]); em cinco ocasiões, Gomes Canotilho/Vital Moreira recorreram à fórmula *misto* ou *dualista*; paradoxalmente, só uma vez recorreram à sua própria proposta de *parlamentar com componente presidencial* e não utilizaram a sua proposta principal, a designação de sistema *misto parlamentar-presidencial*, uma única vez...

[33] *Ibid.*, págs. 12 e segs e pág. 18. Em *Direito Constitucional e Teoria da Constituição*, Coimbra, 2003, Gomes Canotilho confirma a preferência pela caracterização do nosso sistema como "regime misto parlamentar-presidencial" (cf. págs. 598 e seg).

[34] Posteriormente, em *Direito Constitucional e Teoria da Constituição*, cit., Gomes Canotilho parece integrar o modelo português nos sistemas que designa de estrutura mista *presidencial-parlamentar* ou *parlamentar-presidencial*, consoante a matriz dominante, sistemas estes que também começa por designar abrangentemente como "formas de governo semipresidencialistas" (cf. pág. 591).

2.2. Duverger e a autonomia do semipresidencialismo

Assente a irrelevância da discussão terminológica, importa, pois, passar às questões de fundo e entre essas está a da discutida autonomia do semipresidencialismo, isto é, o problema da sua justificação enquanto sistema de governo novo, a considerar em igual plano e ao lado dos sistemas *clássicos*, o parlamentar e o presidencial.

A recusa em admitir o *semipresidencialismo* como sistema de governo autónomo tem normalmente como alternativa a sugestão de que, embora com adaptações, este pretenso novo sistema é integrável num dos *clássicos* e, daí, a adopção, para o qualificar, de designações que pretendem dar conta dessa eventual falta de autonomia (por exemplo, *presidencial com Primeiro-Ministro* ou *presidencial dualista*, de um lado, e *parlamentar com dominância presidencial* ou *parlamentar dualista*, do outro, consoante, respectivamente, se considere o novo sistema integrável, à partida, no sistema presidencial ou no parlamentar).

É certo que, na origem, esta dúvida começa por ser involuntariamente alimentada pelo *pai* do semipresidencialismo, Maurice Duverger, quando ele escolhe para identificar o novo sistema uma designação que, independentemente das explicações do próprio, sugere objectivamente algo que fica a *meio caminho*. Ora, nessa sugestão vem implicitamente abrigada a primeira, mas involuntária, insinuação sobre uma eventual precária autonomia do semipresidencialismo.

Tendo já esclarecido esta questão, podemos agora passar às objecções de fundo que podem e têm sido colocadas à autonomia do sistema semipresidencial. Podemos sistematizá-las em duas ordens de argumentos em cuja base está sempre a mesma dificuldade em apreender adequadamente a relação complexa entre o plano jurídico-constitucional e o plano da prática política no domínio dos sistemas de governo.

Assim, segundo o primeiro desses argumentos, não haveria semipresidencialismo porque não há lugar a considerar autonomamente uma *prática de funcionamento semipresidencial*; mesmo que exista, ela é tão irrelevante e esporádica que não justifica uma consideração autónoma. Em segundo lugar, e associado naturalmente a este argumento, até porque, como dissemos, a sua base fundadora é a mesma, diz-se que não haveria sequer semipresidencialismo; o sistema associado a essa designação não seria mais que uma sucessão alternada de fases de sistema parlamentar e de sistema presidencial. Curiosamente, para justificar cada um destes argumentos arrola-se a própria contribuição do *inventor* do semipresidencialismo, DUVERGER. Veremos que num caso com alguma razão, no outro de forma completamente infundada.

2.2.1. *A duvidosa existência de uma* **prática semipresidencial** *de funcionamento dos sistemas de governo*

a) Com a formulação desta objecção pretende-se significar que, ao contrário do que acontece com os outros sistemas de governo, relativamente aos quais é possível identificar, sem grande dificuldade, quais são parlamentares e quais são presidenciais, no caso do semipresidencialismo essa tentativa seria infrutífera. E isso porque, quando se lança um breve olhar sobre a lista de países que, segundo DUVERGER, preencheriam os requisitos da categoria, imediatamente se percebe que não é possível identificar traços comuns nem uma afinidade de funcionamento que justificasse a delimitação de um tipo autónomo de sistema de governo.

De facto, diz-se, e mesmo considerando apenas os exemplos do *velho* semipresidencialismo (isto é, os da época em que DUVERGER formulou e desenvolveu o conceito), não há nada de comum entre a *parlamentar* Irlanda e a *hiperpresidencial* V República francesa, entre o Presidente da República austríaco e o Presidente finlandês, entre Portugal e a República de Weimar. Como falar, então, de um sistema que os integre a todos?

Ora, como se percebe desta linha argumentativa, o *não-dito* que lhe está pressuposto é o de que a definição do sistema de governo tem a ver com funcionamento prático do sistema político, realidade fáctica e empiricamente apreensível. Olha-se para o dia a dia do Presidente francês e do Presidente irlandês, não há nada em comum do ponto de vista da acção política —ou, pelo menos, nada que os aproxime mais do que, por exemplo, aproximará o Presidente irlandês do Presidente italiano, ou o Presidente francês do Presidente americano— e, por isso, o semipresidencialismo seria uma construção artificial e vazia.

As possibilidades de funcionamento prático do sistema dito semipresidencialista seriam tantas e tão variadas que não haveria, verdadeiramente, um sistema de governo com um funcionamento e uma lógica próprios, mas antes uma sucessão conjuntural e aleatória de diferentes tipos que, em si, não formam um sistema autónomo. Como falar de *um* sistema quando olhando, por exemplo, para a Áustria, para Portugal ou para a França —sistemas pretensamente integráveis no semipresidencialismo— encontramos tipos de funcionamento completamente distintos?

b) Porém, há aqui uma incompreensão de raiz que consiste em dirigir o olhar para o sítio errado, ainda que seja o que se tem em frente dos olhos. Como na parábola do ébrio de A. Kaplan[35], é tal qual como procurar junto a um candeeiro a chave de casa que se perdeu, só porque a zona está iluminada, mesmo quando se sabe que ela foi perdida bem longe dali...

Quando se quer encontrar um sistema de governo é para a Constituição e não para a realidade política que se deve olhar, mesmo quando é a realidade política que se tem diante dos olhos. Ou, pelo menos, só é possível retirar vantagens da observação da realidade política na perspectiva dos sistemas de governo se se partir, previamente, do respectivo enquadramento jurídico-constitucional. Não adianta olhar para a realidade política quando foi no domínio do enquadramento constitucional que se perdeu a *chave* de compreensão do sistema de governo.

Se tomássemos a prática política como critério, então não haveria sistema semipresidencialista, é certo, mas da mesma maneira que não haveria também presidencialismo ou sequer sistema parlamentar. Poderíamos, indiferentemente, fazer precisamente aquelas mesmas perguntas, que ali atrás procuravam desvalorizar a existência autónoma do semipresidencialismo, que elas nos deixariam perante a mesma dificuldade de resposta se fossem dirigidas ao sistema presidencial ou ao parlamentar.

A resposta àquelas dúvidas é, assim, tão simples quanto irrefutável e foi de imediato dada por Duverger quando apresentou a sua proposta científica. Sendo todos pretensos semipresidencialismos, França, Portugal e Áustria, não funcionam eles de forma tão substancialmente diferente? Pois funcionam, e daí? Reino Unido, Itália e Alemanha não funcionam também de forma radicalmente diferente entre si? E não são todos unanimemente considerados sistemas parlamentares? E os Estados Unidos, o Brasil e a Venezuela, não funcionam muito diferentemente entre si? E não são todos presidencialismos?

[35] Cf. Abraham Kaplan, *The Conduct of Inquiry*, New Jersey, 1998 (1964), pág. 11.

O que é que une a prática da Itália e do Reino Unido? Não há um mundo de diferenças entre a secular estabilidade governativa e dominância absoluta do Primeiro-Ministro na Grã-Bretanha e a instabilidade política e debilidade dos executivos que constitui a imagem política da Itália dos últimos setenta anos? Como chamar parlamentar aos dois sistemas?

O que é que une o órgão Presidente norte-americano ao Presidente venezuelano ou aos outros Presidentes da América Latina e o que é que há em comum entre o Congresso dos Estados Unidos e os Parlamentos da América Latina? O que une um regime com mais de dois séculos de estabilidade política, como é o da América do Norte, aos ciclos contínuos de instabilidade, bloqueios e golpes anticonstitucionais que são a imagem da América Latina, sobretudo no século XX ? Como chamar presidenciais a todos esses sistemas?

Por isso, a sempre repetida crítica de que os tipos de funcionamento prático do semipresidencialismo são muito diferentes de país para país não tem o mínimo sentido do ponto de vista da conclusão que dela se pretende retirar, ou seja, a pretensa falta de autonomia do semipresidencialismo e a sua consequente inexistência como sistema de governo próprio.

Portugal funciona de forma muito diferente da França? O sistema finlandês é muito diferente do austríaco? Como é que podem ser todos semipresidencialismos? É simples, é que os sistemas de governo são *mesmo assim*, o sistema de governo *é isso mesmo*, como costumam dizer os futebolistas e os treinadores relativamente ao futebol...

Uma coisa é o sistema de governo (o seu quadro jurídico-constitucional, aquilo que o identifica estruturalmente como sistema de governo próprio) e, aí, todas as Constituições daqueles países são muito semelhantes. Outra coisa é a forma como o sistema funciona, isto é, as diferentes e, por vezes, mesmo muito diferentes, modalidades de funcionamento prático que encontramos em cada um deles.

c) Não há aí, com efeito, nada de especial nos três sistemas de governo. A única diferença é de razão histórica e só isso explica que aquelas perguntas que lançam pretensamente dúvidas sobre a respectiva autonomia só sejam sistematicamente dirigidas ao semipresidencialismo e já não aos outros sistemas de governo.

É que, quando o *sistema de governo* nasceu verdadeiramente como tema de Direito Constitucional e de Ciência Política, os dois outros sistemas (parlamentar e presidencial) já estavam consolidados, eram vistos como naturais, perfeitamente distintos e, por isso, mas só por isso, já ninguém lhes fazia perguntas. Bastaria, no entanto, fazê-las, para se perceber que não há razões para distinguir: sistemas parlamentar, presidencial e semipresidencial só são sistemas autónomos, todos eles, se o sistema de governo for considerado do ponto de vista constitucional.

Pelo contrário, se o critério for a prática política, a realidade, o funcionamento real dos sistemas, como pretendem os críticos da autonomia do semipresidencialismo, e as Constituições forem consideradas algo de menor e de irrelevante, se o critério for o do peso relativo que cada órgão, num certo momento, apresenta na vida política de determinado país, então a conclusão surpreendentemente absurda será forçosamente a seguinte: o sistema da França é presidencial, o dos Estados Unidos semipresidencial, o de Itália parlamentar, do Reino Unido primo-ministerial, o da Alemanha é de chanceler, da Suíça é *referendário* e o de Israel, recorrendo à sugestão já citada, seria *parladencial*...

Ainda assim, não seria tão simples. Seria ainda necessário advertir que aqueles sistemas são tudo isso... excepto quando não são.

Ou seja, em Maio de 2017 o sistema britânico seria supostamente primo-ministerial, mas em Junho do mesmo ano teria passado a sistema parlamentar, já que com a perda da maioria absoluta, a posição da primeira-ministra da altura cedeu face à preponderância do parlamento.

Da mesma forma, se tivéssemos olhado para a França, não em 1992, mas em 1993, o sistema já não seria presidencial, mas governamental, e se tivéssemos olhado em 1997 seria parlamentar ou, mais rigorosamente, governamental-parlamentar. De facto, como em 1992 havia uma maioria parlamentar absoluta que apoiava o Presidente e este, consequentemente, *dominava*, o sistema seria *presidencial*; como no ano seguinte, em 1993, passou a haver uma maioria absoluta oposta ao Presidente e, portanto, quem *dominava* era o Governo, o sistema teria passado, sem mais, a *governamental*; como em 1997 havia uma maioria *contra* o Presidente, mas o partido que apoiava o Governo só dispunha de maioria relativa, tinha que atender, portanto, à relação de forças que se estabelecesse no Parlamento, o sistema seria *governamental-parlamentar*.

d) Pode-se dizer que a resposta dada por Duverger às dúvidas suscitadas a propósito da contestada autonomia do semipresidencialismo foi esclarecedora, mas há, no entanto, alguma ambiguidade nos seus textos onde assoma, por vezes, a já referida não distinção adequada entre o plano constitucional e o plano político na caracterização do semipresidencialismo; essa ambiguidade pode ter estimulado, em alguma medida, toda a série de confusões a que nos referimos.

Duverger insiste sempre, e bem —já que, como procurámos demonstrar, esse aspecto é decisivo na compreensão dos sistemas de governo—, no facto de que o semipresidencialismo se define com base nas suas características jurídico-constitucionais e que é nesse plano que se revela a sua autonomia enquanto sistema de governo[36]. Importaria depois, e essa foi a orientação principal da investigação de Duverger, verificar porquê e de que forma Constituições muito semelhantes se projectam em práticas de aplicação distintas nas diferentes experiências de semipresidencialismo, designadamente no que se refere à variação substancial do estatuto e função do Presidente da República.

Porém, quando analisa as diferentes práticas semipresidencialistas, Duverger, cedendo ou concedendo, eventualmente face à pressão das críticas, dá um *salto* injustificado quando começa a distinguir entre semipresidencialismos *de aparência semipresidencial* (Áustria, Irlanda e Islândia) e semipresidencialismos *de prática semipresidencial* (Weimar, Finlândia, França e Portugal)[37], no que, como salienta Duhamel[38], há

[36] Veja-se, assim, a afirmação muito clara, nesse sentido, de "A new political...", *cit.*, pág. 166: "um regime é considerado semipresidencial se a Constituição que o estabelece combina três elementos..." (sublinhado nosso).

[37] Cf. "Le concept de régime...", cit., págs. 8 e segs. Posteriormente, e no que será a sua posição final, Duverger precisará esta fórmula quando, retomando a classificação constante do seu texto *inglês* de 1980, diferencia internamente os semipresidencialismos quer em função das diferenças constitucionais, quer em função do *peso* político dos respectivos Presidentes, distinguindo entre os presidentes meramente representativos que se encontram nos semipresidencialismos *aparentes* de Islândia, Irlanda e Áustria, e o Presidente hegemónico de França, situando entre esses dois pólos extremos os Presidentes de poder mais equilibrado, num quadro de "diarquia variável", da Finlândia e Portugal. Assim, "Les monarchies républicaines", cit., pág. 120; *Le Systéme...*, cit., págs. 500 e segs.

[38] Cf. O. Duhamel, "Remarques sur la notion de régime semi-présidentiel" *in Droit, Institutions et Systèmes politiques: Mélanges en Hommage à Maurice Duverger*, Paris, 1987, págs. 585 e segs; no mesmo sentido, Mauro Volpi, "Le forme di governo contemporanee tra modeli teorici ed esperienze reali" *in Perspectivas Constitucionais*, III, Coimbra, 1998, págs. 518 e segs.

uma invasão espúria do plano prático na definição do sistema de governo. Com efeito, pareceria que uma certa prática, de Presidentes meramente representativos, mesmo que concretizada num quadro de Constituição semipresidencialista, retiraria aos respectivos sistemas de governo o atributo semipresidencial (passavam a ser, na terminologia de DUVERGER, semipresidencialismos *aparentes*, logo *não-semipresidencialismos*).

Ora, no plano da controvérsia sobre a autonomia do sistema semipresidencial, esta ambiguidade abre espaço a uma conclusão já mais problemática, na medida em que contribuirá para estimular posteriormente muitas das confusões que assinalámos. E isso acontece por duas razões.

Primeiro, porque se utiliza indiferenciadamente uma mesma terminologia (o termo *semipresidencial*) tanto para qualificar o sistema —situando-se, portanto, no plano constitucional, onde tem e deve ter o seu domínio exclusivo de aplicação enquanto qualificativo do sistema de governo em função da presença de certos requisitos de ordem jurídico-constitucional— quanto para qualificar uma prática. Porém, como nos dois planos, o jurídico e o prático, o termo *semipresidencial*, e consequentemente, também *parlamentar* e *presidencial*, têm sentidos completamente diversos, é o caminho da confusão que fica inadvertidamente aberto.

Segundo, porque pareceria haver, assim, um sistema semipresidencial constitucional (sabe-se perfeitamente o que é, de acordo com a definição *duvergeriana*), mas haveria também, poderia depreender-se, uma prática dita *semipresidencial* ou uma prática dita *parlamentar* (o que nunca ninguém, nem o próprio DUVERGER, poderá dizer o que sejam)[39].

[39] Note-se que esta segunda consequência já não é salientada por DUHAMEL que, de resto, incorre no mesmo erro. Ou seja, para superar a utilização indiscriminada de *semipresidencial* nos dois planos assinalados, DUHAMEL propõe uma diferenciação: ao plano constitucional deveria ser aplicado o conceito de *regime* —as regras jurídicas— e ao plano prático o conceito de *sistema*. Assim, e aí DUHAMEL já não teria reservas, o que DUVERGER deveria ter dito era que Irlanda, Islândia ou Áustria eram regimes semipresidenciais em sistemas parlamentares. Por sua vez, seguindo na mesma lógica, e que vem a ser, de resto, a proposta de DUHAMEL, a França seria um sistema presidencialista com regime semipresidencial (*loc. cit.*, pág. 587). Sem termos nada contra a proposta de distinção de dois níveis, constitucional e prático, o *regime* e o *sistema*, já a utilização dos mesmos termos para qualificar os tipos que se integram num e noutro nos parece ser uma tentativa, naturalmente não muito bem-sucedida, de apagar o fogo com gasolina...

Mais, nos anos seguintes, no dealbar da primeira *coabitação* francesa, em 1986, DUVERGER deixa inadvertidamente implícito que *verdadeiro* semipresidencialismo ocorre quando, no plano prático, o peso institucional do Presidente da República e do Parlamento se equilibram, se neutralizam isto é, nas fases da *coabitação*[40]. Seria esse, poderia então depreender-se, o verdadeiro sentido da tal prática *semipresidencial*, o que, de algum modo, converge com a sua afirmação da altura, também equívoca, segundo a qual só então, em 1986, a Constituição de 1958, que era, no entanto, uma Constituição de semipresidencialismo, ia finalmente ser aplicada[41].

Isto é, o próprio DUVERGER fala como se a Constituição semipresidencial francesa não estivesse a ser aplicada entre 1962 e 1986, como se o *semipresidencialismo* desse período inaugural não fosse tão legítimo, tão *constitucional* e tão *semipresidencialista*, como o do período entre 1986 e 1988, como se, fazendo a analogia com um lugar paralelo, a Itália fosse mais *parlamentar* do que o Reino Unido ou do que a Alemanha, pelo facto de o sistema italiano funcionar, habitualmente, com mais *peso* directo do Parlamento relativamente àquilo que acontece em qualquer destes outros países.

Pareceria, então, que nem existia semipresidencialismo quando a prática dos Presidentes era meramente cerimonial ou representativa (daí DUVERGER proceder à exclusão dos referidos semipresidencialismos *aparentes* da família semipresidencialista), nem verdadeiro semipresidencialismo quando a prática dos Presidentes era dominante (como acontecera na França entre 1962 e 1986). Mas se fosse assim, se só existisse semipresidencialismo em *coabitação*, então, como pretendiam os

Curiosamente, DUVERGER virá, na última edição de *Le Système...*, cit., a aderir à proposta de DUHAMEL de distinção entre *regime* e *sistema*, mas sem adoptar, e bem, o qualificativo *presidencialista ou parlamentar* para qualificar o *sistema*, como este propunha. Ou seja, continua a caracterizar o sistema de governo francês de semipresidencialista (*regime semipresidencialista*, de acordo com a terminologia comum em França), variando o *sistema* (isto é, a prática) em função da posição relativa que o Presidente ocupa relativamente à maioria parlamentar — chefe da maioria, oposto à maioria ou sem maioria. Esta questão é importante, como se verá a seguir, para ilibar DUVERGER das interpretações abusivas de que o seu escrito de 1980 tem vindo a ser objecto.

[40] Posição esta que foi durante algum tempo sustentada, entre nós, por JORGE MIRANDA (cf. "O sistema semipresidencial português entre 1976 e 1979" *in RFDUL*, XXV, pág. 201).

[41] Cf. *Bréviaire ...*, cit., págs. 7 e segs.

críticos, a autonomia do semipresidencialismo como sistema de governo próprio estaria seriamente comprometida. Em França o semipresidencialismo só teria existido em situações excepcionais e, por exemplo, entre nós, onde é, pelo menos, discutível saber se alguma vez tivemos verdadeira *coabitação*[42], o semipresidencialismo nunca teria existido.

e) De uma outra concessão aos críticos da autonomia do semipresidencialismo —no fundo, a acusação implícita de *juridicismo* excessivo na definição *duvergeriana* dos sistemas de governo—, releva a *tendência* de Duverger para evidenciar uma preocupação com a realidade política, para elaborar as chamadas *grelhas de transformação* do quadro constitucional de poderes presidenciais em prática política semipresidencialista, a tendência para ordenar os vários semipresidencialismos em *rankings*, num esquema de *graus* e de *escalas de semipresidencialismo*, seja tendo em conta os diferentes *tons e marcas* de intervenção política efectiva dos Presidentes da República, seja no confronto dos seus diferentes graus de intervenção prática com o quadro jurídico-constitucional, também diferenciado, de poderes presidenciais[43].

Naturalmente, não há aí nada de errado, mas também não há, em contrapartida, nenhum especial sentido útil que justifique o esforço. Trata-se de um labor de resultados inócuos, meramente descritivos, sem consequências analíticas e, muito menos normativas, que nos permite concluir que uma coisa é a Constituição e outra a prática política (mas haverá alguém que o conteste?), ou que, por exemplo, há uma enorme disparidade entre os poderes do Presidente da República da Islândia na Constituição e aqueles que ele exerce na prática, que essa disparidade é muito maior do que aquela que existe na França e, mais ainda, em Portugal.

[42] Canotilho/Moreira, *op. cit.*, págs. 29 e seg.

[43] Apesar disso, é manifesta a superior capacidade de análise de Duverger relativamente aos seus críticos e a forma como foi capaz de combinar pensamento jurídico-constitucional e ciência política na análise do sistema francês e do *semipresidencialismo*; de resto, *refazendo* ulteriormente a polémica com os seus pares franceses, Duverger salientava, bem, que a utilização simultânea desses dois instrumentos de análise não devia induzir a confusão —em que ele também inadvertidamente incorreu na época, dizemos nós— entre as regras do jogo explicitadas no quadro jurídico-constitucional e as relações de força ou as estratégias desenvolvidas pelos actores no terreno da vida política (cf. a nota introdutória à 21ª edição de *Le Système...*, cit., págs. 6 e seg).

Mas, e depois? Elaborados esses quadros ou *rankings* onde é que isso nos leva? À conclusão de que os semipresidencialismos são diferentes entre si e que só a leitura da Constituição não nos permite conhecer o efectivo grau de intervenção política de um Presidente de semipresidencialismo? Mas se isso já era evidente na época em que DUVERGER elaborou os seus primeiros *rankings* e *grelhas*, hoje é simples banalidade.

Importante, sim, é perceber porque é que isso acontece e, aí, a elaboração de DUVERGER é, sobretudo na época, notável, tal como impressiona a capacidade de previsão quanto às possíveis e prováveis variações de funcionamento do sistema de governo.

2.2.2. O semipresidencialismo enquanto pretensa sucessão de fases ou de sistemas presidenciais e parlamentares

a) Na sua esmagadora maioria, os Autores franceses rejeitaram o conceito de semipresidencialismo, o que, para além da multiplicação das inúmeras e criativas sugestões de designação, os obrigava genericamente a manter para o sistema de governo da V República a qualificação ou de presidencial ou de parlamentar. Porém, optando por uma ou outra, tinham de considerar, pelo menos como hipótese, e depois de 1986 já como realidade[44], que o funcionamento do sistema poderia variar substancialmente consoante houvesse ou não, no Parlamento, uma maioria que apoiasse o Presidente.

Ou seja, mesmo admitindo que tinha alguma plausibilidade dogmática, até 1986, designar o sistema francês como presidencial, presidencialista ou hiperpresidencialista, estes Autores teriam de ter uma solução para a hipótese de o Presidente perder a maioria de apoio no Parlamento.

Ora rejeitando *à outrance* o terceiro género, o semipresidencialismo, a resposta só poderia ser a de que, a verificar-se aquela hipótese, um sistema originariamente presidencialista passaria a ser, ainda que só nessas situações, parlamentar. Portanto, quando muito, a originalidade do sistema francês apenas residia aí: ele podia alternar, dependendo das

[44] 1986 foi o início da chamada primeira *coabitação* em França, ou seja, pela primeira vez na V República um Presidente (François Mitterrand) tinha perante si uma maioria parlamentar hostil, sustentando um Primeiro-Ministro igualmente hostil (Jacques Chirac), com quem o Presidente teria de conviver, *coabitar*, no resto do mandato.

circunstâncias, entre sistema presidencial e sistema parlamentar ou, mais sofisticadamente, entre fases presidenciais e fases parlamentares de um sistema misto ou híbrido[45].

Não há aqui, no fundo, nenhuma novidade substancial relativamente às posições que atrás criticámos. Na base desta objecção à autonomia do semipresidencialismo está, invariavelmente, ou a referida concepção errónea que faz assentar a classificação dos sistemas de governo na observação empírica da realidade política ou uma compreensão inadequada da natureza jurídico-constitucional dos vários sistemas de governo.

b) Quanto à primeira hipótese, já a considerámos e refutámos. Quanto à segunda, a posição que, mesmo quando atenda ao plano jurídico-constitucional, ainda assim confunda este terceiro tipo de sistema de governo —independentemente da designação que se lhe dê—, com uma alternância de fases ou sistemas presidencialistas e parlamentares, dir-se-á que um conhecimento mínimo do funcionamento do semipresidencialismo demonstra exuberantemente que nem a *fase* de Presidente coincidindo e apoiado por uma maioria parlamentar é confundível com presidencialismo, nem a *fase* de *coabitação* —Presidente em oposição a um Primeiro-Ministro apoiado por uma maioria parlamentar— tem alguma coisa a ver com sistema parlamentar.

[45] Numa visão *americana* (J. Carey) do que seria uma suposta sofisticação francesa, o sistema da V República aparece mesmo *explicado* como o sistema que consegue reunir o melhor dos dois mundos. E fá-lo-ia da seguinte forma. O sistema seria presidencial e, com isso, teria todas as vantagens proporcionadas por este sistema relativamente ao sistema parlamentar (legitimidade, identificabilidade e responsabilidade directa dos executivos perante o eleitorado), combinadas com a igual representatividade de um parlamento. Porém, é sabido que o presidencialismo tem um perigo: o surgimento de uma maioria parlamentar oposta ao Presidente, com o consequente risco de bloqueio. Ora, aí, a tal *sofisticação francesa* teria resolvido o problema da melhor maneira, qual *ovo de Colombo*. Se surge no Parlamento uma maioria contra o Presidente, se consequentemente surge o fantasma do bloqueio que atormenta teoricamente o presidencialismo, pois, aí, para os franceses não haveria problema: pura e simplesmente, o sistema de governo francês, que até aí funcionava às mil maravilhas como sistema presidencial, transforma-se temporariamente em parlamentar e... continua a funcionar às mil maravilhas, mas agora como sistema parlamentar. O melhor dos mundos, portanto, um verdadeiro *dois em um*: todas as vantagens do presidencialismo e nenhum dos inconvenientes! Este seria, segundo Lijphart, o teor da argumentação em favor do sistema francês que lhe teria sido transmitida por John M. Carey (cf. Lijphart, "Presidentialism and majoritarian...", *cit.*, pág. 104, n. 7).

Basta ter em conta todo o conjunto de poderes que as Constituições de semipresidencialismo consagram e que os respectivos Presidentes podem exercer, qualquer que seja a fase e as circunstâncias em questão, para que se perceba não haver hipóteses de confundir o sistema em que o Presidente dispõe do apoio de uma maioria absoluta no Parlamento com qualquer tipo de presidencialismo, quer se considere o plano jurídico quer se considere o plano de funcionamento prático. Da mesma forma, também os poderes e as funções que o Presidente de semipresidencialismo exerce quando em *coabitação* estão muito longe de qualquer semelhança, jurídica ou política, com o sistema parlamentar.

Para assim se concluir da forma mais peremptória e incontestável, atente-se, por exemplo, num dos poderes mais importantes do Presidente de semipresidencialismo, o poder de dissolução do Parlamento.

Consideremos uma situação de Presidente de semipresidencialismo apoiado por uma maioria absoluta, portanto, aquilo que os Autores que criticamos designam de *presidencialismo* ou de *fase* de *presidencialismo*. Ora, quando um Presidente apoiado por uma maioria parlamentar, como era o Presidente Chirac em 1997, decidiu dissolver o Parlamento, onde é que esse acto, todavia da maior relevância para o sistema político francês, tem alguma hipótese mínima de ser confundido com presidencialismo, seja com o quadro constitucional do presidencialismo seja com a sua prática?

Consideremos a outra situação, a de Presidente de semipresidencialismo que tem face a si um Primeiro-Ministro de um partido diferente e oposto ao seu, portanto, a pretensa fase *parlamentar* do semipresidencialismo. Quando um Presidente nestas circunstâncias, como era o Presidente Jorge Sampaio em 2004, decidiu dissolver o Parlamento, onde havia uma maioria absoluta que apoiava o Governo em funções e que queria continuar em funções, decisão essa da maior relevância para o sistema político português, onde está, por mais remota que seja, qualquer semelhança com o quadro constitucional ou com a prática de sistema parlamentar?

c) Não há, portanto, qualquer fundamento para confundir semipresidencialismo com sucessão de fases pretensamente *parlamentares* ou *presidenciais*. Aquilo que existe é um sistema semipresidencial em que pode haver, em função da conjunção de factores e circunstâncias políticas de ordem conjuntural, variação da presença política relativa dos diferentes agentes políticos: maior ou menor presença do Presidente, maior ou menor dominância do Governo, maior ou menor influência do Parlamento. Mas, essas variações não têm nada a ver com *presidencial*, *parlamentar*, ou *semipresidencial*; presidencial não é mais peso do Presidente, parlamentar não é mais peso do Parlamento, semipresidencial não é assim-assim. São planos diferentes —o da conformação jurídico-constitucional e o da manifestação de uma concreta relação de forças no exercício do poder— que devem, por isso, ser apreendidos por conceitos próprios e identificados por designações diferentes.

O semipresidencialismo não será, portanto, a nosso ver, um sistema artificialmente construído a partir de uma qualquer sucessão de sistemas ou de fases presidenciais e parlamentares que se justapõem sucessivamente em determinadas experiências constitucionais. Se fosse percebido como tal, o sistema semipresidencial seria, evidentemente, falho de autonomia.

O que há é um sistema diferente e autónomo, como se verá a seguir, um sistema que colhe elementos dos sistemas tradicionais, mas formando uma síntese, um sistema novo, com um quadro constitucional próprio, uma lógica própria e possibilidades de funcionamento especiais, que só encontramos nesse sistema[46].

d) Esta ideia de fundo, que é a única que pode sustentar a autonomia política e científica do sistema de governo semipresidencial foi, todavia, tratada com alguma ambiguidade por parte de DUVERGER, seja no plano já referido no ponto anterior, seja porque DUVERGER, embora salientasse sempre a presença, no semipresidencialismo, de elementos e lógicas recebidos dos sistemas tradicionais, não deu a devida importância nem se preocupou em sustentar a ideia de sistema semipresidencial como síntese autónoma construída a partir desses elementos.

De resto, como refere na parte final do seu texto *inglês* de 1980, DUVERGER não estava interessado, do ponto de vista epistemológico, em trabalhar em sínteses conceptuais, mas apenas em construir um modelo analítico capaz de explicar a diferença de concretizações que as Constituições de semipresidencialismo experimentavam na prática política, do

[46] Cf., assim, SARTORI, *op. cit*, págs. 137 e segs.

mesmo país ou na comparação das várias experiências constitucionais, e ser capaz de explicar e prever as variações correspondentes. No âmbito dessa orientação respondia DUVERGER[47] à crítica que lhe dirigia GEORGES VEDEL. Segundo a citação de DUVERGER, G. VEDEL, caracterizando o sistema francês como *ultrapresidencial*, afirmava —ou seja, era VEDEL que afirmava, note-se— que, se o semipresidencialismo existisse em França, ele não seria uma síntese entre os dois sistemas tradicionais, mas uma *alternância* de fases presidenciais e parlamentares, o que seria uma coisa completamente diferente[48].

Porém, aquela resposta de DUVERGER à crítica que lhe dirigia VEDEL foi lida por LIJPHART[49], apesar de reparar nas aspas da citação, como significando ser o próprio DUVERGER quem conclui que o semipresidencialismo não é mais que uma sucessão alternada de fases presidenciais e fases parlamentares, o que, obviamente, era conclusão da exclusiva responsabilidade de VEDEL e que nem corresponde ao pensamento de DUVERGER nem foi por ele expressa em nenhum dos inúmeros escritos que publicou sobre o tema ao longo de décadas.

LIJPHART apresentou o *paper* onde formulou esta dedução equivocada em 1989 e, a partir daí, numa sucessão surpreendente, que só não gera mais perplexidade[50] porque acaba por ser algo que se repete com alguma frequência na discussão académica, aquela afirmação errónea acabou a ser repetida pelos mais diferentes autores, em diferentes latitudes, como constituindo uma opinião qualificada de DUVERGER sobre o sistema semipresidencial: pretensamente, para DUVERGER, o semipresidencialismo era (isto é, passou a ser nesta imputação sem fundamento) uma sucessão de fases presidenciais e parlamentares!

[47] Cf. "A new political...", cit., págs. 165 e seg.

[48] Neste mesmo artigo de VEDEL citado por DUVERGER, e que fora publicado em *Le Monde*, 19-20 de Fevereiro de 1978(9?), GEORGES VEDEL afirma que, na melhor das hipóteses, o semipresidencialismo não seria mais que o nome de ocasião dado a uma sucessão de práticas políticas contrárias estreitamente relacionadas com mudanças políticas (*apud* ELGIE, "The politics...", *cit.*, pág. 4).

[49] Cf. LIJPHART, "Presidentialism and majoritarian...", cit., pág. 95. Uma possível explicação para esse equívoco pode resultar do facto de DUVERGER ter qualificado de brilhante o artigo de VEDEL de onde fez aquela citação, o que pode ter levado o professor americano, no desconhecimento das posições de VEDEL, a concluir que DUVERGER as endossava.

[50] Note-se que já em 1998 ROBERT ELGIE havia denunciado este processo de imputação abusiva destas posições a DUVERGER (cf. ELGIE, "The politics...", *cit.*, pág. 7).

Ora, se o próprio *inventor* do semipresidencialismo o via assim, como mera sucessão de fases dos outros sistemas —qual *moinho de vento* contra o qual reage, precipitadamente, SARTORI[51], numa crítica materialmente correcta, mas dirigida a destinatário errado—, se, consequentemente, DUVERGER não reconhecia autonomia ao sistema semipresidencial, quem é que o poderia fazer?

O equívoco de LIJPHART foi, então, numa cadeia interminável, sucessivamente retomado e repetido, naqueles precisos termos, pelo menos por SHUGART/CAREY[52], JUAN LINZ[53], GIOVANNI SARTORI[54], ANGELO RINELLA[55], THOMAS SEDELIUS[56] e, entre nós, MANUEL DE LUCENA[57] e CRISTINA QUEIROZ[58], e, provavelmente, continuará ser repetido como verdade estabelecida quando, a ser levado a sério, constituiria uma negação essencial da teoria do próprio DUVERGER.

O pensamento do professor francês não é, seguramente, isento de contradições e ambiguidades, algumas das quais, de resto, já salientámos. Mas, não lhe pode ser assacado algo que constituiria a negação de tudo quanto defendeu a propósito; pura e simplesmente, reduzido a sucessão de fases presidenciais e parlamentares, o semipresidencialismo não existiria. Por exemplo, como poderia Portugal ser qualificado de *semipresidencialista* se, pretensamente, nesta lógica, estaria ininterruptamente em *fase parlamentar* desde 1976? Mas, estranho sistema parlamentar este, dizemos nós, em que os Presidentes da República, vários deles, se entretêm a dissolver o Parlamento contra a vontade das respectivas maiorias parlamentares...

[51] Cf. SARTORI, *Ingegneria costituzionale...*, cit., págs. 136 e segs.

[52] Cf. *Presidents and Assemblies*, cit., 1992, pág. 23.

[53] Cf. "Presidential or parliamentary democracy...", cit., 1994, pág. 52.

[54] Cf. *Ingegneria costituzionale...*, cit., 1994, pág. 137.

[55] Cf. *La Forma di Governo...*, cit., 1997, págs. 191 e seg.

[56] Cf. T. SEDELIUS, *The Tug-of-War between Presidents and Prime Ministers. Semi-presidentialism in central and Eastern Europe*, Örebro Univ., 2006, págs. 35 e seg.

[57] Cf. "Semipresidencialismo: teoria geral e práticas portuguesas" *in Análise Social*, vol. XXXI, 1996, págs. 880 e 885.

[58] Cf. "A classificação das formas de governo. Em particular o sistema de governo 'semi-presidencial'" *in Estudos em Homenagem ao Prof. Doutor Armando Marques Guedes*, Lisboa, 2004, pág. 351.

3. A autonomia do semipresidencialismo

a) O semipresidencialismo existe como sistema de governo autónomo e, por exemplo, Portugal é um semipresidencialismo porque preenche, no plano decisivo que é o plano constitucional, os requisitos de identificação de um tal sistema de governo. Podemos, por isso, concluí-lo de forma totalmente independente daquilo que acontece no plano dos modos de funcionamento do sistema, isto é, com a mais absoluta e olímpica indiferença quanto à descrição do que é que o nosso Presidente da República andou a fazer na última semana, no último mês ou no último mandato e como se relacionou com os outros órgãos durante esses períodos, e, por isso, dispensando em absoluto, para tal concluirmos, a elaboração de qualquer *grelha* ou de qualquer divisão, subdivisão ou *sub-subdivisão* nas correspondentes *fases* ou *ciclos* de funcionamento do sistema e independentemente do que possamos especular sobre o que virá o Presidente da República a fazer em próximos períodos.

De facto, esta tendência para elaborar *grelhas de transformação* e *escalonar* semipresidencialismos —como vimos, inaugurada por Duverger— foi depois sucessivamente retomada por seguidores e críticos do semipresidencialismo, mas sem qualquer sentido útil que não seja o de uma descrição, absolutamente inócua, de pseudo-*rankings* de semipresidencialismo, que pode, noutra perspectiva, chegar ao absurdo de apresentarmos, para cada país, uma sucessão interminável de *fases parlamentares, presidencialistas* ou *semipresidencialistas* que se podem suceder por mandatos presidenciais, por anos parlamentares, por trimestres ou até de semana a semana; tudo depende do quadro temporal objecto da análise e da imaginação do autor.

Essa metodologia não fornece, porém, quaisquer indicações de ordem prática e, muito menos normativa, tal como não permite formular quaisquer conclusões a propósito da questão que agora nos ocupa, a da autonomia do sistema de governo semipresidencial.

b) Consideramos que o semipresidencialismo é um sistema de governo autónomo por várias razões, atinentes, em primeiro lugar, como deve ser, ao plano jurídico-constitucional, o que significa que a organização do poder político que se encontra numa Constituição de semipresidencialismo é substancialmente diversa daquela que encontramos nas Constituições dos outros sistemas de governo.

O semipresidencialismo é autónomo, sem margem para dúvidas, relativamente ao sistema presidencial. A responsabilidade política do Governo perante o Parlamento —factor da maior importância na caracterização dos sistemas de governo e cuja existência se verifica em semipresidencialismo e está necessariamente ausente em sistema presidencial— prova-o.

Mas, é também um sistema autónomo relativamente ao sistema parlamentar. A eleição popular do Presidente da República e a consequente legitimidade para poder exercer os significativos poderes políticos que a Constituição lhe atribui —qualquer das situações inexistente em sistema parlamentar e também da maior importância— demonstram-no. Logo, a simples leitura da Constituição —desde que a saibamos ler— é suficiente para chegarmos àquela conclusão.

O semipresidencialismo reúne, é certo, elementos institucionais também presentes nos outros dois sistemas. Nem poderia ser de outro modo, pois seria impossível, em democracia representativa, construir um qualquer novo sistema que, de alguma forma, não recuperasse ou replicasse directamente institutos, elementos ou características presentes na organização do poder político de outras democracias representativas.

Porém, o semipresidencialismo combina esses elementos que recolheu dos outros sistemas (eleição popular do Presidente da República, recolhida do sistema presidencial, responsabilidade política do Governo perante o Parlamento, recolhida do sistema parlamentar) de forma única, particular, específica, conferindo-lhe uma lógica própria distinta da lógica que comanda os outros dois sistemas, o que faz dele, em última análise, um sistema autónomo.

Essa autonomia do semipresidencialismo afirma-se no plano constitucional e, como temos dito, é deste plano que releva essencialmente a existência e a definição dos sistemas de governo[59]. E essa autonomia constitucional tem a sua prova inequívoca na seguinte verificação: o semipresidencialismo nasce necessariamente da elaboração de uma Constituição nova ou de uma revisão constitucional; qualquer dos outros dois sistemas só se pode transformar ou dar lugar a um sistema semipresi-

[59] Cf., no mesmo sentido, Mauro Volpi, "Esiste una forma di governo semipresidenziale?" *in Semipresidenzialismi*, Padova, 1997, pág. 33.

dencial através de elaboração de nova Constituição ou através de revisão constitucional[60].

Não há, com efeito, qualquer possibilidade, teórica ou prática, de um sistema presidencial evoluir *a frio* para semipresidencialismo; no mínimo, tem de haver alteração constitucional que consagre uma nova responsabilidade política do governo perante o Parlamento. Tal como não há qualquer possibilidade de transição, sem revisão ou alteração constitucional, de sistema parlamentar para sistema semipresidencial. No mínimo, tem de haver modificação constitucional da forma de eleição do Presidente da República: ele tem de passar a ser eleito por sufrágio popular. Ora, se um sistema de governo só se pode criar através e com alteração constitucional é porque, obviamente, possui autonomia constitucional. Reciprocamente, também o semipresidencialismo não pode evoluir, *a frio*, para qualquer dos outros dois sistemas. Só através de revisão constitucional ou através da aprovação de uma Constituição nova pode Portugal, por exemplo, passar a ser uma sistema presidencial ou um sistema parlamentar.

c) É verdade que, no plano do funcionamento prático, um sistema semipresidencial pode apresentar um modo de funcionamento muito aproximado ao modo de funcionamento de outros sistemas. Se um Presidente se afastar completamente do exercício de poder político durante o mandato, se se alhear persistentemente da vida política, o sistema vai funcionar em modos muito semelhantes aos do funcionamento de um sistema parlamentar. Por outro lado, se, em alternativa, o Presidente tiver condições políticas de ordem prática para dirigir o executivo por interposta pessoa do Primeiro-Ministro e se dispuser do apoio de uma maioria parlamentar, o sistema pode funcionar em modo análogo ao de um funcionamento que também se encontra em sistema presidencial. Mas, como vimos, esta dimensão de ordem prática não releva para efeitos de identificação e de definição de um sistema de governo.

Logo, quando se diz que o nosso sistema se *presidencializou* porque o Presidente da República dissolveu o Parlamento ou que passou a *parla-*

[60] Cf. Gianfranco Pasquino, "Duetti e duelli: l'adattabilità dei semipresidenzialismi" *in Semipresidenzialismo*, Bologna, 1996, pág. 99; "Semi-presidentialism: a political model at work" *in European Journal of Political Research*, 31, 1997, pág. 129.

mentar porque não o fez, já estamos num plano de incompreensão do que é um sistema de governo, já estamos a confundir um sistema em que o maior peso é do Parlamento com sistema parlamentar ou um sistema com um Presidente politicamente activo com sistema presidencial.

Diversamente, já haverá lugar, mas nessa altura com propriedade, para discutir a continuidade do semipresidencialismo quando, como aconteceu entre nós com a revisão constitucional de 1982, se pode suscitar a dúvida sobre se uma determinada alteração constitucional dos poderes presidenciais alterou ou não a natureza semipresidencial do sistema. Mas, aí, já nos situamos no plano onde os sistemas de governo podem, de facto e de direito, mudar, isto é, o plano jurídico-constitucional.

d) Por último, o semipresidencialismo é um sistema autónomo também no domínio do funcionamento prático, na medida em que este sistema de governo comporta um espectro de possíveis modalidades de funcionamento que lhe é próprio, específico, que não encontramos em qualquer dos outros dois sistemas de governo. Pode acontecer, e acontece, que num dado circunstancialismo conjuntural um sistema semipresidencialista funcione da mesma forma como pode também funcionar o sistema parlamentar ou o sistema presidencial. Mas, no conjunto, o leque de possibilidades que restam aos três sistemas não se confundem, o espectro de possibilidades de funcionamento é perfeitamente distinto em cada um dos três sistemas de governo.

Por exemplo, só em semipresidencialismo podemos encontrar uma verdadeira situação de *coabitação*[61] ou uma situação em que o Presidente da República só *governa* indirectamente através de Primeiro-Ministro ou em que o Presidente da República é um Presidente moderador, que arbitra, com efectividade, mas também com autonomia, eventuais conflitos ou disfuncionamentos entre Parlamento e Governo.

Neste plano, pode-se dizer que o semipresidencialismo é o sistema mais complexo, porque o leque das suas possibilidades de concretização é o mais amplo, porque há mais factores de ordem conjuntural ou circunstancial susceptíveis de determinar ou de influenciar o tipo de funcionamento prático, porque é maior a incerteza quanto à probabili-

[61] Salientando esta especificidade do semipresidencialismo, cf. BAHRO/BAYERLEIN/VESER, "Duverger's concept...", *cit.*, pág. 213.

dade de evolução de funcionamento num ou noutro sentido. Mas, essa verificação, de maior complexidade, nada tem a ver com falta de autonomia; antes ilustra a autonomia, porque também aí os três sistemas são bem distintos.

No fundo, para sabermos como funciona, na prática, um sistema parlamentar é fácil: simplificando, basta sabermos se o Governo é ou não apoiado por uma maioria política sólida no Parlamento. Se é, temos um funcionamento típico de parlamentarismo maioritário ou parlamentarismo *de gabinete*; se não é, temos parlamentarismo *de assembleia*, pressupondo, obviamente, que estão presentes os outros factores de consistência e de disciplina partidárias. Quanto ao presidencialismo, os dados a conhecer também são limitados: o Presidente (o Executivo) tem perante si um Congresso que o controla, que lhe levanta dificuldades pontuais ou que bloqueia a sua governação ou, ao invés, governa com total margem de acção ou, até, de concentração de poderes?

Já o funcionamento do semipresidencialismo depende de inúmeros factores que fazem a sua complexidade e que, neste domínio específico do funcionamento prático dos sistemas, conformam também a sua autonomia. Voltaremos a este tema, mas podemos contabilizar, entre muitos, desde logo, os mesmos factores de ordem prática atrás referidos quanto ao presidencialismo e ao sistema parlamentar, isto é, governo *maioritário* ou *minoritário* e tipo de relações entre executivo e parlamento.

Mas, para além dessas variáveis, também comuns aos outros dois sistemas, há ainda, em semipresidencialismo, uma infindável série de outros factores a considerar, como saber se o Presidente da República é o líder da maioria política parlamentar ou se é, ao invés, o Primeiro-Ministro que assume essa função; se o Presidente da República é do mesmo partido ou aliança política do Primeiro-Ministro ou se as duas figuras divergem ou se opõem; se o Presidente da República é membro activo de partido político ou se se coloca deliberadamente à margem ou acima das forças e da vida partidárias; se o Presidente da República pretende ou pode liderar o Governo ou pretende interferir na governação ou se está limitado ou quer limitar-se a um papel de garantia ou arbitral; se tenciona interferir muito, pouco ou nada na vida política[62].

62 Algo mais, diga-se, que as três ou quatro variáveis de que falava MAURICE DUVERGER na sua construção originária do modelo e que eram: as regras constitucionais (os poderes cons-

Esta maior complexidade e amplitude de variação de funcionamento prático que o semipresidencialismo apresenta relativamente aos sistemas *clássicos* tem sido invocada, precisamente, enquanto argumento dirigido contra a sua autonomia como sistema de governo próprio.

No entanto, sendo verdade que são mais, mais variadas e mais complexas as modalidades de funcionamento típicas do semipresidencialismo, tal facto em nada põe em causa a sua autonomia como sistema próprio. Desde logo, esse acaba mesmo por ser um argumento a favor da necessidade da sua distinção dos outros dois sistemas. Com efeito, não há possibilidades de confusão do semipresidencialismo com qualquer dos outros dois sistemas. Não existe esse perigo no plano jurídico-constitucional, mas não existe, também, no plano do funcionamento prático, pois, aí, o já referido espectro de possíveis modalidades de funcionamento prático do semipresidencialismo é único, não é replicável em qualquer dos outros sistemas.

e) Só a título de exemplo: em nenhum dos outros sistemas a personalidade do Presidente da República é um factor decisivamente relevante na estrutura do relacionamento prático entre os vários órgãos. Em presidencialismo ou em sistema parlamentar, quaisquer que sejam a personalidade ou os humores do Presidente, o quadro estrutural objectivo desses sistemas *força* as modalidades típicas de funcionamento já referidas. No sistema parlamentar o chefe de Estado não pode, a não ser muito excepcional e pontualmente, desempenhar papel político activo, não pode, em consequência, exercer os poderes que a Constituição formalmente lhe atribui. Em sistema presidencial, por sua vez, o Presidente tem de desempenhar um papel activo e liderante. Mesmo que seja um papel *falhado*, ele tem de assumir os poderes que a Constituição lhe atribui, não se pode demitir de intervir de forma politicamente activa, sob pena de paralisia e bloqueio de funcionamento do sistema.

Já em semipresidencialismo, a personalidade do Presidente, a forma como *vê* o seu papel no sistema, a *leitura* que faz dos poderes presidenciais, são factores relevantes. E são-no por uma razão muito simples.

titucionais), a composição da maioria parlamentar, a posição do Presidente da República relativamente a essa maioria e, eventualmente, a presença de factores nacionais contingentes (cf. "Le concept..." *cit.*, pág. 14; "A new political...", *cit.*, pág. 166).

É que, em semipresidencialismo, quando dizemos que ao Presidente da República são constitucionalmente atribuídos poderes relevantes e significativos, isso tem um outro sentido mais rigoroso. Significa que o Presidente da República de semipresidencialismo tem a legitimidade democrática que lhe permite, se quiser, mas só se quiser e quando quiser, fazer uso efectivo dos poderes que a Constituição lhe atribui.

Se o Presidente da República de semipresidencialismo quiser, mas depende só dele, promulga, de *olhos fechados* e sistematicamente, todos os diplomas que lhe são enviados, dá o acordo a todas as propostas de nomeação que lhe são apresentadas, aceita todas as sugestões de resolução de eventuais crises que lhe são sugeridas pelo Primeiro-Ministro ou pelo Parlamento. Mas, se quiser exercer o mandato de forma radicalmente distinta, pode também fazê-lo; pode discutir, à minúcia, devolver, opor-se, vetar, rejeitar, tomar iniciativas, apresentar propostas, dar indicações e orientações em privado ou através da comunicação social, demitir, dissolver. A escolha é seguramente influenciada ou, até, determinada, por outros factores, mas também depende dele.

Esclarecidas estas dúvidas e refutadas as objecções à viabilidade científica e prática do semipresidencialismo como sistema autónomo, poderemos, então, passar à caracterização sistemática de um tal sistema de governo. Antes, porém, cabe tecer algumas considerações sobre o fenómeno da expansão do modelo semipresidencial e a sua importância política.

4. Expansão territorial do semipresidencialismo e sua explicação

Enquanto que em França, como vimos, DUVERGER experimentava enormes dificuldades para convencer os seus pares da existência de um novo sistema de governo que nascera e se desenvolvera, desde 1962, sem que ali tivesse sido percebido como tal, noutras latitudes as suas teses são recebidas com interesse e aceitação crescentes. Designadamente, como dissemos, a partir da publicação, em língua inglesa, de "A new political system model" e das variadas traduções de *Échec au Roi*, o Direito Constitucional e a Ciência Política, europeus e americanos, confirmam a *descoberta* do semipresidencialismo e passam a considerá-lo como objecto privilegiado das pesquisas académicas sobre sistemas de governo.

Esse interesse científico, é, de resto, estimulado pelo facto objectivo de, no plano político, as experiências de semipresidencialismo se terem desenvolvido, em progressão, por sucessivas etapas e em diferentes épocas, regiões e circunstâncias.

a) Podemos considerar, historicamente, uma primeira fase na primeira metade do século XX, com a República de Weimar, a que se seguem Finlândia, Áustria, Islândia e Irlanda. Porém, à excepção da Finlândia, que tem um desenvolvimento próprio, muito marcado pelo contexto geo-estratégico e as relações complexas de vizinhança com a ex-União Soviética, todas as outras experiências mencionadas apresentam, hoje, uma particularidade comum: tendo adoptado a configuração constitucional que viria posteriormente a ser designada de semipresidencialista (nomeadamente no que se refere à eleição do Presidente da República por sufrágio popular), em todas elas se verifica, contudo, um *apagamento* confirmado da figura presidencial, que, na prática, torna quase indistinto o funcionamento destes sistemas de governo relativamente ao funcionamento típico dos sistemas parlamentares.

Dir-se-ia, assim, que se não fossem os desenvolvimentos posteriores, só por estas três experiências não se justificaria mobilizar todo um arsenal doutrinário de estudo e delimitação teórica de um novo sistema de governo. Ou seja, a legitimidade democrática que os Presidentes da República de Áustria, Islândia e Irlanda recolhiam da eleição popular não era posteriormente investida politicamente em termos que distinguissem tais experiências relativamente ao funcionamento dos sistemas parlamentares europeus, monárquicos ou republicanos.

Porém, como dissemos, algo de muito diverso surgiu com a experiência semipresidencial da V República francesa. Aí, indiscutivelmente (apesar da controvérsia suscitada, sobretudo entre os franceses...), tínhamos já algo com uma natureza perfeitamente distinta do sistema presidencial e do sistema parlamentar. Essa diferença, concretizada num espectro de possibilidades de funcionamento prático singular comparativamente aos dois outros sistemas clássicos, ficou ostensivamente evidenciada na primeira *coabitação* de 1986.

Ou seja, se até 1986 a presença dominante dos vários Presidentes da República no sistema político francês ainda justificava os erros comuns da doutrina *negacionista* — para a maioria dessa doutrina, o sistema francês seria uma *espécie* de presidencialismo—, a partir da primeira *coabitação* e das duas que se lhe seguiram, mesmo os mais cépticos eram obrigados a reconhecer que o sistema que tinham diante de si nem era presidencial nem era parlamentar. Com efeito, nas situações de *coabitação*, sem perder relevância sistémica e legitimidade, o Presidente era obrigado a ceder o *palco* a um Primeiro-Ministro que se encarregava, com exclusividade, da liderança do Governo e da condução da política francesa.

Os Autores franceses podiam refugiar-se, então, nas estéreis discussões terminológicas referidas, mas, para além da derradeira *fuga* que consistia na assinalada redução do sistema a algo *sui generis* que se esgotaria numa sucessão de fases presidenciais e parlamentares, não podiam já recusar o evidente.

Ainda assim, as experiências existentes não eram ainda suficientes para garantir o reconhecimento de um terceiro género autónomo no conjunto dos sistemas de governo de democracia representativa. O semipresidencialismo seria, então, apenas algo de especificamente francês, a que se deveria juntar, quando muito, a experiência relativamente marginal da Finlândia.

b) É então que, em 1976, a experiência semipresidencial portuguesa vem fornecer um novo fôlego ao semipresidencialismo[63], pré-anunciando, sabe-se hoje, a enorme força de atracção que este novo sistema de governo pode desenvolver quando se trata de elaborar ou criar um novo quadro constitucional democrático em países saídos de regimes ditatoriais. Independentemente do significado que tem para nós, a experiência portuguesa é objectivamente interessante a vários níveis.

Em primeiro lugar, pelo seu inegável sucesso político. Num país sem tradição democrática, saído de uma ditadura de quarenta anos através de um processo revolucionário desencadeado por um golpe militar, praticamente sem memória de sistema de governo representativo, com um sistema partidário incipiente e em formação, num contexto de grandes dificuldades económicas, mais de quatro décadas bem-sucedidas de semipresidencialismo demonstraram largamente a adequação da escolha feita pela Constituição de 1976. De facto, a aptidão revelada pelo

[63] No mesmo sentido, Vitalino Canas, "Sistema semi-presidencial", *cit.*, págs. 479 e segs.

semipresidencialismo na nova democracia portuguesa é tão evidente que dispensa maior esforço de demonstração.

Naturalmente que quando se avalia a aptidão do semipresidencialismo, nas condições de um país da Europa do Sul, com um sistema partidário típico desta zona, o termo de comparação só pode ser o sistema parlamentar, dada a reconhecida inviabilidade objectiva que o sistema presidencial apresenta neste contexto. Ora, é difícil pretender que, nas condições pós-revolucionárias da época, o sistema parlamentar pudesse ter proporcionado as condições de integração, de representação, de estabilidade e de governabilidade proporcionadas pelo semipresidencialismo[64], a começar, desde logo, pelo desempenho do sistema de governo na fase de transição, entre 1976 e 1982, com a programada presença residual dos militares na vida política.

Para além disso, dificilmente um sistema parlamentar poderia ter proporcionado as condições de estabilidade e de governabilidade nas frequentes situações de ausência de uma maioria parlamentar clara —frequência essa, de resto, objectivamente implicada ou até inevitável num contexto de adopção de um sistema eleitoral proporcional em condições de real pluralismo partidário—, bem como dificilmente o mesmo sistema parlamentar proporcionaria o acréscimo de equilíbrio e de moderação, nas situações de maioria absoluta monocolor, que o contraponto presidencial inerente ao sistema semipresidencial pôde garantir entre nós.

c) Em segundo lugar, e sem entrar nas razões concretas que motivaram os constituintes de 1976, a experiência portuguesa é ainda objectivamente interessante pelo facto de constituir o primeiro modelo de país europeu que, saído de uma ditadura e obrigado a construir, nas condições políticas dos nossos dias, um novo quadro constitucional democrático, encontra no semipresidencialismo a resposta para as dúvidas acerca da adequação da adopção de cada um dos dois modelos clássicos, o sistema presidencial ou o parlamentar.

[64] A situação de Espanha, na mesma época, é radicalmente diversa, uma vez que a opção por qualquer sistema que não fosse o sistema parlamentar, obrigaria a recolocar a questão da monarquia num contexto de transição já de si muito complexo. Mantendo-se a monarquia, a opção pelo sistema parlamentar era, aí, inevitável.

Com efeito, não pode ser por acaso ou coincidência que sucessivas vagas de países europeus que chegaram à democracia após períodos prolongados de ditadura vieram posteriormente a reproduzir, no plano da adopção constitucional de um sistema de governo, o percurso também trilhado pela democracia portuguesa em 1976.

Sem aprofundar o tema, dir-se-ia que, em geral, aquilo que o semipresidencialismo *promete* a este tipo de sociedades saídas de longos períodos de ditadura é a expectativa de algo tão velho quanto o próprio Estado de Direito, ou seja, a ideia de repartição do poder por vários órgãos, a ideia de separação de poderes e, sobretudo, de equilíbrio entre eles.

Sendo, embora, sistemas de governo igualmente próprios de democracia representativa e a que, por isso mesmo, é consubstancial a ideia de divisão de poderes, tanto o sistema presidencial quanto o parlamentar significam para os novos países democráticos, em algum modo, uma aposta arriscada. No fundo, o que vem sugerido, mesmo que empiricamente, por estes dois outros sistemas de governo é um depositar unilateral de expectativas numa única fonte de poder, seja o Presidente, seja o binómio Parlamento/Governo. Mas, como acreditar que, antes mesmo de se fazer a experiência do novo quadro político e dos novos sistemas partidário e eleitoral, essas expectativas são fundadas? Como não ter em conta os perigos da tendencial concentração de poderes ou, ao invés, os riscos da instabilidade governativa, uns e outros igualmente ameaçadores para a sobrevivência do novo regime democrático em formação?

Assim, quase que intuitivamente, as novas democracias orientam-se pela ideia de separação e interdependência dos poderes, pela ideia de moderação e de equilíbrio, pelo não colocar de todas as expectativas e esperanças num novo salvador, isto é, num único centro de poder efectivo.

A dupla eleição (Parlamento e Presidente) e a consequente legitimidade democrática repartida entre Presidente da República e Parlamento surgem, nessas circunstâncias, como uma opção de puro bom senso, tanto mais quanto a relativa debilidade e a fragmentação do novo sistema partidário privam a instituição parlamentar, nesses períodos, tanto da possibilidade de um exercício do poder com uma legitimação indiscutível, como da possibilidade de se constituir como verdadeiro centro ou como exclusiva referência política de unidade ou unificação nacionais[65]; ora, nesse quadro, quando se compensam essas deficiências através da solução de sagração ou de plebiscitação democrática do Presidente da República, mas se receiam e se procura, simultaneamente, prevenir os riscos de um autoritarismo pessoal, é o caminho do semipresidencialismo que, em princípio, se oferece.

É certo que a criação de mais um centro de poder pelo semipresidencialismo, quando comparado com os sistemas clássicos, se bem que proporcione mais divisão e equilíbrio de poderes, arrasta também, inevitavelmente, um risco até aí desconhecido pelos outros sistemas, ou seja, o risco da concorrência, eventualmente conflitual, entre Presidente da República e Primeiro-Ministro na liderança do executivo. Nesse sentido, algumas experiências nas novas democracias e Estados surgidos com a desagregação do *bloco soviético* podem ilustrar estes riscos de forma amplificada, na medida em que, numa democracia não perfeitamente estabilizada, os conflitos e disputas entre dois *centros* de poder executivo —o Presidente e o Primeiro-Ministro— estimulam os perigos de bloqueio ou, em alternativa, de centralização tendencialmente autoritária de poder num desse pólos, normalmente o Presidente[66].

De qualquer forma, as alternativas não abundam: ou se *aposta* tudo no Parlamento ou, se assim não for, tem sempre de se admitir um novo pólo de poder, com uma legitimidade própria, o Presidente da República. Mais, numa sociedade de transição, normalmente envolvida em grandes dificuldades económicas, o risco de instabilidade política e de desagregação social apela à criação de um executivo forte, de uma liderança pessoal que possa funcionar como referência nacional do novo regime democrático, incluindo na representação do país na cena internacional.

Porém, nessa altura, o reforço unilateral da posição política do Presidente proporciona a emergência de conflitos entre as duas instituições, ambas igualmente legitimadas numa eleição popular. Ainda assim, há uma diferença substancial. A criação, para além do Parlamento, de um novo pólo de poder democraticamente legitimado por uma eleição popular conduz, necessariamente, ou ao presidencialismo ou ao

[65] Cf. BAHRO/BAYERLEIN/VESER, "Duverger's concept...", *cit.*, págs. 208 e seg.

[66] Cf., assim, SEDELIUS/MASHTALER, "Two decades of semi-presidentialism: issues of intra-executive conflict in Central and Eastern Europe 1991–2011" *in East European Politics*, 2013, nº 2, págs. 109 e segs.

sistema semipresidencial. Mas, enquanto que, para superar esse eventual conflito no caso em que ele ocorra efectivamente —o conflito entre Presidente da República e Primeiro-Ministro/Parlamento (maioria parlamentar)—, a hipótese presidencialista não deixa, por definição, qualquer saída institucional, qualquer *válvula de segurança*, a hipótese semipresidencialista é bastante mais flexível, assegurando mecanismos institucionais que permitem superar o conflito sempre que ele atinge pontos de iminente ruptura. A demissão do Primeiro-Ministro (Governo) ou a dissolução do Parlamento, ou apenas a simples sugestão/ameaça de accionamento desses mecanismos, permitem, em geral, prevenir ou superar essas situações-limite.

De qualquer forma, também aqui a experiência portuguesa é *tranquilizante*, na medida em que, após vários mandatos de Presidentes diferentes, dá o exemplo de como, por um lado, aqueles mecanismos podem ser utilizados com eficácia para prevenir ou para solucionar as situações potencialmente mais críticas. Por outro lado, mais de quarenta anos de semipresidencialismo em Portugal mostram, também, como um certo modelo de semipresidencialismo reduz a um nível praticamente irrelevante, ou perfeitamente gerido pelo sistema, aquele risco de conflito institucional entre Presidente da República e Primeiro-Ministro.

No fundo, acaba por ser a estabilidade e consistência do sistema partidário entretanto desenvolvido, e não o sistema de governo em si mesmo considerado, o principal factor de que depende um funcionamento equilibrado do sistema político. De facto, com um sistema partidário incipiente, fragmentado, formado por inúmeras organizações partidárias artificialmente constituídas e programaticamente inconsistentes, qualquer sistema de governo funciona mal e o próprio regime democrático-representativo tem dificuldades em estabilizar[67].

Também nesse domínio, a experiência portuguesa, ao invés de várias outras experiências da Europa Central e de Leste, tem ainda interesse pela demonstração prática de que o semipresidencialismo pode, mesmo nas condições de uma democracia consolidada e de um sistema partidário sólido, plural, ideológica e programaticamente heterogéneo, confe-

[67] Cf., enquanto possível explicação para as dificuldades de instituição de uma real democratização na Ucrânia num quadro de sistema *semipresidencial* em comparação com o que ocorria na Polónia, O. Sydorchuk, "The impact of semi-presidentialism on democratic consolidation in Poland and Ukraine" *in Demokratizatsiya*, 2014, 1, págs. 129 e segs.

rir mais representatividade, equilíbrio e flexibilidade ao funcionamento do sistema democrático, sem perdas de governabilidade e de estabilidade.

De qualquer modo, e independentemente do juízo, naturalmente subjectivo, que se possa formar sobre o contributo da experiência semipresidencial portuguesa, indiscutível é que ela constituiu a primeira expressão pré-anunciadora da difusão generalizada do semipresidencialismo a que se assistiu a partir da década de noventa do século passado.

d) Com efeito, durante o último quartel do século passado, de sistema de governo delimitado ao espaço, quase *tradicional* das já referidas seis experiências (Áustria, Islândia, Irlanda, Finlândia, França e Portugal), o semipresidencialismo alastrou às mais diferentes regiões, constituindo hoje, sem reservas, um modelo globalmente alternativo aos sistemas de governo clássicos[68].

Sem curar da propriedade e rigor da qualificação, até porque em muitas dessas experiências só muito discutivelmente se pode falar em quadro democrático representativo, se tomarmos como ponto de referência apenas a existência formal dos traços normalmente associados ao semipresidencialismo, e mesmo não considerando os casos mais duvidosos, encontramo-lo, hoje, pelo menos, em países de latitudes tão diversas como Guiana, Peru, Senegal, Mali, Cabo-Verde, São Tomé e Príncipe, Guiné-Bissau, Namíbia, Sri Lanka, Coreia do Sul, Timor-Leste, Mongólia, Roménia, Polónia, Bulgária, Lituânia, Croácia, Eslovénia, Eslováquia.

Não avaliando, aqui, tanto a pertinência da qualificação quanto as razões particulares da adesão de cada país a um tal sistema de governo, cabe, pelo menos, destacar, no conjunto dos novos semipresidencialismos, a importância decisiva que constitui a adopção do modelo por parte da maioria das novas democracias da Europa Central e de Leste saídas da desagregação do *bloco* soviético[69]. Deste conjunto de países, pode-se

68 Sobre a expansão global do semipresidencialismo, incluindo as experiências não democráticas, cf., por último, VASCO FRANCO, *Semipresidencialismo: Perspectiva Comparada e o Caso Português —os Poderes Presidenciais na Interação com o Governo e com a Assembleia da República* (1982-2016), Lisboa, 2020, págs. 63 e segs.

69 T. SEDELIUS regista, em 27 Constituições de países nascidos da desagregação do *bloco* soviético, a inexistência de Constituições de presidencialismo *puro*, a existência de nove Constituições parlamentares e as restantes representando diferentes modalidades de semi-

dizer que hoje, vivendo num quadro de democracia estabilizada, só a Hungria, a Letónia e a Estónia não adoptaram o semipresidencialismo, mantendo-se em sistema parlamentar.

Se, por exemplo, em África, a difusão do semipresidencialismo encontra explicação imediata no mimetismo das Constituições semipresidencialistas dos antigos colonizadores —França e Portugal—, já no que à Europa Central e de Leste se refere, não há outra explicação que não seja a de uma escolha racionalmente fundada nas características intrínsecas do modelo quando comparadas com as alternativas proporcionadas pelos sistemas clássicos.

A tentativa de explicação desta opção pode, portanto, ser ensaiada, em torno de dois tipos de justificação: de um lado, a inadequação ou, pelo menos, um elevado grau de incerteza quanto à eventual adequação dos modelos clássicos às realidades políticas destes países, designadamente no que se refere ao sistema parlamentar; de outro, a maior flexibilidade de funcionamento proporcionada pelo semipresidencialismo, designadamente quando comparado com o sistema presidencial.

De facto, como vimos, apesar da sua maior difusão em termos globais, tanto o sistema presidencial quanto o sistema parlamentar carecem de condições precisas para poderem funcionar em condições óptimas, para além de que apresentam, relativamente ao semipresidencialismo, um leque bastante mais estreito de possibilidades de funcionamento, o que, na falta das referidas condições óptimas, é susceptível de gerar bloqueios, concentração exagerada de poderes, instabilidade e algum défice de representatividade e de integração.

Vimos como o presidencialismo convive mal ou é mesmo inviável em situações de divergência ou de oposição sistemáticas entre o presidente

presidencialismo (cf. *The Tug-of-War between Presidents and Prime Ministers. Semi-presidentialism in Central and Eastern Europe*, Örebro Univ., 2006, pág. 89). Num registo parcialmente diferente, PROTSYK regista que, nas primeiras Constituições das vinte e nove experiências na Região, oito adoptaram o sistema parlamentar, seis optaram pelo sistema presidencial e quinze aderiram ao semipresidencialismo (cf. "Semi-presidentialism under post-communism" *in* ELGIE, MOESTRUP, YU-SHAN WU, (orgs.), *Semi-Presidentialism and Democracy*, London, 2011, pág. 99). Por sua vez, em 2013, T. SEDELIUS e O. MASHTALER assinalavam já a existência de vinte dos países do anterior bloco soviético como tendo adoptado Constituições de semipresidencialismo (cf. "Two decades of semi-presidentialism: issues of intra-executive conflict in Central and Eastern Europe 1991–2011" in *East European Politics*, 2013, nº 2, pág. 109).

e a maioria parlamentar; ora, mesmo não havendo um sistema partidário estabilizado, com disciplina partidária e demarcação ideológica e programática bem definidas, a simples divisão, corrente nestes países na primeira fase da democratização, entre os blocos dos *ex-comunistas* e dos *não comunistas*, que era uma divisão ideologicamente enraizada e, enquanto tal, potencialmente geradora de conflitos sistemáticos, poderia, designadamente nesses primeiros tempos, conduzir facilmente a situações de bloqueio institucional.

Por outro lado, num quadro de falta de uma sólida tradição democrática ou, no mínimo, de um período de vivência pacífica de alternância democrática, fazer assentar o funcionamento do sistema político num executivo presidencial não politicamente responsável perante o Parlamento podia abrir um perigoso caminho de tendencial concentração de poderes na pessoa do Presidente[70], perigo esse que seria, por outro lado, potenciado pela inexistência de um sistema de controlos actuados por um poder judicial que ainda era incipiente.

Quanto ao sistema parlamentar, não são menores nem mais facilmente atingíveis os requisitos do seu funcionamento optimizado[71]. O sistema parlamentar requer, em primeiro lugar, sólida tradição democrática e sistema partidário consolidado, com blocos políticos susceptíveis de gerar, não apenas soluções governativas estáveis, como, igualmente, propostas claras de oposição e de alternância democráticas. Nada disto existia, naturalmente, nas novas democracias de Leste nem é seguro, na ausência de uma sociedade civil forte e dinâmica, quando tal possa vir a verificar-se. Nessa situação, o funcionamento do sistema parlamentar pode revelar-se totalmente falho da racionalidade que o justifica.

Com efeito, com um parlamento fragmentado, dividido entre forças partidárias pouco significativas ou em permanente recomposição, com

[70] Há, sem dúvida, quem possa sustentar, fundadamente, a opinião contrária, ou seja, a de que nestes países ou, pelo menos, em alguns deles, tal como noutras zonas, como África, a solução *presidencialista* em quadro só formalmente democrático é a única hipótese de viabilizar a *construção* do Estado durante toda uma fase, mais ou menos longa, de transição. Não é essa a discussão que aqui nos ocupa. Pretendemos apenas evidenciar que, quando se recusa esta última via como solução, a alternativa semipresidencialista desenvolve, face aos modelos concorrentes, uma enorme força de atracção.

[71] Cf. SARTORI, *op. cit.*, págs. 100 e segs.

uma componente significativa de deputados *independentes* ou não partidários, não é possível encontrar soluções governativas estáveis, maioritárias e programaticamente bem identificadas, nem confrontá-las com verdadeiras alternativas de governo geradas pelas oposições.

Da mesma forma, as eleições parlamentares, que hoje são, por excelência, momentos institucionalizados e programados no tempo de avaliação dos desempenhos dos executivos e, consequentemente, oportunidades de retribuição/sanção do Governo em funções, não podem desempenhar adequadamente esse papel em contextos de parlamentos pulverizados e de governos não partidariamente identificados. Ora, sem essa dimensão de efectivo controlo popular da actuação dos governantes proporcionada pela realização de eleições gerais periódicas, o sistema parlamentar é uma *casca vazia* e a vida política um simulacro de democracia.

Obviamente, o sistema semipresidencial não produz, miraculosamente, uma resposta a todas estas deficiências, mas apresenta uma característica que lhe confere uma vantagem decisiva face à rigidez dos pressupostos para um bom funcionamento que limita objectivamente a adequação dos sistemas clássicos. Esse factor de vantagem relativa é, principalmente, o da sua maior flexibilidade —que estudaremos, mais à frente, a propósito do largo espectro das suas possibilidades de funcionamento—, mas também, como dissemos, a possibilidade de garantir um maior equilíbrio, divisão de poder, capacidade de integração e capacidade de superação de bloqueios.

Capítulo II
A Caracterização do Semipresidencialismo

1. A definição

a) Semipresidencialismo é o sistema de governo de democracia representativa que reúne a presença das seguintes características: um Presidente eleito por sufrágio popular e que pode exercer poderes constitucionais significativos e um Governo politicamente responsável perante o Parlamento.

Conscientes da existência de uma inevitável circularidade na definição dos diferentes sistemas de governo em função dos resultados pré-estabelecidos que se têm em vista, reconhecemos, abertamente, que o pressuposto implícito da definição aqui proposta é a recusa em qualificarmos como presidenciais ou como parlamentares sistemas como os da França da V República ou de Portugal após 1976.

Sendo assim, a definição abrangente que propomos, tomada e adaptada da elaboração de Duverger, não é apenas uma das várias definições possíveis de semipresidencialismo; no sentido que aqui propugnamos, é, salvo precisões de pormenor sem grande significado, a única definição correcta. E é a única correcta porque só ela permite abrigar consistentemente, sob o manto comum do sistema semipresidencial, tanto a França —universalmente aceite como principal referência deste sistema de governo, a não ser por quem contesta a própria existência do semipresidencialismo— como Portugal.

Veremos que, para outros autores, esta preocupação de inclusão de Portugal, compreensivelmente, não existe e, daí, a plausibilidade de uma outra definição que, sendo digna de nota (enquanto construção teórica admissível e, aqui, referimo-nos sobretudo à de GIOVANNI SARTORI), é, todavia, para nós imprestável. É a definição, a que voltaremos, que toma como característica essencial do semipresidencialismo a existência de uma chamada bicefalia de executivo, um executivo (ou águia) com *duas cabeças*, o Presidente da República e o Primeiro-Ministro.

Porém, partir desta outra definição seria excluir, à partida, Portugal (considerando, como é pacífico, que em Portugal o Governo só tem uma *cabeça* liderante do executivo, o Primeiro-Ministro). Para os autores que seguem tal proposta, essa exclusão de Portugal é irrelevante: ou nem sequer reparam nela ou, quando têm consciência do facto, não procuram solucionar o problema de qualificação que assim estaria a ser criado.

Pior ainda, quando tentam responder a esse problema, preocupando-se em dar, então, uma outra qualificação para o sistema de governo português, o resultado é desastroso: umas vezes Portugal surge indicado como sendo um semipresidencialismo, mas só até 1982, como nunca o tendo sido, como um sistema que seria, actualmente, algo de indefinido entre um semipresidencialismo atenuado e um sistema parlamentar, como parlamentar, como *presidente-parlamentar* até 1982 e actualmente *primeiro-presidencialista*. Enfim, uma sucessão de afirmações inconsistentes e mesmo absurdas, só explicáveis, na melhor das hipóteses, pelo desconhecimento do nosso sistema de governo.

Ora, essa falha afecta-nos de forma especial, pela simples razão de que não deve ser aceite, entre nós, nenhuma definição dos sistemas de governo que dispense a qualificação ajustada do sistema de governo português. Após dez mandatos presidenciais já não deve haver qualquer margem de indulgência para quem persistir em identificar o nosso sistema como parlamentar.

Assentamos, assim, naquela definição de semipresidencialismo que pretende traduzir a especificidade e autonomia deste sistema com base no facto de só nele existir um Presidente da República eleito por sufrágio popular que, com base na legitimidade democrática indiscutível que lhe advém dessa eleição, pode exercer os poderes politicamente significativos de que está constitucionalmente dotado, e em que há, por outro lado, um Governo politicamente responsável perante o Parlamento.

Há aqui uma diferença de pormenor relativamente à definição originária de DUVERGER: enquanto o Professor francês falava em "Presidente com poderes significativos" ou "dotado de poderes significativos", preferimos dizer "Presidente que pode exercer poderes significativos".

Insistimos, todavia, nessa *diferença* formal que, de resto, corresponde também à posição de fundo de DUVERGER: o essencial é, não que o Presidente exerça poderes significativos, mas que tenha poderes significativos, o que, em Estado constitucional, corresponde a ter a possibilidade de exercer poderes significativos. Ora, em Estado constitucional democrático, condição necessária para que o Presidente da República possa exercer poderes significativos é que a Constituição o dote dessa possibilidade, desde logo através da enumeração constitucional de competências, mas também, o que é decisivo, através da correspondente legitimação conferida pela consagração da forma de eleição popular do Presidente.

b) Assente essa definição, cabe afastar definitivamente algumas das confusões outrora muito divulgadas, mas ainda hoje residualmente persistentes, e precisar alguns pontos quanto àquilo que confere notabilidade ou significado político aos poderes constitucionalmente atribuídos ao Presidente da República.

Essas confusões são, de algum modo, estimuladas pela génese dos semipresidencialismos, designadamente a sua intenção originária de repor ou de criar um equilíbrio institucional no funcionamento do sistema político através da aludida recuperação, para o novo sistema de governo, de uma diarquia de exercício da função política governativa ou executiva que se perdera com o fim das monarquias constitucionais, dualistas ou orleanistas, do século XIX.

Assim, para algumas perspectivas, que não acompanhamos, ideia capital do semipresidencialismo seria a consequente característica de existência de uma responsabilidade dual no exercício do poder executivo, segundo a imagem difundidíssima das *duas faces de Janus* ou da águia com duas cabeças.

Numa versão mais forte desta concepção, só haveria semipresidencialismo nas situações em que o Presidente da República lidera o executivo ou em que, pelo menos, reparte a sua liderança com o Primeiro-Ministro, numa oscilação dependente da relação política de forças que se estabelece, na prática, entre os dois órgãos. É a definição sustentada, sobretudo, na construção de SARTORI, segundo a qual o semipresidencialismo é o sistema de governo em que o chefe do Estado, sendo eleito por sufrágio popular e, como tal, sendo independente do Parlamento, partilha o poder executivo com um Primeiro-Ministro; por sua vez, tanto o Primeiro-Ministro como o Governo são institucionalmente autónomos relativamente ao Presidente, na medida em que a respectiva subsistência política depende do Parlamento e do apoio de uma maioria parlamentar[72].

No fundo, o que está subjacente a esta proposta é a identificação do semipresidencialismo com a prática mais comum do sistema francês. Ora, não há muito a dizer sobre esta hipótese. É uma construção possível, não necessariamente errónea, mas indiscutivelmente redutora, já que impõe a exclusão de grande parte das outras experiências tradicionalmente associadas a este sistema de governo e, designadamente para o que especialmente nos interessa, exclui Portugal dos quadros do semipresidencialismo.

SARTORI, de resto, não apresenta qualquer alternativa minimamente aceitável para esta exclusão: Portugal já não seria, para ele, depois de 1982, um sistema semipresidencial, mas não se percebe exactamente o que é que seria, ainda que, no entendimento de SARTORI, o Presidente da República portuguesa surja identificado como um Presidente típico das repúblicas parlamentares[73]. Porém, se já em 1994, quando SARTORI a formulou, esta afirmação era inaceitável, hoje não tem, pura e simplesmente, qualquer sustentação.

A caracterização do semipresidencialismo através da pretensa existência de um executivo dualista só seria admissível se, numa visão minimalista, se entendesse por tal característica a existência de um chefe de Estado não meramente simbólico ou representativo. Já a ideia de uma necessária repartição de poderes executivos ou de dupla liderança do executivo é inadequada, uma vez que há semipresidencialismos em que o Presidente se exclui voluntariamente ou está constitucionalmente excluído do exercício de reais poderes executivos, reservando-se, antes, para o exercício de funções de influência da decisão política, funções

[72] Cf. SARTORI, *op. cit.*, págs. 146 e seg.

[73] Cf. SARTORI, *op. cit.*, nota 8 da página 144.

arbitrais, moderadoras, de garantia, que podem incluir, eventualmente, exercício de poderes aparentemente governativos —como a nomeação de altas figuras do Estado ou poderes no domínio da política externa ou do comando das forças armadas—, mas que, em rigor e no essencial, não são devidamente integráveis nem compreensíveis no exercício da função executiva ou de governo.

c) A mesma ideia surge numa versão menos *forte* daquela concepção, nomeadamente através da proposta, outrora muito divulgada, mas hoje já relativamente esquecida, que identificava semipresidencialismo com dupla responsabilidade do Governo, isto é, o Governo em semipresidencialismo seria necessariamente politicamente dependente da confiança do Parlamento e do Presidente da República[74].

Esta posição e a confusão que lhe vem associada difundiram-se extraordinariamente, entre nós, por dois motivos.

Em primeiro lugar, essa dupla responsabilidade existia na Constituição portuguesa antes da revisão de 1982: o Governo era politicamente responsável, em toda a sua extensão, perante Presidente da República e perante Assembleia da República; pensava-se, então, a partir desse dado, que uma tal arquitectura constitucional era característica *sine qua non* de qualquer semipresidencialismo. Daí, precisamente, as dúvidas que alguns autores suscitaram acerca da natureza do sistema de governo português quando a revisão de 1982 veio suprimir, afinal, tal característica: com essa revisão constitucional desapareceu a dupla responsabilidade política do Governo, ficando a subsistência do executivo exclusivamente dependente da confiança política da Assembleia da República.

Em teoria pode ainda, de certa forma, continuar a dizer-se que, entre nós, mesmo após a revisão constitucional de 1982, persiste a responsabilidade do Governo perante o Presidente da República, até porque a própria Constituição o diz ("o Governo é responsável perante o Presidente da República e a Assembleia da República" —artigo 190º da Constituição). Porém, como a generalidade da doutrina portuguesa imediatamente esclareceu, essa não é já uma verdadeira responsabilidade política, mas algo que se pôde adequadamente designar por "res-

[74] Para a sua defesa cf., entre nós, C. Blanco de Morais, *O Sistema Político*, Coimbra, 2017, págs. 231 e seg., págs. 419 e segs.

ponsabilidade institucional"; no âmbito político, o que permaneceu após 1982 foi, no fundo, a obrigatoriedade constitucional de o Primeiro-Ministro manter o Presidente da República informado acerca da condução da política interna e externa.

Obviamente, esse dever de informação é insuficiente para se poder falar em autêntica responsabilidade política. Esta só existe verdadeiramente quando, não apenas o Governo *responde* ao Presidente da República, como *se responsabiliza* perante ele, mais precisamente, quando o Presidente da República tem a possibilidade de demitir o Governo com fundamento em desacordo relativamente ao sentido ou aos resultados da política governamental. De igual modo, no que se refere às relações entre Governo e Parlamento, só existe verdadeira responsabilidade política quando, em virtude da responsabilização parlamentar do executivo, o Parlamento tem a possibilidade jurídica de demitir o Governo.

Ora, o dever de informação que persiste entre nós após 1982 traduz apenas um mínimo de responsabilidade que não distinguiria o semipresidencialismo de qualquer outro sistema de governo próprio de democracia representativa; o próprio Governo britânico tem o dever de informar a Rainha de Inglaterra e o Executivo norte-americano também *responde,* também presta contas ao Congresso.

É certo que o Presidente da República português tem a possibilidade de demitir o Governo quando tal se torne necessário para assegurar o regular funcionamento das instituições democráticas. É um poder importante, com repercussões políticas, mas não traduz, sobretudo no contexto constitucional em que está previsto, uma modalidade de responsabilização política do Governo perante o Presidente; este outro tipo de responsabilidade só existe quando o Presidente da República pode demitir o Governo por razões de mérito político, de discordância política, mas esse poder foi suprimido na revisão constitucional de 1982[75].

[75] Num contraponto que assenta na mesma lógica, também a possibilidade já analisada, que existe em sistema presidencial, de o Congresso destituir o Presidente através do *impeachment* não traduz —ou, pelo menos, não deveria servir para esse fim— a existência de verdadeira responsabilidade política entre os dois órgãos. Sobre o *impeachment,* cf., com desenvolvimento, J. Reis Novais, *Teoria das Formas Políticas e dos Sistemas de Governo,* 2ª ed., Lisboa, 2019, págs. 211 e segs.

Em segundo lugar, a confusão acerca da dupla responsabilidade como pretenso elemento de definição do semipresidencialismo nascia, também, de uma leitura errónea do sistema francês. Isto é, como até então o Presidente da República francês tivera sempre a possibilidade fáctica, política, de *exigir* aos Primeiros-Ministros que lhe apresentassem um pedido de demissão sempre que ele o considerasse conveniente, essa circunstância de ordem prática foi erroneamente confundida com poder constitucional de o Presidente da República francesa demitir o Primeiro-Ministro. Mas tal poder não existe na Constituição francesa, o que significa que o Presidente francês não o detém. Pode, de acordo com contingências favoráveis e muito frequentes no respectivo sistema político, atingir o mesmo resultado por outras vias, mas isso já não releva da natureza estrutural do sistema de governo: é um problema de liderança da maioria de governo e de relações de poder no seio dessa maioria.

Obviamente, os autores franceses que persistiam na recusa de localizar a definição do sistema de governo no plano exclusivamente constitucional só viriam a perceber que o poder de demissão não existia aquando da primeira *coabitação*, em 1986. Isto é, ao fim de mais de duas décadas de *ensino*, de cátedra, segundo o qual, na V República, o Presidente da República nomeava o Governo e podia demiti-lo livremente, percebeu-se, finalmente, que o pretenso *realismo* desse ensino, fundado na indistinção de plano constitucional e plano de funcionamento político é, não apenas incorrecto, como perigoso. Quem tivesse acreditado nesse *realismo* nunca perceberia porquê, em 1986, o Presidente da República francesa teve de aceitar um Primeiro-Ministro que ele nem escolhera nem queria, mas que lhe era imposto pela maioria parlamentar.

Só quando qualquer um já podia perceber que, afinal, o Presidente francês tinha de aceitar o Primeiro-Ministro que a maioria parlamentar lhe *impunha*, isto é, que não podia demiti-lo, antes tendo de *coabitar* com ele por mais que a convivência lhe desagradasse, é que esses autores reconheciam que o facto de a Constituição não dar ao Presidente da República o poder de demissão do Primeiro-Ministro tinha algum significado, que, no final de contas, o sistema de governo tinha *alguma coisa* a ver com a Constituição e que, afinal, a Constituição francesa também era cumprida em França...

Portanto, a dupla responsabilidade não é característica essencial do semipresidencialismo e, mais, das experiências tradicionalmente elencadas como semipresidencialistas, essa dupla responsabilidade só existia na Áustria, curiosamente um dos casos em que mais dúvidas se levantam sobre se deve ou não continuar integrado na *família* semipresidencialista[76].

d) A natureza do semipresidencialismo não decorre nem depende, portanto, da existência de dupla responsabilidade do executivo, exigindo antes, e tão só, que à responsabilidade política do Governo perante o Parlamento —essa, sim, indispensável em qualquer semipresidencialismo— acresça a existência de um Presidente da República dotado da possibilidade de exercer poderes significativos, importantes, de grande relevância no domínio da vida política.

Mas, que poderes são esses ou que poderes presidenciais devem estar constitucionalmente previstos para que possamos falar em semipresidencialismo?

Há na resposta a essa questão algumas dificuldades. Os poderes presidenciais não têm todos a mesma importância, não se reflectem todos do mesmo modo no funcionamento do sistema político, não são todos igualmente *significativos* ou *notáveis* ou *consideráveis*. Daí que a resposta introduza, necessariamente, alguma dose de subjectividade. Tal como, alguma subjectividade existe quando, tendo limitado a análise do semipresidencialismo às experiências de democracia representativa relativamente consolidadas, podemos discutir que países merecem ou não ser qualificados de democráticos.

Por isso, alguns Autores, porventura excessivamente preocupados em garantir a todo o custo uma cientificidade depurada de quaisquer elementos valorativos, proponham, para efeitos de análise científica do semipresidencialismo, de um lado uma definição que elimine a característica dos "poderes significativos" e, por outro lado, a inclusão no tipo semipresidencial de quaisquer países onde os elementos formais da

[76] Curiosamente, a Áustria é um exemplo de modelo constitucional semipresidencialista em que o Presidente da República tem um poder *forte* de demissão do governo —que, todavia, nunca é usado na prática— e um poder *fraco* de dissolução do Parlamento (o Presidente austríaco só pode dissolver sob proposta do Governo e apenas uma vez com o mesmo fundamento). Sobre as consequências, no plano do estatuto do Presidente, desta arquitectura constitucional quando comparada com a solução oposta (poder de dissolução *forte* e ausência de poder de demissão do Governo por razões políticas —que é a actual situação de Portugal), cf. *infra*, 2., neste capítulo, sobre a importância do poder de dissolução.

definição estejam presentes, qualquer que seja o respectivo regime político, sejam ou não democracias ou Estados de Direito.

Importa-nos, agora, considerar a primeira ideia, isto é, a exclusão da necessidade de consideração do carácter *significativo* dos poderes presidenciais para efeitos de qualificação de um sistema como semipresidencialista. É a proposta de ELGIE[77], porventura agora maioritariamente seguida[78], que, em função da dificuldade em chegar a conclusões objectivamente comprovadas e partilháveis a propósito do alcance dos poderes dos Presidentes e, consequentemente, da própria viabilidade científica do semipresidencialismo e do seu estudo comparativo, propôs o abandono da característica dos *poderes consideráveis* do Presidente da República enquanto elemento de definição do sistema. Assim, para ele, aquilo que deveria contar para identificar o semipresidencialismo seria, apenas, a presença *(i)* de um Presidente eleito pelo Povo para um mandato temporalmente pré-estabelecido e *(ii)* de um Governo e de um Primeiro-Ministro responsáveis perante o Parlamento.

É uma proposta admissível, correspondendo adequadamente aos objectivos visados pelo seu autor, mas será preferível à definição original? Em nosso entender, apesar de a questão não ser muito relevante[79], preferimos a definição de DUVERGER na adaptação que dela fizemos. E preferimo-la porque ela faz ressaltar a diferença específica material que separa o semipresidencialismo do sistema parlamentar: a possibilidade constitucional de o Presidente da República de semipresidencialismo poder, se quiser, desempenhar um papel político relevante.

De resto, terá sido esta diferença substancial —centrada no papel político real do Presidente da República— que fez nascer a necessidade

[77] Cf., assim, "The politics...", *cit.*, págs. 12 e segs; "Semi-presidentialism: concepts, consequences and contest explanations" *in Political Studies Review*, 2004, 2, págs. 316 e segs.

[78] Cf. R. ELGIE, "Three waves of semi-presidential studies" *in Democratization*, 2016, 1, págs. 51 e seg.

[79] O que não significa que seja inconsequente. Por exemplo, de acordo com a definição de DUVERGER, é possível questionar se a Irlanda deve ou não ser considerada um semipresidencialismo: mesmo não considerando outros factores, como os relacionados com o *apagamento* prático do Presidente irlandês, será que, no plano jurídico-constitucional, os poderes que lhe são atribuídos apresentam uma importância ou significado políticos que justifiquem a qualificação de *semipresidencial*? É discutível. Já de acordo com a classificação de ELGIE, o problema nem sequer se coloca: a forma de eleição do Presidente irlandês bastaria para preencher o requisito.

de autonomização científica de um novo sistema de governo. Tivessem os Presidentes de *semipresidencialismo* mantido o mesmo perfil meramente *representativo* e *simbólico* que caracterizava os chefes de Estado do sistema parlamentar e o problema nunca se teria colocado. A diferente forma de eleição seria insuficiente, por si só, para provocar esse apelo, como se via, aliás, pela indiferença científica que, até 1962, mereciam as experiências irlandesa, islandesa e austríaca.

Na origem da justificação científica da existência de um novo sistema de governo temos, portanto, essa impressão deixada por um Presidente que, tal como na América, intervém politicamente, desempenha um papel de relevo e o faz com total autonomia. Logo, parece-nos adequado que esse elemento, capital para a diferenciação relativamente ao sistema parlamentar, figure na definição.

É certo que, a seguir, a forma de eleição popular do Presidente surge como *chave* que explica o fenómeno em toda a sua extensão, isto é, que o explica nos dois seguintes planos: primeiro, é porque foi eleito que o Presidente de semipresidencialismo pode, em democracia representativa, exercer poderes importantes; segundo, é a diferente forma de eleição do Presidente que justifica que as possibilidades de exercício dos poderes sejam completamente distintas entre Presidente de semipresidencialismo e chefe de Estado de sistema parlamentar, mesmo quando a letra da Constituição confere, aparentemente, os *mesmos* poderes a um e a outro.

Daí que faça sentido que esse outro elemento formal[80] —a eleição popular do chefe de Estado— entre também na definição de semipresidencialismo, mas não eliminando o elemento material para cuja justi-

[80] Note-se que a alusão ao carácter formal deste elemento da definição do semipresidencialismo nada tem de desvalorizador. Ao invés, a eleição do Presidente da República tem um valor em si mesma, não meramente instrumental, e, desde logo, reunidas certas circunstâncias, pode influenciar o próprio resultado das eleições parlamentares. São, de facto, conhecidos os efeitos que uma eleição de um Presidente, com quem o eleitorado criou uma relação de empatia de tipo carismático, pode projectar no comportamento desse mesmo eleitorado em outras eleições que se realizem concomitante ou posteriormente à eleição presidencial. A concomitância das eleições (presidenciais e parlamentares) pode constituir um factor tão importante na afirmação do *peso* do Presidente no sistema político como se de um outro *poder* se tratasse. Assim, com razão, alguns Autores introduzem esse factor ao lado dos poderes presidenciais na análise comparativa do estatuto dos Presidentes. Cf., assim, SHUGART/CAREY, *Presidents and Assemblies*, cit., págs. 259 e segs; SIAROFF, "Comparative presidencies: the

ficação se *convocou*, na história e na construção conceptual, a condição da eleição popular: a possibilidade de exercício de poderes significativos por parte do Presidente da República. Até porque, em teoria, podemos imaginar um Presidente eleito por sufrágio popular, mas a que a Constituição não atribua quaisquer poderes políticos. Fará sentido qualificar um tal sistema de semipresidencialista quando o respectivo Presidente será sempre, em absoluto, um órgão politicamente *inexistente*?

1.1. Os poderes do Presidente da República como elemento de definição do sistema

a) Não é por acaso que a análise do semipresidencialismo e, designadamente, a sua caracterização se centram no Presidente da República e nos seus poderes. De facto, é assim e deve ser assim. Falar do semipresidencialismo no conjunto dos sistemas de governo é falar do Presidente da República, do lugar que ele ocupa no sistema político, das funções que desempenha, das relações que mantém com os outros órgãos. Compreender o semipresidencialismo pressupõe compreender o Presidente da República de semipresidencialismo.

E deve ser assim porque, quando se consideram as características essenciais deste sistema de governo (Presidente da República eleito e que pode exercer poderes significativos; Governo politicamente responsável perante o Parlamento), uma delas, a referente às relações entre Governo e Parlamento, é colhida do sistema parlamentar e perfeitamente idêntica ao que aí igualmente acontece.

Se o Governo depende da confiança política do Parlamento, então as relações entre esses dois órgãos devem igualmente reproduzir —e, de facto, assim sucede— o que ocorre nesse plano em sistema de governo parlamentar. Governo maioritário ou minoritário, governo de um partido político ou de uma coligação, moções de censura, moções de confiança e outras modalidades de responsabilização do executivo, exercício comum, partilhado ou concorrencial da função legislativa, influência do sistema eleitoral escolhido no sistema de governo e nas relações

inadequacy of the presidential, semi-presidential and parliamentary distinction" *in European Journal of Political Research*, 42, 2003, págs. 299 e seg, págs. 303 e seg.

executivo-parlamento, estabilidade ou instabilidade governativa, tudo isso são problemas, factores, objectos de análise, perfeitamente comuns a sistema parlamentar e a sistema semipresidencial, exactamente porque a base que lhes dá origem, a *integração* Governo-Parlamento operada através do instituto e mecanismos da responsabilidade política, é comum aos dois sistemas.

A novidade, a especificidade, do semipresidencialismo reside, pois, no órgão Presidente da República. Não admira, portanto, que a análise do semipresidencialismo se deva centrar aí. Qualquer trabalho que incida sobre semipresidencialismo é, necessariamente, um trabalho sobre o Presidente da República de semipresidencialismo e, em primeira linha, sobre os seus poderes.

Naturalmente, o elenco dos poderes presidenciais em semipresidencialismo muda e pode mudar de experiência para experiência política, bem como muda a avaliação subjectiva que cada analista do semipresidencialismo faz da importância relativa ou absoluta de cada um desses poderes. Por outro lado, mesmo quando os poderes coincidem, pode mudar também o próprio alcance desses poderes. A mesma competência presidencial é susceptível, com efeito, de ser constitucionalmente configurada de forma muito diferenciada: como poder de conteúdo livre, discricionário, mas também, em alternativa, de exercício condicionado, vinculado, partilhado, a exercer num processo complexo, em colaboração ou dependente da iniciativa de outros órgãos, sujeito a parecer ou consulta de outras entidades.

Posto é que, no final, e para que possamos falar verdadeiramente em semipresidencialismo, esse acervo de poderes permita ao Presidente da República uma capacidade autónoma, efectiva, de participação e de interferência relevantes no exercício do poder político. No fundo, o saber se os poderes são ou não *significativos* afere-se em função desta possibilidade.

b) Há, em todo o caso, um outro critério objectivo que nos permite avaliar indirectamente da relevância política do conjunto e que é o da importância que assume, num dado sistema político, a eleição do Presidente da República. Trata-se de uma cerimónia ritual, que os eleitores vêem como mero cumprimento de um dever cívico, mas sem despertar verdadeiras paixões de luta política, ou é, ao invés, uma eleição disputada, discutida e preparada com antecedência, e que convoca o empenhamento militante dos partidos políticos e a atenção dos círculos mediáticos e, sobretudo, o interesse e a participação do corpo eleitoral?

Pode acontecer que se verifique pontualmente a primeira hipótese —eleição meramente ritual— e que, ainda assim, o papel e os poderes do Presidente sejam importantes; o desinteresse pela eleição pode dever-se a razões de conjuntura, a uma expectativa segura de resultado, à confluência política de candidaturas ou a outras razões pontuais. Mas, se se verifica a segunda hipótese, se, por norma, a eleição presidencial é uma eleição disputada e mobilizadora do interesse do eleitorado e dos agentes políticos, então isso significará, seguramente, que o estatuto e o papel que o Presidente da República desempenha em determinado sistema são politicamente relevantes, que os seus poderes são significativos.

Raramente[81] este critério deixa de esclarecer, de forma praticamente decisiva, as dúvidas sobre o tipo de sistema de governo. Em sistema parlamentar, *as eleições* são as eleições para o Parlamento, aliás, só há essas; em sistema presidencial, embora haja outras, verdadeiramente decisiva é a eleição do Presidente, *as eleições* são as eleições presidenciais; em semipresidencialismo, *as eleições* são as eleições para o Parlamento e, com idêntico interesse e importância, a eleição do Presidente.

c) Quanto aos poderes presidenciais de semipresidencialismo, neles encontramos, portanto, essa característica comum de possibilitarem ao Presidente participar ou interferir, com autonomia e com consequências práticas efectivas, no exercício do poder de Estado, da função legislativa ou da função executiva. Falamos de poderes como: a nomeação do Primeiro-Ministro e do Governo e, eventualmente, a sua demissão; a nomeação de altas figuras do Estado ou de titulares de altos cargos da administração civil ou militar; o poder de promulgar ou de recusar a promulgação ou a assinatura de actos legislativos ou regulamentares; a ratificação e, eventualmente, a negociação de convenções internacionais; poderes no âmbito das chefias militares e comando das Forças

[81] A excepção pode ser o chamado *semipresidencialismo aparente*, isto é, algumas experiências integráveis no que designamos como *matriz de Presidente cerimonial* do semipresidencialismo, e dessa menor relevância da eleição presidencial, por isso mesmo, surgem dúvidas legítimas de qualificação do respectivo sistema.

Armadas; capacidade de fazer intervir a jurisdição constitucional; marcação das eleições e convocação do referendo; poder de envio de mensagens ao Parlamento e poderes gerais de representação interna e externa do Estado; poder de dissolução do Parlamento.

Todos estes poderes conferem aos Presidentes da República de semipresidencialismo a possibilidade de intervirem ou de participarem activamente no exercício do poder político, mas, à excepção do último referido, o poder de dissolução, apresentam-se, cada um por si ou, mesmo, considerados no seu conjunto, como poderes que apenas permitem uma intervenção pontual, tendencialmente excepcional, fragmentária. Para além disso, as diferentes experiências de semipresidencialismo consagram tais poderes de forma muito diferenciada.

Daí a necessidade sistematicamente sentida de avaliação concreta, comparada ou isolada, da real capacidade de intervenção que a agregação de alguns ou de todos estes poderes proporciona ao Presidente da República no conjunto do sistema político. Por isso mesmo, a tendência para a elaboração das famosas *grelhas* de análise da posição relativa dos vários Presidentes de semipresidencialismo. Todavia, qualquer análise desse tipo, apesar de cada vez mais comum, será deficiente se não distinguir entre as diferentes forças de impacto e de influência que cada um destes poderes projecta no sistema político, se tratar indiferenciadamente os poderes presidenciais. Concretamente, veremos mais à frente como algumas das análises comparativas mais reputadas cometem erros indesculpáveis de avaliação do sistema de governo português, exactamente por não terem em devida conta as diferenciações referidas.

Ora, essa indiferenciação injustificada de análise ocorre com frequência a três níveis, todos eles produzindo distorções significativas na avaliação do peso relativo efectivo que um determinado Presidente da República apresenta no sistema de governo.

Em primeiro lugar, não basta dizer que um determinado Presidente tem este ou aquele poder sem ter em conta a margem efectiva de decisão que o seu exercício comporta. Considerando, por exemplo, o poder de demissão do Governo, podemos imaginar dois países em que esse poder esteja constitucionalmente previsto. Mas uma coisa é poder demitir o Governo em quaisquer circunstâncias e qualquer que seja a razão invocada, outra coisa é só o poder fazer em situações tipificadas. Por exemplo, só o poder fazer se tal for necessário para assegurar o regular funcionamento das instituições democráticas. Uma coisa é poder dissolver a Assembleia da República por decisão autónoma, própria e exclusiva; outra coisa é só o poder fazer se o Presidente da República obtiver o parecer favorável ou a iniciativa de outro órgão ou só poder dissolver se anteriormente o Parlamento tiver inviabilizado a formação ou subsistência do Governo. O significado jurídico e político destes poderes resulta substancialmente alterado nuns casos ou nos outros.

Em segundo lugar, não basta assinalar a presença de um poder. É necessário perceber qual o seu alcance efectivo. Consideremos, por exemplo, o chamado poder de veto de actos legislativos. Uma coisa é um determinado Presidente da República ter o poder de recusar a promulgação de uma lei, mas, a seguir, bastar a confirmação da mesma lei pelo órgão que a aprovou para que essa recusa não possa persistir, para que o Presidente seja já obrigado a promulgar. Outra coisa, substancialmente distinta, é um Presidente da República poder recusar a promulgação de uma lei e, a seguir, o Parlamento só poder obrigar o Presidente a promulgar caso reúna uma maioria qualificada de dois terços dos deputados a favor da confirmação da lei. No primeiro caso, o poder de veto tem um alcance político diminuto; no segundo, pode ser um poder decisivo que obriga o Parlamento a ter sistematicamente em conta a opinião política do Presidente da República.

Por último, na análise comparativa dos poderes presidenciais e na tentativa de percepção do *lugar* que cada Presidente da República ocupa no conjunto do sistema é um enorme erro não distinguir entre eficácia, alcance e consequências políticas, muito diversas entre si, que cada um dos poderes presidenciais apresenta e, sobretudo, não dar a devida relevância à presença ou ausência do mais decisivo dos poderes que o Presidente da República de semipresidencialismo pode ter, o poder de dissolução do Parlamento.

2. A importância do poder presidencial de dissolução do parlamento

a) Quando se fala em estatuto constitucional do Presidente da República de semipresidencialismo e em poderes presidenciais, cabe dizer que, quando existe, a possibilidade de dissolução do Parlamento é o *poder dos poderes* de que o Presidente dispõe. Nos estudos sobre o semipresidencialismo, sobretudo nos mais recentes, a importância deste poder é quase completamente negligenciada, no que será uma das maiores deficiências do método de análise deste sistema de governo que, todavia, faz escola na literatura internacional especializada.

Desde logo, do ponto de vista meramente jurídico-formal ou, se se quiser, do ponto de vista da simbologia política, a atribuição do poder de dissolução do Parlamento ao Presidente da República coloca-o, quase por definição, na posição de maior relevo na arquitectura constitucional e no conjunto dos órgãos que exercem o poder político. Por mais sofisticação que se pretenda conferir à análise do sistema de governo, não há como escapar a essa verificação mais simples e indiscutível: quando se fala em relações de força entre os vários órgãos que exercem o poder político, a posição de proeminência relativa de um Presidente dotado do poder de dissolução é um dado inegável; ele pode fazer cessar a legislatura e, indirectamente, o mandato do Governo, enquanto que o seu próprio mandato é inatacável.

Com efeito, o Governo, não eleito directamente, é sempre um órgão juridicamente dependente, quase subordinado, seja, em maior ou menor escala, uma dependência relativamente ao Presidente da República, seja relativamente ao Parlamento. A tradução institucional dessa dependência é simples: o Parlamento pode demitir o Governo. Por outro lado, sendo embora a assembleia representativa por excelência e, como tal, dotado de uma legitimidade democrática indiscutível, o Parlamento também surge, face a um Presidente da República com poder de dissolução, numa posição algo fragilizada: o Presidente pode dissolver o Parlamento.

Ora, num equilíbrio de poderes assim configurado, só uma posição resulta intocável e, de algum modo, *soberana* —a do Presidente da República; eleito pelo Povo, ele é o senhor absoluto do mandato que recebeu: excluída a situação excepcional da destituição do cargo por responsabilização criminal, só por decisão do próprio Presidente pode o seu mandato terminar antes do termo pré-estabelecido.

Mas, para além da importância que o poder de dissolução reveste pelo referido alcance político das consequências directas do seu exercício —decidir sobre o termo da legislatura do Parlamento democrático e, indirectamente, sobre a subsistência do Governo—, a sua relevância fundamental deve-se, ainda, à forma como, mesmo quando não é exercido, e mesmo que nunca o seja, potencia os efeitos dos restantes poderes do Presidente da República e eleva o estatuto deste órgão a lugar de excelência no edifício do sistema político.

b) Foi por não terem tido plena consciência deste dado que os autores da revisão constitucional portuguesa de 1982 *falharam*, em certa medida, os objectivos da revisão. Tendo originariamente uma clara intenção de depreciar o estatuto constitucional do Presidente da República —o que tinha muito a ver com o conflito político aberto com o Presidente da República da altura, Ramalho Eanes—, PS e PSD (reunindo os 2/3 necessários à revisão constitucional) acabaram, de facto, a reforçar involuntariamente, no seu conjunto, a posição institucional do Presidente da República, precisamente quando, nessa revisão, ampliaram o respectivo poder presidencial de dissolução da Assembleia da República. Ainda hoje surgem ciclicamente, entre nós, sugestões de redução ou de limitação deste poder, mas o que se pode dizer é que, agora, quando o sistema já está consolidado, é tarde...

Compreende-se, de algum modo, que em 1980 ainda não houvesse um tempo de maturação suficiente para se perceber a real natureza do sistema de governo vigente e compreende-se, por isso mesmo, que o *bloco* partidário conjunturalmente empenhado na redução dos poderes presidenciais —PS e PSD— se tivesse equivocado. Isto é, *cortou* onde aparentemente *doía* —no poder de demissão do Governo— e deixou intacto ou reforçou o poder decisivo, o poder de dissolução. Esse equívoco, a que muito pouca gente atribuiu, na altura, a devida importância[82], pode ter marcado decisivamente o sentido da evolução e institucionalização do nosso sistema de governo.

De qualquer forma, o resultado foi claro: na comparação do respectivo estatuto político antes e depois da revisão constitucional de 1982, após a diminuição do poder de demissão e a ampliação do poder de

[82] Veja-se, contudo, a percepção correcta do alcance da revisão constitucional de 1982 em A. Nadais/ A. Vitorino/ V. Canas, *Constituição da República Portuguesa*, Lisboa, 1983, págs. 141 e segs; I. Morais/ J. Ferreira de Almeida/ R. Leite Pinto, *O Sistema de Governo Semi-presidencial*, Lisboa, 1984, págs. 105 e segs; L. Salgado de Matos, "Significado e consequências da eleição do Presidente por sufrágio universal —o caso português" *in Análise Social*, vol. XIX, 1983, pág. 241.

dissolução, o Presidente da República, mantendo ambos os poderes, saiu claramente com mais poder.

c) O poder de dissolução é, de facto, o *poder dos poderes* do Presidente de semipresidencialismo, já que, no que se refere aos restantes, a sua relevância é, de algum modo, intrinsecamente reduzida, de um lado, pelo carácter objectiva e necessariamente pontualizado das consequências do seu exercício e, do outro, por condicionamentos de facto, de ordem política, que o Presidente da República não controla ou de que não dispõe.

Desde logo, sempre que no Parlamento há uma maioria absoluta, a capacidade de intervenção do Presidente da República, mediada por aqueles outros poderes, sofre objectivamente uma redução que pode ser significativa. Caso essa maioria absoluta seja liderada pelo Primeiro-Ministro (seja este politicamente afecto ou seja adverso ao Presidente da República), tal produz um efeito automático de redução fáctica do alcance da intervenção presidencial. Por exemplo, o efeito do poder de veto sofre uma diminuição evidente, na medida em que, de uma ou outra forma, a maioria absoluta parlamentar pode superar, em grande parte dos casos, qualquer objecção que o Presidente pretenda activar através da recusa de promulgação.

Por outro lado, mesmo quando esses poderes são eficazes, tal nunca ultrapassa o espaço, circunscrito, em que esse poder particular opera —por exemplo, uma nomeação, um veto, um pedido de fiscalização da constitucionalidade—, não pondo em causa o sentido geral, a orientação ou o programa de acção conduzidos e determinados pela maioria governamental/parlamentar.

Em contrapartida, através do poder de dissolução —que o Presidente da República pode ou não exercer de facto, mas cuja possibilidade de activação estará sempre presente no espírito dos agentes políticos, desde que se saiba que o Presidente não abdica de, eventualmente, o vir a exercer—, o Presidente da República adquire uma proeminência objectiva no equilíbrio dos poderes constitucionais.

Haja ou não uma maioria absoluta no Parlamento, seja essa eventual maioria *amiga* ou *inimiga* do Presidente, o seu domínio pode ser decisivamente posto em causa através do poder de dissolução. Com a dissolução do Parlamento —e a consequente convocação de novas eleições parlamentares—, o Presidente da República dispõe de uma faculdade única: a de chamar, no fundo, o eleitorado a decidir, a escolher, a dar uma nova composição ao Parlamento, a *refrescar* a sua legitimidade, a *premiar* ou a *sancionar* a anterior maioria, a *arbitrar* um conflito latente ou patente entre instituições, programas ou políticas.

Desde que o poder de dissolução não esteja momentaneamente paralisado pela verificação de pressupostos circunstanciais, temporais e materiais específicos e taxativamente previstos na Constituição, o Presidente da República pode utilizá-lo para a realização de uma enorme diversidade de fins políticos. Pode recorrer à dissolução para resolver uma crise institucional, superar um bloqueio, arbitrar um conflito, mas pode também utilizar este poder para fins, se se quiser, menos *nobres* ou, pelo menos, mais directamente *interessados* do ponto de vista da obtenção de determinados resultados políticos que, seguindo o curso normal do calendário político, não seriam alcançados ou sê-lo-iam mais duvidosamente.

Assim, o Presidente da República pode escolher o momento mais propício ou ajustado, em função do que crê ser a actual sensibilidade do eleitorado, para pôr termo ao mandato de uma maioria política, fazer uma dada força política perder o domínio absoluto do parlamento e obrigá-la, com isso, a fazer uma coligação, renovar a maioria absoluta de um partido político ou ajudá-lo a alcançar esse desígnio, ajudar a oposição a chegar ao poder.

d) Por mais forte que seja, qualquer força política em funções normalmente, governativas pretende controlar a data de realização das eleições seguintes, dominar a decisão sobre o *quando* convocar o Povo a decidir, controlar o calendário da *agenda* política ou, pelo menos, não ser surpreendida com a marcação de eleições para um momento pouco propício do ponto de vista dos seus interesses eleitorais.

Com efeito, à partida, a duração da legislatura está pré-fixada: normalmente, quatro ou cinco anos. Em função desse calendário, a maioria vitoriosa nas últimas eleições planifica o calendário de execução do seu programa. Em princípio, e desde que a situação económica e financeira o permita, é normal que inicialmente se tomem as medidas mais impopulares e, nas vésperas ou na proximidade das novas eleições, as medidas eleitoralmente mais compensadoras. Sobretudo, qualquer maioria em funções pretenderá evitar a realização de novas eleições nos períodos — necessariamente flutuantes em democracia representativa— de *baixa* de popularidade, de crise interna, de dificuldades políticas.

Ora, aquilo que se passa é que, em semipresidencialismo, não é o Governo que *controla* a data de realização das eleições, ao invés do que normalmente acontece em sistema parlamentar, em que o Primeiro-Ministro, querendo, *pede* ao chefe de Estado que dissolva o Parlamento e, com isso, marca ele mesmo, Primeiro-Ministro, as eleições para a data que mais lhe aprouver. É precisamente este poder que, em sistema parlamentar, equilibra as relações institucionais entre Parlamento e Executivo: o Parlamento pode demitir o Executivo, mas este último pode também fazer dissolver o Parlamento, ou seja, na prática, marca as eleições[83].

Em semipresidencialismo, através do poder de dissolução do parlamento, esse poder decisivo de chamar o eleitorado a decidir —e, com isso, poder desencadear a alteração, confirmação ou a substituição da maioria no poder— é do Presidente da República.

e) É que, ao contrário do que muitas vezes se pensa, o poder presidencial de dissolução do Parlamento não é um poder-sanção; é, sobretudo, um poder que faculta uma relação política directa entre Presidente da República e eleitorado. Através dele, o Presidente da República pode passar *por cima* ou à margem da vontade da maioria parlamentar ou governamental ou pode mesmo actuar contra essa maioria. Parafraseando a imagem *duvergeriana*, com esse movimento de dissolução, o Presidente da República põe a maioria *em xeque*; e, embora dependendo da decisão do eleitorado, este *xeque* é um verdadeiro *xeque-mate*, desde que o contexto seja *desfavorável* à maioria, desde que o Presidente saiba escolher o momento e as circunstâncias.

Em Portugal este poder de dissolução é frequentemente designado, em linguagem jornalística, como a *bomba atómica* dos poderes a que o Presidente pode recorrer. Convém, no entanto, fazer algumas

[83] Veja-se, todavia, como o referido equilíbrio neste domínio pode ser criativamente alcançado por outra via, como actualmente acontece do Reino Unido, ou seja, se é certo que o Parlamento pode destituir o Governo, nessa destituição vem implicitamente incluída a sua própria dissolução, dada a consequente obrigatoriedade de convocação de novas eleições a não ser que se forme entretanto uma nova maioria parlamentar.

precisões. Tal como a *bomba atómica*, o poder de dissolução pode ter, com efeito, consequências devastadoras para a maioria parlamentar/governamental no poder. Mas, enquanto que, hoje, o recurso à *bomba atómica* é fundamentalmente uma ameaça dissuasora, mas que nunca se chega a concretizar, o poder de dissolução é algo diferente no sistema político de semipresidencialismo. O poder de dissolução desempenha uma função dissuasora, mas é também uma ameaça concretizável a que, de facto, os Presidentes da República recorrem. Basta ver como, entre nós, os Presidentes da República têm recorrido ao exercício deste poder, incluindo o caso da dissolução feita à margem ou contra a vontade da maioria parlamentar.

De qualquer modo, a imagem da *bomba atómica* é, ainda, plenamente sugestiva no que se refere à capacidade *dissuasora* que potencialmente contém. É precisamente esta capacidade que dota o estatuto constitucional do Presidente do semipresidencialismo de uma relevância que a soma de cada um daqueles outros poderes, individualmente considerados, não comportaria.

Sem este poder de dissolução, designadamente nas situações em que estivesse face a um Primeiro-Ministro apoiado por uma maioria parlamentar, o Presidente da República do semipresidencialismo seria uma espécie de *polícia municipal* das nossas cidades: dotado de alguns poderes, mas que entraria *desarmado* na *luta a sério*, isto é, sem o poder de dissolução o Presidente da República entraria na luta política dependendo da boa vontade ou do espírito de cooperação dos restantes intervenientes. Ao contrário, com o poder de dissolução, qualquer maioria parlamentar/governamental sabe que o Presidente da República dispõe de uma *arma* que pode ser utilizada contra ela em qualquer momento, dispõe de uma *força* de impacto global com que tem de se contar; através da possibilidade de exercício desse poder, o Presidente da República *força*, se se quiser, o *espírito de colaboração* dos outros protagonistas.

Um bom relacionamento institucional com o Presidente da República é, então, um *seguro de vida*, uma manifestação de pura razoabilidade política por parte de um Primeiro-Ministro que queira assegurar a realização do seu programa nos tempos por si próprio definidos. É assim para evitar que o Governo fique sujeito ao exercício continuado e sistemático dos poderes presidenciais que, de algum modo, podem contribuir para o desgaste do executivo, mas é assim, sobretudo, face à ameaça latente de recurso e possibilidade efectiva de utilização da *bomba atómica*.

f) Obviamente, este poder, precisamente pelas consequências que implica e pelo alcance dos meios que mobiliza —a convocação do eleitorado e a realização de novas eleições fora do período previamente fixado—, não pode ser utilizado levianamente. Por isso, ele é um poder de algum modo condicionado. Desde logo, pode ter condicionamentos de índole jurídica (períodos, circunstâncias ou situações em que o exercício deste poder está constitucionalmente excluído, necessidades de audição de outras entidades, eventualmente com parecer vinculativo). E será, precisamente, a presença ou ausência desse tipo de condicionamentos que confere maior ou menor força de impacto ao poder de dissolução e, consequentemente, que reforça ou diminui o estatuto constitucional do Presidente da República. Mas, há também condicionamentos fácticos que o Presidente da República deve considerar.

Se o Presidente da República recorre a este poder contra a maioria parlamentar/governamental em exercício, quer o proclame explicitamente quer o deixe implícito, o balanço definitivo só lhe será favorável, em última análise, se o eleitorado acompanhar o Presidente contra essa maioria, ou seja, se, no final, e qualquer que seja o desígnio que o Presidente da República tenha tido em vista com a dissolução, o eleitorado de algum modo ratifique a realização desse objectivo, confirmando com um resultado eleitoral, *a posteriori*, a razão de ser e a justificação do acto de dissolução.

Caso contrário, se a decisão do eleitorado contrariar as expectativas, proclamadas ou implícitas, do Presidente da República, é este que sai enfraquecido da *contenda*. A dissolução pode virar-se contra ele, na medida em que o resultado das eleições que se seguem evidencie a desrazoabilidade ou a inutilidade da dissolução. No caso de ela ter sido dirigida contra uma maioria parlamentar/governamental, esta pode sair confirmada ou até reforçada das novas eleições parlamentares.

O poder de dissolução pode, com efeito, ser utilizado pelo Presidente da República para os mais diversos fins. Mas, quaisquer que eles sejam, é um poder que tem de ser exercido em dueto: iniciado pelo Presidente da República, mas acompanhado, em sintonia, pelo eleitorado. Se este *pressente* na iniciativa presidencial uma desnecessidade ou inconveniência na realização das novas eleições naquele momento, se há dissonância entre os participantes no dueto, o Presidente pode sair objectivamente *censurado* através de uma votação *desfavorável* aos seus prováveis desígnios.

Em última análise, numa situação dessas caberá posteriormente ao Presidente da República —após um resultado eleitoral que acabe por significar uma censura política do seu acto de dissolução— decidir, em consequência, se ainda dispõe do assentimento popular que lhe permita continuar condignamente em funções após esse desaire eleitoral, ainda que inevitavelmente enfraquecido, do ponto de vista político, no resto do mandato, ou se deve mesmo renunciar ao cargo. Trata-se, portanto, de uma arma que, de tão poderosa, só deve, por isso mesmo, ser utilizada com a maior parcimónia, ponderação e senso político.

g) Em termos de balanço, o poder de dissolução é, assim, a *chave-mestra* dos poderes presidenciais. As outras *chaves* —os restantes poderes— permitem-lhe abrir ou fechar portas, mas, individual e separadamente consideradas, não levam o Presidente ao topo do edifício constitucional e muito menos ao seu domínio. Mesmo o eventual poder de demissão do Governo, quando exista —e já vimos que, em semipresidencialismo, nem sempre existe— não tem alcance comparável.

É que, na sua base, o sistema de governo semipresidencialista assenta na confiança parlamentar do executivo; isto significa que, qualquer que seja a decisão do Presidente da República (por exemplo, se decidir demitir o Governo), a nova solução governativa depende sempre, em última análise, da vontade parlamentar. Basta, por exemplo, que haja uma maioria absoluta favorável à continuidade do anterior executivo para que o Presidente da República não tenha quaisquer hipóteses de forçar o seu abandono. Aliás, só as terá, só poderá condicionar a decisão da maioria parlamentar, se entretanto a *ameaçar* com a dissolução do parlamento[84].

[84] Na sua, digamos, *extravagante* proposta de distinção entre o que qualificam de sistemas *premier-presidential* e sistemas *president-parliamentary*, SHUGART/CAREY sobreavaliaram, claramente, a importância relativa deste poder de demissão do Governo por parte do Presidente na distinção entre esses pretensos dois tipos de sistemas de governo (veja-se também a crítica de PEDRO MAGALHÃES, embora num contexto diverso da comparação que aqui fazemos —"As armas dos fracos: o veto político e a litigância constitucional do Presidente da República" *in A Reforma do Estado em Portugal. Problemas e Perspectivas*, Lisboa, 2001, pág. 491). De facto, SHUGART/CAREY erigiram o poder de demissão do Governo em critério daquela distinção: o primeiro tipo de sistema de governo seria um semipresidencialismo sem poder de demissão do Governo por parte do Presidente, o segundo tipo seria um sistema —eventualmente também qualificado como semipresidencialismo— onde esse poder existe.

No mesmo sentido, os poderes através dos quais o Presidente da República pretenda dar indicações ou orientações sobre a condução geral dos destinos do país —como podem ser os discursos, os contactos directos com a população, as mensagens ao Parlamento— e que, portanto, ultrapassem o referido plano circunscrito e parcelar da generalidade dos restantes poderes presidenciais, só adquirem alguma acutilância e não se resumem a meros votos piedosos, aparentemente ouvidos, mas rapidamente esquecidos e ignorados por Governo e maioria parlamentar, se tiverem por trás de si o pano de fundo da possibilidade de dissolução do Parlamento em caso de não serem devidamente tidos em conta.

No mesmo sentido, estes autores desvalorizam o poder de dissolução, considerando-o como algo que pode ou não acrescer àquele poder decisivo que seria o poder de demissão (cf. *Presidents...*, cit., págs. 24 e segs).
Mais surpreendentemente ainda, esta proposta de SHUGART/CAREY é hoje generalizadamente seguida, sobretudo pelos Autores de língua inglesa, como critério-base de distinção dos diferentes semipresidencialismos, ainda que, senão errónea, a distinção proposta distorça significativamente o entendimento do papel desempenhado pelo Presidente em semipresidencialismo. Por exemplo, França, onde o Presidente assume um papel notável, seria todavia qualificada de *president-parliamentary*, já que o Presidente não tem ali o poder constitucional de demitir o Governo.
No fundo, comete-se nesta proposta o mesmo erro em que incorreu o nosso legislador de revisão, em 1982, quando, pretendendo declaradamente reduzir os poderes do Presidente da República, lhe retirou o poder de demissão do Governo, mas compensando-o com a ampliação do poder de dissolução da Assembleia da República. O efeito foi exactamente contrário ao pretendido, ou seja, a privação do poder de demissão teve consequências significativas e muito relevantes no conjunto do sistema de governo e, designadamente, nas relações entre Presidente da República e Governo, mas, no plano do estatuto do Presidente da República, com a ampliação do poder presidencial de dissolução, a sua posição relativa no sistema de governo e o seu papel constitucional saíram claramente reforçados.
Em todo o caso, o equívoco de SHUGART/CAREY é menos desculpável: porque são especialistas e porque, quando escreveram, já tinham decorrido dez anos sobre a revisão constitucional de 1982. Bastaria ter olhado para a evolução do sistema português para perceber que o estatuto do Presidente da República podia ser diferente, mas em nada estava diminuído, ao contrário do que resulta das suas análises comparativas (na tabela destes Autores, antes de 1982, os poderes presidenciais ditos "legislativos" valeriam *quatro* e depois de 1982 valem apenas *um e meio*, o que é verdadeiramente surpreendente quando se pode perfeitamente considerar que estes poderes aumentaram com a revisão; por sua vez, os poderes "não legislativos" valeriam *nove* antes da revisão e valem *seis* após a revisão, o que expressaria um significativo enfraquecimento do estatuto do Presidente português que, segura e comprovadamente, não se verificou —cf. *op. cit.*, pág. 155).

Só através da força de impacto que lhes é conferida indirectamente pela presença do poder de dissolução, os poderes presidenciais se afirmam como conjunto vertebrado e se conformam numa unidade de sentido qualificadora do estatuto constitucional do Presidente da República e que faz deste órgão a sede última da regulação de todo o sistema.

3. O equilíbrio no semipresidencialismo: poder de dissolução do Parlamento e demissão parlamentar do Governo (a moção de censura positiva)

a) Em qualquer dos sistemas de governo de democracia representativa, a ideia de equilíbrio é um objectivo omnipresente de *arquitectura constitucional*. Ainda assim, confrontado com os dois outros modelos, o parlamentar e o presidencial, o equilíbrio do semipresidencialismo é mais sofisticado e construído de forma mais complexa e, por isso mesmo, também mais controverso e habitualmente menos bem percebido.

Ou seja, em sistema parlamentar e em sistema presidencial tudo é simples, já que o referido equilíbrio se alcança de forma linear. No primeiro, o Parlamento pode demitir o Governo e o Governo pode fazer dissolver o Parlamento ou, em alternativa, a destituição do Governo por parte do Parlamento envolve a realização de eleições parlamentares e, logo, envolve a concomitante dissolução do Parlamento. No sistema presidencial, o equilíbrio é encontrado reversamente: nem o Parlamento pode destituir o Executivo (Presidente) nem o Presidente pode dissolver o Parlamento.

Já em sistema semipresidencial, e uma vez que encontramos, não dois, mas três órgãos politicamente activos, e sendo dois deles eleitos pelo Povo, o equilíbrio já não pode ser encontrado de forma tão simples. E, para o que aqui nos interessa, o poder de dissolução é a *chave* desse equilíbrio.

Quando o poder de dissolução não existe, o sistema semipresidencial fica estruturalmente desequilibrado: o Parlamento pode destituir o Governo. Só. Não há contrapeso para esse poder ou, quando muito, será sempre um contrapeso atenuado, menor, que pode compensar o desequilíbrio, mas não o elimina. O Presidente poderá, eventualmente, após a destituição parlamentar do Governo, desempenhar algum papel na nomeação do novo Governo, mas não mais que isso[85]. Só quando o poder presidencial de dissolução do Parlamento existe, em semipresidencialismo, é que se cria um verdadeiro equilíbrio estrutural.

Poder-se-ia pensar que, nessa altura, o *balanço* que se procurara obter resultaria também *desequilibrado*, mas agora em favor do Presidente, já que este podia dissolver o Parlamento sem encontrar qualquer *contrapeso* ou *contrapoder* de reequilíbrio. Mas não é assim. É que, se o Presidente dissolve o Parlamento, a história não acaba aí; há um derradeiro e decisivo capítulo, a eleição da nova assembleia parlamentar. O Povo é chamado a arbitrar o eventual conflito e, nesse papel, como vimos, pode ou não secundar o Presidente e, nesta última hipótese, ou seja, votando de forma dissonante da intenção implícita no acto presidencial de dissolução, o eleitorado deixa o Presidente numa posição politicamente muito enfraquecida.

A sofisticação do semipresidencialismo reside aí: através do poder de dissolução o Presidente equilibra o poder de destituição do Governo que o Parlamento possui, mas não tem condições para desequilibrar unilateralmente o sistema a seu favor, pois sabe que, nessas circunstâncias, a última palavra pertence, não a si, mas ao Povo soberano que é chamado a votar nas consequentes eleições gerais.

b) Isso não significa que a definição de semipresidencialismo exija impreterivelmente a presença deste poder de dissolução. Desde logo, nos Estados da Europa Central e de Leste que adoptaram o semipresidencialismo, a opção generalizada é a ausência deste poder ou, quando muito, a sua consagração em termos de possibilidades de exercício tipificado e só em circunstâncias excepcionais de crise institucional. Assim, pode-se dizer que hoje, tendo em conta a Constituição e a prática efectiva dos sistemas de governo, e não considerando os países não democráticos ou em transição para a democracia, o poder de dissolução, apesar de presente formalmente na generalidade dos *velhos* semipresidencialismos, só existe verdadeiramente, na Europa, com alcance político global, em França e em Portugal.

[85] Já será diferente se, mesmo quando não existe um poder de dissolução politicamente irrestrito, se dá ao Presidente, excepcionalmente, nesta situação de demissão parlamentar do Governo, o poder de dissolver a assembleia parlamentar. Essa faculdade actua, desde logo, como *freio* de uma actuação *desregrada* por parte do Parlamento.

Mas, aquilo que *faz* verdadeiramente o *semipresidencialismo* de França e Portugal é, em grande medida, esse poder de dissolução, cujo exercício pode mudar radicalmente, por livre e exclusiva iniciativa e opção políticas do Presidente da República, o panorama do país, como, designadamente, aconteceu em França em 1981, em 1988 e, até, em 1997, ou como aconteceu em Portugal em 1983, 1987 e em 2004.

c) Dito isto, é deveras surpreendente a absoluta ausência de consideração da especial relevância desse poder nas análises mais recentes que procedem a estudos comparativos dos poderes dos Presidentes de semipresidencialismo. Mesmo os Autores mais celebrados e reconhecidos internacionalmente neste domínio, atribuem ao poder de dissolução, precisamente, o mesmo peso relativo que atribuem a qualquer dos outros poderes —por exemplo, ao poder de veto, ao poder de nomeação de altos cargos ou aos poderes em estado de excepção constitucional—, seja quando, e bem, ainda relevam, numa escala de valores interna a cada um desses poderes, em função dos diferentes graus e margens de acção que a Constituição dá aos Presidentes no respectivo exercício (SHUGART/CAREY, ROPER), seja quando tratam, pura e simplesmente, cada um dos poderes presidenciais como se não existissem essas diferentes margens (SIAROFF)[86].

Ora, essa equiparação e uniformização, pelo menos no que ao poder de dissolução se refere, é totalmente injustificada. Em geral, a metodologia *em voga* na Ciência Política é atribuir uma cotação quantificada a cada um dos poderes de que os Presidentes dispõem, constitucionais e/ou fácticos, independentemente da maior ou menor relevância relativa do poder em causa, pois, supõe-se, essa diferenciação significaria a introdução de factores subjectivistas de avaliação e o *cientismo* da metodologia seria posto em causa; atribuída a cotação parcelar naqueles termos, depois, é somar as cotações atribuídas e proceder ao *ranking* dos semipresidencialismos consoante a cotação média ou total obtida.

Porém, recorrendo à imagem comum entre nós, dir-se-ia que na avaliação comparativa dos correspondentes *exércitos*, estes Autores equiparam, em absoluto, o poder de destruição e a força dissuasora da *bomba atómica* ao poder de impacto de uma fisga ou, com boa vontade, de uma

[86] Cf. o que se diz nas duas notas seguintes.

arma convencional: como cada *exército* possui uma arma —seja ela convencional, seja atómica—, atribuem a *cotação* de um *ponto* a cada um e, no fim, soma-se, não importando quão absurdo possa ser o resultado...

Obviamente, mesmo sem falar dos erros pontuais que acabam sempre por ser cometidos em análises gerais deste tipo[87], tal método distorce significativamente os resultados da avaliação relativa dos vários semipresidencialismos a que se pretende proceder a partir da comparação dos poderes presidenciais[88].

[87] Erros flagrantes que envolvem o semipresidencialismo português estão, por exemplo, presentes em SHUGART/CAREY (*Presidents...*, cit., pág. 155): numa escala de zero a quatro, atribuem ao poder de dissolução do Presidente português, antes de 1982, a *cotação* de *quatro*, portanto, um poder com cotação máxima; por sua vez, o mesmo poder, após a revisão de 1982, portanto numa altura em que, na realidade, havia sido substancialmente reforçado, passa a merecer destes Autores a cotação *três*! A mesma coisa relativamente ao poder presidencial de veto que, tendo sido eventualmente reforçado com a revisão de 1982, lhes merece a cotação de *quatro* antes da revisão de 1982 e de *um e meio* após a revisão!
O mesmo se diga de S. ROPER, aqui a propósito da comparação dos poderes de dissolução na Polónia e em Portugal. O Presidente da Polónia só pode dissolver o Parlamento em caso de impossibilidade de formação do Governo ou em caso de não aprovação do orçamento; todavia, na mesma escala de zero a quatro, ROPER atribui *quatro* ao seu poder de dissolução, enquanto que o poder de dissolução do Presidente português, cujos contornos amplíssimos são bem conhecidos, não lhe merece mais de *três*... (cf. "Are all semipresidential regimes the same? A comparison of premier-presidential regimes" *in Comparative Politics*, 34, 2002, pág. 260).

[88] Veja-se o exemplo de SIAROFF, que produziu, nos últimos anos, um dos estudos mais completos de análise comparativa dos sistemas de governo com base no critério ou perspectiva dos poderes dos Presidentes ("Comparative presidencies: the inadequacy of the presidential, semi-presidential and parliamentary distinction", *cit.*, págs. 287 e segs). É talvez o estudo mais abrangente feito nos últimos anos sobre este tema e, para além disso, é, sobretudo, cuidado, rigoroso e informado.
Porém, enquanto cultor típico das metodologias em voga no mundo dos cientistas políticos, SIAROFF utiliza um critério *curioso* na ordenação do peso dos Presidentes em cada um dos sistemas: simplificadamente, a cada "poder" presidencial (considerando a Constituição e a prática dos regimes) atribui a cotação "*um*" e à sua ausência "*zero*"; no final soma e ordena. Assim, ter o poder de veto, seja forte ou fraco, absoluto ou suspensivo, vale "*um*"; não ter, vale "*zero*". Ter o poder de nomear altos funcionários vale "*um*"; presidir ao Conselho de Ministros vale "*um*", e, para o que aqui nos interessa, ter o poder de dissolução do Parlamento vale..."*um*", não ter vale "zero".
Logo, nesta escala binária, perder o poder de dissolução equivale, por exemplo, a perder o poder de pedir a reapreciação de uma lei ou de nomear altos funcionários; por outro lado, nessa mesma escala de SIAROFF, ter um poder de dissolução absolutamente livre e irrestrito vale tanto como ter um poder de dissolução dependente de proposta do Governo.

d) Vimos que, na definição acima apresentada, um dos critérios de qualificação propostos para identificar o sistema semipresidencial é o da existência de um Presidente dotado de poderes significativos e não a presença de um qualquer desses poderes em concreto. Podemos, portanto, considerar integradas no semipresidencialismo experiências políticas em que a Constituição, não reconhecendo, embora, este poder de dissolução, em todo o caso garanta ao Presidente da República outros poderes que lhe permitam uma intervenção política relevante.

De qualquer modo, sem o poder de dissolução do Parlamento, o Presidente dificilmente poderá desempenhar um papel à altura das responsabilidades que o sistema lhe atribui quando o faz eleger por votação popular e, sobretudo, sem ele dificilmente o Presidente da República pode corresponder às expectativas que nele deposita o eleitorado que o elegeu ou que participou massivamente na eleição.

É necessário, no entanto, ter em atenção a situação especial das novas democracias da Europa Central e de Leste, cujas particularidades aconselharam, sem excepção, a não previsão ou a introdução de fortes limites ao poder presidencial de dissolução do parlamento (em geral, a dissolução só é possível quando o Parlamento rejeita a solução governativa que lhe é proposta ou vota a desconfiança ao Governo).

A provável fraqueza relativa da instituição parlamentar e os receios de uma excessiva centralização de poder na pessoa do Presidente ou de uma utilização abusiva e desestabilizadora dos seus poderes determinaram, porventura, a adopção generalizada desses limites. Porém, a prazo, e consolidadas que estejam as instituições das novas democracias, designadamente o sistema partidário e a instituição parlamentar, a tendência será inevitavelmente a da *libertação* desses limites, pois só um poder de dissolução incondicionado (eventualmente apenas com limites temporais ou circunstanciais) *arma* a função presidencial e permite o pleno

Resultado: quando faz contas, Portugal (o Presidente português) surge numa posição relativamente *modesta* (numa escala que vai, em termos de importância crescente dos Presidentes de semipresidencialismo, de *um* a *oito*, Portugal obtém, na escala de SIAROFF, *três*). Mas, mais surpreendentemente ainda, surge nessa posição precisamente ao lado, imagine-se, da Irlanda. Ora, conhecendo nós o funcionamento do sistema português e sabendo que, na Irlanda, o único poder que o Presidente exerce é, e muito limitadamente, o do pedido de apreciação da constitucionalidade de leis, não podemos deixar de ficar surpreendidos e muito cépticos relativamente a este tipo de metodologia de análise do semipresidencialismo.

desenvolvimento das potencialidades, da lógica, e do equilíbrio global do semipresidencialismo.

e) Pode acontecer, no entanto, não já em termos estruturais, mas na prática conjuntural de funcionamento do sistema político, que um Presidente, mesmo quando dotado do poder de dissolução, não queira, não possa ou não deva proceder à dissolução do Parlamento, ainda que o país se encontre numa situação de crise institucional, por exemplo, numa situação em que o Parlamento demita o Governo sem que se vislumbre uma nova alternativa governativa viável e estável no mesmo quadro parlamentar.

Imaginemos uma situação em que a realização de novas eleições reproduziria, invariavelmente, o mesmo quadro parlamentar. Aí, a dissolução do Parlamento e convocação de novas eleições não constituiria qualquer verdadeira solução e, logo, se o Presidente optasse por ela, o impasse governativo e a instabilidade prosseguiriam inalterados, mas com o acréscimo de mais dois inconvenientes de peso: de um lado, os consideráveis custos económicos, sociais e políticos decorrentes da realização de eleições parlamentares, sem que delas tivesse resultado um qualquer benefício; por outro lado, e por isso mesmo, pelo facto de a dissolução do Parlamento e a realização de novas eleições se terem revelado supérfluas, passaríamos a ter um Presidente desautorizado, politicamente debilitado, responsabilizado que ele seria pelo insucesso da sua tentativa e impedido, como ficaria, de recorrer segunda vez ao mecanismo da dissolução.

Numa situação deste tipo, o poder de dissolução vê esgotadas as suas virtualidades *balanceadoras* do sistema; na prática, quando o poder de dissolução não exista, de facto ou de direito, ou sempre que se sinta que, por uma qualquer razão, o poder de dissolução não pode ou não deve ser exercido, a *bomba atómica* deixa de funcionar como tal. Há, então, estrutural ou conjunturalmente, o risco de um desequilíbrio em favor do parlamento.

Nesta altura, há institutos que podem e devem desempenhar análogas funções de equilíbrio e de racionalização do semipresidencialismo, designadamente, de atenuação dos poderes fácticos de um Parlamento que inviabilize a continuidade do Governo em funções, necessariamente um Governo minoritário, ou impeça o seu funcionamento normal, mas seja simultaneamente incapaz de viabilizar uma nova alternativa. O primeiro desses institutos é a moção de censura positiva ou construtiva[89].

f) A moção de censura positiva funciona como mecanismo, por excelência, de racionalização do sistema parlamentar (nesse quadro político, obteve reconhecimento constitucional na Alemanha e na Espanha) e, uma vez que os inconvenientes que aí se procuram obviar são exactamente os mesmos que também se podem verificar em sistema semipresidencial —os da instabilidade provocada por uma maioria parlamentar *negativa* que destitui um governo minoritário sem ser capaz de apresentar uma alternativa de governo—, não há nenhuma razão para que não deva ser também adoptado em semipresidencialismo, como, de resto, já acontece, hoje, na Polónia e na Eslovénia.

Independentemente de se tratar de sistema de governo parlamentar ou semipresidencial, a consagração constitucional deste instituto garante, com efectividade, a subsistência de um governo minoritário sempre que uma assembleia parlamentar hostil não seja capaz de forjar uma alternativa a esse governo.

Ainda assim, de que serviria manter a sobrevida do Governo minoritário se, a seguir, ele não tivesse condições para governar, se não pudesse, por exemplo, fazer aprovar leis indispensáveis ao cumprimento do seu programa, não pudesse, entre outras, fazer aprovar o orçamento, se não pudesse governar de acordo com o programa que apresentou ao eleitorado e responsabilizar-se, posteriormente, pelos resultados alcançados?[90] De facto, nas situações de governo minoritário, muitas vezes uma maioria negativa, mas conjugada, das oposições pode manter um Governo em funções e, sem o destituir, todavia impedi-lo de desenvolver normalmente a função governativa.

Nessa altura, há outros mecanismos que, sobretudo quando conjugados com o instituto da moção de censura positiva cumprem integralmente aqueles fins de racionalização, de estabilidade e de governabilidade nas situações mais complexas e difíceis de governos minoritários.

[89] Sobre a moção de censura *construtiva* ou *positiva*, cf., entre nós, AAVV, *A Revisão Constitucional e a Moção de Censura Construtiva*, Lisboa, 1988.

[90] Cf., sobre o tema das relações complexas, na nossa ordem constitucional, entre Governo minoritário e Assembleia da República, J. Reis Novais, *Separação de Poderes e Limites da Competência Legislativa da Assembleia da República*, Lisboa, 1997.

Esses mecanismos existem, por exemplo, em França. Referimo-nos à possibilidade, consagrada na Constituição francesa[91], de um Governo poder fazer *passar* leis no Parlamento sem aprovação da maioria dos deputados. Se o Governo considera a aprovação de uma dada lei decisiva para uma boa governação, mas sabe que a oposição inviabilizará a correspondente proposta no Parlamento, bastará, então, que o Governo empenhe expressamente a sua responsabilidade política perante o Parlamento em torno da aprovação de tal lei; se o Parlamento não aprovar, entretanto, uma moção de censura ao Governo, o texto da proposta de lei em causa é considerado aprovado, mesmo sem votação, isto é, mesmo sabendo-se que há uma maioria parlamentar que discorda do respectivo conteúdo.

Ora, como bem nota Lijphart[92], a conjugação da moção de censura construtiva com este outro mecanismo da confiança política, que pode ser *jogado* na aprovação de leis importantes, daria plena racionalidade às relações entre Parlamento e Governo[93].

De um lado, a moção de censura construtiva, exigindo que o Parlamento encontre uma maioria positiva de apoio a um novo Governo, favorece ou garante a continuidade em funções de um Governo minoritário, desde que ou enquanto o parlamento não alcance essa maioria positiva. Por outro lado, se o Parlamento mantém o Governo em funções, se não o destitui ou enquanto não o destitui, então não o deve impedir de governar, ou seja, as leis mais importantes —sempre que o Governo nelas empenhe a questão da confiança— consideram-se aprovadas mesmo sem aprovação expressa[94].

Assim, qualquer governo, mesmo que minoritário, enquanto fosse governo, enquanto não fosse demitido, teria condições para governar e, consequentemente, responsabilizar-se plenamente e com autonomia

[91] Cf. artigo 49.3 da Constituição francesa.

[92] Cf. "Constitutional design for divided societies" *in Journal of Democracy*, 15, 2004, pág. 104.

[93] Curiosamente, Arturo Valenzuela ("Latin american presidencies interrupted" *in Journal of Democracy*, 2004, pág. 17 e nota 16), que defende posição semelhante, revela que quem lhe sugeriu a ideia foi António Guterres. Este, de facto, sabia por experiência própria do que falava, já que era ele o Primeiro-Ministro em funções no episódio do *queijo limiano* (quando, na votação dos orçamentos de 2001 e de 2002, o Governo prometeu ajudas locais em Ponte de Lima para garantir o voto favorável de um deputado da oposição na aprovação dos orçamentos do Estado).

[94] Assim, Pierre Pactet, *Institutions Politiques Droit Constitutionnel*, Paris, 2001, pág. 489.

por essa governação, seja perante o parlamento que o fiscaliza, seja perante o eleitorado que o *julgará* nas eleições seguintes.

4. Variáveis e dinâmicas de funcionamento prático do semipresidencialismo

a) Considerada a distribuição constitucional de poderes no semipresidencialismo e as condições do seu equilíbrio estrutural, veremos, agora, como se podem desenvolver neste sistema diferentes padrões ou modelos de funcionamento e como os poderes presidenciais adquirem alcance diverso em função de circunstâncias políticas de ordem prática.

Como se disse, em semipresidencialismo a base das relações entre Governo e Parlamento é idêntica à que existe no sistema de governo parlamentar, ou seja, um relacionamento baseado na dependência, na confiança e na responsabilidade política do Governo face ao Parlamento. Logo, em tudo o que respeita às eleições parlamentares, à consequente formação do Governo, à sua subsistência política, à sua responsabilização e à sua eventual demissão por acção parlamentar, não há, praticamente, nada a acrescentar relativamente ao que se passa quanto ao funcionamento do sistema parlamentar.

Se das eleições parlamentares resulta a vitória de um partido político com maioria absoluta no Parlamento ou, numa situação afim, a possibilidade de formação, pré ou pós-eleitoral, de uma coligação interpartidária sólida que garanta uma igual maioria absoluta, então a situação é conhecida: Governo formado por esse partido ou essa coligação; Primeiro-Ministro líder do partido maioritário (ou escolhido com o seu aval) ou do partido de maior peso na coligação; Governo forte, estável, em princípio com possibilidades de desempenhar funções durante toda a legislatura e com a mais ampla margem para execução do respectivo programa eleitoral ou programa de governo.

Ao invés, se o resultado das eleições parlamentares não permite a formação de um governo maioritário (com apoio expresso da maioria absoluta dos deputados) a situação é praticamente a inversa: dificuldades na formação do governo; instabilidade governativa; constrangimentos da acção do Governo e da sua capacidade de execução do programa eleitoral ou de governo; necessidades de compromisso e composição com as oposições e eventual necessidade de fazer alianças pontuais ou mesmo de governo; possibilidade real de interrupção do mandato e de substituição do Governo ou do Primeiro-Ministro durante a legislatura.

Portanto, tal como acontecia em sistema parlamentar, em que a existência ou não de uma maioria absoluta saída das eleições parlamentares determinava um funcionamento do sistema em termos de sistema parlamentar *de gabinete* ou sistema parlamentar *de assembleia*, também a presença do mesmo factor determina, nesse específico plano das relações entre Governo e Parlamento, consequências muito semelhantes em semipresidencialismo.

Se há possibilidades de formação parlamentar de um Governo maioritário, temos um Primeiro-Ministro e um Governo fortes; se não houver uma maioria absoluta de um só partido na assembleia parlamentar, terá de haver um Governo minoritário ou um governo de coligação (e, neste último caso, tudo dependerá da solidez e estabilidade da coligação) e, consequentemente, teremos, em princípio, um Governo e um Primeiro-Ministro mais *fracos* ou, pelo menos, objectivamente enfraquecidos pelas circunstâncias difíceis de formação e subsistência do Governo e da consequente redução da sua margem de acção durante a legislatura.

b) Falta, no entanto, considerar o outro pólo de exercício de poder em semipresidencialismo, isto é, o papel e a intervenção do Presidente da República, já que, e diferentemente do que acontecia em sistema parlamentar (em que nos bastávamos com a análise da relação Governo-Parlamento para determinar as modalidades de funcionamento do sistema), agora temos um outro centro de poder ou um outro órgão com possibilidades reais de interferência e de participação no exercício do poder político, pelo que não podemos estudar os possíveis modos de funcionamento do semipresidencialismo sem considerar o papel potencial desse outro pólo e a influência que pode ter no próprio relacionamento entre Governo e Parlamento.

Em primeiro lugar, e sem considerar outros factores[95], a existência (ou a inexistência) de uma maioria absoluta no Parlamento (e partindo-se, como sempre aqui temos feito, do princípio de que essa maioria é

[95] Factores esses que, todavia, como veremos a seguir, podem alterar significativamente a tendência objectiva referida no texto.

sólida, disciplinada) condiciona objectivamente a margem de intervenção do Presidente da República. Com maioria absoluta, o espaço de exercício dos poderes atribuídos pela Constituição ao Presidente da República fica objectivamente reduzido; Governo e Parlamento asseguram uma governação com inteira estabilidade. Já sem essa maioria, as próprias dificuldades e insuficiências da relação Governo-Parlamento fazem aumentar a *pressão* e os apelos a um maior protagonismo presidencial, ampliando-se objectivamente a margem de intervenção do Presidente[96].

Esta relação objectiva entre maioria parlamentar absoluta e margem de intervenção presidencial verifica-se em todos os potenciais domínios de actuação presidencial, mas é particularmente notória e evidente em dois dos principais poderes presidenciais, a nomeação do Governo e o veto, e, por isso, os mencionamos aqui a título meramente ilustrativo daquela afirmação.

c) Em semipresidencialismo cabe ao Presidente da República nomear o Governo. Este poder, como todos os de semipresidencialismo, não é um poder nominal ou meramente formal; trata-se de um poder real, efectivo, no sentido de que é o Presidente da República quem escolhe e nomeia o Primeiro-Ministro. Porém, esta escolha não é politicamente incondicionada.

Qualquer que seja a opinião pessoal do Presidente, a maior ou menor simpatia que tenha para com esta ou aquela figura, ele tem necessariamente de atender, em primeiro lugar, à composição política do Parlamento. Pois, se o Governo depende politicamente da confiança política do Parlamento, de nada serviria ao Presidente da República escolher um Primeiro-Ministro que tivesse contra si a opinião da maioria dos deputados: obviamente, esse Primeiro-Ministro seria imediatamente *derrubado* pelo Parlamento ou nem sequer chegaria a entrar em funções. O Presidente da República tem de escolher alguém que mereça o acordo (ou, pelo menos, a não oposição) da maioria parlamentar[97].

[96] A não ser que o Presidente da República seja o próprio líder dessa maioria (situação francesa típica). Com efeito, na situação mais comum em França, a posição relativa do Presidente da República no conjunto do sistema reforça-se ou enfraquece-se, essencialmente, em função, respectivamente, da existência de uma maioria parlamentar absoluta por ele liderada ou da inexistência de uma tal maioria.

[97] Note-se, porém, que apesar de essa ser a única opção viável que resta ao Presidente, ele pode, uma vez que tem legitimidade para tanto, procurar outras soluções —inevitavelmente

Neste quadro, é evidente que se um partido político obteve uma maioria absoluta no parlamento, não há muito por onde discutir: só pode ser nomeado alguém que tenha o *aval* desse partido. Se esta força política pretender que seja o seu líder a ser nomeado Primeiro-Ministro, nada mais resta ao Presidente da República que não seja aceder a essa indicação. A margem de acção, de escolha real, do Presidente da República é para este efeito, nas circunstâncias de existência de maioria absoluta, reduzidíssima ou nula.

Já se não há uma força política (um só partido ou uma coligação) que detenha uma maioria absoluta no Parlamento, as margens de escolha e de acção do Presidente da República aumentam reflexamente. Quem deverá ser o Primeiro-Ministro? À partida será necessário, no mínimo, fazer algumas contas.

Há uma opinião muito comum, repetidamente afirmada nas épocas eleitorais, segundo a qual se pensa que em sistema parlamentar ou em sistema semipresidencialista deve ser nomeado Primeiro-Ministro "o líder do partido mais votado" nas eleições parlamentares. Esta opinião é, pura e simplesmente, errada.

Em primeiro lugar, mesmo que a opinião fosse sustentada, e não é, o importante nem sequer seria o facto de ser "mais votado", mas sim o de ter mais deputados no parlamento. Pode perfeitamente acontecer, dependendo do sistema eleitoral adoptado, que um partido tenha mais votos que outro, mas este último tenha mais deputados. Em certos sistemas eleitorais pode mesmo acontecer que um partido obtenha a maioria absoluta dos deputados sem ser o partido mais votado. Ora, aquilo que conta para a formação do governo e a nomeação do Primeiro-Ministro é o número de deputados, não o número de votos e isto porque o Governo responde perante o Parlamento (deputados), não directamente perante os eleitores ou perante as direcções dos partidos políticos. Os efeitos jurídicos do número de votos e da sua repartição por

votadas ao fracasso— ou resistir até ao último momento até que seja forçado a decidir o que era já óbvio. Foi o que sucedeu em Portugal, em 2015, quando PS, BE, PCP e Verdes pré-anunciaram ao Presidente da República Cavaco Silva que votariam contra a solução governativa preferida pelo Presidente e, no entanto, este persistiu em nomear um Governo PSD/CDS que, naturalmente, não teve condições de viabilidade e *obrigou* o Presidente da República a nomear, finalmente, mesmo deixando implícita a sua discordância, um Governo PS com apoio parlamentar de BE, PCP, Verdes e PAN.

cada candidatura esgotam-se com a operação de atribuição dos mandatos parlamentares em função desse número de votos; a partir daí é o número de deputados que conta, porque o que estará em causa serão as decisões parlamentares (dos deputados) que afectam a formação, entrada em funções e subsistência do governo.

Em segundo lugar, aquela afirmação ("deve ser nomeado o líder do partido mais votado") pressupõe que o partido determinante para estas contas, aquele que eventualmente disponha de maioria absoluta no parlamento, indique (no sentido de sugerir, propor) para Primeiro-Ministro o seu líder. Mas isso não tem de suceder sempre. Em Portugal, é certo, tal tem acontecido, ou seja, o líder do partido ganhador tem-se proposto ser Primeiro-Ministro, mas já, por exemplo, em França tem acontecido diferentemente.

Em terceiro lugar, e decisivo, aquelas contas só são simples quando um partido ou uma força política dispõe de maioria absoluta no Parlamento. Se tal não acontece, a operação complica-se, isto é, o Presidente da República tem de ponderar, de considerar as várias hipóteses e só pode fazê-lo conhecendo a opinião que os vários partidos e forças com representação parlamentar têm acerca de quem deve ser nomeado Primeiro-Ministro e chamado a formar governo.

Imaginemos que temos os partidos A, B, C e D com representação parlamentar e que, nos cem deputados existentes, a distribuição dos lugares é a seguinte: A-40, B-30, C-18, D-12. Segundo aquela opinião comum, apesar de errónea, o Presidente da República *deveria* nomear o líder de A, o partido mais votado. Porém, tal poderia ser uma acto perfeitamente inútil, inconsequente. Bastaria que os restantes partidos (B, C e D) estivessem unidos contra A e o manifestassem junto do Presidente da República para que este fosse *obrigado* a escolher um outro Primeiro-Ministro, precisamente aquele que lhe fosse indicado pela *aliança* de B, C e D, mesmo que essa *aliança* se tivesse formado só após as eleições (se a aliança fosse pré-eleitoral e formalmente institucionalizada, o problema nem sequer se colocaria porque ela funcionaria como força política dispondo de maioria absoluta no parlamento)[98].

[98] Esta situação foi, em grande medida, como se referiu, a situação que se verificou em Portugal após as eleições legislativas de 2015. O Presidente da República da altura, opondo-se politicamente à constituição de um Governo apoiado por uma *maioria de esquerda*, tentou impedir *à outrance* aquilo que já era e depois se confirmou ser inevitável e, nesse sentido,

Todavia, para o que aqui nos interessa, importa igualmente concluir que, neste último caso, ou seja, sempre que não haja maioria absoluta de um só partido ou força política, a margem de escolha ou de acção do Presidente da República aumenta *reflexamente*. Enquanto que na situação de maioria absoluta só tinha uma opção, nomear quem lhe fosse indicado por essa maioria (o que significa que, na realidade, não tinha escolha, a sua margem de livre decisão era nula), agora tem, no mínimo, de ouvir e de *fazer contas* e, no máximo, em certas condições, pode mesmo fazer verdadeiras escolhas. O Presidente tem já, aí, alguma capacidade de decisão, as atenções viram-se para ele, a sua opinião é importante.

Imagine-se que, no exemplo dado, B, C e D estavam contra A, mas não conseguiam chegar a acordo sobre quem deveria ser o Primeiro-Ministro alternativo. O Presidente da República poderia eventualmente *ajudar* a alcançar um acordo, sugerir um entendimento, promover uma aliança, por exemplo, de A com D, de B com C e D, de A com C, ou, ao invés, rejeitar propostas de entendimento e de nomeação que lhe fossem sugeridas por estes partidos e estimular outras. Enfim, a sua margem de acção aumentara imediatamente pelo facto, objectivo, de inexistência de uma maioria absoluta no parlamento.

d) O mesmo se diga quanto ao poder de veto. Normalmente, quando este poder de recusar a promulgação dos diplomas aprovados pelo Parlamento é concedido ao Presidente da República, a Constituição prevê, também, a possibilidade de o Parlamento, com uma maioria qualificada (por exemplo, uma maioria absoluta), superar o veto presidencial, forçando o Presidente a promulgar o diploma após a sua nova confirmação parlamentar. Imediatamente se percebe, então, que, não havendo maioria absoluta, o veto presidencial é muito mais eficaz (praticamente definitivo, absoluto) do que nas situações de maioria absoluta onde, se for essa a exigência constitucional, a maioria parlamentar, se quiser, reunirá o número de votos necessários para superar o veto do Presidente.

nomeou primeiramente um Governo do partido mais votado, o PSD, mesmo sabendo que esse governo seria impedido de entrar em plenas funções pela maioria da Assembleia da República, como veio efectivamente a acontecer. Assim, vendo igualmente frustradas as hipóteses de uma divisão no Grupo Parlamentar do Partido Socialista a propósito dessa questão, foi *forçado* a nomear, finalmente, um Governo de acordo com a opinião maioritária do Parlamento.

Isto é, o poder de veto resulta objectivamente diminuído quando há uma maioria absoluta (de um partido ou de uma coligação) pré-estabelecida no Parlamento e, sobretudo, quando essa maioria é sólida, disciplinada e se dispõe a actuar contra a vontade do Presidente. O Presidente pode vetar, mas sabe que o seu veto corre o risco de ser ultrapassado pelo Parlamento, o que, eventualmente, deixará diminuída a imagem do Presidente aos olhos da opinião pública. Nessa altura, há um condicionamento objectivo que o pode inibir de recorrer ao poder de veto, isto é, a sua margem de acção foi reduzida pelo facto, objectivo, da existência de uma maioria absoluta no Parlamento.

Na terminologia utilizada por alguns autores, diríamos, então, que a ausência de maioria parlamentar absoluta reforça a *componente presidencial* do sistema e que a presença de uma maioria parlamentar absoluta reforça, ao invés, a sua *componente parlamentar*. Porém, o semipresidencialismo é demasiado complexo para nos satisfazermos com conclusões lineares, imediatas.

e) A conclusão atrás formulada sobre o alargamento ou a redução quase *automática* da margem de acção presidencial em função da existência ou inexistência de uma maioria absoluta no parlamento está correctamente formulada e apoia-se na explicação que acabámos de desenvolver. Porém, como dissemos, e essa é uma das razões ponderosas que justificam a autonomização do semipresidencialismo relativamente aos sistemas de governos *clássicos*, há uma complexidade no sistema semipresidencial que não encontra paralelo em qualquer dos outros dois sistemas. Raramente, em semipresidencialismo, há lugar para simplificações.

Assim, a propósito das conclusões, aparentemente lineares que acabámos de formular, há outros factores que, no conjunto dos poderes presidenciais, do seu estatuto global ou da sua presença no funcionamento do sistema, podem induzir conclusão exactamente inversa, isto é, em certas condições, a presença de uma maioria parlamentar absoluta pode favorecer a intervenção presidencial e a sua inexistência afectá-la.

É que, como já referimos, este factor —presença ou ausência de uma maioria parlamentar absoluta— não é o único a ter em conta na previsão das várias modalidades de possível funcionamento do semipresidencialismo. Diversamente do que ocorria em sistema parlamentar e em sistema presidencial, o semipresidencialismo obriga a considerar inúmeras variáveis.

Partindo daquela base alternativa atinente à composição do Parlamento (governo maioritário ou governo minoritário), importa também, agora, e com peso decisivo, conhecer qual o posicionamento, a atitude do Presidente da República relativamente à maioria ou ao(s) grupo(s) parlamentar(es) que sustentam o governo, perceber qual a relação política institucional que existe entre eles. Pode acontecer que o Presidente da República provenha politicamente da mesma maioria ou da mesma facção política do Governo (e do seu Primeiro-Ministro) —ou mantenha com eles afinidades políticas estreitas—, mas também pode acontecer que o Presidente da República seja politicamente afastado das forças políticas que sustentam o Governo, pode ser independente delas, opor-se a elas ou até, como por vezes acontece em semipresidencialismo, ser o Presidente da República o próprio líder das forças que se opõem ao Primeiro-Ministro e ao seu Governo.

Desde logo, e mesmo sem entrar ainda na discussão desta questão, o funcionamento do semipresidencialismo é muito diferente quando o Presidente da República assume uma filiação partidária e se empenha activamente na disputa e na competição que, em democracia representativa, se desenvolvem naturalmente entre as várias forças políticas (aquilo que aqui, informalmente, designaremos por Presidente-*liderante*) ou, na posição inversa, quando o Presidente da República, independentemente do seu passado político e afinidades ideológicas, não tem ou nunca teve filiação partidária ou, tendo-a, pretende exercer o mandato à margem e acima do confronto interpartidário ou, pelo menos, em equidistância relativamente aos vários partidos.

O semipresidencialismo comporta, com igual legitimidade, qualquer destas opções, tal como comporta um Presidente da República que, pura e simplesmente, se autolimita ou é limitado —por circunstâncias históricas, culturais ou políticas— a um exercício de poderes meramente simbólico, representativo, como se fora um Presidente típico de sistema parlamentar.

Imediatamente se percebe que, se o Presidente é *militante*, partidariamente empenhado —e, obviamente, essa não é nem pode ser uma decisão da Constituição que, como quadro jurídico geral, permite qualquer daquelas variantes, ou seja, e ao contrário do que muitas vezes se pensa e diz, nenhuma é mais ou menos *constitucional* que a outra—, a questão referida da presença ou da ausência de maioria parlamentar absoluta adquire importância e contornos específicos.

Nessa situação (Presidente-*liderante*), se há uma maioria parlamentar absoluta, a pergunta inicial a fazer é: qual o posicionamento político do Presidente face a essa maioria? O Presidente da República pode identificar-se política, ideológica e programaticamente com essa maioria ou pode opor-se-lhe. Ora, é precisamente nesta última hipótese que temos verdadeiramente a situação a que se convencionou chamar de *coabitação*: a maioria parlamentar e, consequentemente, o Governo e o seu Primeiro-Ministro, têm uma política, um programa, uma orientação, e o Presidente da República tem outros, diferentes e opostos e, mais, na prossecução dos seus objectivos políticos tem o apoio expresso de uma oposição parlamentar e o apoio implícito de parte substancial, eventualmente até maioritária, do eleitorado.

Durante muito ou pouco tempo, eventualmente até às eleições parlamentares ou presidenciais seguintes (a realizar no período pré-fixado ou, no caso de eleições parlamentares, por força de eventual dissolução), estas tendências, objectivos e programas políticos diversos e opostos vão ter, não apenas de conviver no mesmo sistema político, o que é absolutamente normal em democracia representativa, mas no mesmo espaço institucional de condução dos destinos políticos do país —no Governo/Parlamento, de um lado, e na Presidência da República, do outro—, isto é, vão ter de *coabitar*[99].

f) Porém, as perguntas a fazer não estão esgotadas com a consideração deste outro factor. Se, diversamente do que ocorre nesta situação de *coabitação*, Presidente da República e maioria parlamentar/governamental convergirem ou coincidirem politicamente, há, então, que saber ainda quem é, de facto, o líder dessa maioria, mais precisamente, saber se o líder da maioria parlamentar e que, consequentemente, vai governar, é o Presidente da República ou é o Primeiro-Ministro.

[99] Sobre a *coabitação*, conceito adoptado e desenvolvido a propósito do semipresidencialismo, por MAURICE DUVERGER, cf., do próprio, *Bréviaire...*, cit., e o nº 91, 1999, de *Pouvoirs*. Fazendo uma adaptação à situação portuguesa, mas tendo de considerar, para o efeito, a possibilidade de *coabitação* mesmo quando o Presidente da República não é *militante*, cf. MARCELO REBELO DE SOUSA, *A Coabitação Política em Portugal*, Lisboa, 1987; pronunciando-se contra a ideia de *coabitação* nessas circunstâncias, cf. GOMES CANOTILHO/VITAL MOREIRA, *Os Poderes...*, cit., págs. 29 e seg.

No caso em que o líder da maioria que governa é o próprio Presidente da República —o que significa que o Primeiro-Ministro é um segundo *plano*, alguém, em princípio, da confiança política do próprio Presidente da República—, então pode-se dizer que a chamada *componente presidencial* do sistema se reforça e domina de forma avassaladora. O Presidente da República (considerando que estamos aqui a falar do tal Presidente-*liderante*), por si próprio e por interpostas pessoas, acaba por deter o controlo político das várias instituições de exercício de poder político, Presidência, Governo e Parlamento.

Por isso dizíamos que nem sempre a existência de maioria parlamentar absoluta redunda em diminuição da margem de acção presidencial; é assim quando consideramos o exercício pontual de poderes constitucionais do Presidente da República, mas, quanto ao seu estatuto político global, só será assim no caso de o Primeiro-Ministro ser, de facto e indiscutivelmente, o líder dessa maioria. Já no caso agora imaginado, aquele em que é o Presidente da República que lidera a maioria parlamentar/governamental, a existência de uma maioria absoluta redunda em reforço extremo da *componente presidencial*.

g) Por outro lado, o que dissemos para a situação de Presidente-*liderante* carece das necessárias reformulações para o caso do Presidente da República partidariamente independente ou que decide manter-se afastado da disputa e do confronto interpartidário ou que pretende exercer o seu mandato com distanciação. Não que o factor de convergência ou confluência ou, ao invés, de oposição políticas, entre Presidente da República e Primeiro-Ministro, deixe aqui de ter importância, mas porque assume um cariz diverso.

Neste caso, mesmo quando há maioria parlamentar, o Primeiro-Ministro é, em princípio, o líder dessa maioria, o que, objectivamente, tende para a redução ou diminuição da *componente presidencial*. Porém, nesta situação, as coisa não são tão lineares ou previsíveis como eram na situação de Presidente-*liderante*. Podemos encontrar aqui uma infinidade de *nuances* que condicionam as relações entre Presidente da República e Primeiro-Ministro.

Podemos ter um Presidente da República que, embora não sendo o líder activo, pode, contudo, ser a figura mais carismática da respectiva área política, o que pode ter como consequência que aquela redução de influência presidencial não se verifique, apenas se exercendo essa influência de forma diferente. Tal como podemos ter um Presidente da República da mesma área política do Primeiro-Ministro/líder da maioria, mas que mantém com este uma relação de tensão política ou pessoal, ou um Presidente da República que apesar de convergir politicamente com o Primeiro-Ministro, pretende manter uma equidistância, eventualmente conjuntural ou transitória, entre Governo e oposições.

Da mesma forma, na situação de Presidente não-*militante*, mas *presidindo* com uma maioria parlamentar/governamental de uma área política diferente ou oposta à sua, as possibilidades de funcionamento prático podem também variar significativamente. O Presidente da República pode pretender manter a referida posição de equidistância, cooperar indistintamente com Governo e oposições, mas pode também, pontual ou sistematicamente, pretender *ajudar* o Governo ou *ajudar* as oposições, contribuir para a estabilidade do Governo ou contribuir para o seu desgaste político.

h) Por último, importa considerar um contexto raro nas experiências *tradicionais* de semipresidencialismo, mas muito frequente nos *novos* semipresidencialismos, designadamente os nascidos da desagregação do bloco soviético. Referimo-nos à situação em que o Presidente da República tem, face a si, um Parlamento marcado por uma fragmentação e pulverização políticas extremas, partidariamente muito dividido, com uma percentagem significativa de deputados *independentes* ou não-partidários, ainda que concorrendo, eventualmente, em listas partidárias.

Desde logo, esta possibilidade real elucida bem as dificuldades, inconveniência ou até inviabilidade prática de adopção do sistema de governo parlamentar. Com os lugares do Parlamento repartidos por inúmeras forças políticas, com grande parte dos deputados sem vínculo partidário e, consequentemente, não sujeitos a qualquer disciplina de voto, com impossibilidade prática de formação de maiorias mono ou multipartidárias, seria a própria formação do governo, após as eleições, que resultaria problemática; a *impotência* de um tal Parlamento apela, objectivamente, à intervenção decisória ou à iniciativa agregadora de uma instância externa que, obviamente, só pode ser o Presidente da República e o é tão mais eficaz e consensualmente quanto ele beneficie de uma legitimidade democrática tão ou mais clara que a do Parlamento.

Nesta altura, há objectivamente uma pressão objectiva para uma maior intervenção e protagonismo presidenciais. Sendo difícil encontrar ou construir uma maioria parlamentar sólida, o comportamento do Parlamento torna-se imprevisível, mutável, as próprias maiorias fazem-se, desfazem-se e refazem-se ao sabor de frágeis alianças pontuais e de acordos de conjuntura. Nesta situação, a referência de estabilidade e de unidade no exercício do poder político só pode ser dada pelo órgão Presidente da República. Mesmo que essa não seja a sua intenção originária, o Presidente da República vê-se objectivamente compelido a desenvolver uma intervenção política permanente que, muitas vezes, não se pode resumir à simples moderação e arbitragem, mas exige iniciativa, liderança, preenchimento do espaço que a *impotência* do Parlamento deixa livre.

Esta pressão para uma maior intervenção presidencial é particularmente evidente no exercício do poder de nomeação do Governo. Já vimos como a margem de intervenção do Presidente no exercício deste poder é variável em função da existência ou inexistência de uma maioria parlamentar absoluta. Mas, nas situações como as que agora analisamos, muitas vezes, para além de não haver uma qualquer possibilidade de formação de um Governo maioritário, o Parlamento, por si só, é mesmo incapaz de gerar qualquer solução governativa, seja minoritária ou de coligação.

Nessas circunstâncias torna-se necessária ou conveniente a formação dos chamados governos de tecnocratas ou de técnicos[100], isto é, governos formados pelo Presidente à margem da influência partidária e igualmente à margem dos resultados eleitorais para o Parlamento, ou seja, aquilo que, entre nós, ficou historicamente conhecido como governos *de iniciativa presidencial*.

Ora, governos deste tipo, necessitando sempre, é certo, do aval directo ou indirecto do Parlamento, são governos que beneficiam, à partida, do apoio expresso do Presidente, o que se reflecte, necessariamente, mesmo quando não existe um executivo dualista ou bicéfalo, num maior empenhamento do Presidente na prática governativa e na responsabilização

[100] Cf., assim, Oleh Protsyk "Politics of intraexecutive conflict in semipresidential regimes in Eastern Europe" *in East European Politics and Societies*, 19, 2, 2005, págs. 140 e segs; A. Neto/K. Strøm, "Breaking the parliamentary chain of delegation...", *cit.*

política dos membros do Governo perante o Presidente ou, pelo menos, numa responsabilização do Governo que o Presidente reparte com o Parlamento.

Nestas condições, o sucesso ou insucesso da governação, não podendo ser directamente imputado a uma força ou facção do Parlamento, repercute indirectamente sobre o Presidente enquanto principal protagonista da escolha e nomeação do executivo. Assim, mesmo que o não tivesse desejado, o Presidente da República é inevitavelmente arrastado para o centro da vida política.

i) Portanto, no fim desta incursão sobre os factores susceptíveis de condicionar o funcionamento prático do semipresidencialismo, uma inevitável conclusão a retirar é a da extraordinária complexidade do semipresidencialismo, resultante da multiplicidade de contingências e factores de ordem prática, conjuntural, circunstancial, política, até psicológica e pessoal, que podem condicionar e influenciar, de facto, o funcionamento deste sistema de governo.

Os autores costumam, a propósito, falar em reforço ou oscilação entre a *componente presidencial* e a *componente parlamentar* do sistema, mas como vimos, nunca há a possibilidade de retirar ilações lineares, directas, em função da presença deste ou daquele factor.

Há, é certo, linhas gerais, tendências, mas, a partir do momento em que a própria personalidade do Presidente da República de semipresidencialismo —e a forma como vê ou *lê* os seus poderes constitucionais— condiciona fortemente o modo de funcionamento do sistema, é impossível, à partida, fixar, seja para um conjunto de experiências ou só para um país (por exemplo, no que se refere ao mesmo país, pode haver variações substanciais até nos mandatos do mesmo Presidente), a forma como as referidas *componentes* vão oscilar. Podemos descrever o que se passou, podemos prever, mantendo-se as personagens e as circunstâncias objectivas inalteradas, como o sistema poderá funcionar nos próximos tempos, mas basta uma eleição, uma mudança de personalidade, um conflito pessoal, uma diferente conjugação de factores, para que o funcionamento do sistema mude significativamente.

Ora, isto é assim porque, em termos jurídicos, a Constituição prevê e admite toda esta variedade de possíveis funcionamentos práticos. A Constituição estabelece o quadro, fixa as regras do jogo, mas nesse quadro vão jogar diferentes actores, em diferentes circunstâncias, em diferentes tempos. Recorrendo à imagem *duvergeriana*, as regras do xadrez estão pré-estabelecidas, mas nunca se sabe, mesmo com os jogadores mais previsíveis, como se irá desenvolver concretamente o jogo.

Neste quadro, o que há a concluir, sobretudo, é que a Constituição não elege e, muito menos, impõe, um único modelo de *jogo*. Não há um semipresidencialismo mais *constitucional* que outro, assim como não há uma modalidade de funcionamento mais *legítima* que outra, posto que, como é evidente, as *regras do jogo*, o quadro constitucional, não sejam violados.

Capítulo III
As Diferentes Matrizes de Semipresidencialismo

a) Como salientámos, todos os sistemas de governo, a partir de uma organização jurídico-constitucional que enquadra as competências e o relacionamento entre os órgãos e, nessa medida, dá identidade ao sistema, apresentam padrões de funcionamento prático significativamente distintos em função dos contextos e da presença de circunstâncias de natureza aleatória, conjuntural, não inteiramente previsíveis.

Porém, enquanto que no sistema parlamentar e no sistema presidencial a variação de possíveis modalidades de funcionamento prático é relativamente limitada (no fundo, praticamente só duas possibilidades: sistema parlamentar de gabinete e sistema parlamentar de assembleia; presidencialismo *clássico* ou *puro* e presidencialismo *adaptado* ou *imperfeito*[101]), já no que se refere ao semipresidencialismo, como acabámos de assinalar, a complexidade é muito maior e, consequentemente, o espectro de possíveis modalidades estabilizadas de funcionamento prático do sistema é bastante mais amplo.

Neste sentido, poderíamos ser induzidos a concluir da impossibilidade prática, em semipresidencialismo, de qualquer previsão minimamente fundada sobre o funcionamento de um dado sistema em concreto ou sobre as possíveis modalidades de relacionamento prático entre os órgãos de exercício do poder político. Por outro lado, como os factores

[101] Cf. J. Reis Novais, *Teoria das Formas Políticas ...*, cit., págs. 196 e segs.

que influenciam o funcionamento do sistema são essencialmente de ordem conjuntural, atinentes a circunstancialismos particulares ou até decorrentes de perfis psicológicos ou tipos de personalidade, poderíamos igualmente concluir pela inviabilidade de qualquer ilusão voluntarista sobre a possibilidade de influenciar, a partir de alterações processadas no plano jurídico, o funcionamento real do sistema e, consequentemente, da inutilidade de qualquer reflexão ou discussão sobre o tema.

Não é, no entanto, assim. Apesar da complexidade referida, uma observação cuidada, e tendo em conta um tempo suficientemente longo de vivência do semipresidencialismo em cada experiência constitucional concreta, permite-nos chegar a conclusões que, de resto, reproduzem de algum modo o que ocorre nos outros dois sistemas de governo.

b) Ou seja, quando analisamos as várias experiências que, de acordo com um quadro jurídico tipificado, são unanimemente referenciáveis — pelo menos em termos de hipótese— ao tipo semipresidencial (e, como dissemos, é, e só pode ser, no plano jurídico-constitucional que se faz essa primeira definição) e desde que partamos, nessa análise, dos casos que já apresentam um período suficientemente longo e estável de vigência do sistema (Áustria, Islândia, Finlândia, Irlanda, França, Portugal e, em certa medida, um conjunto de países do Leste europeu), chegamos aos seguintes dados objectivos:

(i) o quadro jurídico-constitucional destas várias experiências é muito semelhante; há diferenças, é certo, algumas delas significativas, mas o quadro estrutural é essencialmente o mesmo, designadamente no que se refere à presença das características que definem um sistema como semipresidencialista;

(ii) no entanto, apesar dessa afinidade jurídica, o funcionamento prático do sistema é muito diferente de país para país e, mesmo no âmbito da mesma experiência constitucional, pode assumir configurações diversas ao longo do tempo.

Neste ponto, estas conclusões nada trazem de novo ou de surpreendente relativamente ao que ocorre em todos os sistemas de governo. Estamos, com efeito, apenas a confirmar a referida necessidade de distinção entre os planos do enquadramento jurídico e do funcionamento prático.

Ora, sendo certo que a Constituição não impõe nem limita opções ou possibilidades de funcionamento prático, aquilo que verificamos é que, apesar dessa *indiferença* ou *neutralidade* constitucionais, na prática, cada um dos sistemas funciona de forma estável e relativamente previsível.

Por exemplo, na Áustria, os Presidentes optam sempre por um perfil *cerimonial*, de chefe de Estado praticamente ausente da intervenção política activa; pelo contrário, em França, todos os Presidente da República assumem uma vocação executiva e têm sido, invariavelmente, aquilo que designamos por Presidentes-*liderantes*, *partisans*, verdadeiros líderes da maioria governamental ou da oposição; por sua vez, em Portugal, todos os sucessivos Presidentes da República têm optado por um outro padrão, o do Presidente interveniente, influente, mas, salvo excepções de carácter pontual e nunca abertamente reconhecidas enquanto tal, não partidariamente empenhado, antes um Presidente *garante*, moderador, arbitral.

Nada parece impedir —e quando dizemos *nada*, referimo-nos ao plano da norma jurídica, da eventual proibição, imposição ou permissão constitucional— que na Áustria surja um Presidente-*liderante*, mas, de facto, não surge ou, pelo menos, nunca surgiu. Nada obriga o Presidente francês a intervir activamente na disputa política, a tomar partido, a liderar, mas todos o fazem ou, pelo menos, todos o têm feito. Nada impede que um Presidente da República portuguesa lidere, na vida política quotidiana, uma *maioria presidencial*, dispute a liderança de um bloco político ou, por exemplo, dissolva a Assembleia da República com o propósito pré-anunciado de *ganhar* uma maioria para o seu programa; no entanto ninguém o faz ou, pelo menos, ninguém o fez até agora.

Será que a excepção não pode, todavia, ocorrer? Será que um Presidente da República não pode, em semipresidencialismo, afastar-se do padrão dos seus antecessores e introduzir um novo curso no funcionamento das instituições? Pode, sem dúvida. E pode porque a Constituição o permite.

Um Presidente eleito directamente tem a legitimidade democrática que lhe permite o exercício efectivo de todos os poderes que a Constituição lhe atribui e, nessa base, ele pode dar ao exercício desses poderes o sentido, a orientação e os fins que entender, eventualmente muito diferentes dos que foram prosseguidos pelos Presidentes que o antecederam no cargo, desde que, obviamente, não contrarie a Constituição.

Mais, pode e deve, até, na eventualidade de pretender inflectir o curso anterior, pré-anunciar essa sua intenção de mudança ao eleitorado e vê-la sufragada na vitória eleitoral obtida, o que conferirá, ainda, maior legitimidade à orientação (nova ou inédita na história constitucional do país) que pretenda imprimir ao seu mandato.

O que é certo é que, apesar dessa possibilidade, ela não se concretiza, isto é, após um período inicial de estabilização e de consolidação do sistema de governo, os vários semipresidencialismos mantêm praticamente inalterado o padrão do seu funcionamento ao longo dos anos, num processo, de resto, muito semelhante ao que também se verifica nos outros dois sistemas de governo.

A observação atenta dos vários semipresidencialismos conduz-nos invariavelmente a essa conclusão. Isto é, apesar de uma comum raiz e enquadramento jurídico-constitucionais e não obstante a referida complexidade e multiplicidade de factores influenciadores do funcionamento prático do sistema, é possível subdividir o semipresidencialismo segundo diferentes *famílias* ou experiências de funcionamento padronizado, claramente distintas entre si, e que perduram de forma constante, consistente e, por isso mesmo, com modos de funcionamento assaz previsíveis.

Por mera facilidade de exposição, vamos designar estes vários padrões de funcionamento como sendo as diferentes matrizes de semipresidencialismo.

c) Poderemos, então, interrogar-nos, e antes mesmo de procurar discriminar essas diferentes matrizes, sobre quais são as razões que determinam diferentes padronizações de funcionamento do semipresidencialismo. E, repare-se, não nos estamos a interrogar sobre os diferentes factores que influenciam o funcionamento prático do sistema num sentido de maior peso ou menor peso da *componente presidencial* relativamente à *componente parlamentar/governamental*. Essa questão já foi analisada. Falamos, agora, de uma distinção ou de um plano diferente. É que, por sua vez, dentro de cada padrão ou matriz de semipresidencialismo encontramos, como dissemos, oscilações no plano do seu funcionamento prático.

Assim, se tomarmos, como exemplo, a matriz de Presidente com vocação executiva, de inspiração *francesa*, sabemos que, em termos de funcionamento prático ela pode funcionar com liderança presidencial da maioria de governo ou, diversamente, em termos de *coabitação* entre um Primeiro-Ministro e um Presidente associados a diferentes, e eventualmente opostas, forças ou blocos político-partidários. Isto é, em função de um diferente resultado eleitoral —para o Parlamento ou para o Presidente da República—, um Presidente outrora todo poderoso, pode converter-se, se não dispuser de uma maioria política no Parlamento, num Presidente obrigado ao compromisso, à contenção ou à conciliação.

Por sua vez, considerando a matriz de Presidente-*moderador*, de inspiração *portuguesa*, um Presidente da República partidariamente neutro ou voluntariamente *neutralizado* pode também atravessar diferentes períodos com maior ou menor margem de intervenção, tendo em conta, por exemplo, o facto de haver ou não uma maioria parlamentar absoluta ou a circunstância de o Presidente ter afinidades políticas com a maioria parlamentar ou com a oposição e, ainda, e muito marcante no nosso caso, o próprio diferente perfil político e de personalidade do Presidente da República e da forma como interpreta a natureza constitucional do seu mandato.

Porém, o que aqui agora nos importa é que, independentemente das circunstâncias particulares que determinam essa oscilação ou essa transferência de tónica no relacionamento entre os vários órgãos, há, pelo menos nos semipresidencialismos europeus, uma diferença substancial, que analisaremos em seguida, entre o padrão ou matriz de Presidente-*liderante, executivo* (líder do executivo ou com interferência activa na governação ou, nos períodos de coabitação, líder da oposição e lutando por uma nova maioria), o de Presidente-*moderador, arbitral,* como acontece entre nós, e o de Presidente-*cerimonial* (sendo este último o caso da matriz de inspiração *austríaca*, onde, apesar da eleição popular, o Presidente se limita voluntariamente a um desempenho honorífico, cerimonial, semelhante ao papel desempenhado pelos presidentes em sistemas parlamentares).

Quais as razões que produziram essa diferenciação de matrizes? O que é que lhes dá consistência? Por que é que sabemos que, sendo possíveis as excepções ou as mudanças de curso dentro de cada matriz, as mudanças de *trilho* para uma matriz diferente não são prováveis nem, sobretudo, de fácil assimilação e adopção futura por parte do sistema político?

Não é fácil chegar a respostas indiscutíveis, mas diríamos que em causa estão razões, atinentes ao funcionamento do sistema político e à adesão que este merece por parte dos cidadãos e agentes políticos, que adquiriram em cada país um peso institucional quase-normativo, que provoca alguma rigidez, perenidade e previsibilidade no comportamento dos diferentes intervenientes na vida política. Mais precisamente, são razões cuja origem podemos localizar na especificidade da génese do sistema (designadamente nas razões que levaram os constituintes de cada país a escolher a via semipresidencialista, e, desde logo, a optar pela eleição popular do Presidente da República) e também no cariz imprimido ao funcionamento do sistema nos primeiros anos da sua formação.

Uma particular intenção originária que, por sua vez, já foi determinada por um específico contexto político, reflecte-se, nos primeiros tempos de vivência real do novo sistema de governo, em práticas e formas de relacionamento próprias, distintas das que ocorrem noutras experiências de quadro constitucional semelhante. Em caso de sucesso de realizações ou em caso de existência de um assentimento geral sobre o modo como o sistema vem funcionando, há, então, um padrão que se vai consolidando e se tende a reproduzir e a perenizar quase como se fosse obrigatório.

Ao invés, se nesse período inicial se verificam bloqueios ou disfuncionamentos que, mesmo parcialmente, podem ser imputados ao sistema de governo, ou se verificam alterações profundas no contexto político que viu nascer o sistema de governo, a respectiva reavaliação pode eventualmente conduzir a inflexões ou até ao próprio abandono do semipresidencialismo. Por sua vez, e como dissemos, se a inflexão se processar dentro do mesmo quadro de sistema de governo pode até dispensar-se qualquer alteração do quadro jurídico; porém, se falamos em próprio abandono do semipresidencialismo, tal pressupõe, necessariamente, a correspondente alteração constitucional ou, pelo menos, pressupõe-na caso o legislador constituinte pretenda prevenir definitivamente qualquer hipótese de *recaída*.

d) De facto, quando o sistema, particularmente nessa fase inicial, funciona bem ou, pelo menos, corresponde ao que dele se espera, os agentes políticos e o corpo eleitoral interiorizam como *natural* o particular padrão de funcionamento que progressivamente se institucionaliza, actuam em conformidade a esse padrão e criam expectativas quanto à sua continuidade.

Ora, do que falamos quando falamos em *matrizes* de semipresidencialismo é, precisamente, de experiências de semipresidencialismo bem-sucedido, em que o sistema de governo perdura no tempo de forma tão consistente que nos permite falar já numa institucionalização de um padrão ou de uma matriz típica de funcionamento. Logo, falamos de experiências onde há uma probabilidade muito forte de essa permanência se dever à adequação do padrão de funcionamento ao contexto político e cultural e, consequentemente, às expectativas dos interessados. Falamos de experiências em que, pelas razões expostas, o quadro constitucional se mantém, consequentemente, inalterado ao longo de várias décadas.

Assim, se na sua primeira fase um sistema funciona adequadamente, por exemplo, com a figura de Presidente da República a assumir um papel dominante, em plano privilegiado relativamente à figura do Primeiro-Ministro, é natural que os líderes dos grandes partidos invistam na sua própria eleição a Presidente da República; que os principais partidos apostem o seu maior *capital* político, os seus líderes ou as suas figuras mais carismáticas, na candidatura a Presidente da República e não na *candidatura* a Primeiro-Ministro; é, consequentemente, natural que os cidadãos tendam a olhar para a Presidente como órgão principal e a depositar nesse órgão, e na respectiva eleição, o essencial das suas expectativas políticas; por último, a própria doutrina constitucional tende a ver esse fenómeno, não apenas como natural, mas como sendo eventualmente favorecido pela Constituição e os menos avisados percebem-no, embora erroneamente, como sendo mesmo determinado ou até imposto constitucionalmente.

Há, dessa forma, como que uma reprodução natural de comportamentos induzidos por um determinado padrão de funcionamento do sistema, reprodução essa que, por sua vez, alimenta a própria institucionalização e reforço do correspondente padrão. No caso da hipótese atrás formulada, o sistema de governo adquirirá, insensivelmente, uma dinâmica de reprodução *natural*, quase normativa, do peso preponderante do órgão Presidente da República relativamente ao órgão Primeiro-Ministro.

De facto, como que por inércia, esse padrão de funcionamento vigente, se estabilizado e institucionalizado, adquire uma dimensão normativa informal que se projecta sobre agentes políticos, cidadãos, e é por estes implicitamente aceite e assumida como se o sistema não devesse ou até não pudesse funcionar de outro modo. Doutrina menos avisada tende mesmo a ver nesse padrão o resultado de uma pretensa imposição constitucional.

Por isso, mas sem que haja qualquer imposição constitucional nesse sentido, os principais líderes partidários, em França, se candidatam prioritariamente ao cargo de Presidente da República e disputam ou preparam, a prazo, essa eleição como seu objectivo central; já na Áustria fazem sistematicamente incidir a sua atenção sobre o cargo de Primeiro-Ministro e deixam a candidatura presidencial para figuras de segundo plano; em Portugal, curiosamente, mas não por acaso, a prioridade parece ser, em primeiro lugar, a candidatura a Primeiro-Ministro e só posteriormente, numa espécie de coroamento da respectiva vida política, surge a candidatura presidencial.

Para portugueses, franceses e austríacos, semipresidencialismo é aquilo que eles vivem e praticam ao longo de décadas, se bem que entre umas e outras experiências haja diferenças notórias e haja períodos de maior ou menor satisfação relativamente ao sistema de governo.

Ninguém programou antecipadamente estes diferentes sentidos de evolução política, as Constituições não os determinaram previamente, ainda que, naturalmente, haja diferenças jurídicas que os podem estimular ou favorecer, mas o que resulta perceptível ao fim de algumas décadas de funcionamento consolidado do sistema e de um quadro constitucional firme é que aquelas diferentes matrizes se formaram, têm dinâmicas próprias, adquiriram força normativa informal e funcionam eventualmente como modelo para outras experiências constitucionais. Em qualquer dessas experiências, o ónus, o risco e a responsabilidade passam, então, a recair sobre quem pretenda alterar o padrão; não é impossível que tal alteração ocorra e, sobretudo, que seja bem-sucedida, mas passa a ser difícil ou até improvável.

e) Por outro lado, as diferenças entre as várias matrizes do semipresidencialismo podem ser tão significativas e notórias que levam os *cépticos* a interrogar-se se, afinal, é legítimo continuar a falar de um mesmo sistema de governo, se estamos perante diferentes matrizes do semipresidencialismo ou se, ao invés, não estaremos perante diferentes sistemas de governo. Pensamos, todavia, já ter esclarecido esta dúvida: neste aspecto, o semipresidencialismo em nada difere, pelo menos qualitativamente, dos sistemas de governo clássicos. Também Itália e Reino Unido, por exemplo, apresentam padrões de funcionamento radicalmente distintos, até opostos, e, todavia, o respectivo sistema de governo é, nos dois casos, o sistema de governo parlamentar. Nenhum destes dois países poderia adoptar um diferente sistema —no caso, presidencial ou semipresidencial— sem uma prévia revisão/mutação constitucional e bem significativa.

Da mesma forma, sendo certo que Áustria, França e Portugal apresentam, ao longo de décadas, padrões de funcionamento substancialmente diversos, o respectivo sistema de governo é, nos três casos, o semipresidencialismo e, da mesma maneira, para que qualquer deles adoptasse, pelo menos num sentido de irreversibilidade de funcionamento, um sistema diferente —no caso, sistema presidencial ou sistema parlamentar— teria que previamente proceder a uma revisão constitucional que alterasse radicalmente ou a forma de eleição do Presidente da República ou a natureza da responsabilidade política do governo perante o parlamento.

Sem pretensões de definitividade ou de construção de uma tipologia inequívoca, trata-se, agora, de considerar quais as diferentes matrizes ou padrões tipificados de funcionamento que, em nosso entender, cabe distinguir dentro do sistema de governo semipresidencial.

Sistematizaremos essa abordagem, incluindo, tanto as matrizes com uma identidade firme, consolidada, estabilizada, como também as matrizes ou ainda em formação ou de identidade ou autonomia mais *precária* ou discutível. Nas primeiras consideraremos as matrizes de Presidente-*liderante* (de inspiração *francesa*), de Presidente-*moderador* (de inspiração *portuguesa*) e de Presidente-*cerimonial* (de inspiração *austríaca*); nas segundas, as de identidade ainda não plenamente estabelecida, integramos as novas democracias da Europa Central e de Leste.

f) Convém, por último, deixar claro por que não consideramos, para efeitos de integração numa qualquer matriz, os *semipresidencialismos* em aplicação nos países em desenvolvimento, em transição para a democracia ou sem verdadeiro quadro democrático, como será o caso da maioria das experiências não europeias. Não os consideramos aqui porque a discussão que eles suscitam não releva, verdadeiramente, de uma discussão sobre sistemas de governo, mas mais, ou exclusivamente, de uma discussão sobre regime político ou sobre os problemas da transição.

A tentativa de consideração isolada dos sistemas de governo, à margem da simultânea consideração do respectivo regime político, corre o risco, na inexistência de um verdadeiro quadro democrático, de ser uma discussão puramente artificial e até mistificatória; se o regime não é democrático, então não é, aí, possível nem desejável tratar o problema das relações entre órgãos de exercício de poder político, portanto, o problema do respectivo sistema de governo, à margem do problema essencial das relações entre governantes e governados, da participação dos governados no exercício do poder, do pluralismo político, da separação de poderes, de eleições livres, ou seja, o problema do regime político emergente ou, até, da própria construção do Estado.

Isto não significa que haja uma menor importância dos problemas suscitados pela tentativa de implantação do semipresidencialismo neste tipo de países. Ao contrário, pode-se dizer que grande parte do interesse do estudo do tema dos sistemas de governo se orienta hoje, precisamente, para responder a essa questão: qual, dentro dos sistemas de governo conhecidos, é o mais adequado para os Estados não desenvolvidos que procuram construir um regime democrático?

No entanto, a resposta a este tipo de problemas pressupõe, em primeiro lugar, um conhecimento preciso e rigoroso do conceito de *semipresidencialismo*. Ora, esse conhecimento só pode ser apurado a partir da análise das experiências onde existe um semipresidencialismo estável, que funciona regularmente, onde os diferentes órgãos políticos actuam, com liberdade e vontade própria num quadro de Constituição que se aplica e que tem verdadeira força normativa.

Amalgamar, como objecto de análise, todos os Estados onde estão formalmente presentes todas ou algumas das características pré-seleccionadas para a definição do sistema de governo (eleição do Presidente da República, poderes presidenciais significativos e responsabilidade política do Governo perante o Parlamento), sem distinção de regime político, de tipo histórico de Estado ou de contexto político e cultural, é falhar, à partida, qualquer hipótese de conclusão sustentada.

Qual o interesse em juntar como objecto de estudo do sistema semipresidencial o Peru, a Guiné-Bissau, a França, a Áustria, Madagascar ou a Rússia, registar os respectivos poderes que aí são atribuídos aos

Presidentes, fazer as correspondentes estatísticas, comparar práticas, apurar resultados *médios*, e, a seguir, a partir da extrema variabilidade que foi registada, pretender retirar conclusões sobre a imprestabilidade ou a conveniência do semipresidencialismo?[102]

Da mesma forma, como pretender retirar conclusões firmes sobre a adequação do sistema semipresidencial a esses países a partir de estatísticas sobre eventos, práticas e vicissitudes aí registadas no período de *vigência* do sistema? Por exemplo, que sentido tem, como é comum entre nós, registar a sucessão interminável de golpes de Estado e crises de instabilidade que se vivem na Guiné-Bissau para, a seguir, elaborar sobre a adequação do semipresidencialismo? É certo que esses acontecimentos ocorrem sob a *capa* de uma Constituição de semipresidencialismo, mas a pergunta a fazer teria de ser outra, isto é: teria um qualquer outro sistema de governo evitado uma só dessas ocorrências? Tem, aí, algum sentido delimitar artificialmente uma discussão sobre sistema de governo isolada dos problemas particulares do regime político e da natureza do Estado?

Obviamente, neste tipo de experiências e contextos, raramente a questão do sistema de governo é decisiva. Do que se trata é, essencialmente, de um problema de construção de Estado de Direito, de regime político e das dificuldades de democratização de regimes autoritários ou ditatoriais; o contributo e, consequentemente, a *responsabilidade* do sistema de governo é, aí, menor ou até mínima.

Como temos vindo a sustentar, o estudo dos sistemas de governo só apresenta real interesse quando fazemos incidir a nossa atenção sobre o relacionamento entre órgãos que exercem o poder político em regime democrático com separação de poderes. Pretender aplicar os mesmos padrões de análise a regimes autocráticos ou não democráticos é simples mistificação já que tudo depende da vontade e do órgão de que é titular o autocrata ou o ditador.

Considerar, por exemplo, a Rússia de Putin como um semipresidencialismo, ignorando a dominância dos reais mecanismos de exercício e de controlo do poder, significa uma distorção dos instrumentos de aná-

[102] Veja-se, contudo, aplicando esta metodologia, SIAROFF, "Comparative presidencies: the inadequacy of the presidential, semi-presidential and parliamentary distinction" cit., págs. 287 e segs.

lise dos sistemas de governo e é inteiramente destituído de qualquer interesse científico. Como ficou exemplarmente demonstrado entre 2008/2012, no chamado período do *tandem*, seria rotundamente indiferente saber, conhecer ou analisar os poderes relativos de Presidente e de Primeiro-Ministro na Rússia ou o respectivo relacionamento; se hoje Medvedev é Presidente e amanhã Primeiro-Ministro e se Putin é hoje Primeiro-Ministro e amanhã Presidente, a análise do sistema de governo russo é o mais simples possível: enquanto Putin concentrar o exercício dos poderes estatais, o centro de poder reside no órgão de que Putin for titular. Pretender analisar o sistema político russo da época com os conceitos e as formas de análise dos sistemas de governo das democracias é uma mistificação; pretender saber se o referido sistema é presidencial, parlamentar ou semipresidencial é uma inutilidade, mesmo se ela ocupa os esforços de indagação de dezenas e dezenas de *cientistas políticos*.

Poderia pretender-se que uma tal conclusão contradiz o pressuposto de que partimos e segundo o qual o sistema de governo se determina e identifica primariamente na Constituição e não na realidade do funcionamento do respectivo sistema. Sem razão, porém. Como igualmente temos dito, é necessário *saber ler* a Constituição, conhecer a Constituição[103]. Ora, num Estado em que a Constituição seja meramente no-

[103] Ignorar esta necessidade é, por outro lado, fonte de alguns equívocos de análise e de propostas de metodologia, como as que encontramos em ELGIE ou em SHUGART/CAREY. Ou seja, para *escaparem* à necessidade de conhecimento aprofundado da realidade constitucional de cada país —o que é um esforço que, dependendo sobretudo das análises e contributos dos Autores *locais*, se considera, por isso mesmo, dispensável pelos Autores falantes de língua inglesa—, aqueles teóricos apresentam propostas metodológicas que, aparentemente, tornariam a análise do sistema de governo acessível a quem quer que, simplesmente, pudesse ler uma tradução em inglês da respectiva Constituição.
Assim, para ELGIE (cf. "Semi-presidentialism: concepts, consequences and contest explanations", *cit.*, págs. 314 e segs), na definição de semipresidencialismo não deveria entrar o factor *duvergeriano* da existência ou não de *poderes presidenciais significativos*, uma vez que tal introduziria o subjectivismo e exigiria o conhecimento da *expertise* local; deveria bastar, na proposta deste Autor, saber se a Constituição institui a eleição popular do Presidente e se o Governo depende da confiança política do Parlamento. Da mesma forma, para SHUGART/CAREY (cf. *Presidents and Assemblies*, Cambridge, 1992), o essencial seria saber, para distinguir dentro do próprio semipresidencialismo, se o Presidente tem ou não o poder constitucional de demitir o Governo. E tal é possível, como dissemos, através da simples leitura da tradução inglesa de qualquer Constituição.
Ora, a nosso ver, tais métodos de análise permitem indiscutivelmente a elaboração de estatísticas comparativas da suposta realidade de grande número de países, mas nem permi-

minal ou semântica[104], países em que a Constituição não se aplica verdadeiramente ou então serve apenas para encobrir e legitimar um regime de concentração de poderes, não há lugar ou não faz sentido isolar uma discussão *pura* sobre sistema de governo; quando muito, essa discussão tem de ser sempre associada aos problemas envolventes, de tipo de Estado e de regime político.

1. Semipresidencialismo de Presidente-*liderante* (a matriz francesa)

A existência de um Presidente directamente eleito, político-partidariamente empenhado, líder do governo e da maioria parlamentar que o apoia (ou, nos períodos excepcionais de *coabitação*, referência maior da oposição e aspirante à liderança futura do executivo) constitui a primeira característica identificadora do que designamos por semipresidencialismo de Presidente-*liderante* ou matriz francesa do semipresidencialismo. Associada a ela, surge uma outra característica que identifica igualmente a natureza desta matriz, a da bicefalia no executivo, no sentido da existência, ao lado do Presidente da República, de um Primeiro-Ministro por ele escolhido, coadjuvante do Presidente e executor da política por ele definida[105], e que chefia um governo que responde perante o parlamento.

1.1. Bicefalia de executivo

a) Com efeito, na França, o poder executivo assume, na prática, uma estrutura bicéfala, no sentido de que tanto Presidente da República como

tem o conhecimento adequado da realidade política de cada país, nem, sobretudo, garantem minimamente a consistência e a fiabilidade dessas estatísticas.

[104] Aludimos aqui à antiga, mas ainda operativa, classificação de Constituições de LOEWENSTEIN, distinguindo entre Constituição *normativa* (feita com intenção de limitar o poder político e que, na realidade, cumpre esse objectivo), Constituição *nominal* (feita com intenção de limitar o Poder, mas que, na realidade, não cumpre esse objectivo, não é aplicada) e Constituição *semântica* (feita, logo na origem, com uma intenção e um conteúdo que têm como principal objectivo servir e legitimar um Poder concentrado, não limitado).

[105] Pelo menos nos períodos ditos de *normalidade*, já que nos períodos de *coabitação*, quando as maiorias presidencial e parlamentar se opõem, esta bicefalia aquire contornos diferentes.

Primeiro-Ministro exercem funções políticas executivas, de governo, de condução dos destinos políticos do país, de tomada de decisões políticas governativas.

Esta bicefalia do executivo está verdadeiramente consolidada no *acquis* da V República francesa, sendo salientada e pacificamente aceite por todos os agentes políticos e todos os estudiosos e observadores da realidade francesa, a ponto de, como se viu, ser mesmo confundida por alguns Autores com a própria natureza do semipresidencialismo em geral. Essa bicefalia não provém, todavia, de uma prévia imposição constitucional, sendo, sobretudo, um produto institucional da prática política.

É certo que a Constituição francesa atribui ao Presidente da República a presidência do Conselho de Ministros (artigo 9º) e, nessa medida, parece querer indiciar uma partilha do poder executivo entre os dois órgãos, Presidente e Governo. Porém, em contrapartida, e numa redacção que seria depois praticamente mimetizada na Constituição portuguesa, a Constituição francesa também afirma inequivocamente que é o Governo que determina e conduz a política da Nação (artigo 20º) e que é o Primeiro-Ministro que dirige a acção do Governo (artigo 21º). Ao Presidente da República ficaria reservado, em termos constitucionais, velar pelo respeito da Constituição, assegurar, pela sua arbitragem, o funcionamento regular dos poderes públicos e a continuidade do Estado, e garantir a independência nacional, a integridade territorial e o respeito dos tratados (artigo 5º).

É evidente, no entanto, que o Presidente francês, em geral, faz mais do que isso, designadamente quando assume e exerce, de facto, poderes executivos, funções de governo, seja directamente, socorrendo-se dos poderes que lhe são constitucionalmente atribuídos, seja, sobretudo, através da mediação do Primeiro-Ministro, isto é, determinando, ele próprio, as opções programáticas, a linha política e as grandes opções de governo que, depois, o Primeiro-Ministro solidariamente executa.

A dependência política do Primeiro-Ministro relativamente ao Presidente da República é tão indiscutível que, se considera normal que o Presidente da República, de acordo com a leitura e a avaliação que faz da situação política, leve eventualmente o Primeiro-Ministro a apresentar-lhe o pedido de demissão, permitindo-lhe nomear um novo Primeiro-Ministro e *refrescar* a imagem do executivo.

b) No caso francês, a Constituição não dá ao Presidente da República o poder de demitir o Governo; sabe-se, porém, que inúmeras vezes tal tem acontecido, ou seja, os Presidentes da República, na prática têm *demitido* os Primeiros-Ministros. Será essa prática inconstitucional?

Em nosso entender, e contrariamente a uma tese muito difundida em França[106], tendo em conta as condições em que se verifica, não é inconstitucional.

Isto é: o Presidente da República, formalmente, não demite o Primeiro-Ministro, não faz nenhum decreto de demissão, não pratica nenhum acto que possa ser considerado contrário aos comandos constitucionais. Simplesmente, recorrendo à influência pessoal, política ou partidária e ao consequente ascendente de que dispõe sobre o Primeiro--Ministro, investindo o seu maior peso político relativo, seja porque o Primeiro-Ministro é um segundo plano do mesmo partido ou da mesma maioria política liderados pelo Presidente da República, seja porque é alguém do próprio círculo político ou pessoal que apoia o Presidente, digamos que o Presidente da República *persuade* o Primeiro-Ministro a apresentar-lhe a demissão, não porque o force e o coaja ilicitamente a fazê-lo, mas recorrendo simplesmente ao livre jogo da influência e relacionamento políticos.

Não há, contudo, também aí, qualquer inconstitucionalidade. A Constituição não foi feita para ter *anjos* como destinatários, a Constituição é o estatuto jurídico do *político*, pressupõe naturalmente a sua aplicação,

[106] Com efeito, a posição mais difundida na doutrina francesa sustenta que o nascimento do regime da V República foi um fenómeno essencialmente político, mas, mais do que isso, que teria sido posteriormente desenvolvido *contra* a Constituição ou, pelo menos, *para além* da Constituição. Segundo essa posição, a Constituição teria consagrado um Presidente da República como árbitro, como alguém que detinha um poder moderador, regulador, ao lado de um Governo que, esse sim, determinaria a política da nação (como veremos, essas serão as características efectivamente assumidas pelo modelo português de semipresidencialismo). Teria sido a prática política a transformar o Presidente da República em detentor de um poder hegemónico, sem partilha, transmutando, pretensamente, uma Constituição de separação de poderes em regime político de monarquia jacobina (assim, DUVERGER, *Bréviaire...*, cit., págs. 7 e segs; M-A COHENDET, "Quel régime pour la VIe République?" *in Revue du Droit Public*, 1/2, 2002, págs. 173 e segs). Teria sido a combinação do contexto de dominância do *gaullismo* com a instituição do sufrágio popular e directo de eleição do Presidente da República que fizera nascer, em 1962, um sistema de governo bem diferente do querido e consagrado pela Constituição, um sistema construído sobre práticas que *distorciam* as regras jurídico-constitucionais (DUVERGER, *Le Système...*, cit., págs. 501 e segs).

desde o momento originário em que foi aprovada, num mundo atravessado e conformado pelo combate político, pela presença, absolutamente necessária, de vida, luta e influência partidárias no funcionamento das instituições da democracia representativa.

Mas, pode suscitar-se ainda assim a dúvida: será aquela outra atitude de assunção sistemática de poderes executivos por parte do Presidente da República consentânea com o espírito da Constituição francesa?

c) Diremos, a propósito, que essa prática é, pelo menos remotamente, comportada pela Constituição, podendo ser configurada como constituindo a expressão política de uma interpretação muito lata e extensiva do estatuto do Presidente da República tal como vem constitucionalmente definido. Para tal concluir, recorre-se, por exemplo, a uma interpretação *generosa* —do ponto de vista do favorecimento da intervenção presidencial— dos poderes implicitamente contidos no seu poder de arbitragem e das exigências que a Constituição lhe dirige, seja no domínio da política interna, tomando como referência constitucional legitimadora a função de garantia do regular funcionamento dos poderes públicos, seja, no plano externo, tomando como referência a função de garantia da independência nacional ou do respeito dos tratados[107].

Mas, tal assunção de poderes executivos não é, em qualquer caso, uma imposição constitucional. Isto é, o Presidente francês poderia perfeitamente abdicar do exercício de poderes executivos, podia distanciar-se das funções governativas —o que por vezes e intermitentemente acontece, mas porque a isso é forçado, nas chamadas situações de *coabitação*—, sem que, em algum modo, se pudesse dizer que o Presidente frustrava a distribuição constitucional de poderes e se eximia aos poderes funcionais que está constitucionalmente obrigado a exercer.

Por exemplo, no domínio da política externa, a Constituição francesa diz exactamente o mesmo que a Constituição portuguesa e muitas outras Constituições de semipresidencialismo. No entanto, diversamente do que acontece com quase todos os outros Presidentes da República de semipresidencialismo, incluindo o português, o Presidente da República francesa representa sistematicamente a França, acompanhado do Primeiro-Ministro, nas reuniões do Conselho Europeu, numa práti-

[107] Cf. A. Rinella, *La Forma di Governo...*, cit., págs. 113 e segs.

ca apenas seguida, pelo menos de forma permanente, por Chipre (se se quiser, o único caso de presidencialismo na Europa) e, na área dos semipresidencialismos, por Lituânia e Roménia.

Ora, essa prática não é inconstitucional, mas também não é uma imposição constitucional, dado que a Constituição francesa, tal como a generalidade das Constituições de semipresidencialismo, nada diz nem tem de dizer sobre a questão. É, simplesmente, uma expressão particular dessa matriz francesa do semipresidencialismo, caracterizada, como verificamos, pela diarquia ou bicefalia do executivo.

Portanto, o Presidente da República francesa assume e exerce poderes executivos, tão amplamente quanto o permite o equilíbrio conjuntural e a relação de forças política. Mesmo quando, nas situações de *coabitação*, tem de disputar esse espaço, por vezes palmo a palmo, com um Primeiro-Ministro adverso ou quando, por força do apoio maioritário de que este último goza, se vê acantonado ao exercício de uma espécie de *contra-poder* (governativo), o Presidente francês nunca abdica da participação no exercício de funções governativas. Em contrapartida, nesse mesmo sentido de tendencial força expansiva dos poderes presidenciais, já quando a relação de forças com o Primeiro-Ministro lhe é favorável, o domínio presidencial das funções executivas e de governo é praticamente total por parte do Presidente da República.

De algum modo, a *bicefalia do executivo* assim entendida e praticada (que em circunstâncias de convergência de maiorias presidencial e parlamentar assegura, na prática, a liderança incontestada do Presidente na função governativa) funcionaria como um *biombo* que, é certo, *esconde* o verdadeiro responsável da governação, mas que, por isso mesmo, o reserva, o poupa, o preserva do desgaste natural das tarefas governativas.

Quando as coisas correm bem, o Presidente da República sai detrás do *biombo* para recolher os louros; se, ao contrário, a governação se debate com problemas, há sempre a saída mais fácil: a substituição *fria* do Primeiro-Ministro, com a sua responsabilização implícita pelos insucessos ou dificuldades políticas do governo da maioria, enquanto o Presidente se recolhe atrás do *biombo* e ganha um novo fôlego. Como num jogo de electrónica, o Presidente francês dispõe, ao longo do mandato, de várias *vidas*, as *vidas* dos *seus* sucessivos Primeiros-Ministros; quando falha, tem sempre uma nova oportunidade, isto é, um novo Primeiro-Ministro para executar o projecto político que ele próprio desenha.

Por isso, em regra, os Presidentes franceses recorrem, ao longo da mesma legislatura, à nomeação de vários Primeiros-Ministros.

Esta *multiplicação* de Primeiros-Ministros por iniciativa de um Presidente apoiado por uma maioria parlamentar (largamente praticada por quase todos os Presidentes franceses[108]) pode, naturalmente, dever-se a inúmeros factores que não os do simples *sacrifício* para efeito de preservação da imagem do Presidente.

Necessidade de inflectir a política ou de remodelar a equipa governativa, gestão de conflitos entre partidos integrantes da coligação no poder, divergências internas ao partido *presidencial*, necessidades atinentes à preparação da *sucessão* presidencial, compromissos ditados pela necessidades de sobrevivência de uma maioria parlamentar relativa, são, todas elas, razões que podem conduzir, e têm conduzido, à substituição do Primeiro-Ministro. Mas, o que aqui nos importa realçar é que essa facilidade de o Presidente da República *levar* o Primeiro-Ministro a apresentar o pedido de demissão e ser substituído pode constituir um factor ponderoso na preservação da imagem e da margem de actuação do Presidente da República.

Por sua vez, a posição do Primeiro-Ministro é como que o *negativo* da posição do Presidente da República. Nas situações de *coabitação*, o Primeiro-Ministro é um verdadeiro chefe de governo, líder, de facto, de um executivo sustentado na força de apoio de uma maioria parlamentar absoluta que força o Presidente à resignação. Mas, quando o Presidente lidera a maioria, quando é a referência política central do *bloco* maioritário no Parlamento, então é o Presidente da República que conduz a governação do país, que dirige, de facto, a actuação do Governo. O Primeiro-Ministro é, nessas circunstâncias, uma figura subalterna, um segundo plano, que se *apaga* voluntariamente face ao brilho do Presidente da República[109].

Nesse contexto de confluência entre a maioria presidencial e a maioria parlamentar, só há lugar para algum papel relevante ou autónomo

108 Excepção foi o mandato de Sarkozy (2007-2012), sempre com o Primeiro-Ministro F. Fillon.

109 Naturalmente, esta é uma imagem global e necessariamente simplificadora que não exclui a presença de Primeiros-Ministros com uma "autoridade própria" que dificilmente se confinam a estes limites de subalternidade (cf. MAURICE DUVERGER, *Le Système...*, cit., págs. 536 e segs).

do Primeiro-Ministro quando o Presidente da República se prepara para abandonar a vida política, quando não pensa recandidatar-se nas próximas eleições presidenciais e a sua sucessão é disputada no *bloco* da maioria. Pode então ocorrer, excepcionalmente, caso seja o Primeiro--Ministro o *ungido* pela *bênção* presidencial na *corrida* à sucessão, que o Presidente lhe ceda magnanimamente o primeiro plano, em ordem a favorecer as suas oportunidades de vitória eleitoral.

Esta preponderância presidencial no domínio governativo leva mesmo alguns Autores, dentro dos que defendem a caracterização semipresidencialista da V República francesa, a falar em "diarquia desigual hierárquica" do executivo[110], enquanto que outros, relevando a possibilidade e existência de fases em que essa proeminência se não verifica, caracterizam essa variação como sendo de oscilação da autoridade entre as duas *cabeças* do executivo (a *cabeça* que dirige muda consoante a variação e combinação das maiorias políticas, parlamentar e presidencial) ou de diarquia flexível de autoridade desigual no interior de um executivo bicéfalo[111].

Já seria completamente erróneo, partir dessa predominância presidencial para inscrever, como alguns fazem, o sistema francês dentro da família dos sistemas presidenciais ou, até, *ultrapresidenciais*, ignorando que em sistema presidencialista não há autoridade dual no executivo, que mesmo quando aí se prevê formalmente a existência de um Governo colegial, de ministros ou de um Primeiro-Ministro, como acontece em alguns presidencialismos, esse governo é sempre o Governo do Presidente, que em sistema presidencial este último é sempre a única autoridade que se responsabiliza pela direcção e condução do governo.

d) A bicefalia de executivo (isto é, a imagem *duvergeriana* da águia com duas cabeças, construída a partir da verificação de que o Governo

[110] Assim, Mauro Volpi, "Esiste una forma di governo semipresidenziale?" *in Semipresidenzialismi*, Padova, 1997, pág. 38.

[111] Assim, Sartori, *Ingegneria Costituzionale Comparata*, Bologna, 1998, págs. 136 e segs; A. Rinella, *La Forma di Governo Semi-presidenziale*, Torino, 1997, pág. 206. Para Sartori, o sistema francês é um sistema misto fundado numa estrutura de autoridade flexível e em oscilação: se a maioria parlamentar coincide com a presidencial, prevalece o Presidente da República com base nas *convenções constitucionais*, na *Constituição material*; com maiorias distintas, prevalece o Primeiro-Ministro, com base na *letra da Constituição*, na *Constituição formal*.

francês tinha, afinal, dois chefes, o Presidente da República e o Primeiro-Ministro[112]) é, claramente, um dado relevantíssimo do semipresidencialismo francês, mas, se não for devidamente compreendido enquanto uma sua especificidade —enquanto base identificadora da matriz *francesa* do semipresidencialismo—, pode dar origem a confusões que comprometem o próprio entendimento do semipresidencialismo enquanto sistema de governo.

Referimo-nos ao já referido erro frequente em que caem muitos Autores, entre os quais SARTORI —cuja elaboração, apesar de notável, é, neste ponto, substancialmente falha de sustentação—, quando conferem àquela característica, especificamente francesa, a qualidade de elemento definidor do sistema semipresidencial[113].

Assim, sem verdadeiramente se perceber qual a utilidade suplementar que acrescentaria à definição *tradicional* de DUVERGER, alguns Autores passam a definir o semipresidencialismo como sistema de governo caracterizado pela bicefalia ou diarquia de executivo[114], seja, na prática, com liderança do Presidente (na generalidade das situações de convergência entre a *maioria presidencial* e a *maioria parlamentar*) ou com liderança do Primeiro-Ministro (nas situações, ditas de *coabitação*, em que a maioria parlamentar/governamental é politicamente adversa ao Presidente da República).

A vantagem desta nova definição consistiria no facto de permitir uma clara distinção entre *verdadeiros* semipresidencialismos e semipresidencialismos *aparentes*, ou seja, os que aqui designamos por semipresidencialismos de Presidente-*cerimonial*. Porém, a ser assim, lá se ia o bebé com a água do banho...

[112] Cf. M. DUVERGER, Échec *au Roi*, Lisboa, pág. 29.

[113] Assim, Olivier Duhamel, "Remarques sur la notion de régime semi-présidentiel" *in Droit, Institutions et Systèmes politiques: Mélanges en Hommage à Maurice Duverger*, Paris, 1987, pág. 589; SARTORI, *op. cit.*, pág. 136 e 146 e seg; ORESTE MASSARI, "I sistemi semipresidenziali: differenze e analogie in prospettiva comparata" *in Semipresidenzialismo*, Bologna, 1996, pág. 9; GIANFRANCO PASQUINO, "Duetti e duelli: l'adattabilità dei semipresidenzialismi" *in Semipresidenzialismo*, Bologna, 1996, pág. 107.

[114] Ainda que o próprio DUVERGER, embora não incluindo a característica na definição que propunha de semipresidencialismo, tenha incorrido na mesma imprecisão quando considerou ser característica das Constituições de semipresidencialismo, e não apenas do sistema francês, esse dualismo ou diarquia governativa (assim "A new political system model: semi-presidential government" *in European Journal of Political Research*, 8, 1980, pág. 173).

É que, reduzido aos sistemas em que há uma verdadeira diarquia de executivo concebida naqueles moldes, o semipresidencialismo ficaria verdadeiramente reduzido ao sistema francês, com o que haveria, de facto, razão para discutir se era justificável, nessa altura, a sua autonomização conceptual enquanto sistema de governo próprio, tal como hoje é praticamente irrelevante autonomizar um sistema de governo *directorial* para caracterizar o sistema suíço[115], na medida em que também este é um sistema único, sem paralelo, nas democracias representativas.

1.2. A conformação prática da natureza do mandato do Presidente da República enquanto Presidente-*liderante*

a) Não se tratando de uma imposição constitucional, resta esclarecer o porquê de, em França —muito diferentemente do que ocorreu em Portugal, embora os dois países tenham Constituições muito aproximadas quanto a este domínio—, se ter desenvolvido a diarquia ou bicefalia de executivo e de se ter conformado a natureza do mandato do Presidente da República em termos de Presidente político-partidariamente empenhado, aspirando à liderança do governo e exercendo-a de facto.

Não restam dúvidas de que, em França, a Presidência da República é o objectivo central disputado, a título principal, pelos líderes ou pelas figuras mais carismáticas das forças políticas com maior capacidade eleitoral em cada um dos *blocos* políticos existentes. O objectivo primário dos líderes políticos activos das principais forças partidárias é a *conquista* da Presidência da República; não o conseguindo, disputam as eleições parlamentares e a consequente nomeação como Primeiro-Ministro, mas, a prazo, o objectivo estratégico não se altera nem é abandonado[116].

[115] Sistema verdadeiramente singular, com eleição, por parte do Parlamento, de um executivo colegial (um *directório*), com Presidência rotativa entre os seus membros, sem que esse executivo possa dissolver o Parlamento nem, em contrapartida, ser destituído pelo Parlamento, mas sendo obrigado a seguir o programa de governo definido pela Assembleia e as suas orientações, designadamente em caso de aprovação parlamentar de uma censura ao executivo. Cf. *Pouvoirs*, nº 43, 1987; Jorge Miranda, *Ciência Política*, Lisboa, 1996, pág. 130; Mauro Volpi, "Le forme di governo contemporanee tra modeli teorici ed esperienze reali" *in Perspectivas Constitucionais*, III, Coimbra, 1998, págs. 508 e segs; Gomes Canotilho, *Direito Constitucional e Teoria da Constituição*, Coimbra, 2003, pág. 590.

[116] Em Portugal é totalmente diverso: a Presidência da República é um objectivo político importante, que mobiliza verdadeiramente as energias das forças políticas e a atenção e inte-

Nesse sentido, pode-se dizer que o Presidente da República só adquiriu no passado, e detém hoje, a proeminência no exercício de funções governativas porque os principais líderes partidários, as figuras mais carismáticas da vida política francesa, se candidataram e candidatam preferencialmente a Presidentes da República e exercem o respectivo mandato nessa qualidade.

Com efeito, as figuras políticas fundadoras e marcantes da V República francesa —De Gaulle, Giscard, Mitterrand, Chirac— disputaram primariamente a Presidência da República e fizeram dessa disputa o principal objectivo das suas carreiras políticas. Ora, quando os protagonistas principais se centram num determinado órgão de exercício do poder político, é natural que dele se procurem extrair e seja ele a desenvolver as principais virtualidades no domínio da relevância política governativa.

Mas, por que se terá o sistema político francês orientado neste sentido?

b) Pode-se dizer que o semipresidencialismo nasceu, em França, em 1962, quando a revisão constitucional operada através de referendo consagrou a eleição do Presidente da República por sufrágio directo, universal e a duas voltas. Porém, a presença do Presidente da República enquanto principal figura e referência do sistema político é anterior, uma vez que nascera já com De Gaulle e a Constituição da V República, em 1958.

No fundo, a revisão constitucional de 1962 acaba por recolocar o sistema constitucional em consonância com aquilo que, sendo já uma prática dos primeiros anos da V República, apenas exigia a devida correspondência constitucional: um Presidente que se afirmara como detentor do "pouvoir suprême"[117] e era reconhecido como figura central do regime carecia da legitimação que lhe permitisse um exercício incontestado do poder democrático, legitimação essa que só o sufrágio universal e

resse do eleitorado, mas o objectivo político primário dos principais líderes políticos activos é a *conquista* do Governo, pois é aí que verdadeiramente se *marca* a política nacional; a candidatura presidencial surge, depois, numa altura mais avançada da idade ou da carreira política, como uma espécie de coroamento de um trajecto de vida, mas já sem o interesse da disputa pela condução da política e dos destinos do país.

[117] Duverger, *Le Système...*, cit., pág. 269.

directo podia proporcionar. Mas, para aqui, o que importa realçar é que, mesmo já antes do nascimento do semipresidencialismo francês, a natureza governativa e a posição preponderante e central do Presidente da República começara por ser um facto *anterior à letra* da Constituição e, até, apesar da letra da Constituição.

Ora, com o surgimento do semipresidencialismo francês, em 1962, e após o período de maturação num sistema de "parlamentarismo racionalizado", que se viveu em França entre 1958 e 1962, sabemos, hoje, que nasceu igualmente a *matriz francesa* deste sistema, isto é, o semipresidencialismo de Presidente-*liderante*

Mais precisamente, a *matriz francesa* nasce, em 1962, com o episódio da dissolução da Assembleia Nacional que se segue à censura parlamentar do então governo de Georges Pompidou. Nas eleições legislativas consequentes, e apesar de se tratar de eleições parlamentares, o General de Gaulle, ou melhor, o Presidente da República, entra na respectiva campanha eleitoral a pedir uma maioria, para si e para o seu governo, dissipando, dessa forma, os últimos laivos de eventual ilusão *constitucionalista* sobre o Presidente da República moderador, arbitral, que aparentemente vinha sugerido no artigo 5º da Constituição[118].

Mais, com essa intervenção política, o Presidente da República integrou-se plenamente na bipolarização partidária que duraria, de forma estabilizada, quase até aos dias de hoje —construída sobre dois *blocos*, de direita e de esquerda— e de que ele próprio foi instigador, agente e protagonista principal. É uma intervenção presidencial directa e assumida no jogo da competição interpartidária que marca geneticamente, eventualmente com carácter definitivo, a feição particular da matriz francesa de semipresidencialismo.

A partir daí, quando o regime político e a opinião pública aceitam, como natural, uma intervenção presidencial desse jaez; quando não se vê contradição alguma entre um Presidente da República que é "*le Président de tous les français*", mas que é, ao mesmo tempo, o Presidente-*liderante, partisan*, que entra nas eleições parlamentares a fazer campanha contra outras forças partidárias; quando o Presidente da República pede ao eleitorado uma maioria de governo, se propõe ser o líder dessa maioria, e o eleitorado sufraga, através do voto, um tal projecto, pode-se

[118] Cf. BAUDREZ/RAVAZ, loc. cit., págs. 50 e seg.

dizer que é simultaneamente um certo tipo de semipresidencialismo que é sufragado e interiorizado como modalidade *natural* de funcionamento do sistema de governo.

As eleições presidenciais seguintes, já em 1965, confirmam e reforçam a lógica própria dessa matriz, ou seja, a de um Presidente-*liderante*: o Presidente da República, General de Gaulle, que ensaiara inicialmente uma recandidatura de tipo *nacional*, quase sem campanha, vê-se forçado a ir a uma segunda volta e, aí, é obrigado a bater-se assumidamente na qualidade de candidato do *bloco* de direita contra o candidato único da esquerda, François Mitterrand. E, praticamente até aos dias de hoje, passou a ser assim em França: esquerda contra direita e o Presidente da República integrado e participante activo dessa disputa política e eleitoral.

Em qualquer dessas situações, não foi a Constituição, que apenas fornecia o quadro jurídico do semipresidencialismo, mas antes os factores circunstanciais da dinâmica política que foram determinantes.

O Presidente da República confirmara, nas eleições parlamentares de 1962 e nas presidenciais de 1965, uma preponderância política e uma vocação governativa que passam a ser indiscutíveis no sistema francês. Consequentemente, no processo já assinalado, a partir dessa dominância presidencial, os líderes e as figuras carismáticas de cada uma das principais forças partidárias ou dos dois grandes *blocos* políticos disputam e almejam, prioritariamente e enquanto grande objectivo das suas carreiras políticas, a vitória nas eleições presidenciais. A opinião pública e o eleitorado interiorizam, por sua vez, a centralidade política do Presidente da República e dirigem para ele o essencial das suas expectativas políticas de uma boa governação. O órgão Presidente da República converte-se no centro vital do sistema de governo. Os Primeiro-Ministro são ou segundos planos e figuras politicamente dependentes do Presidente da República ou, nas situações de *coabitação*, líderes vitoriosos nas eleições parlamentares que, ao mesmo tempo que acabam de conquistar ao Presidente da República em funções o espaço de intervenção governativa, preparam já a sua futura candidatura presidencial contra esse Presidente ou contra o seu sucessor natural.

c) Os dados e a sorte da *matriz francesa* estavam lançados, numa história que é conhecida. Mas, se quisermos, ainda, encontrar *marcos* políticos de referência para uma evolução todavia gradual, sólida e ininterrupta da *matriz francesa*, podemos, em alguma medida, dizer que, após as suas fases de adolescência e de maturação sob a égide do *gaullismo* (período entre 1962 e 1981), ela se institucionaliza e consolida definitivamente em dois momentos: 1981 e 1986.

No primeiro, em 1981, o semipresidencialismo francês supera a prova da alternância, o que era tão mais importante quanto, durante todo o período *gaullista*, praticamente toda a esquerda tinha criticado acerrimamente os elementos fundamentais associados ao regime da V República: incluindo tanto a sua tendência *presidencialista* quanto o sufrágio maioritário para as eleições parlamentares.

Porém, a chegada ao poder de Mitterrand e da maioria de esquerda em 1981 provam que o *regime* não é intrinsecamente enviesado, que a alternância democrática era possível naquele quadro constitucional. Mais, o Presidente Mitterrand não só assume a integralidade da herança que recebe do *gaullismo*, como inicia os seus mandatos com a demonstração mais sugestiva de adesão ao regime: fê-lo quando, após a sua eleição, dissolveu a Assembleia Nacional com o único e exclusivo fim de alcançar uma maioria parlamentar de apoio ao seu programa de governo.

Quando De Gaulle (em 1968), Mitterrand (em 1981 e em 1988) e Chirac (em 1997) dissolveram a Assembleia Nacional, não por razões de interesse nacional ou para resolver qualquer crise institucional, mas com fins, pelo menos imediatos, de beneficiar tacticamente a facção política afecta ao Presidente, não faziam mais do que confirmar a institucionalização de uma matriz de semipresidencialismo de contornos perfeitamente claros, estabelecidos e previsíveis. De facto, os fins imediatos e proclamados dessas dissoluções foram os de alcançar uma maioria absoluta no Parlamento que permitisse aos Presidentes governar com maior ou inteira liberdade, os de clarificar o sentido e vontade da maioria parlamentar ou, simplesmente, os de a renovar numa altura considerada politicamente mais favorável.

Vimos, anteriormente, como o poder de dissolução do parlamento, pelas consequências e alterações decisivas que inscreve no normal desenvolvimento da vida política, é importante no equilíbrio de poderes do semipresidencialismo. Mas, a forma como, nos diferentes semipresidencialismos, os Presidentes recorrem a este poder, em termos de fins e objectivos visados e de fundamentos invocados para a dissolução, constitui uma ilustração eloquente das diferenças que separam as correspondentes matrizes. Veja-se como, em Portugal, não seriam concebíveis dissoluções justificadas naqueles fundamentos, ainda que nada, na Constituição, as impeça.

Finalmente, em 1986, com o advento da primeira *coabitação*, a *matriz francesa* e o próprio semipresidencialismo superam a última *prova*, a de que também podem funcionar num quadro político radicalmente distinto daquele que os viu nascer.

Ou seja, a matriz francesa experimenta (de 1986 a 1988), sem real perturbação institucional, uma situação radicalmente nova: a da existência de divergência e oposição frontal entre a maioria presidencial e a maioria parlamentar/governamental, entre o Presidente da República e o Governo, que passa a ser, não mais o governo do Presidente, mas o governo do Primeiro-Ministro. Com essa experiência, que depois se repete, igualmente sem qualquer comoção especial, em duas posteriores ocasiões (1993-1995 e 1997-2002), ficam definitivamente traçados e testados, com sucesso, os contornos do espectro de possibilidades de funcionamento comportadas pela matriz francesa de semipresidencialismo.

d) De facto, quando o sistema de governo fez a prova de que era capaz de *sobreviver* estruturalmente às mais diferentes conjunturas, pôde concluir-se, sem risco, pela existência de um padrão de funcionamento suficiente e comprovadamente estabilizado. Isso fica claro quando o sistema de governo é indiferentemente *adoptado* por direita e esquerda, em todas as possíveis combinações de relacionamento entre Presidente da República, Primeiro-Ministro e Parlamento.

Com a vitória nas eleições presidenciais de 1981, a esquerda comprova que não há nada de intrinsecamente *errado* numa eleição directa do Presidente da República: contra as expectativas mais arreigadas, será por essa via da representação personalizada que chega ao poder na V República. Com Mitterrand, a esquerda assumiu, sem remorsos, a herança *gaullista* de poder hegemónico personalizado num Presidente que entra em diálogo directo com o eleitorado por cima da assembleia representativa. Por sua vez, à sombra do mesmo sistema de governo, com a coabitação de 1986, a direita, que tradicionalmente favorece o poder personalizado contra o poder das assembleias representativas, assumiu as vestes e a cultura parlamentarista[119], até aí tidas como património

[119] Assim, Ardant/Duhamel, "La dyarchie", cit., pág. 7.

da esquerda, quando assenta num Governo e num Primeiro-Ministro exclusivamente apoiados numa maioria parlamentar a sua estratégia de luta contra François Mitterrand, o então Presidente.

e) Assim, e apesar da retórica tradicional do *Président de tous les français*, o Presidente eleito é consagrado como líder político natural da maioria que o elegeu e desenvolve essa função ao longo do mandato. Nessa qualidade, e em caso de coincidência entre a maioria presidencial e a maioria parlamentar que sustenta o Governo, o Presidente eleito adquire uma preponderância que lhe permite passar a deter o controlo, directo ou indirecto, das três instituições (presidência, parlamento e governo), nem que, para tanto, tenha de formar um partido político para concorrer às eleições parlamentares com esse mesmo fim, como aconteceria com o futuro Presidente Macron, em 2016[120], convertendo-se assim, praticamente, em centro quase exclusivo de decisão política fundamental.

Com esse apoio, o Presidente da República assume na plenitude a responsabilidade política de definição e execução de um programa político na base do qual foi eleito e, nesse sentido, apesar da auto-qualificação como "Presidente de todos os franceses", na prática continua a ser um Presidente *partisan*, *militante*, politicamente empenhado num projecto próprio, associado a um partido ou a uma coligação partidária da qual o Presidente da República é a referência aglutinadora ou o mais lídimo representante.

De resto, essa assunção plena do carácter *militante* e partidariamente empenhado do seu mandato[121] nada tem de estranho ou de antidemocrático, na medida em que, na própria campanha eleitoral presidencial, cada candidato se apresentou a defender um programa global de governo, assente no apoio de um partido ou de uma coligação partidária, que, obviamente, em caso de vitória, estará depois obrigado a realizar.

[120] Criado para esse fim em 2016, o partido *En Marche* alcançaria, em 2017, uma maioria parlamentar de apoio ao recém eleito Presidente Macron.

[121] Não obstante a prática reiterada desta forma de assumir a Presidência, por vezes o tema da excessiva *partidarização* do cargo pode surgir na discussão política. Foi assim no debate das presidenciais de 2012, quando F. HOLLANDE acusava SARKOZY de ter partidarizado a Presidência, na medida em que se comportava ostensivamente como líder da maioria com cujos dirigentes partidários reunia regularmente no Eliseu. Curiosamente, SARKOZY respondia com o exemplo de MITTERRAND, que teria iniciado prática análoga de pequenos-almoços *partidários* regulares no Eliseu em que teria participado o próprio HOLLANDE.

O que não faria sentido era o Presidente ser eleito com base na política que propõe para a França e, posteriormente, após a eleição, remeter a realização desse programa ao Governo em funções e retirar-se para uma *magistratura de influência*; a vontade do eleitorado que compôs a *maioria presidencial* sairia defraudada.

Em França, desde a primeira hora (desde as chamadas *primárias* que conduzem cada partido a escolher o seu candidato presidencial), um candidato ao *Eliseu* faz-se em torno de uma proposta política para o país, concretizável num programa de governo, que constitui a sua *marca* e para cujo apoio se mobiliza a máquina partidária. Ora, essa *marca* e esse apoio não se dissolvem com a eleição presidencial.

Pode suceder, no entanto, que, eleito o Presidente, ele se depare com uma maioria parlamentar, já em funções, político-partidariamente adversa ao *bloco* político que ele lidera. Nada mais natural, então, em França, que aconteça o Presidente da República dissolver o Parlamento que se lhe opõe com o único e pré-anunciado fim de inverter a orientação política do Parlamento, no sentido de conseguir, a favor da realização do seu programa de governo, já sufragado pelo eleitorado nas eleições presidenciais, o apoio de uma nova maioria parlamentar politicamente coincidente com o seu projecto político. Por mais estranho que isso pareça aos nossos olhos, essa prática ajusta-se à natureza da matriz francesa do semipresidencialismo.

Pode também suceder que, eventualmente no seguimento de eleições parlamentares realizadas no curso do mandato presidencial, uma força política adversa ao Presidente em funções *conquiste* a maioria parlamentar, com o que, inevitavelmente, muda o Governo (de acordo com a nova maioria do Parlamento perante o qual responde); não podendo, nem fazendo sentido ensaiar imediatamente uma dissolução parlamentar, o Presidente da República tem de se conformar e de conviver com a maioria parlamentar que se lhe opõe e com o Governo a que ela dá origem. O Presidente da República passará, então, a ter, contra si e no próprio terreno do exercício das funções governativas, um Primeiro-Ministro que se lhe opõe politicamente.

Nesses períodos, de chamada *coabitação*, o Presidente da República não abdica do seu mandato nem do programa em torno do qual se construiu a *maioria presidencial*, não renuncia às suas ambições governativas, mas, pelo menos temporariamente, é obrigado a ceder o primeiro plano no exercício de funções executivas ao novo Governo sustentado na nova maioria parlamentar.

O Presidente da República continuará, mesmo nessas circunstâncias, a ser líder e referência máxima do bloco político que o elegeu, mas, agora, na situação mais desvantajosa de líder da oposição ao novo Governo. Nessa nova qualidade, tem de gerir com *fair-play* as condições adversas que conduziram à *degradação* objectiva do seu estatuto político, mas sem renunciar nem ceder nas suas ambições e no seu projecto político e governativo.

Aproveitará, então, todas as ocasiões para se distanciar ou criticar a política do Governo sempre que sente que isso o favorece na preparação do próximo combate eleitoral, marca o seu espaço, inscrevendo o recurso ao exercício dos poderes que a Constituição lhe atribui no quadro da sua estratégia política pessoal; veta ou demarca-se de uma lei importante aprovada pela nova maioria ou não assina um ou outro decreto mais impopular ou que *invada* algum dos seus *domínios* tradicionais de referência, como a defesa, a política externa ou a justiça; opõe-se eventualmente à nomeação de um funcionário que lhe é proposta pelo Primeiro-Ministro e pode, inclusivamente, consoante a relação de forças particular existente na altura, recusar a nomeação deste ou daquele ministro ou obrigar, a propósito, sobretudo naqueles referidos domínios, o Primeiro-Ministro a uma negociação ou a um compromisso[122].

Numa situação de executivo bicéfalo, como é a francesa, se as maiorias (parlamentar e presidencial) são consonantes, a convivência é pacífica: o Governo é de confiança e responsabilidade presidencial, o Primeiro-Ministro assume voluntariamente o lugar secundário da diarquia de executivo chefiado, naturalmente, pelo líder da maioria que governa —o Presidente da República. Mas, na mesma situação estrutural de executivo bicéfalo, e por força de vicissitudes diversas ou do simples calendário eleitoral, aquelas duas maiorias podem não coincidir. As duas cabeças da águia situam-se, agora, em oposição frontal, mas, nessa altura, mesmo sendo obrigadas a coabitar, não se resignam: olham-se de viés,

[122] Cf. BAUDREZ/RAVAZ, "La Quinta Repubblica: regime semi-presidenziale o parlamentarismo presidenzialista?" *in Semipresidenzialismi*, Padova, 1997, págs. 56 e seg; MAURICE DUVERGER, *Le Systéme Politique Français*, Paris, 1996, págs. 549 e segs; A. NETO/ K. STRØM, "Breaking the parliamentary chain of delegation: presidents and non-partisan cabinet members in european democracies" *in British Journal of Political Science*, 36, 2006, pág. 627.

vigiam-se, marcam-se palmo a palmo e, *com um olho na governação e dois nas sondagens*, cada uma prepara o próximo combate em que os dois líderes dos principais *blocos* políticos, ou os seus sucessores, se vão digladiar e disputar a vitória.

E, atenta a importância estratégica e suprema do órgão Presidente da República, o terreno do combate fica previamente demarcado e acertado para a próxima eleição presidencial: os actuais Presidente da República e Primeiro-Ministro lutarão pelo lugar de Presidente. Então, ou o novo Presidente eleito é afecto à maioria parlamentar e a *coabitação* é substituída pela liderança presidencial da maioria que governa; ou é (re)eleito um Presidente em oposição à maioria parlamentar e que, com grande probabilidade, aproveitando o élan da sua eleição, dissolverá o Parlamento e procurará refazer o anterior laço que unia a maioria presidencial à maioria parlamentar. Por isso, as fases de *coabitação* tendem a ser breves e a ser vistas, em França, como situações precárias, transitórias, que, mesmo quando duram toda a legislatura, devem ser resolvidas, arbitradas e superadas na eleição presidencial seguinte.

Em qualquer das situações elencadas, o Presidente da República é sempre, na França, um Presidente político-partidariamente empenhado, *militante*, que lidera a maioria que governa, ou que, em caso de *coabitação*, se alcandora a referência política institucional da oposição ao Governo em funções[123]. Essa é, por estranha que nos pareça, a lógica da matriz *francesa* do semipresidencialismo.

[123] A história constitucional da V República é, a propósito, perfeitamente esclarecedora. De 1962 a 1981, o bloco de direita deteve sempre a Presidência da República (De Gaulle, Pompidou, Giscard d'Estaing) e obteve sucessivas maiorias absolutas de apoio nas eleições parlamentares, o que permitiu aos Presidentes da República, líderes desse *bloco*, governar com total margem de acção através de interpostos Primeiro-Ministros da respectiva confiança. Em 1981, e após ter sido vencido nas anteriores eleições presidenciais de 1965 e 1974, o candidato socialista, François Mitterrand, é eleito Presidente da República. Confrontado com a presença de uma maioria hostil na Assembleia Nacional, Mitterrand dissolve o Parlamento com o fim expresso de conquistar uma maioria parlamentar de apoio à sua governação. Alcançado esse objectivo, Mitterrand *governa* nos cinco anos seguintes através dos *seus* Primeiro-Ministros, Pierre Mauroy e Laurent Fabius. Porém, nas legislativas seguintes, em 1986, o bloco de direita consegue uma maioria absoluta no Parlamento, o que significa, para Mitterrand, a obrigação de nomear o adversário Jacques Chirac como Primeiro-Ministro e aceitar a correspondente *coabitação* —a *primeira* da história constitucional francesa—, que duraria necessariamente até ao próximo momento de *arbitragem*, no caso, a eleição presidencial de

f) Actualmente, desde a revisão constitucional de 2000, o Presidente francês passou, tal como sempre aconteceu com o português, a ter um mandato de cinco anos (anteriormente era de sete anos), o que, no caso francês, onde a legislatura também é de cinco anos, permite ou estimula uma potencial sincronização das duas maiorias, a presidencial e a parlamentar.

Enquanto que na Constituição portuguesa houve uma clara intenção de separar cronologicamente e, em consequência, de diferenciar politicamente, pelo menos de forma tendencial, as duas eleições, os dois mandatos e as duas escolhas populares —a presidencial, para um mandato de cinco anos, e a parlamentar, para uma legislatura de quatro anos—, em França, a partir da revisão de 2000, realizada, e não por acaso, precisamente durante o curso do mais longo período de *coabitação* (1997-2002), a intenção parece ter sido claramente outra.

De facto, quando se fazem coincidir, como faz actualmente a Constituição francesa, os períodos do mandato presidencial e da legislatura e, consequentemente, as duas eleições, a intenção originária é abertamente a de fazer coincidir as duas maiorias, segundo a expectativa razoável de que, se realizadas no mesmo ano, as duas escolhas terão o mesmo resultado político, as maiorias formadas nas duas eleições coincidirão.

1988 onde, com toda a naturalidade, como se isso estivesse, como está, na natureza do sistema de governo, Presidente da República e Primeiro-Ministro se defrontariam.
Reeleito em 1988, Mitterrand dissolve novamente a Assembleia Nacional e, embora não tenha chegado, dessa vez, a uma maioria absoluta, vai poder *governar*, com maioria relativa, durante a legislatura através dos seus Primeiro-Ministros, Michel Rocard, Edith Cresson e Pierre Bérégovoy. Porém, como nas legislativas seguintes, em 1993, o bloco de direita alcança nova maioria absoluta, Mitterrand tem de nomear Primeiro-Ministro Edouard Balladur e dá-se, necessariamente, início à *segunda coabitação*, de 1993 a 1995, data da nova eleição presidencial.
Eleito Presidente, em 1995, contra Lionel Jospin, sucessor socialista de Mitterrand, Jacques Chirac dispunha de uma maioria parlamentar absoluta no Parlamento que lhe permitiria governar sem problemas durante toda a legislatura. Mas, em 1997, num movimento politicamente desastrado de antecipação, decide dissolver a Assembleia Nacional. O eleitorado não acompanha o artificialismo desta dissolução e dá, contra as expectativas de Chirac, uma maioria, ainda que relativa, à esquerda; Chirac tem de nomear o adversário Jospin como Primeiro-Ministro e inicia-se a *terceira coabitação* que, tal como anteriormente, vai durar até à próxima batalha presidencial, em 2002. Da mesma forma, nesse novo momento de *arbitragem*, Presidente da República e Primeiro-Ministro voltariam a defrontar-se, com vitória do primeiro, confirmada nas legislativas do mesmo ano.

Obviamente, a coincidência de maiorias em França determina, como se sabe, um reforço do papel do Presidente da República que, assim, veria confirmada a sua função liderante do governo e da maioria parlamentar durante os cinco anos do seu mandato.

No entanto, sendo esta a intenção, na prática o objectivo é, ainda assim, claudicante, na medida em que são incontroláveis tanto a vontade do eleitorado, mesmo quando vota no mesmo ano, quanto a ocorrência de factos políticos que obriguem a um desfasamento das duas eleições, seja por alteração imprevista do calendário da eleição presidencial, seja, caso provavelmente mais frequente, por efeito de dissolução do Parlamento, por exemplo na situação em que não se tenha podido formar uma maioria parlamentar absoluta.

Em qualquer caso, em França, e apesar do potencial e real surgimento das fases de *coabitação* (três experiências e cerca de dez anos de coabitação no semipresidencialismo da V República), elas continuam a ser vistas como algo de precário, de excepcional, por vezes até de *patológico*, de algo a evitar porque afecta a racionalidade e a lógica do funcionamento, dito *normal*, do sistema.

A alteração constitucional verificada na duração do mandato presidencial pode atenuar o *inconveniente* ou até eliminá-lo praticamente (a probabilidade de ocorrerem *coabitações* é muito menor), mas não o resolve com carácter definitivo e absoluto. Ela pode vir a ser decisiva na evolução da *matriz francesa*, mas não de forma absoluta, uma vez que os resultados da *engenharia constitucional* nunca podem ser dados como adquiridos; basta uma *indisposição* do eleitorado (isto é, uma votação de sentido diferente na eleição presidencial e na escolha do Parlamento) ou uma vicissitude eleitoral imprevista (algo que determine uma alteração do calendário previsto para as duas eleições) para que o *risco* da *coabitação* ressurja (se é que se pode falar em *risco*, dado que, de certa forma diversamente da doutrina e comentadores, a opinião pública francesa não o tem encarado dessa forma).

No entanto, objectivamente, quando se procurou assegurar a concomitância das duas eleições, a presidencial e a parlamentar[124], afastou-se

[124] Para além disso, há que realçar um outro elemento de natureza jurídica introduzido na mesma altura e que pode ser praticamente muito relevante em função do mesmo objectivo de evitar a situação de *coabitação*. O legislador ordinário, através de aprovação da lei orgânica de 15 de Maio de 2001, determinou a precedência cronológica da eleição presidencial sobre

significativamente o *risco* de repetição de situações de *coabitação*. Não é de esperar, embora isso, como dissemos, possa sempre vir a ocorrer, que quando as duas eleições são praticamente simultâneas os eleitores votem de maneira diferente. Isto é, quando escolhem um Presidente, é normal que, logo a seguir, confirmem essa eleição com a escolha de uma maioria parlamentar que sustente o Presidente eleito. No entanto, já é mais provável que, embora mantenham o sentido geral do voto, os eleitores não dêem ao partido do Presidente uma maioria absoluta no Parlamento ou o lugar de proeminência dentro do *bloco* maioritário, o que, naturalmente, conduzirá a diferentes margens de actuação do Presidente da República.

Da mesma maneira, se o Presidente dispõe de uma maioria parlamentar que o apoia, é normal que, durante o mandato, não dissolva o Parlamento, pelo que, com grande probabilidade, as eleições presidenciais seguintes coincidirão novamente com as eleições parlamentares, como, de resto, se passou a verificar no ciclo aberto com as eleições presidenciais e parlamentares de 2002.

Mais ainda, se, por uma qualquer vicissitude imprevista de calendário eleitoral, o novo Presidente eleito se depara com uma anterior maioria parlamentar que lhe é adversa —por exemplo, no seguimento de uma anterior dissolução do Parlamento ou de uma demissão/renúncia do Presidente anterior— ele disporá sempre da arma da dissolução, aproveitando o *élan* que resulta da sua própria vitória eleitoral para tentar repor, tanto a convergência de maiorias, como o realinhamento simultâneo das próximas eleições para os dois órgãos.

Dessa forma, se o eleitorado e os agentes políticos corresponderem ao que deles espera a *engenharia constitucional*, fica aberta a possibilidade de uma inflexão real da matriz francesa num sentido de *rarefac*ção das situações de *coabitação* e da correspondente estabilização e reforço do

a eleição parlamentar. Aparentemente um pormenor, esta modificação é também significativa, na medida em que, com isso, o legislador francês institucionalizou o chamado modelo das "eleições *lua de mel*", ou seja, eleições parlamentares que se vão realizar no período imediatamente a seguir à eleição presidencial. Nessas circunstâncias, não será de crer que um eleitorado que acabou de eleger o Presidente da República mude de opinião nas eleições parlamentares que se seguem, isto é, que comece a *trair* o Presidente ainda em plena *lua de mel*. Mas, acontece...

papel de um Presidente colocado permanentemente numa situação de líder do governo e da maioria.

2. Semipresidencialismo de Presidente-*moderador* (a matriz portuguesa)

a) No sistema político desta matriz de semipresidencialismo, o Presidente assume funções de representação nacional, de garante do regular funcionamento das instituições democráticas e de moderação ou de arbitragem entre os diferentes poderes públicos e órgãos que exercem o poder político, garantindo a estabilidade, o equilíbrio e a normalidade do respectivo relacionamento. Embora tenha uma intervenção política autónoma e activa e, por vezes, decisiva no funcionamento da vida democrática, o Presidente não exerce nem compartilha do exercício do poder executivo governamental e não participa nem se envolve directamente na disputa partidária, apresentando-se, ao invés, numa posição nacional, suprapartidária e equidistante relativamente às diferentes forças políticas.

Através de uma prática política confirmada e reiterada inequivocamente por dez mandatos de cinco diferentes Presidentes, este modelo institucionalizou-se em Portugal sob a égide da Constituição de 1976, desenvolveu-se com pequenas alterações e, integrando sobressaltos menores que inevitavelmente o atingiram ao longo de mais de quatro décadas, tem, hoje, uma existência estabilizada, previsível e politicamente incontestada[125].

O Presidente da República modera, arbitra, intervém politicamente, de forma por vezes decisiva, pode aconselhar ou sugerir uma direcção política, pode criticar ou opor-se pontualmente a medidas ou iniciativas do Governo, mas sem nunca pôr em causa esse princípio indiscutível: quem define o programa de governo, quem o executa, quem conduz a política do país, quem faz as opções de governo, quem se responsabiliza por elas, é única, inteira e exclusivamente o Governo, liderado com

[125] Não é assim, reconheça-se, no domínio do comentário jornalístico ou até de alguma elaboração académica, onde, ciclicamente, surgem vozes a proclamar o esgotamento ou o fim do regime e a reclamar revoluções e mudanças profundas que, todavia, permanecem merecidamente ignoradas na realidade do funcionamento do sistema político.

plena autonomia pelo Primeiro-Ministro. O Presidente da República desenvolve importantes poderes políticos, mas não participa do exercício de funções governativas. Significa isto que na matriz portuguesa do semipresidencialismo não existe a referida bicefalia ou diarquia de executivo típica do semipresidencialismo francês.

Pode haver dificuldades teóricas em integrar o estatuto político do Presidente da República português no modelo tradicional da separação orgânico-funcional dos poderes do Estado (função legislativa, executiva, judicial), pode questionar-se se as funções de indiscutível impulso ou *indirizzo* político que o Presidente português pode desenvolver (nomeações políticas, veto, demissão do Governo, dissolução do Parlamento, mensagens políticas) são adequadamente integráveis no *poder moderador* teorizado no século XIX por Benjamin Constant e acolhido nas Constituições de monarquia limitada[126], mas, sendo essa uma discussão menor e lateral ao nosso tema, o que importa realçar é que não há, na matriz portuguesa do semipresidencialismo, partilha de poderes executivos entre o Governo/Primeiro-Ministro e o Presidente da República[127].

b) Esta clara contraposição entre matriz *francesa* e matriz *portuguesa* do semipresidencialismo no domínio da estruturação dos poderes e funções executivas não é o resultado directo de uma diferente configuração constitucional do estatuto e dos poderes presidenciais, já que, e apesar das diferenças, a seguir recenseadas, o regime é muito semelhante nas

[126] Note-se que nessas Constituições, entre as quais a nossa Carta Constitucional de 1826, estas mesmas competências eram expressamente integradas no *poder moderador* do chefe do Estado. Curiosamente, Maurice Duverger, mas quanto a nós incorrectamente, integra a presidência do Conselho de Ministros por parte do Presidente francês nesse mesmo *poder moderador* (*Bréviaire de la Cohabitation*, Paris, 1986, págs. 79 e segs).

[127] No mesmo sentido, cf. Gomes Canotilho/Vital Moreira, *Os Poderes do Presidente da República*, Coimbra, 1991, págs. 10 e seg, págs. 43 e seg; António De Araújo, "El Presidente de la República en la evolución del sistema político de Portugal" *in Portugal: Democracia y Sistema Político*, Madrid, 2003, págs. 88 e seg; implicitamente, Jorge Miranda, "Presidente da República" *in DJAP*, 1º supl., 1998, págs. 362 e segs. A afirmação de sentido aparentemente diverso de Marcelo Rebelo de Sousa (*O sistema de governo português*, Lisboa, 1992, págs. 11, 14 e 67) compreende-se na medida em que dá ao "poder executivo", não um sentido tradicional, mas um sentido mais lato de função política que, essa sim, o Presidente português indiscutivelmente exerce (cf. M. Rebelo de Sousa, *Direito Constitucional*, I, Braga, 1979, págs. 247 e segs, págs. 254 e segs).

duas Constituições. Ela é, todavia, uma evidência verificável, sem grande dificuldade, no plano da realidade institucional e da vida política dos dois países e que vem intimamente associada à diferente natureza política do mandato presidencial em França e em Portugal.

O Presidente português pode ter um passado de vida partidária, pode ser um dirigente partidário, ter uma personalidade interventiva, mas, uma vez eleito, e como que levando a sério o lema "Presidente de todos os portugueses" importado da retórica francesa[128], na própria noite das eleições declara desfeita a maioria presidencial que o elegeu e, quer devolva quer conserve o respectivo *cartão de militante* partidário, renuncia a qualquer tipo de empenhamento faccional ou a uma intervenção política directa e parcial na disputa Governo/oposição. Se o não faz ou quando o não faz, o comportamento é politicamente censurado e institucionalmente censurável. De resto, na própria Constituição colhem-se directamente os fundamentos expressos deste entendimento das funções presidenciais e de configuração de um Presidente da República moderador, arbitral e *garante*.

Assim, a primeira nota que sobressai quando se compara a matriz portuguesa com a matriz francesa é o facto de, partindo ambas de textos constitucionais muito próximos quanto à estruturação das funções presidenciais e da organização do sistema político (como referimos, há uma clara inspiração da Constituição francesa no texto adoptado pelos constituintes portugueses), se terem, em seguida, desenvolvido dois padrões divergentes de funcionamento e de institucionalização do relacionamento entre os órgãos políticos.

Com efeito, segundo a Constituição francesa, o Presidente da República vela pelo respeito da Constituição, assegura, através da sua arbitragem, o regular funcionamento dos poderes públicos e a continuidade do Estado, garante a independência nacional, a integridade do território e o respeito dos tratados (artigo 5º). Por sua vez, segundo a Constituição portuguesa, o Presidente da República representa a República, garante

[128] Assinale-se que, em França, esta retórica —aparentemente incompreensível, uma vez que o Presidente é *militante*, líder da maioria ou líder da oposição— tem um sentido diverso: o de caucionar, a partir da investidura presidencial, uma intervenção política do Presidente da República mais abrangente do que a da sua própria força de apoio partidário ou o de agregar e consolidar a autoridade sobre uma maioria parlamentar pluripartidária através da retórica da representação nacional (cf. DUVERGER, *Le Système...*, cit., págs. 529 e segs).

a independência nacional, a unidade do Estado e o regular funcionamento das instituições democráticas (artigo 120º). Embora este aspecto não tenha sido devidamente assinalado, é óbvio que, neste ponto, a influência determinante desta redacção do texto português só pode ter sido a Constituição da V República francesa[129].

Acresce que as semelhanças constitucionais se reproduzem em vários outros domínios, designadamente nos mais relevantes para a caracterização do sistema de governo.

Destacamos, entre muitos: nos dois casos, o Presidente é eleito por sufrágio universal e directo, a duas voltas, o que é significativo quanto ao reforço de legitimidade democrática que se pretende assegurar para o exercício do cargo; há plena responsabilidade do Governo perante o Parlamento, com idênticas possibilidades de destituição do executivo; o Presidente tem o poder de nomeação do Primeiro-Ministro e do Governo, mas não tem o poder de os demitir, pelo menos, não tem o poder de demissão por razões de mérito, de discordância política; tem, ao invés, nos dois casos, um amplo poder, praticamente livre, de dissolução do Parlamento; o Presidente é o comandante ou chefe supremo das forças armadas, nomeia os embaixadores e titulares de altos cargos da administração ou do Estado, pode suscitar a intervenção da justiça constitucional e tem poder de veto; o Presidente decreta o estado de excepção constitucional (estado de sítio), pode convocar o referendo, sob proposta do Governo ou do Governo/Parlamento, e tem o direito de enviar mensagens ao Parlamento; parte dos seus poderes está sujeita a referenda ministerial, mas, em ambos os casos, numa enumeração tipificada[130].

São, de resto, estas características, presentes de igual modo ou de forma muito aproximada, nas Constituições dos dois países que permitem integrar os respectivos sistemas de governo no semipresidencialismo. Porém, e sem pôr em causa esta conclusão, há algumas notas de distinção que, se bem que não permitam explicar a diferenciação de matrizes, indiciam, de qualquer modo, uma possibilidade de evolução tendencialmente *executiva* ou *governativa* do mandato presidencial em França e que não encontramos na Constituição portuguesa.

129 O texto português resulta da revisão constitucional de 1982, com origem numa proposta da FRS (frente constituída, na altura, por PS, UEDS e ASDI).

130 Cf. JORGE MIRANDA, *Manual...*, cit., I, 2, pág. 199.

Nesse sentido, salientamos, em primeiro lugar, o já referido poder de presidir ao Conselho de Ministros, que a Constituição francesa dá, como direito próprio, ao Presidente, enquanto que a Constituição portuguesa o faz depender de convite do Primeiro-Ministro (que raramente acontece). Em segundo lugar, e ainda com alguma importância na potencial evolução *executiva* do Presidente francês, a Constituição dá-lhe o poder de negociação e ratificação dos tratados, enquanto que, em Portugal, o Presidente da República ratifica-os, mas é o Governo que os negoceia. Por último, o Presidente francês não necessita de autorização parlamentar para assunção dos poderes de excepção constitucional previstos no art. 16º; em Portugal, o estado de excepção constitucional é decretado pelo Presidente, mas sujeito a autorização parlamentar.

Já num plano menos *executivo*, mas, ainda assim, relevante para uma intervenção presidencial no conjunto do sistema, o Presidente francês preside ao Conselho Superior da Magistratura (em Portugal nomeia dois membros) e nomeia parte dos membros do Conselho Constitucional (enquanto que, em Portugal, o Presidente da República não tem qualquer interferência na nomeação do Tribunal Constitucional, que é de exclusiva responsabilidade do Parlamento).

c) Cabe, por último, esclarecer um equívoco persistente, relacionado com o suposto *domínio reservado* de poder executivo que a Constituição atribuiria ao Presidente francês na política externa e na defesa nacional. Aí residiria, segundo alguns, a *prova* da partilha do poder executivo entre Presidente da República e Primeiro-Ministro que teria sido operada pela Constituição francesa e que inexistiria em Portugal.

Na realidade, porém, a Constituição francesa não *reserva* qualquer domínio executivo ao Presidente. Nesse aspecto, o de um pretenso domínio reservado, a Constituição francesa é igual à Constituição portuguesa: o domínio reservado não existe. Para além das diferenças mencionadas —presidência do Conselho de Ministros e negociação dos tratados— o Presidente francês tem, com base na Constituição, exactamente as mesmas possibilidades de intervenção executiva ou governativa que tem o Presidente português.

Essa pretensa *reserva* na política externa e na política de defesa foi uma construção de extracção essencialmente política, determinada, em grande medida, pelas necessidades conjunturais francesas de resolução da *questão argelina*[131], apesar de, na altura, ter sido originariamente proclamada por De Gaulle como derivando da Constituição[132].

Porém, e considerando apenas os termos da Constituição, quanto à política de defesa, é o Governo quem a conduz, quem decide, quem governa. O Presidente da República, em França ou em Portugal, é o Comandante Supremo ou Chefe Supremo das forças armadas, com os poderes inerentes a tal cargo, bem ou mal reflectidos na legislação ordinária. Mais precisamente: bem reflectidos na legislação ordinária francesa[133], onde a relevância do cargo conduziu, inclusivamente, à atribuição ao Presidente francês —mas por lei ordinária, não através de norma constitucional— do poder de decidir do recurso às armas nucleares, e mal reflectidos no caso português, onde a *coligação* partidária de 1982 contra o Presidente Eanes levou à aprovação de uma lei de defesa nacional absolutamente redundante no domínio da concretização dos poderes do Comandante Supremo, já que se limitou a reproduzir aquilo que já constava da Constituição.

Todavia, na prática, o papel do Presidente português é, aí, tão importante e decisivo quanto o do francês. Não porque a Constituição o imponha, já que as referências constitucionais são idênticas em Portugal e na França —o referido *Comando Supremo* das forças armadas—, mas porque, politicamente, esse espaço se abre objectivamente à intervenção presidencial; em caso de eventual divergência, sobre a matéria, entre Presidente da República e Primeiro-Ministro, a opinião pública nem compreenderia nem aceitaria que o Presidente da República eleito, Comandante Supremo das Forças Armadas, não tivesse uma palavra importante a dizer sobre o assunto.

Por outro lado, e no mesmo sentido, as próprias forças armadas esperam e favorecem a atribuição da última palavra, não ao Ministro da Defesa ou ao Primeiro-Ministro, mas ao representante máximo da República, já que, de alguma forma, para os militares, a intervenção especial do Presidente da República neste domínio —intervenção tendencialmente diversa e especial relativamente ao monopólio que o Governo detém nas restantes áreas da governação— simbolizaria o reconheci-

131 Cf. Rinella, *La Forma* ..., cit., pág. 143.

132 Cf. Maurice Duverger, *Bréviaire*..., cit., pág. 105.

133 Cf. Maurice Duverger, *Bréviaire*..., cit., págs. 103 e segs.

mento institucional da relevância e natureza muito especial da administração castrense quando comparada com a administração civil[134].

O mesmo se passa quanto à política externa. O papel efectivo de partilha do poder executivo que o Presidente francês aí desempenha, bem expresso, de resto, na já referida singularidade *francesa*, quase única[135], de presença conjunta de Presidente da República e Primeiro-Ministro no Conselho Europeu, não tem qualquer apoio constitucional ou, pelo menos, para além do já citado poder de negociação dos tratados, que só o Presidente francês tem, não apresenta qualquer apoio constitucional diverso do que (não) encontramos em Portugal.

Também aí a fonte da pretensa *reserva* é puramente política[136]. Se em 1986 o Presidente Mário Soares tivesse imposto a sua própria presença no primeiro Conselho Europeu, tal como acontece, por exemplo, nas Cimeiras Ibero-Americanas, tudo se passaria da mesma forma, em Portugal ou na França; a Constituição não distingue[137].

De qualquer modo, a ideia de *domaine reservé* dissipou-se definitivamente quando aproveitando, na *terceira coabitação*, a fraqueza política de um Presidente (Jacques Chirac) que acabara de ser derrotado nas eleições legislativas de 1997, após uma dissolução mal-sucedida[138], o

[134] Cf. MAURICE DUVERGER, *Bréviaire...*, cit., pág. 105; JUAN LINZ, "Presidential or parliamentary democracy: does it make a difference?" *in* J. LINZ/ A. VALENZUELA (orgs.), *The failure of Presidential Democracy: Comparative Perspective*, Baltimore, 1994, págs. 57 e seg.

[135] Acompanhado também pelos chefes de Estado dos semipresidencialismos romeno e lituano.

[136] Sobre as tentativas, descontinuadas, de avocação, entre nós, de um *domínio reservado* por parte do Presidente Ramalho Eanes, cf. MARCELO REBELO DE SOUSA, *O sistema de governo...*, cit., págs. 23 e seg.

[137] Como, de resto, não distinguem, em geral, à excepção da Constituição finlandesa, as restantes Constituições de semipresidencialismo. O espaço assim deixado aberto à conformação política permitiu a situação curiosa de, na Áustria, mesmo com a *tradição* ininterrupta de Presidentes meramente representativos, o Presidente Klestil ter reivindicado, em 1995, a representação do país no Conselho Europeu, só tendo cedido, face à oposição do chanceler austríaco, através da construção de uma solução de compromisso: o Chanceler representaria a Áustria em termos de exercício de uma pretensa delegação de poderes recebida do Presidente (assim, WOLFGANG MÜLLER, "Austria" *in* Elgie (org.) *Semi-presidentialism in Europe*, Oxford, 1999, pág. 35).

[138] O Presidente Chirac havia sido eleito em 1995, era apoiado no parlamento por uma maioria absoluta, mas com o único fim de renovação e clarificação dessa maioria num momento político por ele considerado mais favorável, decide antecipar as eleições parlamentares através de uma dissolução que se vem a revelar totalmente gratuita: embora dando ape-

Primeiro-Ministro Jospin lhe *impôs*, sem hipótese de resistência, a condução primo-ministerial da política francesa em todos os domínios[139].

d) Portanto, quando se comparam as Constituições francesa e portuguesa do ponto de vista da tentativa de compreender a génese e evolução diferenciadas das duas matrizes do semipresidencialismo, a conclusão só pode ser a de que a responsabilidade dessa diferenciação não reside, pelo menos a título principal, nos textos constitucionais.

De resto, e podendo até sugerir uma interpretação exactamente de sentido oposto, o Presidente português tem, conferida pela Constituição, uma margem de intervenção significativamente maior no domínio da demissão do Governo (ao contrário do Presidente francês, que não pode demitir o Governo em circunstância alguma, o Presidente português pode demiti-lo se tal for necessário para assegurar o regular funcionamento das instituições democráticas); do veto de diplomas aprovados pelo Parlamento (ao contrário da França, em Portugal, e com significativa importância, o Parlamento só pode superar o veto presidencial, não pela simples reapreciação, mas apenas através de uma confirmação por maioria qualificada, em geral absoluta, mas em certas circunstâncias, nas leis mais sensíveis, só por maioria de dois terços dos deputados); e da fiscalização da constitucionalidade (como resultado da maior amplitude dos funções da justiça constitucional em Portugal).

Haverá, então, face a estas conclusões, que encontrar nas circunstâncias de natureza política a verdadeira fonte da diferenciação prática que se veio a verificar entre as matrizes francesa e portuguesa, dando origem ao que designamos por semipresidencialismo de Presidente-*liderante* e semipresidencialismo de Presidente-*moderador*.

Tendo já desenvolvido a explicação da configuração da matriz francesa tal como se veio a verificar na prática, na Parte II, para onde remetemos, analisaremos desenvolvidamente as causas e factores que proporcionaram este tipo de evolução e de estabilização da matriz portuguesa de semipresidencialismo; por ora, salientamos apenas, a seguir, o que consideramos serem as notas fundamentais desse processo.

nas uma maioria relativa à esquerda, o eleitorado frustra inteiramente a estratégia de Chirac, não lhe renovando a maioria e obrigando-o a *coabitar* com um governo de esquerda (L. Jospin) até 2002.

[139] Cf. JACQUES LE GALL, "La trosième...", *cit.*, págs. 103 e segs.

2.1. A génese da matriz portuguesa de semipresidencialismo

a) Pode-se dizer que, tal como em França, também em Portugal os primeiros tempos do novo regime foram decisivos para a evolução posterior. Ora, os primeiros tempos do semipresidencialismo português ficaram indelevelmente marcados pelo facto de o primeiro Presidente eleito ser um militar, portanto, alguém exterior à competição político-partidária. Poder-se-ia pensar, nessa altura, que era exactamente uma réplica do que acontecera em França, mas não é assim, desde logo porque, em Portugal, Ramalho Eanes era alguém apoiado pelos *vencedores do 25 de Novembro*, o que significava um Presidente que dispunha, à partida, do apoio dos dois maiores partidos, à direita e à esquerda, PS e PPD. Portanto, por qualquer das razões (ser militar e ser um militar apoiado à esquerda e à direita), era alguém que, eleito Presidente, não podia ou não devia *tomar partido*.

Voltaremos a esta questão, mas o que parece indiscutível é que essa escolha inicial e o conjunto alargado de apoio inter-partidário que fez eleger o primeiro Presidente, o General Ramalho Eanes, marcaram a natureza do órgão Presidente da República entre nós.

Ou seja, na primeira fase do semipresidencialismo português e exactamente ao invés do que sucedera em França, o Presidente da República apresentou-se ao eleitorado com um programa de carácter nacional, de garante da estabilidade e da normalização política, de cariz não governativo, assumindo-se ele próprio como alguém que era, não apenas apartidário, mas se propunha também desenvolver um mandato de tipo suprapartidário, arbitral e equidistante das diferentes forças políticas. Acrescia que, na época, o General Ramalho Eanes era também Chefe de Estado-Maior-General das Forças Armadas, o que, não apenas aconselhava, como impunha, um desempenho neutral e de estrito apartidarismo.

Como dizia, na altura, Jorge Miranda, "o Presidente tem acumulado até agora as funções de Chefe do Estado-Maior-General das Forças Armadas, como forma de subordinação do Conselho da Revolução e das Forças Armadas ao sufrágio universal. Ora, sendo as Forças Armadas apartidárias (art. 275º), não poderá o Presidente da República, enquanto for também CEMGFA, identificar-se com qualquer opção partidária em especial. Não se lhe poderá exigir que faça as duas coisas ao mesmo tempo: que assegure a democracia contra os restos de vanguardismo e as tentações de golpismo e que se responsabilize por um programa de Governo"[140].

O desenvolvimento da *matriz portuguesa* do semipresidencialismo viria confirmar a afirmação, correcta, de JORGE MIRANDA, mas dando-lhe uma maior abrangência que, no fundo, identifica a natureza do Presidente nessa matriz. Isto é, o Presidente da República não se deveria identificar com qualquer opção partidária em especial, não apenas *enquanto fosse CEMGFA*, mas em quaisquer circunstâncias do exercício do seu mandato.

Nos anos seguintes, com o fim do período de transição e a revisão constitucional de 1982, o sistema de governo sofreu alterações significativas. A própria natureza da eleição dos Presidentes da República mudou substancialmente, com o surgimento das candidaturas *civis* e uma presença muito mais marcante da intervenção dos partidos políticos, mas a natureza de um mandato presidencial não governativo e o carácter arbitral, moderador, suprapartidário, do órgão Presidente da República, tudo isso permaneceu sem alterações ou até se terá mesmo reforçado desde aquele momento inicial.

Tal como a *matriz francesa* nasceu conjunta e imediatamente com o nascimento do semipresidencialismo em França, em 1962, também em Portugal aconteceu algo de semelhante: com a consagração de um sistema semipresidencialista na Constituição de 1976, nasceu igualmente, no mesmo ano, a *matriz portuguesa* do semipresidencialismo, com a escolha inicial de um candidato militar, Chefe do Estado-Maior-General das Forças Armadas, apoiado pelos dois maiores partidos políticos e com as consequências que daí decorriam, quase necessariamente, no plano da natureza não *militante* ou não partidária do mandato.

Um modelo deste tipo, nascido nas circunstâncias difíceis de uma transição política para um regime democrático em construção, estava inevitavelmente sujeito a vários riscos ou tentações que poderiam desvirtuar a matriz originária em sentidos muito diversos e até contraditórios, pelo que, obviamente, nem tudo fica decidido e definitivamente resolvido com o primeiro ou os dois primeiros mandatos. Porém, os

[140] JORGE MIRANDA, *A Constituição de 1976*, Lisboa, 1978, pág. 431. Sobre a importância da acumulação dos dois cargos no alargamento da influência política do Presidente da República, cf. MARCELO REBELO DE SOUSA, *O Sistema...*, cit., pág. 17.

mandatos presidenciais que se lhe seguiram, praticamente sem excepção, pelo menos no domínio das proclamações públicas, apenas confirmaram essa mesma matriz, aperfeiçoando-a e institucionalizando-a.

b) Entre os *perigos* potencialmente contidos numa matriz semipresidencialista de Presidente suprapartidário, contavam-se, em primeiro lugar, o *risco* de *parlamentarização*, no sentido de evolução para um semipresidencialismo de Presidente-*cerimonial*, em que, apesar de eleito, o Presidente não desempenhasse quaisquer funções importantes no plano do exercício do poder político, o que, a prazo, acabaria por ter como consequência o afastamento do interesse das grandes figuras do regime democrático numa candidatura a Belém. Por outro lado, despontava igualmente um risco contrário: o do populismo *bonapartista* protagonizado pelo Presidente da República, assente numa comunicação directa entre Presidente e eleitorado, feita à margem ou acima dos partidos políticos ou até mesmo contra eles.

O risco de *parlamentarização*, ou, mais rigorosamente, de redução do papel presidencial ao que se verifica nos sistemas parlamentares, foi liminarmente atalhado através do activismo presidencial de Eanes, designadamente no primeiro mandato. Esse activismo era juridicamente *coberto* pela existência, na altura, de uma responsabilidade política do Governo perante o Presidente da República —inequivocamente estabelecida pela Constituição antes da revisão de 1982—, mas era também objectivamente estimulado pela incapacidade de o sistema partidário da altura gerar maiorias parlamentares e governativas sólidas e estáveis.

Por sua vez, os riscos convergentes de populismo anti-partidos e de activismo governativo do Presidente da República, mesmo que tivessem existido, teriam sido eficazmente atalhados, de um lado, pela revisão constitucional de 1982 e pelo acordo político *anti-Eanes* dos dois maiores partidos e, de outro lado, pela posterior capacidade de formação de maiorias parlamentares absolutas e consequentes governos maioritários, o que inibia, objectivamente, eventuais tendências presidenciais naquele sentido.

De facto, havia na versão originária da Constituição (até à revisão constitucional de 1982), um elemento de incerteza quanto ao âmbito e alcance da intervenção presidencial na actividade governativa. Referimo-nos à responsabilidade política do Governo perante o Presidente da República, que estava prevista na Constituição e que permitia que o Presidente da República pudesse demitir livremente o Governo, o que, naturalmente, e uma vez que o Governo estava *nas mãos* do Presidente, tinha como contrapartida algum tipo de responsabilização ou corresponsabilização do Presidente da República pela actuação do Governo.

c) Ainda no que se refere à consolidação da *matriz* de semipresidencialismo desenhada nos primeiros anos do sistema de governo, a revisão constitucional de 1982 teve uma influência não negligenciável.

Isto porque, qualquer que seja a avaliação que se faça sobre as intenções e objectivos que lhe estavam subjacentes e os resultados que a acompanharam, há algo de seguro que podemos concluir quanto às consequências da revisão de 1982 no estatuto do Presidente da República. A *troca* do poder de demissão do Governo (claramente diminuído na revisão) pelo poder de dissolução da Assembleia da República (claramente aumentado), se beneficiou a estabilidade do regime e a racionalidade do sistema de governo, não prejudicou seguramente o estatuto do Presidente da República.

Os poderes *executivos* do Presidente da República, existentes ou potenciais, foram seguramente diminuídos: se, por força da Constituição, o Presidente da República deixa de poder demitir o Governo por razões de mérito ou de discordância política, fica inevitavelmente afectada a intensidade da anterior *ligação* (*subordinação*, *dependência*, *responsabilidade*) entre os dois órgãos no plano do poder executivo. Porém, a presença do Presidente da República no conjunto do sistema não resulta diminuída, dado que o poder de demissão do Governo, mesmo se exercido, apenas remete a decisão final para o Parlamento (o novo Governo tem de passar pelo Parlamento ou de sair do Parlamento). O Presidente da República não é, aí, auto-suficiente. Portanto, a alteração constitucional diminui os poderes executivos do Presidente da República sem diminuir, de facto, o seu estatuto constitucional.

Em contrapartida, se aumenta o poder presidencial de dissolução do Parlamento, aumenta, consequentemente, a capacidade de intervenção política nacional do Presidente da República, mesmo sem considerar os efeitos, no mesmo sentido, da alteração de outros poderes do Presidente, como o poder de veto. A necessidade de ser ouvido, de a sua opinião ser tida em conta pelo Governo e pela maioria parlamentar, a sua capacidade de provocar alterações ou inflexões substanciais na paisagem política, ampliaram-se substancialmente com a revisão de 1982. Reforçou-se, dessa forma, a capacidade presidencial de moderação, de arbitragem, de desempenho de um papel de relevo no plano da garantia do funcionamento regular das instituições e de preservação e promoção dos valores constitucionais.

Ora, em síntese, se a revisão de 1982 produz consequências de diminuição dos poderes executivos e de aumento dos poderes de garante, moderação e arbitragem do Presidente da República, então ela desempenhou um papel importante na conformação da *matriz portuguesa* do semipresidencialismo, já que são, precisamente, aquelas duas notas — ausência de bicefalia de executivo e existência de um Presidente *garante* com poderes efectivos— que lhe conferem identidade.

Na Parte II veremos como, desde o primeiro mandato do General Ramalho Eanes e nos mandatos seguintes, a matriz portuguesa foi adquirindo a configuração que hoje apresenta e que, assumindo uma feição própria e perfeitamente distinta, não é menos estabilizada, sólida e racional do que a matriz francesa do semipresidencialismo, até porque, tal como aconteceu com esta, conheceu já, e superou positivamente, a prova das mais diversas conjunturas e combinações político-partidárias no Parlamento e na Presidência da República.

d) Admitimos que, designadamente no período que se seguiu à revisão constitucional de 1982, pudesse haver algumas dúvidas quanto à natureza do nosso sistema de governo e ao sentido da sua evolução previsível. Mas, hoje, depois de quarenta anos e de dez mandatos presidenciais, só mera teimosia ou desconhecimento, seja dos sistemas de governo seja do sistema português, podem explicar que alguém ainda o pretenda qualificar de sistema parlamentar.

Para que não restem, a propósito, quaisquer dúvidas, atente-se, simplesmente, nos factos seguintes. Em 1983, o Presidente Ramalho Eanes rejeitou a solução de governo que lhe era proposta pela maioria parlamentar e dissolveu o Parlamento contra a opinião dessa maioria, determinando, com tal acto, a formação posterior de um Governo distinto. Em 1987, o Presidente Mário Soares rejeitou a solução governativa que lhe era apresentada por uma maioria parlamentar e dissolveu a Assembleia da República, provocando, com tal acto, a formação de uma nova e diversa maioria parlamentar. Finalmente, em 2004, o Presidente Jorge Sampaio dissolveu o Parlamento contra a opinião da maioria parlamentar e do Governo em funções, gerando, com as consequentes eleições, a formação de uma maioria parlamentar alternativa e um Governo de alternância.

Ora, perguntamos, perante exemplos destes, perante uma prática reiterada e confirmada por parte de vários dos Presidentes eleitos, como será possível continuar, ainda hoje, a confundir o sistema de governo português com um qualquer sistema parlamentar?

Não sendo, também, sequer conjecturável a hipótese de sistema presidencial para qualificar o sistema português, chegamos inevitavelmente à conclusão que teremos de o inscrever nesse *tertium genus* que se designa geralmente de semipresidencialismo, mas, dentro deste, com uma configuração própria baseada na existência de um Presidente-*moderador*.

3. Semipresidencialismo de Presidente-*cerimonial* (a matriz *austríaca*)

a) No domínio das tipologias, mesmo quando se fala em matrizes de semipresidencialismo de autonomia consolidada, não se pode pretender chegar a uma classificação indiscutível e consensual quanto às experiências constitucionais integráveis em cada uma delas. É que, no limite, se quisermos atender às especificidades próprias de cada país em que vigora o sistema semipresidencial, cada um deles é potencialmente susceptível de ser considerado como matriz diferente e própria.

Há sempre, com efeito, particularidades e características específicas que permitem estabelecer diferenças entre o que acontece na Áustria, na Irlanda ou na Islândia. Se quisermos atender a cada uma dessas especificidades poderemos, então, questionar e individualizar a integração particular de cada um deles no tipo de governo semipresidencial, em função da correspondência concreta e precisa das suas características especiais aos critérios identificadores do semipresidencialismo ou, noutra perspectiva, distinguir neste bloco diferentes matrizes de semipresidencialismo.

No entanto, podemos destacar, nas experiências mencionadas, características comuns que preenchem o tipo de governo semipresidencial e com uma especificidade tal que permitem autonomizar este *bloco* enquanto *matriz* própria e diferenciada das dos restantes semipresidencialismos. Poderíamos, designadamente, ter em conta que em todas estas experiências temos, em princípio, um Presidente da República eleito por sufrágio popular (na Irlanda e na Islândia não é sempre ou necessariamente assim), mas que, por razões diversas, não pode, renuncia ou é constrangido a não *investir*, na prática, a legitimidade democrática que recolheu do voto popular no exercício efectivo de poderes políticos relevantes.

Em todos estes países o Presidente da República limita-se, sistematicamente, em alguns deles ao longo de décadas de funcionamento estabilizado do sistema, a exercer funções meramente representativas e simbólicas, nomeadamente no plano da expressão externa do Estado —isto é, um Presidente-*cerimonial* ou *representativo*—, abandonando integralmente a condução política activa ao Governo e ao Parlamento e ao livre jogo de relações de força que se desenvolvem entre estes dois órgãos.

Neste sentido, poderíamos, então, atendendo à grande relevância que esta característica comum apresenta no funcionamento do sistema de governo, falar aqui de um padrão comum de funcionamento ou de uma matriz de semipresidencialismo englobando estes países e, eventualmente, outros que reproduzam ou venham a reproduzir, por sistema, o mesmo tipo de funcionamento.

b) Assim, teríamos aqui um novo modelo de semipresidencialismo baseado na existência de um Presidente-*cerimonial*, mas sem escamotear que há uma tentação para a designar como *semipresidencialismo aparente* (DUVERGER) ou como sendo a *matriz parlamentarizada* do semipresidencialismo. Por sua vez, considerando as experiências à partida integrantes deste conjunto e atentas as dúvidas de qualificação como semi-presidenciais que merecem os sistemas de governo islandês e irlandês e a *juventude* das novas democracias que, no anterior *bloco* de Leste, se assemelham de algum modo às mencionadas (caso da Eslovénia, da Bulgária ou da República Checa), diríamos que este semipresidencialismo teria como modelo consolidado a Áustria e, daí, a designação de *matriz austríaca*.

Deve-se reconhecer que, em qualquer caso, é relativamente a esta matriz que se suscitam as maiores e mais frequentes dúvidas de integração nos sistemas de governo semipresidenciais. É que, na prática, como este padrão se distingue pelo facto de o Presidente da República não *dar uso* político à legitimidade democrática que possui, ou seja, como o Presidente se *exclui* ou é excluído de um exercício activo de poderes políticos, então o sistema funciona, à excepção da eleição do Presidente, tal qual funcionaria um sistema de governo parlamentar. A designação de *matriz parlamentarizada* seria perfeitamente compreensível. No entanto, não seria menos perigosa, precisamente porque induziria a referida confusão entre o que é o sistema de governo e a forma como funciona. A utilização da designação dos sistemas de governo —parlamentar, presidencial, semipresidencial— para designar simples fases, períodos, tendências ou modos de funcionamento de um dado sistema, conduz normalmente ao *desastre* teórico.

De resto, há mesmo quem, no próprio campo dos Autores que defendem a existência do semipresidencialismo, integre definitivamente estes países no sistema de governo parlamentar[141], considerando que eles já entraram num estádio de *não retorno,* ou seja, mesmo que os protagonistas individuais (designadamente os Presidentes da República) quisessem, agora ou no futuro, alterar o estado de coisas *parlamentar* em que se encontram, já não o conseguiriam fazer.

Se chegássemos, nessa altura, à conclusão que se criara num dado país a convicção generalizada da existência de uma imposição normativa, jurídica, embora não escrita, que impediria definitivamente o Presidente da República, apesar de eleito por sufrágio popular, de desempenhar um papel politicamente relevante, então, no plano prático e no plano jurídico, esse sistema de governo seria um sistema parlamentar, ou seja, mais que uma eventual matriz de semipresidencialismo, teríamos um verdadeiro sistema de governo parlamentar.

[141] Cf., claramente para a Islândia e Irlanda, e menos assertivamente para a Áustria, SARTORI, op. cit., págs. 140 e segs. O próprio DUVERGER manifesta, a propósito, uma posição algo dúbia. Na sua última posição sobre o tema, considera a Áustria, a Islândia e a Irlanda como sistemas semipresidenciais aparentes ou simbólicos, ou seja, países de Constituições semipresidenciais, mas que praticam efectivamente o parlamentarismo (assim, "Le concept de régime semi-présidentiel" *in Les* régimes *Semi-présidentiels,* Paris, 1986, págs. 8 e segs; *Le Systéme ...,* cit., pág. 504 e pág. 507). Cf., para a evolução do pensamento de DUVERGER, M. LUCENA, "Semipresidencialismo: teoria geral e práticas portuguesas, I" *in Análise Social,* vol. XXXI, 1996, págs. 868 e segs.

A nosso ver, se bem que na prática a discussão não seja demasiado importante, em termos teóricos esta posição não está correctamente formulada. De facto, a partir do momento em que um Presidente da República tem uma legitimidade democrática, o *turning point* está sempre lá, nunca desaparece a não ser que a Constituição seja correspondentemente revista[142]. Numa situação de crise, numa emergência, numa fase de total impossibilidade de os outros dois órgãos responderem às necessidades políticas e às expectativas da população, o Presidente da República pode sempre invocar a legitimidade democrática que possui para desenvolver, temporária ou continuadamente, uma intervenção política significativa, directa e autónoma relativamente a eventuais *indicações* do Governo ou do Parlamento.

Para tanto, não seria necessário proceder a uma prévia revisão constitucional e isso faz toda a diferença, na medida em que a Constituição não poderia ser invocada contra o novo curso encetado pelo Presidente da República ou contra o exercício excepcional e transitório dos seus poderes: a Constituição dá-lhe os poderes e ele possui a legitimidade democrática para os exercer. Por isso este sistema se distingue do sistema parlamentar[143], por isso é mais adequado falar numa matriz própria de semipresidencialismo e, mas só para evitar equívocos, seria menos adequado designá-la de *matriz parlamentar*.

c) Teríamos, assim, um *apagamento* voluntário ou uma *neutralização* do Presidente da República, pelo menos nos períodos de normalidade constitucional. Ora, atenta a estabilidade política que, designadamente na Áustria, se vive desde a restauração da vida democrática (com a pos-

[142] No mesmo sentido, na linha do também afirmado por DUVERGER ("Le concept de régime...", cit., pág. 14), e embora se refiram ao sistema português, consideram GOMES CANOTILHO/VITAL MOREIRA que "os poderes e as faculdades constitucionais dos órgãos de soberania *não caducam por desuso*, e não é o facto de durante um período maior ou menor se ter adoptado uma postura de contenção ou uma interpretação restritiva, que impede a recuperação de todas as virtualidades constitucionais" (*Os Poderes...*, cit., págs. 8 e seg).

[143] O *primeiro* DUVERGER, antes, portanto, de ter desenvolvido a teoria dos *semipresidencialismos aparentes*, dizia mesmo existir "um abismo" a separar os verdadeiros regimes parlamentares dos regimes semipresidenciais que, na prática, funcionavam como aqueles. "Nos primeiros, o chefe de Estado não pode ultrapassar o papel simbólico em que os textos o têm prisioneiro. Nos segundos, as prerrogativas, que o Presidente não utiliza, permanecem, contudo, ao alcance da mão" (*Échec au Roi*, Lisboa, 1979, pág. 49).

sibilidade constante de formação de maiorias parlamentares absolutas, de um partido ou de coligação), não faria sentido que a legitimidade eleitoral democrática do Presidente da República fosse investida numa intervenção política activa que, em período de normalidade, só poderia induzir elementos de incerteza e de perturbação num quadro perfeitamente estável, consolidado, consensual.

Porém, a eleição popular do Presidente, e no caso da Áustria necessariamente por maioria absoluta, garante-lhe a possibilidade de, em período de excepção ou de não normalidade, intervir politicamente com plena legitimidade, recorrendo aos poderes importantes, relativamente ao Governo e ao Parlamento, que a Constituição lhe atribui[144]. De resto, a doutrina assinala alguma, ainda que mínima, flutuação no que respeita à intervenção política dos Presidentes austríacos (nomeadamente quanto a alguma margem de intervenção no poder de nomeação dos governos, sobretudo quando a solução governativa, tendo em conta a composição do Parlamento, não é evidente, bem como alguma actividade no plano da manutenção e estabilização de coligações de governo e das nomeações para altos cargos[145]) e ainda o facto de alguns Presidentes mais recentemente eleitos terem pré-anunciado, na campanha eleitoral, que se dispunham a um exercício mais activo dos seus poderes constitucionais[146].

Estes *sinais* confirmam a ideia de que, enquanto e se a Constituição não for modificada, a possibilidade de *inflexão* de curso do perfil presidencial existe. No entanto, na análise concreta de cada experiência constitucional deste tipo, a posição que defendemos exige que se verifique se, de facto, o *turning point* está lá, isto é, se existe a possibilidade fáctica de o Presidente se afastar, mesmo que temporariamente, do perfil meramente representativo, simbólico, com que a sua magistratura tem sido entendida. Tratando-se de semipresidencialismo, a chave da resposta está em saber se a Constituição dá poderes significativos ao Presidente da Repú-

[144] Assim, F. Koja, "La posizione giuridica del Presidente della Repubblica federale austriaca" *in Semipresidenzialismi*, cit., págs. 61 e segs.

[145] Assim, Wolfgang Müller, "Austria" *in* Elgie (org.) *Semi-presidentialism in Europe*, Oxford, 1999, págs. 29 e segs, págs. 36 e seg.

[146] Foi o caso de Waldheim e de Klestil, curiosamente, os únicos Presidentes do pós-guerra politicamente vinculados ao partido conservador, ou seja, ao bloco político que esteve na origem da consagração constitucional da eleição directa do Presidente. Cf. Wolfgang Müller, loc. cit., pág. 26.

blica e se ele tem a legitimidade democrática para os exercer. Ora, por diferentes razões, e das experiências que mencionámos como potencialmente integráveis na *matriz austríaca*, a presença destes requisitos é muito duvidosa no que à Irlanda e à Islândia se refere.

d) Na Irlanda, o Presidente da República pode possuir uma legitimidade democrática assente numa eleição popular directa, o que, como vimos, lhe permitiria exercer os poderes que a Constituição lhe atribui, ainda que nem sempre recolha essa legitimidade. Há, com efeito, situações em que essa legitimidade é enfraquecida: sempre que haja apenas um candidato à eleição presidencial, o que é, de resto, frequente, a eleição é dispensada[147]. Porém, mesmo quando é eleito, é discutível que a Constituição lhe atribua um conjunto de poderes significativo.

Na qualidade de poderes próprios, o Presidente irlandês tem, apenas: a faculdade de recusar uma dissolução do Parlamento que lhe seja pedida pelo Governo (mas só pode recusar o pedido governamental quando o Governo tenha perdido o apoio de uma maioria parlamentar); o poder de se recusar a promulgar uma lei enquanto ela não seja previamente sujeita a referendo popular ou haja nova eleição do Parlamento, mas só o pode fazer desde que tal lhe seja pedido pela maioria do Senado e um terço dos deputados; e o poder de suscitar a apreciação preventiva da constitucionalidade de leis ao Supremo Tribunal. No fundo, e em termos jurídicos e práticos, só o último destes poderes —o do pedido de apreciação da constitucionalidade de leis— é verdadeiramente *seu* e é exercido, mas, ainda assim, só em ocasiões muito limitadas.

Ora, como se viu aquando da definição do sistema semipresidencial, a eleição popular do Presidente da República é critério necessário, mas não suficiente, para identificar um sistema de governo como semipresidencialista[148]. Há, nesse requisito de eleição do Presidente, a lógica implícita da presença da legitimidade democrática que o associa à possibilidade de exercício efectivo dos poderes que a Constituição lhe atribui, mas obviamente, desde que esse poderes constitucionais sejam signifi-

[147] A Constituição islandesa consagra também uma disposição semelhante sobre a eleição do Presidente da República.

[148] A eleição é critério necessário e suficiente na proposta de Elgie, mas daí, precisamente, as dúvidas que a sua redução *objectivista* da definição de semipresidencialismo pode merecer. Cf. *supra*, texto correspondente à nota 77 e nota 103.

cativos, desde que o acervo constitucional de poderes presidenciais permita ao Presidente da República uma capacidade efectiva e relevante de participação e de interferência no exercício do poder político que o distinga de um típico Presidente de sistema parlamentar.

Na medida em que se não possa considerar que, de acordo com o elenco de poderes atrás mencionado, a Constituição irlandesa consagre um tal conjunto de poderes, a Irlanda não deverá ser considerada um sistema de governo semipresidencial. Ou seja, o Presidente irlandês não poderia, seguramente, desempenhar um papel politicamente relevante sem uma prévia revisão constitucional orientada ao reforço substancial dos seus poderes; mas, se é assim, então isso significa que o sistema de governo não é, por ora, semipresidencial.

e) A situação da Islândia é também discutível. Aqui já não, como acontecia com a Irlanda, por facto de falta de relevância dos poderes constitucionalmente atribuídos ao Presidente da República. Pelo contrário, os vários estudos comparativos atribuem invariavelmente ao Presidente islandês um lugar de topo nas comparações com os outros Presidentes de semipresidencialismo, nomeadamente o francês e o português, quando se avaliam esses poderes do ponto de vista estritamente constitucional[149], o que, diga-se, não é muito abonatório da oportunidade e utilidade deste tipo de *grelhas* e estudos de ordenação estatística hoje tão em voga.

Naturalmente, o erro da colocação da Islândia no topo dos semipresidencialismos no plano constitucional reside numa *leitura* deficiente da Constituição que, por exemplo neste caso preciso, não tem designadamente em conta o défice sério de legitimidade democrática que pode afectar a eleição do Presidente islandês, o que, consequentemente, lhe retira, juridicamente e não apenas na prática, a possibilidade do exercício efectivo de poderes.

Com efeito, também na Islândia encontramos a admissibilidade —no plano da Constituição e da *praxis* política[150]— de renovação do mandato do Presidente em funções sem necessidade de realização de uma eleição

[149] Assim, DUVERGER, *Échec au Roi*, cit., pág. 39; SHUGART/CAREY, *op. cit.*, pág. 155; ROPER, "Are all semipresidential regimes the same? A comparison of premier-presidential regimes" *in Comparative Politics*, 34, 2002, pág. 260.

[150] Assim, DUVERGER, "Le concept...", cit., pág. 10; SARTORI, *op. cit.*, pág. 144, nota 8.

democrática, desde que outro candidato se não apresente à disputa eleitoral, o que, obviamente, faz depender a renovação do mandato presidencial da vontade do próprio, mas, sobretudo, da *boa vontade* dos vários partidos políticos que se dispensam de apresentar candidatos à eleição. Por outro lado, como a Constituição não exige a maioria absoluta dos votos expressos para se ser eleito, um Presidente pode ser, e tem sido, eleito apoiado numa base eleitoral pouco expressiva.

Seguramente, nessas condições, uma legitimidade de título de democraticidade tão enfraquecida não conferiria ao Presidente da República a força de reversibilidade necessária para pôr termo ao estado de *adormecimento* do órgão Presidente da República e assumir, na plenitude, a possibilidade de exercício efectivo dos poderes constitucionais. Ora, também aí, à luz dos critérios enunciados, o sistema não poderia ser adequadamente identificado como semipresidencialista.

f) Em qualquer caso, e independentemente das experiências constitucionais nela integráveis, esta matriz de Presidente-*cerimonial*, precisamente por causa da sua relativa indiferenciação relativamente ao sistema parlamentar, é a menos interessante do ponto de vista do aprofundamento teórico. No fundo, o enigma que importa decifrar quanto a esta matriz é o seguinte: por que razão e para quê eleger um Presidente da República por sufrágio universal e directo quando não se pretende dar uso a essa legitimidade reforçada?

Na Áustria, a eleição popular do Presidente da República inseria-se, em 1929, no movimento de *racionalização* do sistema parlamentar, objectivo esse que, todavia, na prática do sistema austríaco, foi rapidamente inviabilizado pelo advento do período nacional-socialista. Posteriormente, após a reposição em vigor da Constituição de 1920/29 depois da II Guerra, a presença do Presidente austríaco no funcionamento do sistema traduziu-se num marcado *apagamento* político do órgão[151].

[151] F. Koja (loc. cit.) considera que, em última análise, aquilo que a II República austríaca (depois de 1945) fez, relativamente ao perfil de actuação do Presidente da República, foi *repescar* a tradição e prática do chefe de Estado parlamentar da anterior Constituição de 1920. De facto, o Presidente da República democraticamente legitimado e típico de sistema parlamentar racionalizado, configurado na Constituição de 1929 e que foi posteriormente reposta em vigor, não tivera, antes do período nacional-socialista, nem tempo nem oportunidade de se impor, pelo que não poderia, agora, servir de inspiração vinculante.

Quando se procura uma explicação convincente para este tipo de evolução não podemos deixar de ter em conta a nota já assinalada e praticamente comum a quaisquer experiências constitucionais de semipresidencialismo: a do carácter praticamente decisivo do sentido que é imprimido ao sistema de governo nos primeiros anos da sua implantação. Ora, o que aconteceu na Áustria é que, em termos políticos, as primeiras décadas de sistema de governo semipresidencial assistiram à sistemática eleição de Presidentes oriundos da social-democracia, o que se pode ter revelado decisivo, na medida em que, na origem da consagração constitucional da eleição directa do Presidente, em 1929, o Partido social-democrata hostilizou ou, pelo menos, nunca aderiu com entusiasmo a uma solução que era, sobretudo, propugnada pela direita política austríaca[152].

Assim, é normal que uma *família* política tradicionalmente hostil ao reforço do poder personalizado dos Presidentes da República, não se tenha orientado pela afirmação política do órgão Presidente da República quando, por razões de conjuntura política, acabou por deter a titularidade do órgão durante anos sucessivos, até 1986. Mesmo quando se tratava de personalidades politicamente prestigiadas, como foi o caso do primeiro Presidente do pós-guerra, Karl Renner, o registo intencionalmente adoptado foi sempre o do exercício meramente representativo do cargo. Dessa forma se estabilizou uma convenção constitucional quanto à natureza da função presidencial, de algum modo fruto de um *pacto* tacitamente subscrito pelos sucessivos Presidentes sociais-democratas, que, por um lado, correspondia à visão histórica que o Partido social-democrata tinha do Presidente da República e, por outro, desempenhava objectivamente uma função inibidora de eventuais posteriores intenções de inflexão dessa prática por parte de futuros Presidentes conservadores[153].

Já na Irlanda, em 1937, ou na Islândia, em 1944, a eleição de um chefe de Estado tinha apenas o carácter simbólico de afirmação democrática face à anterior potência dominante (Grã-Bretanha e Dinamarca) onde o chefe de Estado era um Rei; num processo de luta pela independência

[152] Assim, DUVERGER, *Le Systéme ...*, cit., págs. 507 e seg; WOLGANG MÜLLER, loc. cit., págs. 23 e segs. Note-se, porém, que no pós-guerra o Partido social-democrata se opôs à proposta conservadora de substituição da eleição directa do Presidente por uma eleição parlamentar, na medida em que, nessa altura, a composição das duas câmaras favorecia claramente os interesses dos conservadores (cf. MÜLLER, loc. cit., págs. 38 e seg).

[153] No mesmo sentido de DUVERGER, cf. WOLFGANG MÜLLER, loc. cit., pág. 26.

nacional, a eleição popular do Presidente era, sobretudo, uma forma de prestigiar o seu próprio chefe de Estado face ao anterior Monarca[154].

Em qualquer dos casos, seja pela escassez ou pouca importância dos poderes presidenciais atribuídos pela Constituição (caso típico da Irlanda), seja por razões de ordem prática que conduziram a uma auto-limitação, paralisação ou "neutralização consensual"[155] dos poderes dos Presidentes da República, a este órgão acabou por ficar reservada uma função meramente simbólica ou representativa.

Num processo de influência recíproca já assinalado, esta evolução foi marcada e acompanhada por uma orientação prioritária dos partidos políticos para a eleição parlamentar e, não obstante o por vezes significativo interesse que o eleitorado manifesta pela eleição do Presidente, a este órgão acabou por ser efectivamente atribuída nesses países, logo na origem ou após uma evolução inicial, uma importância política diminuta e substancialmente desvalorizada relativamente ao binómio Parlamento/Governo[156].

Por isso, pelo seu carácter teoricamente menos estimulante, não faremos da matriz *austríaca* objecto da nossa análise, a ela nos referindo, sobretudo, em contraponto à *matriz portuguesa*, com a qual não se confunde nem deve ser confundida. Como dissemos, o erro mais comum, mas também mais eloquentemente desqualificador de quem o comete, é essa confusão do sistema de governo português, mesmo após a revisão de 1982, com a matriz austríaca do semipresidencialismo.

3.1. A Finlândia

a) Situação particular, e de difícil análise e enquadramento na tipologia que vimos construindo, é a da Finlândia, essencialmente porque, embora sendo o mais *velho* semipresidencialismo *vivo* e tendo durante

[154] Cf. DUVERGER, *Bréviaire...*, cit., págs. 16 e seg; DUVERGER, *Le Système ...*, cit., pág. 507; RINELLA, *La Forma di Governo...*, cit., págs. 217 e seg; ELGIE, "Semi-presidentialism and comparative institutional engineering" *in Semi-Presidentialism...*, cit., pág. 287.

[155] SUSANNA MANCINI, "L'Islanda: tra forma semipresidenziale 'apparente' e 'reale'" *in Semi-presidenzialismi*, Padova, 1997, pág. 153.

[156] Cf., para estas experiências, as colectâneas L. PEGORARO/A. RINELLA, orgs., *Semipresidenzialismi in Quaderni Giuridici*, 1997, e ELGIE (org.) *Semi-presidentialism in Europe*, Oxford, 1999.

muitos anos praticado um semipresidencialismo com uma identidade própria e bem definida, procedeu, entretanto, a alterações constitucionais que, de alguma forma, tornam incerto o sentido da evolução do sistema semipresidencial.

Ao longo do período de vigência da Constituição de 1919 —reaprovada formalmente como *nova Constituição*, após várias alterações, em 2000—, o Presidente finlandês começou por ser escolhido indirectamente, através da designação por um colégio eleitoral especialmente eleito para o efeito, e passou depois, mas só após as alterações constitucionais de 1987 e 1991, a ser eleito directamente a duas voltas. Em qualquer das situações, a configuração constitucional dos poderes presidenciais não deixava nem deixa dúvidas quanto à presença de um sistema de governo em que o Presidente da República pode exercer poderes significativos.

Mais especificamente, pode dizer-se estarmos perante uma Constituição que, apesar da redução entretanto verificada no efectivo papel até então desempenhado pelo Presidente, institui, ainda hoje, uma parcelar bicefalia do executivo, na medida em que atribui expressamente a co-responsabilidade da condução da política externa ao Presidente[157] —domínio que era, sobretudo, extraordinariamente sensível e importante quando a Finlândia tinha de lidar com o poderoso vizinho soviético— e lhe dá, ainda que não já com o mesmo peso do passado, uma participação no exercício das funções de governo, designadamente no plano de nomeações para um extenso conjunto de cargos[158].

b) Ao longo de décadas de vigência do mesmo sistema constitucional —pelo que a Finlândia pode ser legitimamente considerada como o mais antigo dos sistemas semipresidenciais—, sucederam-se Presidentes mais *fortes* ou mais *fracos*[159], mas, em geral, e nomeadamente através da forte

[157] Segundo uma fórmula constitucional de sentido não unívoco, a política externa é dirigida pelo Presidente em cooperação com o Governo, (cf. T. Raunio, "Semi-presidentialism and European integration: lessons from Finland for constitutional design" *in Journal of European Public Policy*, 2012, 4, pág. 579).

[158] Cf. T. Raunio, "The changing finnish democracy: stronger parliamentary accountability, coalescing political parties and weaker external constraints" *in Scandinavian Political Studies*, 2004, 2, pág. 146.

[159] Cf. a resenha de Duverger, *Échec au Roi*, cit., págs. 49 e segs.

impressão deixada pelos vários mandatos do Presidente Kekkonen, o órgão Presidente adquirira uma posição de grande relevo no equilíbrio de funcionamento do sistema de governo, particularmente evidente, também, para lá da política externa, num outro domínio onde os Presidentes acabavam por desempenhar um papel decisivo. Referimo-nos ao poder de formação e nomeação dos governos, que apresentava, na altura, uma importância acrescida[160] face à necessidade objectiva de formação de coligações governamentais multipartidárias após eleições parlamentares inconclusivas, num contexto em que essas coligações deveriam contar com o necessário aval, patrocínio ou iniciativa presidencial[161].

Neste sentido, e tendo designadamente em conta os mandatos de Kekkonen, quando se procura integrar a experiência finlandesa na família dos semipresidencialismos, há quem a considere como modelo de semipresidencialismo *forte* (no plano das prerrogativas constitucionais e no plano do exercício efectivo dos poderes)[162], quem a considere próxima da experiência francesa[163] e quem a analise colocando-a em paralelo com a matriz portuguesa e, como esta, igualmente destacada da matriz francesa[164].

Indiscutível é, em qualquer caso, o reconhecimento de uma presença significativa ou mesmo decisiva do Presidente na vida política, enquanto resultado, não apenas do enquadramento constitucional dos poderes do órgão, mas também de factores que se revelariam de enorme peso na acentuação desta tendência: um sistema partidário que não proporcionava a formação de governos maioritários, a necessidade de um Presidente capaz de gerir a complexidade das relações com o vizinho soviético e o facto de o Presidente não ter limites constitucionais temporais

[160] Shugart/Carey falam mesmo em "domínio reservado" do Presidente relativamente a este poder (op. cit., pág. 61).

[161] Cf. Oreste Massari, "I sistemi semipresidenziali..." cit., págs. 25 e segs; C. Fusaro, "La Finlandia in transizione fra semipresidenzialismo reale, semipresidenzialismo apparente e parlamentarismo" *in Semipresidenzialismi*, Padova, 1997, págs. 88 e segs.

[162] Assim, Duverger, *Le Système...*, cit., págs. 500 e segs.

[163] Assim, Gomes Canotilho/Vital Moreira, *Os Poderes...*, cit., págs. 17 e seg.

[164] Assim, Jorge Miranda, *Manual de Direito Constitucional*, Coimbra, I, 1, 2014, 10ª ed., pág. 180; M. Iacometi, "Il rapporto tra Presidente, Governo e Assemblee parlamentari in alcune significative esperienze semipresidenziali: Finlandia e Portogallo" *in Semipresidenzialismi*, Padova, 1997, págs. 313 e segs, 332 e seg., e talvez Shugart/Carey, *op. cit.*, págs. 61 e segs.

à respectiva reeleição, o que reforçava a estabilidade e continuidade dos mandatos[165].

c) Todavia, com a saída de Kekkonen, o desaparecimento da *pressão* soviética, a adesão à União Europeia e a consequente diminuição do peso e da autonomia política e orgânica da política externa no conjunto da política governamental, há uma consequente *desgraduação* do perfil presidencial que se traduziu numa atenuação de exercício de poderes nos últimos mandatos presidenciais e que, como sempre acontece, é, por sua vez, alimentada por ela. Há também ainda, e sobretudo, para além daquele circunstancialismo político, mas agora já noutro plano, um conjunto de alterações constitucionais que, no seu conjunto, e apesar da eleição directa do Presidente ou em contraste com ela, diminuem significativamente o estatuto constitucional do Presidente finlandês[166].

Neste sentido, assumem particular relevância na caracterização do sistema de governo, de um lado, o facto de, após a revisão de 1991, o poder de dissolução do Parlamento pelo Presidente ter ficado sob condição de iniciativa do Primeiro-Ministro e, de outro, a obrigatoriedade de o Presidente passar a ter de seguir as indicações do Parlamento quanto à designação do Primeiro-Ministro e à nomeação do Governo, introduzida na reforma constitucional de 2000[167].

Perante estes traços sintomáticos de evolução, a leitura actual vai no sentido de reconhecer na Finlândia uma diminuição sensível e progressiva do peso do Presidente da República (gerando uma espécie de "semipresidencialismo residual"[168]), permitindo duvidar se se deve integrar a

[165] Cf. Arter/Widfeldt, " What Sort of Semi-presidentialism do Finns Want? An Intra-systemic Comparative Analysis" *in West European Politics*, 2010, 6, pág. 1281.

[166] Cf. Carlo Fusaro, "La Finlandia ...", *cit.*, págs. 99 e segs. Assim também Siaroff, numa escala de um a oito, atribuía ao Presidente finlandês, antes de 2000, a cotação de *cinco* e, depois de 2000, a cotação de *dois*, por considerar ter ele perdido, de facto, o anterior papel principal na política externa e na nomeação do governo e presidência do Conselho de Ministros (cf. *loc. cit.*, pág. 299).

[167] Esta limitação ou redução, praticamente *a zero*, no plano jurídico-constitucional, da margem que os Presidentes devem ter na nomeação dos Governos, parece ser, de resto, uma nota que tende a reproduzir-se nos semipresidencialismos de menor peso de intervenção presidencial. Para além da Finlândia, essa limitação também ocorre nas Constituições da Irlanda, Bulgária e Eslovénia.

[168] C. Fusaro, *loc. cit.*, pág. 116.

Finlândia no grupo dos *semipresidencialismos aparentes*, ou seja, no que aqui designamos por semipresidencialismo de Presidente-*cerimonial* ou até, como fazem alguns Autores, qualificá-la como sistema parlamentar[169].

Em nosso entender, e pelo que atrás dissemos, a caracterização semipresidencialista da Finlândia é ajustada, mas a hipótese de aproximação ou até de integração na matriz de Presidente-*cerimonial* parece avisada, atendendo, sobretudo, de um lado, à relativa desvalorização de importância da política externa (da responsabilidade do Presidente) e ao peso da intervenção do Primeiro-Ministro na integração europeia —ainda que a natural interpenetração entre integração europeia e política externa possa funcionar como argumento a favor ou contra uma maior intervenção presidencial[170]— e, de outro, à perda substancial de influência presidencial consagrada, no próprio plano jurídico, através do *desarmamento* de dois dos mais importantes poderes do Presidente da República de semipresidencialismo: o poder de dissolução do Parlamento e o poder de nomeação do Governo. Em todo o caso, a efectiva *neutralização* da intervenção presidencial nestes domínios dependerá, ainda, de saber em que medida será o sistema partidário finlandês, nos próximos anos, objectivamente susceptível de proporcionar soluções governativas estáveis capazes de dispensar uma intervenção relevante mediadora, moderadora e arbitral do Presidente da República.

4. O semipresidencialismo nas novas democracias da Europa Central e de Leste

a) O fenómeno de adesão ao semipresidencialismo por parte de grande parte dos países da Europa Central e de Leste saídos da desagregação do antigo *bloco soviético* foi, no domínio dos sistemas de governo, o derradeiro e decisivo *golpe* nas resistências doutrinárias dos Autores que durante décadas persistiram em recusar a existência de um terceiro género na divisão tradicional dos sistemas de governo.

[169] Mesmo antes da revisão constitucional de 2000, já Carlo Fusaro aderia a esta hipótese de interpretação da evolução finlandesa: "La Finlandia in transizione ...", *cit.*; no mesmo sentido, David Arter, "Finland" *in* Elgie (org.) *Semi-Presidentialism...*, cit., pág. 49.

[170] Cf. T. Raunio, "Semi-presidentialism and European integration...", *cit.*, págs. 576 e segs.

Pela própria relevância política da região, a discussão sobre estes semipresidencialismos é do maior interesse e importância, mas debate-se com a extrema dificuldade de incidir sobre um objecto não inteiramente sedimentado ou num quadro não suficientemente estabilizado em termos de funcionamento democrático[171] e de, por outro lado, apresentar uma pronunciada heterogeneidade.

Assim, nas experiências constitucionais da *Região*, é possível destacar a existência de, pelo menos, três subgrupos com história, contextos políticos e culturais e evolução constitucional pronunciadamente diferenciada, quais seriam[172] os formados pelos países balcânicos, de um lado, pelas Repúblicas directamente resultantes da ex-União Soviética, de outro, e, finalmente, pelos países da Europa Central e de Leste e as Repúblicas do Báltico.

Em todo o caso, como se verá, nem é possível ou adequado integrar simplesmente cada um destes semipresidencialismos em cada uma das três matrizes já analisadas (as de Presidente-*liderante*, de Presidente-*moderador* e de Presidente-*cerimonial*), nem, na sua generalidade, estas experiências apresentam elementos caracterizadores próprios já perfeitamente estabilizados e consolidados que permitam a configuração de uma nova matriz.

b) É possível, no entanto, e apesar destas limitações, destacar alguns traços de ordem jurídica e de ordem prática presentes nestas novas democracias —quando são verdadeiramente democracias—, cuja especificidade poderia vir, pelo menos em parte deles, a justificar a autonomização de uma matriz própria de semipresidencialismo.

[171] Por isso deixamos de fora da análise, apesar dos pontos de contacto formais com a estrutura do semipresidencialismo, países como a Rússia, a Moldávia ou a Bielorrússia. Ao invés, de acordo com critérios comummente aceites, para além da Ucrânia, cuja instabilidade e volatilidade na observância das regras democráticas ainda pode, todavia, continuar a suscitar dúvidas, poderíamos integrar com alguma segurança, sob a dupla referência de integração no *semipresidencialismo* e na *democracia* na Europa Central e de Leste, pelo menos, os seguintes países: Bulgária, Croácia, Eslováquia, Eslovénia, Lituânia, Polónia, República Checa, Roménia e Sérvia. Na *Região*, em quadro democrático, adoptaram sistemas parlamentares a Hungria, a Letónia e a Estónia.

[172] Cf., assim, T. Sedelius, *The Tug-of-War between Presidents and Prime Ministers. Semi-presidentialism in central and Eastern Europe*, Örebro Univ., 2006, págs. 96 e segs.

Entre esses traços, destacaríamos, hoje, pela importância que podem vir a revestir na identificação dessa matriz, as características a seguir enumeradas.

No plano jurídico, a nota mais relevante é, a nosso ver, a combinação da eleição directa e popular do Presidente —o que, em princípio, denota uma intenção de lhe atribuir um papel politicamente relevante— com uma grande contenção na regulação do poder presidencial de dissolução do Parlamento, o que, em contrapartida, parece expressar uma desconfiança ou uma necessidade cautelar de prevenção contra eventuais abusos ou concentração de poderes no Presidente. Já em sentido divergente, num sentido estimulante da intervenção presidencial, vários destes países instituíram uma dupla responsabilidade do Governo perante Parlamento e Presidente, bem como outras vias que canalizam uma intervenção presidencial directa em certas áreas executivas.

Por sua vez, no plano do funcionamento prático do sistema, revestem particular importância a existência de um sistema partidário débil, fragmentado e *sub-institucionalizado*[173] e, directamente associado a este factor[174], a frequente apetência ou ambição presidencial de assunção de um maior papel nos assuntos governativos e, em consequência, a recorrência de conflitos entre Presidente e Primeiro-Ministro no domínio da função política e executiva.

c) No plano jurídico, nota-se, com efeito, uma delimitação muito restritiva do poder de dissolução do Parlamento por parte dos Presidentes da República que, em geral, ou não dispõem sequer deste poder ou só o podem exercer em termos muito estritos e constitucionalmente pré-

[173] Cf. F. Bértoa, " Parties, regime and cleavages: explaining party system institutionalisation in East Central Europe" *in East European Politics*, 2012, 4, págs. 452 e segs. Note-se que, através da comparação entre alguns sistemas semipresidenciais e parlamentares na região, Bértoa (cf. *loc. cit.*, págs. 461 e segs) destaca uma maior tendência de institucionalização do sistema partidário nos regimes parlamentares; neste sentido, a eleição popular dos Presidentes própria do semipresidencialismo constituiria um factor de perturbação da estabilidade do sistema partidário e da previsibilidade do tipo de relacionamento interpartidário.

[174] Pode, no entanto, acontecer que, existindo uma maioria parlamentar, seja a consonância político-partidária entre Presidente e partido dominante a estimular ou a caucionar uma maior intervenção do Presidente, como aconteceu na Croácia após 2000 (cf. M. Kasapovic, "Semi-presidentialism in Croatia" *in* Elgie/Moestrup, *Semi-Presidentialism in Central and Eastern Europe*, Manchester, 2008, págs. 61 e seg).

-fixados, em geral quando o Parlamento se mostra incapaz de viabilizar a formação de uma nova solução governativa ou no âmbito de uma *crise* gerada por demissão parlamentar do governo[175]. Nunca há a atribuição de poderes discricionários de dissolução, como os que existem em França ou em Portugal, ou seja, o Presidente nunca dispõe, aqui, da possibilidade de dissolução parlamentar por razões estritamente políticas ou sujeitas exclusivamente à avaliação do próprio Presidente.

Em contrapartida, e ao invés do que acontece na Europa ocidental — onde a atribuição ao Presidente do poder de demissão do Governo é claramente excepcional—, é aqui bem mais comum a instituição constitucional de uma dupla responsabilidade do executivo perante Presidente e Parlamento.

De alguma forma, estes condicionamentos revelam uma vontade constituinte compreensível de prevenir desvios autoritários com origem presidencial, mas, em contrapartida, induz-se a intervenção executiva dos presidentes nos casos em que se instituiu a referida dupla responsabilidade. Em grande medida, ao mesmo tempo que se procura limitar uma intervenção política global e autónoma do Presidente da República, que seria assegurada pelo poder de dissolução, cauciona-se a intervenção executiva dos Presidentes.

[175] Como acontece na Ucrânia, na Lituânia, Roménia ou Eslovénia, onde o Presidente só pode ou deve dissolver em caso de incapacidade parlamentar de formação de um Governo, de rejeição do programa do Governo ou após a rejeição de uma moção de confiança (cf., na obra colectiva Elgie/Moestrup (orgs.), *Semi-Presidentialism in Central and Eastern Europe*, cit., A. Krupavicius, "Semi-presidentialism in Lithuania: origins, development and challenges", págs. 70 e seg; Gallagher/Andrievici, "Romania: political irresponsability without constitutional safeguards", pág. 142; Krasovec/Lajh, "Slovenia: weak formal position, strong informal influence?", pág. 207; S. Birch, "Ukraine: presidential power, veto strategies and democratisation", págs. 227 e seg).
O poder de dissolução pode nem sequer existir ou estar tão condicionado que não permite qualquer intervenção política autónoma ao Presidente, como no caso da República Checa, onde o Presidente só o pode fazer nas situações tipificadas na Constituição ou após a auto-dissolução deliberada pela Câmara dos Deputados (cf. V. Hlousek, "Is the Czech Republic on its way to semi-presidentialism?" *in Baltic Journal of Law & Politics*, 2014, 2, págs. 95 e segs) ou da Bulgária, onde este poder não é sequer atribuído ao Presidente, a não ser em caso de impossibilidade comprovada de formação de um novo Governo após as eleições parlamentares (cf. S. Andreev, "Semi-presidentialism in Bulgaria: the cyclical rise of informal powers and individual political ambitions in a 'dual executive'" *in* Elgie/Moestrup, *Semi-Presidentialism in Central and Eastern Europe*, Manchester, 2008, págs. 37 e seg.).

Essa abertura manifesta-se tanto através da referida dupla responsabilização política dos governos, como, também, através da atribuição de competências manifestamente executivas aos Presidentes, como as de presidência do Conselho de Ministros ou a direcção de certas áreas da governação, como a política externa ou a política de defesa, o que gera o efeito contrário de abrir novas margens de intervenção presidencial no domínio crítico da condução do Governo.

d) De alguma forma, esta *abertura* a uma maior intervenção presidencial na vida política quotidiana reflecte a imagem positiva e as expectativas de que os Presidentes beneficiam ou suscitam na opinião pública destes países —os diferentes estudos de opinião confirmam a clara vantagem de aceitação popular dos Presidentes relativamente ao que acontece com os Primeiros-Ministros e restantes políticos— e potencia o desenvolvimento de uma ambição política presidencial que tende a extravasar ou, no mínimo, a *forçar* até ao limite os seus poderes constitucionais.

Assim, a presença política muito forte dos Presidentes na maioria destas experiências constitucionais —que acaba por ser um dado político de facto— *empurra-os* para o exercício ou para a interferência directa no exercício de poderes executivos em detrimento de uma orientação preferencial para intervenção moderadora ou arbitral que só pode ser consequentemente assumida quando assenta no suporte institucional do poder presidencial de dissolução do Parlamento.

Igualmente no plano prático, a debilidade, fragmentação e instabilidade do sistema partidário destes países[176] e, consequentemente, dos próprios Parlamentos —onde dificilmente se constituem maiorias políticas sólidas e estáveis—, reforçam, objectivamente, um maior espaço de intervenção presidencial, inclusivamente no estrito domínio do poder executivo, que se manifesta, sobremaneira, designadamente na primeira fase das transições para a democracia, na frequência de nomeação dos chamados governos *tecnocráticos* ou, como se diz entre nós, de *iniciativa presidencial*[177].

[176] Cf. T. Sedelius, *The Tug-of-War ...*, cit., págs. 180 e segs; T. Baylis, "Embattled executives: Prime ministerial weakness in East Central Europe" *in Communist and Post-Communist Studies*, 2007, págs. 84 e segs.

[177] Cf. Oleh Protsyk, "Politics of intraexecutive conflict in semipresidential regimes in Eastern Europe" *in East European Politics and Societies*, 19, 2, 2005, págs. 135 e segs; Amorim Neto/K. Strøm, loc. cit., págs. 624 e segs e 635 e segs.

De resto, também aí reside, eventualmente, a própria dificuldade de institucionalização de um regime plenamente democrático, já que a ausência de sistemas testados e sólidos de *checks and balances* —de natureza ou de fonte parlamentar, partidária ou judicial — tende a estimular e caucionar politicamente a concentração autocrática de poderes num Presidente a quem se atribuem constitucionalmente poderes significativos[178].

e) Simultaneamente, esta possibilidade de uma maior abertura a uma intervenção presidencial —eventualmente juridicamente reforçada com a atribuição constitucional de poderes executivos aos Presidentes e que vão, em alguns países (entre os quais a Polónia, a Lituânia ou a Roménia), da possibilidade de nomeação e coordenação de alguns ministros e da assunção de algumas áreas de governação, como a política externa ou a defesa, até à possibilidade de convocação e Presidência das reuniões do Conselho de Ministros— estimula a recorrência de conflitos de disputa da liderança executiva entre Presidente e Primeiro-Ministro ou, num plano institucional, entre Presidente e Parlamento[179], com a consequente instabilidade governativa que provocam[180].

Se bem que irrompendo imediatamente na primeira fase da transição democrática e tendo conduzido, com base nessa experiência, a alguns ajustamentos dos poderes presidenciais em revisões constitucionais consequentes, estes conflitos entre Presidentes e Primeiros-Ministros, ditos *intra-executivos*, têm sido uma constante na maior parte destas experiências constitucionais, constituindo, eventualmente, uma característica comum que contribui para identificar estes semipresidencialismos no plano do seu funcionamento prático[181].

[178] Cf. O. Protsyk, "Semi-presidentialism under post-communism" *in* Elgie, Moestrup, Yu-Shan Wu, (orgs.), *Semi-Presidentialism and Democracy*, London, 2011, págs. 103 e segs.

[179] Cf. T. Sedelius/ O. Mashtaler, "Two decades of semi-presidentialism: issues of intra-executive conflict in Central and Eastern Europe 1991–2011" *in East European Politics*, 2013, nº 2, págs. 109 e segs.

[180] Cf., sobre a *fraqueza* dos Primeiros-Ministros na Europa Central e de Leste e a instabilidade governativa, T. Baylis, "Embattled executives..., *cit.*, págs. 81 e segs; Sedelius/Ekman, "Intra-executive conflict and cabinet instability: effects of semi-presidentialism in Central and Eastern Europe" *in Government and Opposition*, 2010, 4, págs. 505 e segs.

[181] Para uma boa e desenvolvida descrição das situações conflituais em vários países, incluindo Polónia, Bulgária, Roménia, Lituânia, Moldávia, Rússia, Croácia e Ucrânia, cf. T. Sedelius, *The Tug-of-War...*, cit., págs. 134 e segs.

No essencial, este tipo de controvérsias desencadeia-se em torno da interpretação da separação de poderes e dos limites dos poderes constitucionais do Presidente, surgindo, frequentemente, a propósito da definição de políticas económicas, de nomeações presidenciais, de alterações constitucionais ou de questões de defesa e relações externas[182]. Por outro lado, e contrariamente ao que seria de esperar, não têm necessariamente na sua base diferenças ideológicas —já que em grande parte dos casos os protagonistas pertencem à mesma força política—, correspondendo, sobretudo, a disputas de áreas de influência e de afirmação pessoal[183].

Associado à recorrência deste tipo de conflitos, surge, então, o frequente apelo à intervenção *arbitral* dos Tribunais Constitucionais na solução dos dissensos surgidos a propósito da interpretação dos poderes presidenciais, o que, correndo embora o risco de politização da justiça constitucional, tem contribuído para o reforço da imagem, da importância e do reconhecimento institucional dos mecanismos próprios de Estado de Direito no funcionamento de uma democracia[184].

f) É bem possível que, com base nestes traços específicos e comuns, estas experiências, ou parte delas, se venham futuramente a configurar enquanto matriz própria e diferenciada dentro do semipresidencialismo, mas, por ora, a inexistência de um quadro democrático estabilizado e em pleno funcionamento na *região* —incluindo o próprio enquadramento jurídico-constitucional[185]— dificulta o estabelecimento de

[182] Note-se que estas duas últimas áreas —política externa e defesa— representam um maior potencial de conflito *intra-executivo*, seja no semipresidencialismo da Europa central e de Leste, seja em qualquer outro semipresidencialismo em que Presidente e Primeiro-Ministro se situem em correntes políticas diferentes ou até opostas, na medida em que, atendendo à sua qualidade de chefes de Estado, todas as Constituições tendem a atribuir aos Presidentes competências específicas nesses domínios (comando das forças armadas, nomeação de chefes militares, poder de declarar a guerra e de fazer a paz, representação externa do Estado, ratificação de tratados internacionais, nomeação de embaixadores), pelo que, em situação de tensão política, tais competências fornecem cobertura jurídico-constitucional a uma maior intervenção presidencial.

[183] Cf. T. Sedelius, *The Tug-of-War...*, cit., págs. 167 e segs, págs. 192 e segs.

[184] Cf. T. Sedelius, *The Tug-of-War...*, cit., págs. 211 e segs.

[185] São, de resto, frequentes as revisões constitucionais que incidem sobre o sistema de governo, quer sobre aspectos particulares e não decisivos para a respectiva qualificação, quer, também, sobre elementos essenciais, como sejam os poderes presidenciais (caso da Ucrânia e da Croácia) ou a forma de eleição do Presidente, e que conduziram, por exemplo, países

conclusões firmes sobre a autonomia destes sistemas enquanto matriz própria de semipresidencialismo.

Com efeito, só se deve falar em verdadeira matriz ou integração em matriz quando na experiência constitucional em causa é possível destacar um padrão de funcionamento já testado num leque alargado de circunstâncias em períodos ou ciclos suficientemente diferenciados e longos e desenvolvido ao abrigo de um quadro constitucional estável.

De qualquer forma, independentemente da sua qualificação ou não como matriz autónoma, é possível destacar nestes países, apesar da sua heterogeneidade, um conjunto de traços ou de características que impedem, ou desaconselham, a sua integração tipológica em qualquer das outras matrizes de semipresidencialismo já referidas.

Quanto ao órgão Presidente da República, há igualmente uma notória distinção entre experiências caracterizadas por uma intervenção presidencial mais contida —que até poderia, eventualmente, justificar a sua integração no que designamos por semipresidencialismo de Presidente-*-cerimonial*[186]— e outros onde a intervenção presidencial no plano da política interna e externa é decisiva.

como a Eslováquia e a República Checa a transitar de sistema parlamentar para o semipresidencialismo, respectivamente em 1998 e em 2012; já em sentido inverso, a Moldávia passou, em 2001, de uma configuração constitucional de sistema semipresidencial para a de um sistema parlamentar. O caso da Moldávia é também interessante a este propósito, na medida em que ilustra bem o grau de incerteza e a falta de consolidação que ainda afecta este tipo de regimes. Em 1999 o Presidente entrou em dinâmica de ruptura com o Parlamento e fez, então, sujeitar a referendo popular a passagem do sistema semipresidencial, então vigente, para sistema presidencial. Contudo, apesar de a proposta ter obtido vencimento no eleitorado, vicissitudes posteriores determinaram, todavia, uma alteração constitucional conduzida pelo Parlamento exactamente em sentido inverso: o sistema passou a ser parlamentar. Isto é, em praticamente dois anos, 1999 e 2000, a Moldávia *conheceu*, pelo menos virtualmente, os três sistemas de governo: semipresidencial, presidencial e parlamentar (cf. Roper, *loc. cit.*, págs. 266 e segs).

186 Seria esse claramente o caso da Sérvia, mas também, embora mais duvidosamente, da Bulgária, da Eslovénia, da Eslováquia (após a revisão constitucional de 1998/99) ou da República Checa (após a adopção da eleição popular do Presidente em 2012). Cf., assim, A. Rinella, "I 'semipresidenzialismi' dell' Europa Centro-orientale" *in Semipresidenzialismi*, Padova, 1997, págs. 226 e segs; Venelin Ganev, "Bulgaria" e Miro Cerar, "Slovenia", ambos *in* Elgie (org.) *Semi-presidentialism in Europe*, cit., págs. 224 e segs e 232 e segs; T. Sedelius, *The Tug-of--War...*, cit., pág. 90 (Sedelius chega mesmo a integrar a Eslováquia em sistema parlamentar apesar da eleição popular do Presidente); V. Hlousek, "The political role of Presidents in the countries of Central and Eastern Europe" *in Presidents above Parties? Presidents in Central and*

Ainda assim, não é porventura adequado integrar as experiências de intervenção presidencial mais contida na matriz de inspiração *austríaca*, uma vez que, pelo menos nos semipresidencialismos[187] da Europa Central e de Leste, os Presidentes, beneficiando de popularidade, prestígio e expectativas comparativamente bem mais positivas, relativamente à imagem popular dos Primeiros-Ministros e restantes políticos, tendem a afirmar uma presença política regular através dos *poderes informais* e, por vezes, através do exercício regular dos poderes de veto ou no âmbito do poder de nomeação do Governo, com a possibilidade não rara de essa intervenção ser desenvolvida contra as iniciativas governamentais ou em oposição à orientação política do Parlamento[188].

Em contrapartida, a referida especificidade do sistema partidário impede normalmente a atribuição prática estável e previsível de uma liderança executiva aos Presidentes —por falta de apoio maioritário absoluto nos parlamentos—, o que, mesmo nas experiências de maior activismo executivo presidencial, impede o respectivo alinhamento e integração na *matriz francesa* de semipresidencialismo. De resto, e ao invés do que acontece em França, há aqui uma grande relutância em admitir que os Presidentes possam continuar a desempenhar funções de militância partidária após as eleições, o que, em algumas destas experiências, encontra mesmo expressão em termos de proibição constitucional.

Por último, a relativa debilidade do poder de dissolução das assembleias parlamentares que é constitucionalmente conferido aos Presidentes inibe-os, em grande medida, de desempenharem com plena efectividade o papel moderador e arbitral que caracteriza a *matriz portuguesa* e que, nesse sentido, não pode ser adequadamente replicada nos semipresidencialismos da Europa Central e de Leste[189].

Eastern Europe, Their Formal Competencies and Informal Power, Brno, 2013, págs. 271 e segs. (para este Autor qualquer destes países seria considerado sistema parlamentar).

[187] Embora essa particularidade beneficie também os Presidentes de sistemas parlamentares da Região, como sucede especialmente na Hungria, mas ocorre igualmente na Estónia e na Letónia, dado que mesmo nesses sistemas a recorrente fragmentação e inconsistência do sistema partidário estimula a intervenção *subsidiária* dos Presidentes.

[188] Cf., em geral, V. Hlousek, "The political role of Presidents in the countries of Central and Eastern Europe", *cit.*

[189] Não obstante, algumas Constituições, como a romena, incumbem-no expressamente de desempenhar esse papel de mediação não partidarizada entre os diferentes ramos de poder e entre o Estado e a sociedade (cf. Gallagher/Andrievici, "Romania: political irresponsability..., *cit.*, pág. 148).

PARTE II
O SISTEMA DE GOVERNO PORTUGUÊS

Capítulo I
O Sistema de Governo Português como Sistema Semipresidencial

1. As características identificadoras do sistema

a) No panorama dos sistemas de governo de democracia representativa, o sistema português é um sistema de governo semipresidencial, na medida em que reúne, de forma modelar, as duas características que, em conjunto, determinam a identificação de um semipresidencialismo: a existência de um Presidente da República dotado de uma legitimidade democrática, recolhida através do voto popular, que lhe dá a possibilidade de exercício de poderes políticos significativos e a existência de uma responsabilidade política do Governo perante o Parlamento.

Possibilidade de exercer poderes importantes por parte do órgão Presidente da República significa que o seu titular pode exercer, de forma livre e autónoma, as competências que a Constituição lhe atribui. Por outro lado, significa que esses poderes possuem um alcance capaz de influenciar substancialmente o curso normal da vida política (é o caso, por exemplo, da dissolução da Assembleia da República, do veto de uma lei, da nomeação do titular de um cargo importante). E o Presidente da República dispõe dessa possibilidade, em primeiro lugar, porque tais poderes lhe são conferidos pela norma constitucional, mas também, e sobretudo, porque tem legitimidade democrática para tanto, já que, entre nós, o Presidente da República é escolhido através de eleição popular directa, através de uma escolha feita pela maioria absoluta dos eleitores que expressaram validamente o seu voto.

Do outro lado, a responsabilidade política do Governo perante a Assembleia da República resulta do facto de o Governo *sair* da Assembleia da República e significa, não apenas que a Assembleia da República pode *pedir contas* ao Governo sobre a execução do seu programa e sobre o mérito da condução da vida política, mas também, e sobretudo, significa que, por razões políticas e no âmbito dessa responsabilização, a Assembleia da República pode demitir o Governo (rejeitando o programa que o Governo tem de lhe submeter para apreciação, aprovando, por sua iniciativa, uma moção de censura ou, ainda, rejeitando uma moção de confiança que o Governo lhe apresente).

Ora, a presença conjunta destas duas características —poderes políticos significativos do Presidente da República e dependência política do Governo relativamente à Assembleia da República— afasta a mínima hipótese de confusão do nosso sistema de governo com qualquer das outras duas alternativas próprias de democracia representativa, o sistema presidencial ou o sistema parlamentar[190].

b) O nosso sistema não é presidencial, definitivamente, porque, diferentemente do que ocorre em presidencialismo, temos um Executivo que depende do Parlamento, ou seja, um Governo que *sai* das eleições parlamentares, que responde politicamente perante a Assembleia da República e que pode ser destituído por ela. Assim, ao contrário do que se verifica em sistema presidencial, entre nós a Assembleia da República pode demitir o Governo. Reciprocamente, e também ao contrário do que sucede em presidencialismo, entre nós o Presidente da República

[190] A posição que sustentamos parte do pressuposto que é possível, e adequado, subdividir os sistemas de governo das democracias representativas em três grandes grupos, ou seja, que, diferentemente do estabelecido durante muitas décadas, não há apenas sistema presidencial e sistema parlamentar e que, sobretudo na segunda metade do século XX, se desenvolveu um *terceiro género* perfeitamente distinto daqueles sistemas clássicos. Mas, obviamente, pode alguém pretender persistir afincadamente nos modelos de pensamento do século XIX e, há sempre quem o faça, considerando, então, que só há presidencialismo (América) e parlamentarismo (Europa), ficando, então, obrigados a qualificar o nosso sistema de governo ou como sistema presidencial ou como sistema parlamentar. Não se percebe muito bem porquê e para quê, não faz sentido, é erróneo, mas é possível.

pode dissolver a Assembleia da República. Nenhuma destas características é possível ou compatível com presidencialismo e, de resto, a hipótese de confusão do nosso sistema com o sistema presidencial nunca se colocou; a distinção é, a propósito, tão clara quanto pacífica.

Já a hipótese de confusão e de identificação do nosso sistema como sistema parlamentar ou, quando muito, como sistema parlamentar *racionalizado*, é mais susceptível de ocorrer, se bem que não menos errónea.

O nosso sistema não é um sistema parlamentar, definitivamente, porque, ao contrário do que acontece em sistema parlamentar, o nosso Presidente da República é eleito directamente pelo Povo e, por força da legitimidade democrática que recolhe nessa eleição, pode exercer e exerce, de facto e com autonomia, assim ele o queira, poderes políticos significativos.

Um chefe de Estado de sistema parlamentar, por falta da correspondente legitimidade democrática colhida da eleição popular (um chefe de Estado parlamentar ou é um monarca ou é um Presidente da República eleito indirectamente, normalmente pelo Parlamento), não dispõe dessa possibilidade de exercício efectivo de poderes políticos de *motu proprio*, mesmo quando, por razões meramente simbólicas ou honoríficas, a Constituição lhe atribui nominalmente tais poderes. Sobretudo, nunca poderia exercer tais poderes políticos contra a vontade expressa de uma maioria parlamentar absoluta.

Poderíamos invocar a favor da exclusão do sistema português do conjunto dos sistemas parlamentares inúmeros exemplos, episódios, comparações, justificações, mas, para *fim de conversa*, basta chamar à colação o que se verifica e tem ocorrido com o exercício do poder mais significativo do Presidente português, o poder de dissolução do Parlamento. Atentar no que se tem verificado com o exercício deste poder, é excluir, em absoluto e definitivamente, qualquer hipótese de sustentação minimamente fundamentada de qualificação do nosso sistema de governo como parlamentar.

O poder de dissolução ou, mais especificamente, o poder de, contra a vontade da maioria dos deputados, interromper a legislatura em curso e marcar novas eleições parlamentares, é um poder da maior contundência que pode alterar a composição da maioria ou do governo e, com isso, inverter abrupta e radicalmente o curso normal e o sentido da vida política de um dado país num momento determinado.

Ora, não apenas o Presidente português tem, constitucionalmente atribuído, o poder de o exercer de forma livre, autónoma e materialmente incondicionada, como, de facto, o tem feito repetidamente ao longo da nossa história recente. Mais, não apenas o Presidente português determina livre e autonomamente as condições e a oportunidade da dissolução do Parlamento, como o pode fazer —e isso é decisivo—, e o tem feito, contra a sensibilidade, a opinião e a vontade expressas da maioria parlamentar e mesmo quando essa maioria é uma maioria absoluta, estável e que quer continuar em funções e a governar.

Relembremos os três episódios ocorridos com três Presidentes e, portanto, não algo que possa ser configurado como uma *invenção* pontual e irrepetível de um particular Presidente da República, mas que corresponde a um padrão de comportamento partilhado e aceite com base na natureza e na margem de acção do Presidente da República no nosso sistema político.

Em 1982/83, após a queda do VIII Governo (o segundo Governo Balsemão), sustentado numa coligação PSD/CDS, estes partidos dispuseram-se a formar e viabilizar no Parlamento um novo Governo, que seria apoiado pela mesma maioria absoluta na Assembleia da República, indicaram quem propunham para Primeiro-Ministro (Vítor Crespo), e apresentaram ao Presidente da República essa proposta de governo, incluindo até a distribuição das pastas ministeriais por um elenco governamental já estabelecido. No entanto, duvidando da sustentabilidade desse governo, o Presidente Eanes não aceitou a proposta e dissolveu a Assembleia da República, contra a opinião, não apenas daquela maioria, mas também do próprio Conselho de Estado que, entretanto, fora chamado a pronunciar-se sobre a questão.

Em 1987, já com outro Presidente, Mário Soares, formou-se na Assembleia da República uma maioria de três partidos (PS, PRD e PCP) que fez aprovar uma moção de censura e, logo, determinou a *queda* do Governo em funções (o Governo minoritário do PSD, com Cavaco Silva como Primeiro-Ministro). Essa maioria parlamentar conjuntural, além de aprovar a moção de censura, dispôs-se a formar ou viabilizar um Governo com apoio parlamentar maioritário e disso deu conta ao Presidente da República. Pois, o Presidente Soares não aceitou essa sugestão e, ao invés, dissolveu a Assembleia. Ou seja, é difícil imaginar um exemplo de atitude presidencial mais *anti-parlamentar*. O Parlamento demite o Governo e o Presidente, na prática, *não aceita* a demissão, mantém o Governo em funções e o que faz é, ao invés, dissolver o Parlamento...

Em 2004, com Jorge Sampaio como Presidente da República, havia um governo maioritário, o XVI Governo (de Santana Lopes), formado e apoiado por uma coligação PSD/CDS, que dispunha de apoio parlamentar maioritário indiscutível e que pretendia continuar em funções. Contra a opinião, a vontade expressa e reiterada e a resistência dessa maioria parlamentar absoluta e desse Governo, o Presidente Sampaio dissolveu a Assembleia da República e chamou o Povo a eleger uma nova Assembleia[191].

c) Portanto, como se percebe cristalinamente destes exemplos, com uma configuração constitucional deste tipo o nosso sistema de governo não pode ser confundido com sistema parlamentar, já que, tanto em sistema parlamentar clássico, como em sistema parlamentar racionalizado, qualquer das situações mencionadas seria inconcebível e jamais seria tolerada. O nosso sistema de governo integra-se, portanto, inequivocamente, num *tertium genus* dos sistemas de democracia representativa, ou seja, um terceiro tipo autónomo de sistema de governo, substancialmente distinto dos *clássicos* sistemas presidencial e parlamentar, e que historicamente veio a ser designado de semipresidencialismo.

Como procurámos demonstrar, esta questão da identificação do nosso sistema com o tal *terceiro* sistema de governo, bem como a sua designação de *semipresidencialismo*, já não é algo que justifique uma verdadeira controvérsia. Recusar a qualificação de semipresidencialista ao nosso sistema de governo releva, simplesmente, de razões de insistência numa pura discussão semântica[192] e/ou de formalismo conceptual[193], logo,

[191] Nos anos posteriores vulgarizou-se a *acusação* ao Presidente Sampaio de, com a dissolução de 2004, ter actuado contra o espírito do sistema ou de ter *presidencializado* o regime. Tal *acusação* releva, pura e simplesmente, ou de viés político e, portanto, é insusceptível de discussão nesta sede, ou é sintoma de desconhecimento profundo da natureza do nosso sistema e da nossa história constitucional. Mais à frente demonstraremos desenvolvidamente porquê.

[192] É o caso de Gomes Canotilho/Vital Moreira, *Os Poderes do Presidente da República*, Coimbra, 1991.

[193] É o caso de Paulo Otero, *Direito Constitucional Português*, II, Coimbra, 2010, págs. 477 e segs, que qualifica simultaneamente o nosso sistema de governo como "sistema parlamentar racionalizado" (págs. 486 e segs), como sistema transfigurado em "presidencialismo de

Primeiro-Ministro" (págs. 503 e segs) e como "sistema aberto", isto é, umas vezes parlamentar racionalizado, outras vezes presidencialista de Primeiro-Ministro e outras vezes as duas coisas simultaneamente (págs. 504 e segs). O que Paulo Otero recusa sempre é a hipótese de consideração do nosso sistema como semipresidencialismo, mas, pela simples razão de que, em seu entender... não existe semipresidencialismo (pág. 481). E, escreve, mesmo que eventualmente se pretendesse qualificar de semipresidencial o sistema francês, nunca seria possível abrigar o sistema português sob o mesmo conceito, tal, diz, é o "abismo colossal" entre o funcionamento desses dois sistemas.

No plano do formalismo conceptual, qualquer um pode dizer qualquer coisa a propósito: basta que construa um conceito de semipresidencialismo que não possa *cobrir* as várias experiências de semipresidencialismo ou que construa, em alternativa, um conceito de sistema parlamentar que *cubra* tudo o que não for sistema presidencial. Então, não haverá semipresidencialismo, mas apenas sistema parlamentar como alternativa ao presidencialismo.

Porém, se abandonamos o formalismo conceptual, e colocamos a tónica da controvérsia na questão do funcionamento do sistema (onde haveria o tal "abismo"), então também se poderá dizer, como Paulo Otero faz relativamente ao semipresidencialismo, que não há, igualmente, nem sistema presidencial nem sistema parlamentar. De facto, há não menores "abismos colossais" entre o funcionamento dos sistemas italiano, belga, espanhol, húngaro e britânico. Ou são todos eles sistemas parlamentares, como defendemos —apesar das ditas diferenças abissais de funcionamento— ou, em alternativa, não haveria também, extrapolando da perspectiva de Paulo Otero, sistema parlamentar. Também há um outro "abismo" entre o funcionamento do sistema dos Estados Unidos da América e o da Venezuela ou o do Brasil: todavia, ou são todos, ainda assim, sistemas presidenciais, como defendemos, ou não há também, segundo a mesma perspectiva, presidencialismo. Donde, não haveria semipresidencialismo, nem tão pouco sistema presidencial ou sistema parlamentar. O próprio conceito de sistema de governo esfumar-se-ia.

Noutra perspectiva, se não é de funcionamento, mas de Constituição aquilo de que que falamos, então não há nenhum abismo, e muito menos colossal, entre a França e Portugal: os textos das Constituições são praticamente *copiados* (curiosamente, como vimos, com vantagem de poderes para o Presidente português) e, o que é decisivo, o nosso sistema de governo pode perfeitamente passar a funcionar nos mesmos moldes do sistema francês sem qualquer necessidade de revisão constitucional, tal como, reciprocamente, poderia o sistema francês, se os franceses quisessem, passar a funcionar como o sistema português sem qualquer necessidade de revisão constitucional. E isso é assim, simplesmente, porque o sistema de governo é o mesmo.

Para Paulo Otero, a diferença essencial entre os dois sistemas de governo residiria no facto de em França, ao contrário de Portugal, ser o Presidente da República a figura central e o Primeiro-Ministro a figura secundária (págs. 481 e seg). No entanto, como demonstrámos longamente, a afirmação está correcta, mas necessita de um *pequeno* aditamento: em França o Presidente da República é, de facto, a figura central, *excepto quando é a secundária*; e o Primeiro-Ministro é a figura secundária, *excepto quando é a central*. A prova de que é necessário o *aditamento* é esta: em França, entre 1986 e 1988, entre 1993 e 1995 e entre 1997 e 2002, sob a num e noutro caso, sem qualquer significado no plano da caracterização material do sistema. Pode relevar também da simples ignorância ou descuido, todavia muito frequentes em parte significativa dos autores estrangeiros que têm publicado estudos sobre o nosso sistema[194].

No entanto, sendo o sistema de governo português um sistema semipresidencialista, ele apresenta, ao longo de uma experiência constitucional com mais de quarenta anos, não apenas algumas características particulares, mas também contornos específicos e típicos de um funcionamento padronizado que, sendo potencial e objectivamente replicáveis noutras latitudes, identificámos como constituindo um padrão ou matriz com identidade própria, a de um semipresidencialismo de Presidente-*moderador*. Para já, importa ilustrar a presença, no nosso sistema político-constitucional, das duas características atrás seleccionadas como definidoras da existência de semipresidencialismo e que respeitam, de um lado, à posição relativa do Presidente da República no sistema político e, do outro, ao tipo de responsabilidade do Governo perante o Parlamento.

vigência da mesma Constituição e do mesmo sistema de governo, quem foi a figura central foi o Primeiro-Ministro e o Presidente da República foi a figura secundária.

Curiosamente, o único argumento que Paulo Otero avança para criticar a *nossa* (na realidade de Duverger) definição de semipresidencialismo —que engloba no mesmo sistema de governo semipresidencial, entre muitos, países tão diferentes como a Finlândia, França, Portugal ou a Polónia— é a de que ela, pressupondo a eleição popular do Presidente da República, não serviria, por esse facto, para a Finlândia (pág. 483). Sem razão, porém. Como mostrámos, a importância da eleição do Presidente da República tem a ver, exclusivamente, com a legitimidade democrática que lhe permita exercer os poderes constitucionalmente atribuídos. Ora, uma eleição pode ser formalmente, juridicamente, indirecta, mas garantir a participação popular em termos tão decisivos que conferem ao órgão uma legitimidade democrática irrecusável. Por isso preferimos utilizar a expressão "eleição popular". Pretender que entre os anos vinte e os anos noventa do século passado o Presidente finlandês não era eleito pelo povo, equivale a dizer que também, ainda hoje, o Presidente dos Estados Unidos da América não é eleito pelo povo. Releva simplesmente do formalismo jurídico. De resto, mesmo juridicamente, o Presidente finlandês é hoje eleito directamente, com a mesma legitimidade democrática eleitoral que sempre teve, desde 1919.

194 A afirmação não envolve qualquer desprimor para os referidos Autores, alguns deles de competência científica notável, como Sartori, Siaroff ou Shugart/Carey, mas, como vimos, padecendo de erros de análise e de informação sobre o nosso sistema deveras surpreendentes.

2. A posição do Presidente da República no sistema político

a) Numa formulação praticamente "copiada" da Constituição francesa, a nossa Constituição define, no artigo 120º, o Presidente da República como órgão de soberania que representa a República, garante a independência nacional, a unidade do Estado e o regular funcionamento das instituições democráticas e que é também, por inerência, o Comandante Supremo das Forças Armadas.

Por sua vez, dando corpo a uma tal definição, a Constituição atribui-lhe um extenso conjunto de poderes, formalmente aí qualificados como competências que o Presidente da República exerce nos seguintes diferentes domínios ou planos: relativamente a outros órgãos (artigo 133º), na prática de actos próprios (artigo 134º), no domínio das relações internacionais (artigo 135º) e, ainda, em situações de emergência, de necessidade ou de excepção constitucional (artigo 138º).

Assim, o Presidente da República é constitucionalmente configurado como órgão com competência para o exercício de um vasto elenco de poderes institucional e politicamente significativos, como sejam, entre vários outros:

— a dissolução da Assembleia da República e das Assembleias legislativas das Regiões Autónomas;
— a nomeação do Primeiro-Ministro e dos restantes membros do Governo;
— a demissão do Governo;
— a promulgação dos actos legislativos e dos decretos regulamentares e a assinatura de outros actos normativos, com a inerente possibilidade de recusa de promulgação (veto) ou de assinatura;
— a ratificação e a assinatura das convenções internacionais, com a inerente possibilidade de recusa de tais actos;
— a iniciativa de fiscalização preventiva e sucessiva da constitucionalidade junto do Tribunal Constitucional;
— a nomeação de altas figuras do Estado, como as altas chefias militares, os Representantes da República nas Regiões Autónomas, o Presidente do Tribunal de Contas, o Procurador Geral da República e os embaixadores;
— a convocação do referendo, envolvendo a possibilidade de recusa de convocação que lhe seja proposta por Governo ou pela Assembleia da República;

— o envio de mensagens à Assembleia da República e às Assembleias regionais;
— o Comando Supremo das Forças Armadas;
— a nomeação de membros do Conselho de Estado e do Conselho Superior da Magistratura;
— a presidência do Conselho de Estado e do Conselho Superior de Defesa Nacional;
— a presidência do Conselho de Ministros a solicitação do Primeiro-Ministro;
— a marcação das eleições para o Presidente da República, para a Assembleia da República e para o Parlamento europeu;
— a declaração do estado de sítio e de emergência;
— a declaração de guerra e a feitura da paz.

b) É certo que, por si só, a existência deste conjunto de poderes no texto da Constituição não significa necessariamente a possibilidade de os exercer efectivamente. Pode-se dizer, com efeito, que grande parte deles integra a enumeração tradicional dos poderes atribuídos a qualquer chefe de Estado, incluindo os chefes de Estado honoríficos dos sistemas parlamentares. A Rainha de Inglaterra, o Rei de Espanha ou o Presidente de uma qualquer República parlamentar também são os Comandantes Supremos das Forças Armadas e também têm, em geral, pelo menos em termos formais, os poderes de dissolver o Parlamento, de nomear o Governo, de marcar as eleições, de enviar mensagens ao Parlamento ou de promulgar e assinar as leis e as convenções internacionais.

Porém, no nosso caso, ou em qualquer sistema semipresidencial —e aí reside a marca distintiva—, a configuração constitucional do órgão Presidente da República não pode ser percebida sem a simultânea consideração do facto de a Constituição se ter preocupado, através da forma da respectiva eleição, em conferir-lhe uma legitimidade democrática indiscutível que garante ao Presidente da República de semipresidencialismo, como o nosso, a possibilidade de, querendo, poder exercer todos os poderes que a Constituição lhe atribui.

Com efeito, o Presidente da República é, entre nós, eleito directamente pelo Povo para um mandato de cinco anos (limitado a uma reeleição consecutiva), através de um sistema eleitoral que lhe garante, no mínimo, o apoio manifesto da maioria dos eleitores que expressarem validamente[195] o seu voto. Donde que, se numa primeira volta nenhum dos candidatos alcançar essa maioria (absoluta), se realize necessariamente uma segunda volta só entre os dois candidatos mais votados, o que, por definição, assegura ao Presidente que venha a ser eleito o apoio expresso daquela maioria qualificada de cidadãos que tenham participado na eleição.

Por isso, o Presidente da República tem, entre nós, uma inquestionável legitimidade democrática, tão ou mais *forte* que aquela que sustenta uma maioria parlamentar, e por isso pode, de forma constitucional e politicamente inatacável, praticar actos, como seja, por exemplo, a dissolução da Assembleia da República, num sentido frontalmente oposto à vontade do Governo ou da maioria parlamentar que o apoia.

c) É certo que o exercício de alguns destes poderes tem condicionamentos e alguns são de exercício conjunto ou partilhado com outros órgãos de soberania, mas a margem de livre decisão do Presidente da República, sobretudo relativamente aos poderes de maior impacto político, é enorme.

Assim, alguns poderes do Presidente da República dependem da iniciativa ou da proposta de outros órgãos e entidades, designadamente o Governo. É o caso da nomeação e da exoneração dos ministros, sob proposta do Primeiro-Ministro, ou da nomeação e da exoneração das altas chefias militares, dos embaixadores, do Procurador Geral da República e do Presidente do Tribunal de Contas, sob proposta do Governo.

Outros dependem da iniciativa do Governo ou da iniciativa ou autorização da Assembleia da República, como seja o caso da convocação de referendos (dependente da iniciativa do Governo ou da Assembleia da República), da declaração do estado de guerra ou da feitura da paz (dependentes da proposta do Governo e da autorização da Assembleia da República) ou ainda, como na declaração do estado de sítio ou de emergência, dependem da autorização da Assembleia da República e da audição do Governo.

Outros poderes do Presidente da República exigem a audição prévia do Governo, como o da nomeação e exoneração dos Representantes

[195] Com a particularidade, importante, de a Constituição não considerar válidos, para este efeito, os votos brancos (artigo 126º, 1).

da República para as Regiões Autónomas, ou dependem da solicitação/convite do Primeiro-Ministro, como seja o poder de presidir aos Conselhos de Ministros. São ainda precedidos da audição do Conselho de Estado a dissolução da Assembleia da República e das Assembleias Regionais, a demissão do Governo e a declaração de guerra e feitura da paz.

Por último, a existência jurídica de alguns actos do Presidente da República depende da posterior referenda ministerial, isto é, da confirmação ou atestado governamentais, ainda que, de acordo com uma interpretação constitucionalmente adequada deste requisito à luz da natureza do nosso sistema, esse requisito deva ser entendido como mera formalidade de prática obrigatoriamente devida, sob pena de inversão radical da distribuição constitucional dos poderes. O caso mais conhecido é o da promulgação das leis por parte do Presidente da República, que necessita de posterior referenda governamental do Primeiro-Ministro[196].

No entanto, praticamente todos os poderes verdadeiramente importantes do Presidente da República são de exercício livre, autónomo e substancialmente incondicionado.

É isso que se verifica com o mais importante dos poderes presidenciais, o poder de dissolução da Assembleia da República. Tendo apenas condicionamentos de natureza temporal (a dissolução não é permitida nos seis meses seguintes à eleição da Assembleia da República e nos últimos seis meses do mandato do Presidente) e circunstancial (não é permitida a dissolução nas situações de estado de sítio e de emergência), é um poder inteiramente livre, não sujeito a qualquer fundamento ou condicionamento material.

É também assim, embora nesse caso só na prática, com a nomeação do Governo e com a sua demissão. Embora a nomeação se deva fazer em função dos resultados eleitorais, pelo que a nomeação deverá sempre depender da composição e vontade do Parlamento, e a demissão só possa ocorrer quando tal seja necessário para garantir o normal funcionamento das instituições democráticas —o que constitui um con-

[196] Obviamente, esta exigência constitucional (artigo 140º) tem de ser entendida como mera formalidade de exercício governamental obrigatório. De outra forma, estar-se-ia a conferir ao Governo a última e decisiva palavra no domínio da função legislativa, sobrepondo-se à própria legislação aprovada no Parlamento, o que contrariaria, radical e evidentemente, a natureza do nosso sistema constitucional de distribuição de poderes onde há a configuração da Assembleia da República como órgão legislativo por excelência.

dicionamento substancial importante—, compete exclusivamente ao Presidente da República, sem qualquer outro controlo que não seja o posterior juízo e eventual sanção política do eleitorado, avaliar o sentido, alcance e preenchimento de um e de outro requisito.

É também o caso do poder de veto, definitivo relativamente aos diplomas aprovados pelo Governo, suspensivo relativamente aos decretos aprovados pela Assembleia da República, mas exigindo para ser superado, neste último caso, uma confirmação parlamentar por maioria absoluta ou, no caso dos diplomas mais importantes, por maioria qualificada de dois terços dos deputados.

Livres são, também, o poder de ratificação e assinatura das convenções internacionais ou, noutro plano, a iniciativa de fiscalização da constitucionalidade (preventiva ou sucessiva) junto do Tribunal Constitucional.

É, por último, mas não menos importante, igualmente livre e juridicamente incondicionado todo o exercício dos chamados poderes *informais* ou de *influência* que o Presidente da República pode exercer quotidianamente e de grande impacto na vida pública, como sejam, o contacto directo com as populações, as intervenções e declarações públicas, as mensagens, os discursos ou os encontros semanais com o Primeiro-Ministro.

3. A responsabilidade do Governo perante a Assembleia da República

a) A caracterização do sistema de governo português como verdadeiro semipresidencialismo não estaria completa sem a consideração da outra característica identificadora do sistema semipresidencial, a responsabilidade política do Governo perante o Parlamento. De resto, é a presença desta característica que distingue o semipresidencialismo dos sistemas presidenciais e que o aproxima do sistema parlamentar. Ao contrário do que acontece em sistema presidencial, no semipresidencialismo o Governo responde politicamente perante o Parlamento, não apenas no mero sentido de que tem de prestar contas ao Parlamento —essa necessidade de prestar contas existe em qualquer sistema democrático—, mas no sentido de que o Parlamento pode destituir o Governo, pode fazer cessar o seu mandato ou impedi-lo de iniciar, sequer, as suas funções.

Ora, esta característica está, em toda a sua extensão, presente no ordenamento constitucional português, e não é possível compreender os contornos e o funcionamento do sistema, incluindo a latitude e o alcance dos próprios poderes presidenciais, sem a ter em conta. A importância deste factor é decisiva e só a circunstância de constituir algo que é normalmente, pelo menos na Europa, tomado como um dado, é que justifica que não se lhe atribua normalmente a devida importância nas obras sobre o sistema de governo. Trataremos, aqui, apenas de enunciar os seus traços gerais, reservando maiores desenvolvimentos para a análise das perspectivas de evolução e necessidades de reforma do sistema.

b) A responsabilidade política do Governo perante a Assembleia da República —com aquele sentido decisivo atrás referido — manifesta-se em três planos: em primeiro lugar, no momento da constituição do Governo, depois, na apreciação do programa e na sua entrada em funcionamento pleno e, por último, na posterior possibilidade de destituição parlamentar do Governo.

No momento de formação, a Constituição exige que o Presidente da República nomeie o Governo "tendo em conta os resultados eleitorais" (artigo 187º). E, apesar de o texto constitucional não ser inequívoco a tal respeito, o melhor entendimento deste requisito será o que considera tratar-se, em primeira linha ou, até, exclusivamente, dos resultados eleitorais para a Assembleia da República ou, mais rigorosamente, da composição da Assembleia da República.

De facto, como a subsistência do Governo dependerá, em última análise, da vontade do Parlamento —quando aprecia o respectivo programa e quando o pode responsabilizar politicamente uma vez entrado em funções—, de nada adiantará ao Presidente da República nomear um Governo que não tenha o assentimento parlamentar ou, mais rigorosamente, que tenha a oposição/rejeição de uma maioria parlamentar. É esta avaliação de prognose —atinente à vontade da Assembleia da República, apreciada em função da respectiva composição político-partidária e do que lhe tiver sido transmitido nas audições com os diferentes partidos com representação parlamentar— que o Presidente da República deve fazer quando nomeia um Governo e não, como frequentemente se pensa e escreve erroneamente entre nós, limitar-se a nomear como Primeiro-Ministro o líder do partido mais votado nas eleições parlamentares.

Nomeado pelo Presidente da República, o Governo tem de apresentar o seu programa à Assembleia da República, mas, e aqui uma especificidade do sistema português, o programa não tem de ser aprovado; nem sequer tem de ser votado. Esta configuração está intencionalmente orientada à facilitação da entrada em funcionamento dos governos minoritários, isto é, dos governos que não dispõem do apoio de uma maioria dos deputados, e significa, na prática, que o programa só é indirectamente votado pelo Parlamento se a oposição apresentar uma moção de rejeição do programa ou, já por iniciativa do próprio Governo, se este solicitar um voto ou moção de confiança (artigo 192º).

No mesmo sentido de facilitar a *passagem* dos governos minoritários no Parlamento, o programa só se considera rejeitado —e o Governo consequentemente demitido (artigo 195º, nº 1)— se a respectiva moção de rejeição obtiver o voto favorável de uma maioria qualificada, a maioria absoluta dos deputados em efectividade de funções (já não no caso da eventual apresentação de uma moção de confiança pois, aqui, resultando de uma iniciativa voluntária do Governo, a Constituição já não *protege* quem levantou a questão: se a moção não for aprovada, independentemente do número de votos, o Governo não *passa*).

Admitindo que o Governo *passa* na Assembleia da República, a dependência parlamentar do Executivo manifesta-se, depois, através da possibilidade de apresentação e aprovação de uma moção de censura por parte das oposições (o Governo considera-se demitido se a moção de censura for aprovada pela maioria absoluta dos deputados em efectividade de funções) ou, mais uma vez, e em termos análogos ao previsto no atrás referido regime de discussão do programa, o Governo considera-se igualmente destituído se, tendo apresentado uma moção de confiança, essa moção não for aprovada.

c) Logo, desde o início de funções e, depois, ao longo de todo o mandato, o Governo depende sempre da confiança política da Assembleia da República (mais rigorosamente, da não desconfiança), o que acaba por determinar e condicionar, não apenas a relação Governo/Parlamento, mas também os próprios poderes presidenciais relativamente a um e outro órgão e, desde logo, a margem de acção do Presidente da República na nomeação do Governo após as eleições parlamentares ou após a demissão do Governo em funções.

Isto significa que, em toda a sua extensão, o funcionamento do sistema político português, como é típico de semipresidencialismo, é determinado por três centros de poder —Presidente, Governo e Parlamento— e pela forma complexa e potencialmente muito diversa como esses órgãos se relacionam entre si.

Assim, desde logo no acto de nomeação do Governo, mas também ao longo de toda a legislatura, o Presidente da República tem de ter permanentemente em conta a composição do Parlamento e a vontade da maioria parlamentar. De nada lhe serve nomear um Governo sem condições de *passar* na Assembleia da República, tal como de nada lhe serviria, por exemplo, demitir um Governo que beneficiasse do apoio parlamentar maioritário para, em sua substituição, procurar uma solução governativa da sua preferência, mas sem apoio parlamentar. Pura e simplesmente, a Assembleia da República não aceitaria, nessa hipótese, viabilizar o novo Governo nomeado pelo Presidente.

Da mesma forma, os próprios poderes presidenciais relativos ao Parlamento, como é, por exemplo, o poder de veto, *diminuem* ou *aumentam* consoante existe ou não no Parlamento uma maioria parlamentar absoluta que se oponha à vontade do Presidente.

Veremos posteriormente como esta variabilidade do alcance dos poderes presidenciais é exemplarmente ilustrada ao longo da história da vigência da Constituição de 1976.

Capítulo II
A Formação da Matriz Portuguesa de Semipresidencialismo

1. Origem da estrutura jurídico-constitucional semipresidencial

a) Pode-se dizer que, em grande medida, a origem do semipresidencialismo em Portugal tem raízes no longo período de ditadura e no consequente exacerbamento da aspiração popular à democracia e à liberdade, reflectindo-se numa ânsia de participação política que, no nosso domínio específico, favoreceria a adopção da eleição popular directa do Presidente da República.

A decisão de eleger directamente o Presidente da República no período pós-ditatorial pode parecer estranha a alguns Autores[197], já que nessa forma de eleição assomaria, à partida, o perigo de um novo autoritarismo individual que, todavia, seria natural pretender ver erradicado no período pós-revolucionário[198]. Porém, factores de sentido contrário contribuem para explicar a desvalorização desse eventual risco e a quase natural adopção da eleição presidencial directa.

[197] Cf. Canelas Rapaz, "Le Portugal: un régime semi-presidentiel?", comunicação ao *Congrés AFSP* 2009.

[198] De resto, na história constitucional portuguesa, o episódio Sidónio Pais, em 1918, com a sua associação entre um projecto pessoal autoritário e a instituição correlativa de eleição popular directa, ilustraria bem a força de atracção objectiva entre essas duas variantes.

De um lado, tínhamos a memória relativamente recente da campanha eleitoral do General Humberto Delgado como ponto alto da luta pela democracia (na altura, em 1958, a Constituição de 1933 previa a eleição directa do Presidente, o que pôde ser conjunturalmente aproveitado por Humberto Delgado para uma grande campanha de mobilização popular contra a ditadura); por outro lado, não era menos impressiva a forma como a escolha indirecta do Presidente da República (entretanto adoptada na Constituição do anterior regime, precisamente a partir desse episódio[199]) vinha associada à verificada degradação prática, a um nível quase anedótico, da (in)existência do Presidente da República no sistema político do regime anterior, reduzido que este órgão estava, de facto, a formalidade irrelevante, com o seu titular escolhido, na prática, pelo Presidente do Conselho de Ministros.

Não admira, portanto, que na referida ânsia de participação democrática, surgisse como natural a proposta de eleição popular directa do Presidente da República, até como contraponto à arquitectura constitucional do anterior regime[200].

Assim, desde logo, o primeiro documento constitutivo do regime revolucionário saído do 25 de Abril de 1974, o Programa do MFA, consagra a previsão da eleição directa do Presidente da República, precisamente no mesmo plano da eleição da Assembleia legislativa (ponto C.1. do programa): "Logo que eleitos pela Nação a Assembleia Legislativa e o novo Presidente da República, será dissolvida a Junta de Salvação Nacional...".

Ora, como temos referido, a eleição popular directa do Presidente da República é, na Europa, mais do que *meio caminho andado* para a consagração de um sistema semipresidencial. Excluída em princípio, dada a natureza do sistema partidário europeu, a possibilidade de instauração de um sistema presidencialista, só faz sentido, na Europa, eleger directamente um Presidente da República quando se pretende escapar à

[199] O regime anterior, precisamente na sequela das eleições de 1958, procedera, no ano seguinte, a uma revisão constitucional que suprimira a eleição directa do Presidente da República e o fizera passar a ser escolhido por um colégio eleitoral politicamente domesticado.

[200] Pode ainda admitir-se, como também já tem sido salientado, que a memória remota, mas de alguma forma negativa, do parlamentarismo clássico da I República, com Presidentes da República escolhidos pelo Parlamento e politicamente irrelevantes, tivesse igualmente contribuído para a procura de soluções alternativas.

lógica parlamentar típica, quando se pretende conferir a um órgão unipessoal situado no topo da hierarquia do Estado uma legitimidade democrática indiscutível, quando se pretende, afinal, mesmo que não se tenha ainda plena consciência do desenvolvimento inelutável desta nova lógica, enveredar pela *terceira via*, por um sistema que é, hoje, correntemente designado de sistema semipresidencial.

b) Entre nós, a ideia estava, portanto, lançada no Programa do MFA, mas o trajecto assim projectado não seria completamente linear. No período de dualidade de poder e de confronto entre projectos de sociedade e do Estado radicalmente opostos, entre Abril de 1974 e Novembro de 1975, quando os militares e os órgãos saídos da Revolução participam ao lado (ou acima) dos partidos políticos e dos órgãos democráticos representativos no exercício do Poder, tudo estava em aberto e era objecto de disputa.

Por isso, ainda nesse período, a Plataforma de Acordo Constitucional (o primeiro Pacto) celebrada entre o MFA e os partidos políticos em Março/Abril de 1975, desenha uma estrutura de transição constitucional que mantinha um Presidente da República, mas já sem eleição directa: o Presidente da República seria eleito por um colégio eleitoral formado conjuntamente pela Assembleia do MFA e pela Assembleia Legislativa. Compreende-se, de resto, que numa fase de euforia revolucionária, como a que se vivia, não se aceitasse facilmente a atribuição a uma pessoa singular da representação da República assente numa legitimidade democrática conferida pelo voto popular directo.

No entanto, e de forma algo contraditória, este primeiro Pacto adoptaria uma segunda ideia que marcaria intensamente a especificidade do sistema de governo e a forma como ele viria a ser percebido. Referimo-nos à ideia da dupla responsabilidade do Executivo.

Com efeito, como que fazendo uma síntese histórica da memória da primeira República e dos *ritos constitucionais* da ditadura, este Pacto MFA/partidos instituía a dupla responsabilidade do Governo, isto é, a sua responsabilidade perante a Assembleia Legislativa, mas também perante o Presidente da República. Ora, esta ideia de dupla responsabilidade permaneceria ao longo dos anos como um dos traços pretensamente identificadores do nosso sistema de governo e ainda hoje há quem a considere, embora erroneamente, como característica definidora do próprio sistema semipresidencial.

Quando as veleidades de arquitectura constitucional revolucionária de um Estado de *poder popular* foram afastadas e o *bloco* vencedor do 25 de Novembro de 1975 convergiu na construção, bem-sucedida, de uma democracia representativa de tipo ocidental, ainda que com uma programada e prevista presença transitória dos militares no exercício do poder político, conservar-se-ia aquela ideia da dupla responsabilidade do Executivo oriunda do I Pacto, mas retomando e juntando-lhe a eleição popular directa do Presidente da República.

c) A Segunda Plataforma de Acordo Constitucional entre o MFA e os partidos políticos (o segundo Pacto), celebrada numa altura em que a Assembleia Constituinte eleita em 25 de Abril de 1975 estava já em plena elaboração da Constituição, consagraria este preciso modelo que, assumido nesse contexto compromissório pelos partidos políticos, obteria, então, plena consagração no texto constitucional[201].

Encontramos, portanto, neste segundo Pacto, o acordo político fundador do nosso sistema de governo enquanto sistema semipresidencial, ou seja, como temos repetido, como sistema com Presidente da República directamente eleito pelo Povo e, por isso, com legitimidade para exercer os poderes que lhe venham a ser constitucionalmente atribuídos (o Pacto especificava já quais deveriam ser os principais desses poderes) e um Governo também responsável perante uma Assembleia parlamentar.

Assim, a adopção do semipresidencialismo entre nós foi politicamente feita no segundo Pacto MFA/partidos, vindo, depois, a ser juridicamente vertida no texto da Constituição. É certo que, quando os partidos políticos ainda estavam vinculados à observância do primeiro Pacto, os projectos de Constituição que apresentaram, logo em 1975, não reflectiam ainda esse programa semipresidencial, mas, tendo celebrado posteriormente um segundo Pacto com aquele conteúdo, em Fevereiro de

[201] Sobre a elaboração deste II Pacto, decisivo para a construção do nosso sistema de governo actual, cf. MIGUEL GALVÃO TELES, "A segunda Plataforma de Acordo Constitucional entre o MFA e os partidos políticos" *in* JORGE MIRANDA (org.), *Perspectivas Constitucionais* III, págs. 681 e segs; ANTÓNIO DE ARAÚJO, "Competências constitucionais relativas à Defesa nacional: as suas implicações no sistema de governo" *in* C. BLANCO DE MORAIS/ANTÓNIO DE ARAÚJO/ ALEXANDRA LEITÃO, *O Direito da Defesa Nacional e das Forças Armadas*, Lisboa, 2000, págs. 160 e segs.

1976, o semipresidencialismo pôde, então, ser consensualmente adoptado quando a Constituição foi aprovada em Abril de 1976.

2. O semipresidencialismo português

a) Em qualquer caso, nem estava claro, nem a Constituição podia determinar a espécie ou tipo de semipresidencialismo que se desenvolveria entre nós. Ora, quando falamos de diferentes *espécies* de semipresidencialismo, podemos dizer que as distinções entre elas são construídas, essencialmente, ou quase exclusivamente, sobre as diferenças de perfil ou de natureza de intervenção política do Presidente da República num dado sistema político. Com efeito, é nesse plano que podemos detectar diferenças, e por vezes substanciais, entre os diversos semipresidencialismos, já que no que se refere ao outro pólo de caracterização do sistema —a relação de dependência política do Governo face ao Parlamento— as diferenças são marginais ou puramente conjunturais, não introduzindo qualquer especificidade relativamente ao que também ocorre em sistema de governo parlamentar.

Isto é, em função de o Governo ter ou não um apoio maioritário estável no Parlamento, o sistema funciona, de facto, de forma substancialmente diferente, mas essas diferenças são comuns e idênticas em qualquer latitude em que o fenómeno ocorra e quer se trate de semipresidencialismo ou de sistema de governo parlamentar.

De facto, a partir do momento em que, em semipresidencialismo, tal como em sistema parlamentar, o Governo é sempre politicamente responsável perante o Parlamento, reproduzem-se, nesse plano, todos os elementos que caracterizam, de igual modo, o sistema de governo parlamentar, o que significa que as variações que podem ocorrer na relação Parlamento/Governo são conhecidas e, por si só, porventura não justificariam a ideia de distinguir entre os semipresidencialismos. Isto não quer dizer que esse tipo de variações não seja relevante, porque o é e influencia o funcionamento de todo o sistema, mas não apresenta relevância científica autónoma e específica relativamente ao que também acontece em sistema parlamentar.

Encontramos, assim, no plano das relações entre Governo e Parlamento de semipresidencialismo, a mesma relevância do factor que diferencia os sistemas parlamentares (de gabinete ou de assembleia) no plano do funcionamento prático (parlamentarismo maioritário, de predomínio do gabinete, assente na existência de governos apoiados numa maioria parlamentar absoluta, ou parlamentarismo com tónica na assembleia parlamentar, com governos minoritários dela decisivamente dependentes).

Encontramos, também, os mesmos factores de ordem jurídica, designadamente os sistemas eleitorais, ou de ordem política, como os sistemas partidários, a determinar significativamente o surgimento de um ou do outro tipo de funcionamento. Por sua vez, essa distinção gera as correspondentes consequências essenciais de estabilidade ou de instabilidade governativa, de existência de governos *fortes* ou de governos *fracos*, de governos monopartidários ou de governos de coligação.

Seja em Portugal ou na França (semipresidencialismos) ou no Reino Unido, Itália ou Espanha (parlamentarismos), um Governo apoiado numa maioria parlamentar absoluta, sobretudo se formada por um único partido, é um Governo forte, sólido, para toda a legislatura; já um Governo sem apoio de uma tal maioria é um Governo fraco, instável, claudicante. É verdade que essas circunstâncias —Governo *forte* ou Governo *fraco*— têm consequências importantes também no plano do relacionamento entre Presidente da República e Governo, mas, podendo ocorrer em qualquer sistema, não são elas que definem a natureza do nosso semipresidencialismo nem o permitem configurar como matriz própria.

Da mesma forma, já não no domínio dos circunstancialismos de ordem prática, mas no plano jurídico-constitucional, encontramos semipresidencialismos em que a relação entre Governo e Parlamento se desenvolve de forma *natural*, sem introdução *artificial* de elementos que condicionam o funcionamento do sistema (como também ocorre no sistema parlamentar *clássico*) ou semipresidencialismos com a presença de elementos ou de garantias jurídicas que condicionam o funcionamento do sistema (como também ocorre no sistema parlamentar *racionalizado*). Referimo-nos à presença ou ausência de mecanismos juridicamente introduzidos para racionalizar ou conferir estabilidade ao sistema político, como sejam as barreiras eleitorais à pulverização partidária no Parlamento, a moção de censura construtiva ou a associação da rejeição de algumas leis propostas pelo Governo à consequência de manifestação de desconfiança parlamentar.

b) Pressupostas e conhecidas estas diferenças que têm sido largamente estudadas, e sem que isso signifique um seu qualquer menosprezo —até porque a elas voltaremos posteriormente quando reflectirmos sobre as possibilidades de evolução e aperfeiçoamento do nosso sistema—, diremos que é no outro plano, o das funções, natureza e intervenção políticas do Presidente da República, que localizamos as causas e factores de distinção entre os vários semipresidencialismos, precisamente porque releva também desse plano a diferença específica entre semipresidencialismo e sistema parlamentar.

Por exemplo, nós tivemos entre 1976 e 1979, sob a Presidência de Ramalho Eanes, governos minoritários e, excepcionalmente, um governo de coligação maioritária, tal como tivemos entre 1996 e 2004, sob a Presidência de Jorge Sampaio, governos igualmente minoritários e, excepcionalmente, de coligação maioritária. No entanto, o funcionamento do sistema foi completamente distinto num e no outro período, sob a Presidência de Ramalho Eanes ou sob a Presidência de Jorge Sampaio; a origem e causa das diferenças encontramo-las, em grande medida e mesmo tendo em conta a diferença de contextos e épocas, no *lado* do Presidente da República.

Mais elucidativamente ainda, tivemos entre 1987 e 1995, dois Governos monopartidários maioritários, liderado pelo Primeiro-Ministro Cavaco Silva, sob a Presidência comum de Mário Soares. No entanto, o sistema funcionou de forma muito diferente no período entre 1987 e 1991 (no primeiro mandato de Mário Soares) e no período entre 1991 e 1995 (segundo mandato); a origem e causa das diferenças encontramo-las no *lado* da intervenção presidencial, que se alterou radicalmente do primeiro para o segundo mandato de Mário Soares.

Assim, quando pretendemos traçar os contornos político-constitucionais do semipresidencialismo português, esse esforço deve orientar-se, sobretudo, para a compreensão da natureza das funções e da intervenção do Presidente da República. Um estudo sobre o sistema de governo português, não obstante a relevância que, como veremos, tem de se atribuir também ao plano das relações entre Governo e Assembleia da República, será essencialmente centrado no Presidente da República, já que é aí que encontramos os factores e elementos identificadores de um padrão de funcionamento próprio do semipresidencialismo português.

3. A origem das especificidades da matriz portuguesa de semipresidencialismo

a) Acolhida na Constituição a arquitectura típica de semipresidencialismo, no plano do estatuto do Presidente da República e das relações estruturais que os três órgãos —Presidente da República, Governo e Assembleia da República— mantêm entre si, nada estava, nem podia estar, juridicamente pré-determinado no que se refere ao padrão ou modelo de funcionamento do sistema. Como se viu, Constituições do mesmo tipo semipresidencial e textualmente semelhantes podem gerar ou admitir modelos de funcionamento muito diferenciados. Restava saber como se concretizaria na prática e como evoluiria o *semipresidencialismo português* após a sua adopção no texto constitucional.

Aprovada a Constituição em 1976, o nosso sistema político poderia potencialmente ter-se desenvolvido ou de acordo com o padrão de Presidente-*cerimonial*, meramente representativo, de poder quase simbólico (como na Áustria), ou segundo o modelo de Presidente-liderante, com Presidente da República *todo poderoso*, *militante*, partidariamente activo, dirigindo o executivo (como na França). Porém, na realidade, o sistema veio a consolidar-se com Presidente da República *garante*, regulador, suprapartidário, num padrão típico de funcionamento e de justificações da intervenção presidencial que fez surgir o que designamos por semipresidencialismo de Presidente-*moderador*, a *matriz portuguesa* de semipresidencialismo.

Importa-nos, agora, localizar a origem da matriz, ou seja, os factores de ordem política, prática, circunstancial, que determinaram um início de desenvolvimento sistémico com este sentido. Veremos como esses factores e elementos políticos irromperam de forma não completamente programada logo nos primeiros anos de vigência do novo sistema ou, para sermos mais rigorosos, no primeiro ano de vigência da Constituição de 1976.

b) Como sempre acontece, os primeiros anos sob a égide de um novo sistema de governo são determinantes para a sua evolução e viabilidade. Vimos isso a propósito das experiências semipresidenciais em França, na Áustria, na Finlândia, na Irlanda, em países do Leste europeu. Também em Portugal não foi diferente.

Logo no primeiro ano de vigência da nova Constituição, fez-se a primeira eleição democrática do Presidente da República e aí confluíram três factores que condicionariam decisivamente a natureza da matriz portuguesa de semipresidencialismo:

(i) primeiro, o Presidente da República eleito, Ramalho Eanes, era um militar;

(ii) segundo, enquanto militar, Ramalho Eanes não era politico-partidariamente activo, para o que contribuía igualmente o facto de ter acumulado o cargo de Presidente da República com o de Chefe de Estado-Maior General das Forças Armadas;

(iii) por último, o candidato a Presidente da República Ramalho Eanes era, na origem, suprapartidário, sendo a sua candidatura apoiada, entre vários outros, também pelos dois partidos centrais que garantem a alternância democrática em Portugal, PS e PSD.

Veremos em seguida a relevância de cada um destes factores para a emergência do semipresidencialismo português.

3.1. A "cláusula militar implícita"

a) De acordo com André Gonçalves Pereira[202] e vários outros Autores[203], haveria no segundo Pacto celebrado entre o MFA e os par-

[202] Cf. André Gonçalves Pereira, *O Semipresidencialismo em Portugal,* cit., págs. 22 e seg, págs. 42 e segs.

[203] Cf. Jorge Miranda, *A Constituição de 1976,* cit, pág. 28; Marcelo Rebelo de Sousa, *O Sistema de Governo Português,* cit, pág. 63. Já Miguel Galvão Teles ("A segunda Plataforma de Acordo Constitucional entre o MFA e os partidos políticos", *cit.*, págs. 694 e seg) prefere referir a candidatura de um militar do Conselho da Revolução nas eleições presidenciais de 1976 como resultado de um processo de facto pactuado entre o Conselho da Revolução e os três partidos que patrocinaram a candidatura de Eanes a Presidente da República (o PS, o PSD e o CDS). Esta explicação parece mais verosímil que a existência da "cláusula implícita" na Constituição. A prova é que o PCP, que aprovou a Constituição, apresentou nas eleições presidenciais de 1976 um candidato civil; já o CDS, que não votou favoravelmente a Constituição, fez parte do bloco que apoiava a candidatura de Eanes.
Também António de Araújo, a partir de revelações de Mário Soares sobre a eventualidade da sua candidatura às eleições presidenciais de 1976 contra Eanes, considera duvidosa a existência da "cláusula militar implícita" (cf. "Competências constitucionais relativas à Defesa nacional...", *cit*, págs. 162 e seg).

tidos políticos e, consequentemente, na versão originária da Constituição, uma "cláusula militar implícita", não escrita, mas eventualmente tida como vinculativa, segundo a qual o primeiro Presidente da República eleito na vigência da Constituição de 1976 deveria ser um militar. Tratar-se-ia de uma espécie de compromisso selado entre os militares (o Conselho da Revolução) e os partidos políticos, valendo pelo período de transição que estava previsto no Pacto e que se prolongaria até à concretização da primeira revisão constitucional, no mínimo por quatro anos.

Só a partir de 1980 se elegeriam, então, um novo Presidente da República e uma nova Assembleia da República com poderes de revisão constitucional, eventos esses que poriam termo ao ciclo revolucionário, procedendo ao estabelecimento pleno e integral das regras e da legitimidade típicas da democracia representativa, com o chamado, na altura, *regresso dos militares aos quartéis*, a extinção do Conselho da Revolução e a consequente redistribuição *civilista* dos vários poderes que este Conselho detinha nesse período de transição: poder político e legislativo em matéria militar, poder de aconselhamento e condicionamento do Presidente da República, poder de garantia da constitucionalidade dos diplomas e da fidelidade à Constituição.

b) Mas, nesse período de transição até à primeira revisão constitucional, quando as duas legitimidades —a legitimidade democrática e a legitimidade revolucionário-militar— ainda deveriam conviver, e em que o Conselho da Revolução subsistia constitucionalmente como instância de arbitragem e de garantia da integração das Forças Armadas no sistema político[204], haveria como que um compromisso institucional a reflectir no topo da hierarquia do Estado: o primeiro Presidente da República eleito, cujo mandato coincidiria, *grosso modo*, com o período de transição, deveria ser um militar. Assim se produziria um compromisso político que acautelaria a estabilidade institucional no período de transição.

O Presidente da República teria uma legitimidade democrática indiscutível —eleito que era pelo voto popular directo e universal— e, mesmo sendo um militar, beneficiaria, por facto da eleição, do consequente assentimento da sociedade civil, incluindo dos sectores polí-

[204] Cf. Jorge Miranda, "O sistema semipresidencial português entre 1976 e 1979" *in RFDUL*, XXV, págs. 195 e seg.

ticos mais adversos à intervenção militar-revolucionária. Por outro lado, sendo, por inerência constitucional, o Comandante Supremo das Forças Armadas, o Presidente da República beneficiaria do assentimento da instituição militar no exercício dessas funções de pacificação e de subordinação dos militares ao poder político legítimo, já que, num período de extrema sensibilidade e sendo também militar, não seria visto pelos militares como uma imposição externa ou uma autoridade estranha ao corpo militar; o Presidente da República era *um dos seus*, e não era *um qualquer dos seus*, mas um expoente do grupo vencedor do conflito político-militar encerrado a 25 de Novembro de 1975.

Ora, para o que aqui nos interessa, a partir do momento em que o Presidente da República era um militar, tal facto induzia tendencialmente, embora não necessariamente, uma não partidarização do exercício do cargo, ou seja, como militar o Presidente deveria manter-se num plano situado acima da luta político-partidária. O cariz de Presidente *não-liderante*, não partidariamente empenhado ou envolvido, que é um elemento típico essencial da matriz portuguesa de semipresidencialismo, tinha aí, portanto, uma primeira origem, ainda que não exclusiva nem absolutamente decisiva. Ela seria ainda potenciada pelos dois factores a seguir abordados.

3.2. O Presidente da República acumula o cargo presidencial com o de Chefe de Estado-Maior das Forças Armadas

Ramalho Eanes, que havia desempenhado um papel de direcção operacional no 25 de Novembro de 1975, era Chefe de Estado-Maior do Exército quando foi escolhido, com o apoio implícito do Conselho da Revolução, como candidato a Presidente da República. Por si só, esse circunstancialismo já reforçava a ideia/obrigação de um perfil de independência partidária e de isenção política.

Para além disso, depois de eleito e já enquanto Presidente da República, Eanes aceitou ser nomeado pelo Conselho da Revolução como Chefe de Estado-Maior General das Forças Armadas. Dava, assim, continuidade à opção do seu predecessor (não eleito) no cargo de Presidente da República provisório, o General Costa Gomes, que, sendo Chefe de Estado-Maior na altura em que foi nomeado Presidente da

República, só aceitou esta nomeação com a condição de poder acumular os dois cargos[205]. Como diz Jorge Miranda, a acumulação de cargos por parte de Eanes foi feita à margem da Constituição, mas tolerada na perspectiva de assegurar o objectivo essencial de uma subordinação das Forças Armadas ao poder político democrático[206].

Ora, acumular o cargo de Presidente da República com o de Chefe de Estado-Maior das Forças Armadas implica, na mesma pessoa que exerce os dois cargos, um dever reforçado de isenção e de apartidarismo[207], ou seja, reforça o impulso para a configuração do perfil do Presidente da República do semipresidencialismo português tal como se viria a afirmar nos anos seguintes. De facto, se no exercício das funções políticas de soberania o Presidente da República se deixasse envolver ou tomasse parte activa na disputa inter-partidária, não poderia depois, enquanto Chefe de Estado-Maior das Forças Armadas, pretender ser tido como isento e apartidário no exercício de um cargo que, jurídica e funcionalmente, exige tais atributos.

Logo, quando o primeiro Presidente da República eleito acumula o exercício dos dois cargos referidos, só o pode fazer sob compromisso de isenção e de apartidarismo, o que acentua a ideia de que, entre nós, o Presidente da República não se envolve na disputa partidária.

3.3. Um Presidente da República suprapartidário

a) Por último, mas decisivo, a posição suprapartidária do primeiro Presidente da República eleito foi especialmente determinada pelo facto de a sua candidatura ter surgido, não como iniciativa de um partido

[205] Cf. Medeiros Ferreira, "Um corpo perante o Estado: militares e instituições políticas" *in* M. B. Coelho (org.), *Portugal, O Sistema Político e* Constitucional, Lisboa, 1989, pág. 433; Carlos Gaspar, "O processo constitucional e a estabilidade do regime" *in Análise Social*, XXV, 1990, pág. 12.

[206] Cf. Jorge Miranda, "O sistema...", cit., pág. 209.

[207] Eanes só veio a abandonar a acumulação destes cargos em 1981, nos termos do acordo político que pactuou com o Partido Socialista, no quadro do apoio à sua recandidatura. Cf. António de Araújo, "El Presidente de la República en la evolución del sistema político de Portugal", *cit.*, pág. 85.

político, mas como candidatura "nacional"[208], congregando o apoio do Conselho da Revolução e de todos os partidos que, à direita e à esquerda, estiveram com os vencedores de Novembro de 1975.

Portanto, como salienta Jorge Miranda[209], apesar de apoiado por um largo espectro partidário, que incluía, entre outras forças políticas e partidárias, o PS, o PSD (PPD) e o CDS, Eanes assumia-se como "candidato de Portugal", da democracia e da Constituição, não condicionado por compromissos com os partidos que o apoiavam que, de resto, também não o consideravam como seu líder.

Por outro lado, a *maioria presidencial* formada em torno da candidatura de Eanes (PS, PSD, CDS)[210] não subsistiu após as eleições nem deu origem a um governo dela derivado, até porque Eanes havia previamente anunciado que designaria como Primeiro-Ministro, como viria a fazer, Mário Soares, líder do PS[211].

Logo, para além de uma clara demarcação e separação entre eleições parlamentares e eleições presidenciais, entre *maioria presidencial* e *maioria parlamentar* e entre critérios de formação do Governo e resultado das eleições presidenciais, também a hipotética evolução do comportamento do Presidente da República no sentido de uma intervenção de

[208] Obviamente, a candidatura não era nacional ou só poderia ser considerada como tal se por *nação* se entendesse o bloco vencedor do 25 de Novembro de 1975. A vitória de Eanes contra Otelo nas eleições presidenciais de 1976 constituiria, de resto, a consagração política da vitória militar obtida naquela data, derradeiro combate que selou o resultado final da disputa dos dois blocos político-militares que se vinham defrontando no período pós-revolução: o que favorecia a institucionalização de uma democracia representativa como era normal na Europa ocidental e o que propugnava a instituição de um regime difuso de poder popular não necessariamente legitimado por uma eleição democrática.

[209] Jorge Miranda, "O sistema...", cit., pág. 209.

[210] Nas eleições parlamentares realizadas em Abril de 1976 nenhum dos partido obtivera maioria absoluta, ainda que o PS, com 35% dos votos, fosse o claro vencedor. O PSD obteve cerca de 24% e o CDS 16%. Em termos aritméticos, na Assembleia da República haveria uma *maioria presidencial* de 222 num total de 263 deputados.

[211] Cf. Jorge Miranda, "O sistema...", *cit.*, pág. 210; Santana Lopes/Durão Barroso, *Sistema de Governo e Sistema Partidário*, Lisboa, 1980, págs. 37 e seg. Curiosamente, estes últimos autores censuram a Eanes o não ter promovido, na altura, uma solução governativa assente na *maioria presidencial*. Não o fazendo, esse teria sido, em seu entender, o primeiro golpe desferido por Eanes na hipótese de construção de um modelo de sistema de governo com pendor presidencial forte.

tipo partidariamente empenhado ficou excluída pelos termos particulares da candidatura e da vitória de Eanes.

Eanes era simultaneamente o candidato do principal partido da esquerda (PS) e da direita (PSD, CDS), o candidato do Governo e da oposição, o candidato de um e do outro partido que marcariam, até hoje, a alternância democrática no exercício do poder, o PS e o PSD, pelo que tudo apontava, entre nós, para uma lógica suprapartidária de intervenção presidencial, claramente distinta da lógica de integração da intervenção presidencial na disputa político-partidária que era comum e normal na actuação do Presidente francês.

b) É verdade que nem este nem nenhum dos outros factores atrás enunciados determinam, por si só, uma consequência estrita e necessária de actuação presidencial *despartidarizada* ou suprapartidária. Por exemplo, em 2001, Mário Soares viria a ser reeleito com o apoio de PS e PSD e não foi isso que o inibiu de desenvolver, no seu segundo mandato, um activismo anti-Governo PSD (Cavaco Silva) que o aproximaram objectivamente de uma intervenção próxima de uma quase liderança da oposição.

Porém, a influência conjunta deste e dos outros dois factores (candidatura apartidária, candidatura de um militar, acrescida do facto de o Presidente da República eleito continuar a desempenhar as funções de Chefe de Estado-Maior General das Forças Armadas) determinou a construção originária de toda uma lógica *nacional* e suprapartidária de justificação da actuação presidencial que não mais se perderia.

Cumprir o mandato conferido pelos eleitores deveria ser respeitar essa lógica; qualquer *desvio*, no sentido de envolvimento pontual do Presidente da República numa actuação de *bloco* contra *bloco*, de esquerda contra direita, ou, ainda mais grave, de partido contra partido, seria defraudar o mandato recebido, quiçá incumprir até a Constituição, como alguns defendem.

Por isso, a matriz portuguesa de semipresidencialismo —no sentido de existência de um Presidente da República não envolvido na luta político-partidária, de um Presidente da República que pauta a sua actuação pelo interesse nacional e numa posição suprapartidária, de um Presidente da República que funciona com plena independência das eleições parlamentares e dos seus resultados — ficou originariamente pré-definida com e na primeira eleição presidencial, em 1976.

Veremos, a seguir, como a evolução do sistema de governo nos anos que se sucederam confirmou esta pré-definição e lhe acrescentou outros elementos —como os da natureza reguladora, garante, moderadora, da intervenção presidencial e do não envolvimento do Presidente da República nas questões governativas e executivas que são atribuídas exclusivamente ao Governo—, tudo o que viria, afinal, a constituir, no seu conjunto, a definição da matriz portuguesa de semipresidencialismo, ou seja, um semipresidencialismo de Presidente-*moderador*.

4. Os anos de formação do semipresidencialismo português e a importância da revisão constitucional de 1982

a) Os primeiros anos do semipresidencialismo português, os anos de formação do sistema, foram feitos sob a égide dos dois mandatos do General Ramalho Eanes, no período compreendido entre 1976 e 1985. Como sempre acontece, o sistema de governo não poderia deixar de ficar marcado por estes primeiros anos. Com outro Presidente, outras circunstâncias, outros resultados eleitorais nas eleições parlamentares, tudo poderia ter sido diferente e o nosso sistema de governo poderia ter evoluído para algo muito diverso daquilo que é.

Vimos como a origem do sistema inibia, à partida, pelo menos nos seus primeiros anos, uma evolução de tipo *francês*. Considerando que foi eleito um Presidente sem anteriores ligações a qualquer partido político, num contexto de candidatura suprapartidária, simultaneamente apoiado pelas duas forças políticas que disputam o Governo no processo de alternância democrática, mas sem que alguma delas o reconhecesse como seu líder; tendo, para lá disso, em conta que era um militar e que exercia igualmente o cargo de Chefe de Estado-Maior General das Forças Armadas, muito dificilmente, com todos estes factores reunidos, o sistema se poderia ter desenvolvido numa direcção aproximada do semipresidencialismo francês.

Como se viu, nessa matriz de semipresidencialismo o Presidente toma partido, lidera uma força política, tem um programa de governo, concorre a eleições a favor ou contra um bloco partidário que disputa o governo. Ora, com uma reunião de factores como os que referimos, uma evolução de tipo francês estava, pelo menos em 1976 e nos tempos seguintes, decisivamente afastada no nosso semipresidencialismo.

Mas, em contrapartida, nada garantia, pelo menos na origem, que os primeiros anos não gerassem uma evolução muito diferente daquela que ocorreu, que o sistema não viesse a funcionar e a estabilizar-se segundo o modelo alternativo de funcionamento *austríaco*, ou seja, com Presidente da República *cerimonial*, *apagado*, não interveniente, com a determinação e condução da vida política a esgotar-se segundo a orientação e os impulsos gerados exclusivamente nos pólos Parlamento-Governo. Se tal se tivesse verificado, muito pouco permitiria distinguir o nosso sistema de governo de um típico sistema parlamentar, se entretanto se confirmasse, na altura e no futuro, esse padrão evolutivo.

Isso não veio a acontecer. O nosso sistema de governo é, como vimos, algo de qualitativamente distinto de um sistema parlamentar e importa agora considerar alguns dos factores que determinaram a evolução que se verificaria em Portugal e que se afirmou com um sentido distinto e sistemicamente alternativo, tanto relativamente à experiência semipresidencial de Presidente-*liderante* quanto às experiências semipresidenciais de Presidente-*cerimonial*.

b) Entre esses factores conta-se, desde logo, a própria personalidade do General Ramalho Eanes e esse aspecto da personalidade tem, em sistema semipresidencial, uma relevância bastante superior, na determinação do cunho do sistema, àquela que o mesmo factor desempenha tanto em presidencialismo quanto em parlamentarismo. Em sistema parlamentar, mesmo que o Presidente *queira*, não *pode*. A falta de legitimidade eleitoral democrática impede-o. Em contrapartida, em sistema presidencial, o Presidente *pode* e *tem de querer*. A sua função exige dele o tipo de actuação que o eleitorado teve em mente quando o escolheu; o Presidente tem de ser o que é e o que dele se espera, porque não há outro órgão que possa desempenhar a mesma função.

Já a complexidade do sistema semipresidencial deixa ao Presidente da República uma larga margem de escolha: ele tem a legitimidade democrática para exercer todos os importantes poderes que a Constituição lhe atribui, mas não está obrigado a fazê-lo. A sua personalidade, as suas escolhas, as circunstâncias do mandato, poderão ser, a esse propósito, decisivas.

Ora, neste aspecto, o mínimo que se pode dizer é que, *podendo*, o General Eanes também *queria*. Mas, para além desta apreciação inevitavelmente subjectiva, importa ter em conta que havia outros factores que *empurravam* objectivamente o Presidente da República nestes primeiros anos, se não para o activismo que se veio a verificar, pelo menos para uma presença activa e influente. Entre eles, o principal terá sido o da ausência de uma maioria parlamentar absoluta nos primeiros anos de vigência da Constituição de 1976, mais propriamente, de 1976 a 1979.

Com efeito, as eleições de 1976 não geraram, como vimos, uma qualquer maioria absoluta: o PS, partido mais votado, obteve 35% dos votos, a que correspondiam 107 deputados num total de 263; por sua vez, à direita, PPD e CDS tinham, em conjunto, 115 deputados, o que os impedia, também, de se apresentarem como alternativa estável e maioritária de governo[212].

Ora, a ausência de uma maioria parlamentar absoluta convoca automaticamente o Presidente da República para uma maior intervenção e um maior papel. Se o Parlamento não encontra, por si só, uma solução governativa estável, consistente, de uma ou outra forma o Presidente da República é inevitavelmente chamado a intervir.

Porém, Eanes não *reinou* sempre com governos minoritários no outro pólo do sistema político. A partir de 1979 sucederam-se governos de apoio maioritário sólido (AD) e, a partir de 1983, de *bloco central* (PS/PSD). Porém, o *activismo* de Eanes e, em certa medida, por consequência, a matriz portuguesa de semipresidencialismo sobreviveram a essas mudanças, ou seja, o sistema não evoluiu, por facto da formação de maiorias parlamentares absolutas, para um *apagamento* do órgão Presidente da República.

A matriz portuguesa de semipresidencialismo vai-se construindo ao longo dos anos de *formação*, através de um processo, paulatino, de padronização de comportamentos e justificações dos protagonistas políticos e de correspondente assentimento/rejeição por parte da

[212] Não nos interessa aqui explorar as razões, de resto conhecidas e reiteradamente confirmadas nas décadas seguintes, pelas quais só eram possíveis esses dois eixos de eventual formação de uma maioria absoluta, ou seja, à esquerda o PS, à direita uma aliança PSD/CDS, o que significa que à esquerda estava bloqueada, e continuou durante muitos anos, mais precisamente, até 2015, a hipótese de acordos eleitorais ou de governo entre as várias forças presentes no Parlamento.

comunidade e de um eleitorado que *responde* em conformidade a essa sedimentação progressiva.

Há, porém, nesse processo quase insensível de construção da matriz, alguns marcos que, na época, funcionam como impulsos e episódios marcantes, mas que hoje, à distância, podem ser interpretados como verdadeiramente decisivos na orientação do nosso sistema de governo semipresidencial para aquilo que é hoje.

Há, em nosso entender, três *momentos*, a que o Presidente Eanes está directa ou indirectamente associado, e a que pode ser atribuído, nestes anos, o qualificativo de *fundadores* do semipresidencialismo português, na medida em que confirmam a presença política activa do Presidente da República no sistema político e afastam qualquer pretensa evolução do semipresidencialismo português no sentido de Presidente-*cerimonial*. São eles:

(i) a demissão presidencial do II Governo constitucional, de Mário Soares;
(ii) a reeleição de Ramalho Eanes para um segundo mandato, em 1980; e
(iii) a revisão constitucional de 1982.

4.1. A destituição de Mário Soares e os *governos de iniciativa presidencial*

a) O primeiro marco constitutivo é, a nosso ver, em 1978, a demissão, às mãos de Eanes, do II Governo constitucional, de coligação entre o PS e o CDS, com Mário Soares como Primeiro-Ministro, bem como o activismo presidencial que se seguiu com a nomeação dos chamados Governos de *iniciativa presidencial*. Na altura, perante uma crise aberta com o abandono do Governo por parte dos ministros do CDS, o Primeiro-Ministro pretendia reconstruir o Executivo e confirmar o apoio parlamentar a uma nova composição e solução governativa; todavia, o Presidente da República recusou essa possibilidade e essa tentativa e demitiu o Governo contra a vontade do Primeiro-Ministro.

O episódio da demissão de Mário Soares como Primeiro-Ministro do II Governo constitucional, para mais perturbada pela dúvida jurídico-constitucional quanto aos conceitos de exoneração/demissão suscitada pelo PS[213], constitui o primeiro, mas decisivo, marco político que evidencia não ser o nosso Presidente da República um Presidente *cerimonial*, simbólico. Eanes não aceita ser figura decorativa e, bem ou mal, afirma o órgão Presidente da República como centro ou pólo efectivo de exercício de poder político.

Assim, e pela primeira vez numa prática depois sucessivamente reiterada, o Presidente da República arrogou-se, com sucesso, a prerrogativa presidencial de avaliação decisiva da viabilidade dos Governos e que viria futuramente a constituir o eixo principal da intervenção política autónoma do Presidente da República português. Desenvolveremos posteriormente, com grande desenvolvimento, o sentido e alcance sistémico desta prerrogativa presidencial.

b) Porém, a destituição do Primeiro-Ministro sem que houvesse, no parlamento, uma maioria alternativa de sustentação de um novo governo, deixou o Presidente da República perante um imbróglio, por ele mesmo criado, que seria resolvido através da alternativa, falhada, do que passou, entre nós, a ser designado por *governos de iniciativa presidencial*.

Ou seja, optando por não dissolver a Assembleia da República, Eanes ensaiou um conjunto de propostas governativas constituídas a partir de

[213] O PS defendia não ter o Presidente da República o poder de demitir autonomamente o Governo, mas apenas o poder de exonerar o Primeiro-Ministro se e quando este perdesse expressamente o apoio ou o assentimento parlamentar. Jorge Miranda, "O sistema...", cit., p. 213, sustenta, a propósito, que o eventual sucesso dessa tese defendida pelo PS significaria uma *parlamentarização* do sistema.
De facto, tratando-se de fixar o alcance jurídico controvertido da fórmula constitucional da altura, que dava ao Presidente da República o poder de nomear e exonerar o Primeiro-Ministro, a dúvida era saber se o poder de exonerar era um poder livre do Presidente da República, como sustentava Eanes, ou era um poder formal meramente concretizador de anterior decisão tomada pelo Parlamento, como defendia Soares; valeu a primeira interpretação.
Ou seja, foi a primeira vez em que ficou clara a existência do princípio de interpretação constitucional subjacente a um sistema semipresidencial: em sistema com eleição universal e directa do Presidente da República, todos os poderes que a Constituição lhe atribui são poderes reais, efectivos, a que ele pode, se quiser, recorrer com a autonomia plena que lhe é conferida pela legitimidade democrática. Se a Constituição dava ao Presidente da República o poder de "exonerar o Primeiro-Ministro", então o Presidente da República *tinha* mesmo o poder de exonerar o Primeiro-Ministro, independentemente da posição do próprio ou da vontade do Parlamento.

Belém, compostas por pessoas politicamente próximas do Presidente da República, não indicadas pelos partidos políticos, que depois se apresentavam no Parlamento com a esperança de beneficiarem, no mínimo, da não oposição/rejeição activa dos partidos parlamentares.

Assim, de Agosto de 1978 a Dezembro de 1979, Portugal teve três *governos de iniciativa presidencial*, tendo como Primeiros-Ministros, sucessivamente, Nobre da Costa (III Governo), Mota Pinto (IV) e M. Lurdes Pintasilgo (V), sem qualquer linha condutora ou de continuidade políticas ou programáticas, evoluindo erraticamente entre a direita e a esquerda do espectro político, procurando e beneficiando de apoios parlamentares mais diversos.

O primeiro Governo *de iniciativa presidencial* (Nobre da Costa) pudera ser visto como um ensaio para um futuro lançamento de um partido presidencial, a partir de um suposto exemplo de eficácia política e de superioridade ética de executivo tecnocrático, *apolítico*, surgido do exterior do panorama partidário; já o segundo (Mota Pinto), foi interpretado como uma tentativa de forçar informalmente, no Parlamento, um acordo PS/PSD, mesmo passando por cima das lideranças carismáticas dos dois partidos; o último, o de Pintasilgo, bastante mais à esquerda que qualquer dos anteriores, foi, à falta de melhor explicação, interpretado como tendo sido uma imposição do Conselho da Revolução como contrapartida para a autorização da dissolução da Assembleia da República entretanto pretendida por Eanes (na altura, antes da revisão constitucional de 1982, o Presidente da República necessitava da autorização do Conselho da Revolução para poder dissolver a Assembleia da República)[214].

c) Na viabilização parlamentar destes *seus* Governos, o Presidente da República contava com a particularidade jurídica, já referida, segundo a qual para que um Governo *passe* no Parlamento não necessita de *investidura* ou aprovação parlamentar, não necessita do apoio activo de uma maioria, mas apenas precisa de não ser expressamente rejeitado por uma maioria parlamentar absoluta. Ou seja, bastaria, para *passar*, que um Governo não tivesse uma maioria absoluta expressamente contra.

[214] Cf. Jorge Miranda, "O sistema...", cit., p. 218; Braga da Cruz, *loc. cit.*, p. 248.

Porém, o Governo Nobre da Costa não chegou mesmo a *passar* na Assembleia da República. Uma moção de rejeição do seu programa apresentada pelo PS foi aprovada por uma maioria PS/CDS (com a abstenção do PCP e os votos contra do PSD) e o Governo não pôde, sequer, entrar em exercício pleno de funções.

O Governo Mota Pinto, apoiado pelo CDS e PSD, beneficiou à partida da abstenção do PS na moção de rejeição apresentada pelo PCP, mas viu a seguir rejeitada a sua proposta de orçamento, perdeu o *apoio crítico* do PSD de que inicialmente beneficiara —motivando a cisão interna do grupo parlamentar do PSD entre Sá Carneiro e as "opções inadiáveis" de Sousa Franco e Magalhães Mota— e, depois de ver recusado um primeiro pedido de demissão que apresentou a Eanes, assistiu à apresentação na Assembleia da República de duas moções de censura, uma do PS e outra do PCP. Na véspera da respectiva votação, e sendo a aprovação dada como certa, o Governo pediu de novo a demissão que, desta vez, acabaria por ser aceite pelo Presidente da República .

Por último, em Agosto de 1979 foi ainda nomeado o Governo Pintasilgo, mas, numa altura em que o Presidente da República se preparava para dissolver a Assembleia da República e convocar eleições intercalares[215], destinava-se a funcionar teoricamente como Governo de gestão e de preparação de eleições. Teve os votos contra do PSD e do CDS, mas *passou* beneficiando da abstenção de PS e PCP, com a curiosidade de, praticamente, não ter apoio parlamentar em nenhum dos quatro grandes partidos.

Portanto, quando se faz a avaliação das experiências de "governos de iniciativa presidencial", o balanço é desastroso. Não apenas pelo seu insucesso objectivo (três Governos num ano e poucos meses), mas porque produziram um enorme desgaste tanto na figura do Presidente da República quanto no sistema partidário e, sobretudo, nas relações entre o Presidente e os partidos parlamentares.

Eanes começou este tipo de experiências incompatibilizado com Mário Soares, líder do PS, a quem demitiu por, supostamente, não conseguir um Governo com apoio maioritário *estável e coerente*, e terminou-as

[215] Na época, antes da revisão constitucional de 1982, uma Assembleia da República eleita no curso de uma legislatura *interrompida*, não iniciava uma nova legislatura, mas apenas completava a anterior, ou seja, a meio da legislatura não se realizavam eleições *antecipadas*, mas sim eleições *intercalares*.

ainda *mais* incompatibilizado com Sá Carneiro, líder do PSD, que viu nestas experiências, nomeadamente no Governo Mota Pinto, dissidente do PSD, uma tentativa de fraccionar o seu partido por parte de Eanes e de ensaiar a formação de um partido presidencial sobre os destroços dos partidos *tradicionais*.

4.2. A reeleição de Eanes em 1980

a) O segundo momento político marcante e fundador do semipresidencialismo português é a reeleição presidencial de Eanes em 1980, com a derrota inerente da estratégia de Sá Carneiro de alteração do sistema político-constitucional. Além do mais, essa estratégia teria muito provavelmente, no caso de ser bem-sucedida, provocado uma necessária inflexão do sistema de governo português em direcção a um semipresidencialismo de Presidente-*cerimonial*.

A vitória, com maioria absoluta, da Aliança Democrática (PSD/CDS e outros) nas eleições intercalares de 1979, e logo reforçada nas eleições legislativas de 1980, mudou profundamente a paisagem política e as relações entre Governo e Presidente da República. Pela primeira vez havia uma maioria absoluta saída de eleições e com a particularidade de o Governo a que deu origem (VI Governo, de Sá Carneiro) ser oriundo de um bloco político *anti*-Presidente da República, um Governo apoiado por uma maioria absoluta que proclamava a sua oposição à reeleição do Presidente em funções e escolhia um candidato próprio a essas eleições, o General Soares Carneiro.

O sistema de governo seria então *testado* numa situação até aí desconhecida: a existência de uma maioria parlamentar absoluta, mas com a particularidade de centrar parte substancial dos seus objectivos políticos no combate ao Presidente da República em funções e na expectativa da sua derrota nas eleições presidenciais que se iam disputar.

Na liderança do PSD e da AD, Sá Carneiro, reconfortado pelas duas maiorias absolutas que o eleitorado —aparentemente sensível à estratégia bipolarizadora— lhe concedera, radicaliza o discurso anti-Eanes, que havia iniciado logo em 1977, e aposta tudo na nova eleição presidencial. É nessa altura que recupera o célebre lema "um Governo, uma maioria, um Presidente" em torno da candidatura do General Soares

Carneiro. Imputa a Eanes um projecto de poder pessoal anti-partidos e uma intenção de destruir o PSD e, ainda que sem justificação objectiva evidente, transforma Eanes no alvo a abater, como se estivesse em Belém a fonte dos alegados bloqueios do sistema político e da sociedade portuguesa.

Paradoxalmente, enquanto que Eanes proclamava entretanto, para alguns surpreendentemente, a sua identificação ideológica com o projecto político e o modelo de sociedade da AD[216], os líderes desta, Sá Carneiro e Freitas do Amaral, forçam as divergências ao extremo, anunciando que se demitiriam do Governo, não aceitando a recondução, e se *refugiariam* na Assembleia da República caso Eanes vencesse as eleições[217]. Colocavam assim um eleitorado que tinha acabado de os *eleger* em duas ocasiões sucessivas, em 1979 e em Outubro de 1980, perante uma escolha inevitável: se os portugueses queriam manter a AD no Governo, não podiam reeleger Eanes em Dezembro de 1980.

Ora, uma estratégia tão radical e maximalista como esta só faz algum sentido —sobretudo quando se pressuponha em Sá Carneiro a genialidade política que lhe foi atribuída depois da sua morte trágica— se se tiver em conta o objectivo último que a AD colocava na eleição de Soares Carneiro para Belém. No fundo, o que estava em causa era a Constituição e a profunda alteração que Sá Carneiro tinha em vista para se desembaraçar dos limites jurídicos rígidos que, designadamente no domínio económico, tanto a Constituição quanto o seu guardião, o Conselho da Revolução, colocavam à função governativa[218].

É que, carecendo a revisão constitucional de uma maioria de aprovação de 2/3, uma qualquer intenção de revisão radical estaria necessa-

216 Cf. Durão Barroso, "Les conflits entre le Président portugais et la majorité parlementaire de 1979 à 1983" in Maurice Duverger (org.), Les Régimes Semi-Présidentiels, Paris, 1986, págs. 237 e seg; Joaquim Aguiar, "A história múltipla" in Análise Social, XXXI, 1996, pág. 1261.

217 Cf. Jorge Campinos, "Le cas portugais de 1979 à 1983" *in* Maurice Duverger (org.), *Les Régimes Semi-Présidentiels*, Paris, 1986, pág. 230; Durão Barroso, *loc. cit.*, p. 241.

218 A declaração de inconstitucionalidade, por parte do Conselho da Revolução, dos três projectos de delimitação de sectores aprovados pela AD (especialmente nos dois casos em que o Conselho da Revolução contrariou o sentido de não inconstitucionalidade constante dos correspondentes Pareceres da Comissão Constitucional —cf. Pareceres 13/80 e 23/81 da Comissão Constitucional) eram a face mais visível dessas dificuldades. Cf. Jorge Campinos, *loc. cit.*, p. 215.

riamente bloqueada, uma vez que o PS, sem o qual não haveria maioria de 2/3, estava no essencial alinhado com o conteúdo da Constituição. O projecto Sá Carneiro envolvia, então, o *golpe de mágica*[219] do referendo constitucional que, de resto, resumia o essencial do programa presidencial de Soares Carneiro[220]. Dispondo de uma maioria na Assembleia da República que apenas lhe permitia *aprovar* um projecto de revisão por maioria simples (inconstitucional, uma vez que nos termos da Constituição essa aprovação exigiria 2/3), seria necessária a posterior colaboração do Presidente da República para, mesmo sem qualquer habilitação constitucional, submeter esse projecto a referendo popular —com recurso à retórica de uma *Constituição democrática* contra uma *Constituição marxista*— e promulgá-lo depois como nova Constituição[221].

Obviamente, o assentimento que o candidato Soares Carneiro deu a uma estratégia inconstitucional deste tipo, no quadro do lema "um Governo, uma maioria, um Presidente", reflectia a menorização e secundarização do candidato relativamente aos líderes partidários da AD e significaria, com grande probabilidade, a prazo, o esvaziamento político do órgão Presidente da República, a sua subordinação política ao Primeiro-Ministro e, no plano global, o aborto do processo de formação da matriz portuguesa de semipresidencialismo[222].

[219] No sentido de que o mecanismo de referendo constitucional (aprovação da Constituição ou das suas revisões através de votação popular directa e referendária) não estava previsto na Constituição portuguesa, tal como hoje não está. O carácter *mágico* resultava da aptidão retórica em transformar uma inconstitucionalidade grave, evidente e manifesta —alteração da Constituição através de procedimento que ela não previa— em procedimento pretensamente exigido pelo respeito da vontade do Povo e das regras da democracia.

[220] Cf. Jorge Campinos, *loc. cit.*, págs. 210 e seg.

[221] Para uma descrição desenvolvida da estratégia referendária de Sá Carneiro para alterar a Constituição sem uma maioria de 2/3, mas com a colaboração empenhada e decisiva do novo Presidente da República a eleger em 1980, cf. António Filipe, *O Referendo na Experiência Constitucional Portuguesa*, Coimbra, 2016, págs. 287 e segs.

[222] De resto, sendo, na realidade, o candidato do sistema, a eventual derrota de Eanes poria sempre em causa a matriz portuguesa de semipresidencialismo, num ou noutro sentido. Se Sá Carneiro, líder do PSD e da AD, tivesse optado por se candidatar, ele mesmo, a Presidente da República, a sua eventual vitória colocaria o semipresidencialismo português nos trilhos do modelo francês, com o novo Presidente da República a funcionar, no caso, como líder da maioria. Tendo a AD apresentando um candidato *menor*, Soares Carneiro, a eventual vitória deste manteria, dentro do bloco vencedor, o peso político no lado do Executivo, liderado pelo verdadeiro chefe da maioria parlamentar, Sá Carneiro, o que tenderia a reduzir o papel do Presidente da República a figura subalterna e cerimonial.

Lançados os dados, e jogando-se, no fundo, o futuro do sistema de governo nesta eleição, a vitória de Eanes, à primeira volta, foi um facto notável (56,5% contra 40% do candidato da AD), sobretudo quando se tem em conta a decisão do eleitorado a favor da AD apenas três meses antes, nas eleições parlamentares, e as condições difíceis em que a eleição presidencial se disputou para Eanes[223].

b) Para o que aqui sobretudo nos importa, essa vitória significou também a manutenção do sistema de governo tal como vinha a ser progressivamente configurado. Após o episódio já referido de demissão de Soares como Primeiro-Ministro do II Governo, a reeleição de Eanes constituiu o segundo grande marco político que confirma a trajectória de construção da matriz portuguesa de semipresidencialismo.

Sujeito a uma crítica cerrada e extrema dos dois principais líderes partidários, Mário Soares e Sá Carneiro, afectado pelo insucesso das experiências dos "governos de iniciativa presidencial", envolvido numa *guerrilha institucional* com os governos da AD, Eanes vê, todavia, o eleitorado caucionar o seu activismo e, indirectamente, com uma votação tão significativa, legitimar o perfil de um Presidente da República não decorativo, interventivo, pólo de exercício efectivo de poder político.

A reeleição de Eanes *contra* a maioria parlamentar absoluta da AD faz a prova de que não era apenas a ausência de uma definição parlamentar/governamental clara, maioritária, que, no período de 1976 a 1979, abria objectivamente espaço à intervenção do Presidente da República; mesmo com um Governo maioritário, mesmo com uma maioria parla-

[223] A força eleitoral da AD e a sua onda de vitória estavam no auge e os seus líderes dispunham de uma legitimidade democrática reforçada em três eleições recentes, de resultado inequívoco e em crescendo (incluindo duas eleições legislativas e umas eleições autárquicas); o campo socialista, base maior do apoio de Eanes, estava enfraquecido por essas derrotas sucessivas e, em plena campanha da reeleição, tinha visto o seu líder, Mário Soares, a pretexto das declarações em que Eanes se identificava politicamente com o programa da AD, retirar o apoio à recandidatura e suspender o seu mandato de secretário-geral no PS, precisamente por discordar do apoio colegial da direcção do partido a Eanes; por último, factores de natureza emocional pareciam jogar a favor de Soares Carneiro quando, a dias das eleições, o Povo tomou conhecimento, estupefacto, do acidente que vitimou Sá Carneiro e assistiu, precisamente nas vésperas da votação, a uma transmissão televisiva das exéquias (só havia, na altura, a televisão pública) intensamente apelativa e politicamente orientada em favor da maioria parlamentar.

mentar estável e reforçada, o eleitorado favorece, premeia e legitima a presença activa do Presidente da República no funcionamento do sistema político, ainda que Eanes fosse ostracizado e previamente denunciado pela maioria governamental como contrapoder, foco de instabilidade e suposta fonte dos principais males da democracia portuguesa.

Assim, se é certo que a seguir às eleições de 1979, a nova maioria absoluta da AD havia reduzido drasticamente as possibilidades de interferência do Presidente da República no exercício dos poderes executivos, incluindo na área da Defesa[224], uma vez vitorioso em 1980, Eanes ganha um novo alento para se contrapor à hostilidade de uma AD agora relativamente enfraquecida pela perda do líder e pela derrota presidencial[225].

Eanes denuncia os perigos de concentração de poderes que se abrigavam no lema "um Governo, uma maioria, um Presidente", exalta as virtualidades constitucionais de uma não consonância entre maioria parlamentar e Presidente da República[226] e, no discurso da tomada de posse para novo mandato, perante uma maioria parlamentar hostil, proclama que cabe ao Presidente da República "a missão de orientação superior da nossa vida política"[227].

4.3. A *guerrilha institucional* e a revisão constitucional

Os anos que se seguem serão marcados pela chamada *guerrilha institucional* entre Eanes e a AD, processo que fora iniciado ainda antes da reeleição[228] —com inúmeros episódios de disputa pessoal e polí-

[224] Cf. MARCELO REBELO DE SOUSA, *O Sistema...*, pág. 18; BRAGA DA CRUZ, *loc. cit.*, pág. 249.

[225] Sem uma liderança carismática e sem a presença do líder do parceiro da coligação, Freitas do Amaral, o Governo Balsemão não durará mais de seis meses. Balsemão pede a demissão, mas aceita formar novo governo, o VIII Governo, por incumbência do PSD e, dessa vez, já com a presença de Freitas do Amaral.

[226] Cf. MARCELO REBELO DE SOUSA, *A Coabitação...*, pág. 22.

[227] Cf. JORGE CAMPINOS, *loc. cit.*, pág. 231.

[228] Sá Carneiro, que já formara o VI Governo em Janeiro de 1980, sem qualquer informação prévia e, muito menos, qualquer negociação com Eanes, tinha entretanto deixado de se deslocar a Belém para as tradicionais reuniões de quinta-feira, limitando-se a informar da sua actividade o Presidente da República por escrito; aquando da segunda vitória eleitoral da AD, em Outubro de 1980, não apresenta a demissão a Eanes, reafirmando simbolicamente a sua pretensa dependência exclusiva do Parlamento (note-se que na altura o início de nova

tica[229] e, designadamente, em torno da actuação do Conselho da Revolução e da fiscalização da constitucionalidade— e que continua com vetos, alguns *de bolso*, competição e disputas na política externa, nas visitas de Estado, nas relações com as Forças Armadas, nas audiências presidenciais a sindicalistas em greve, no domínio legislativo (regulação da Casa Civil da Presidência, Estatuto dos Deputados, extinção da ANOP, lei de delimitação de sectores) ou em controvérsias politicamente simbólicas (condecorações póstumas a Sá Carneiro e Amaro da Costa e comemorações do 25 de Abril).

Já com o VII Governo (Balsemão) em funções, o ambiente de tensão e de desconfiança entre o Presidente da República e o Primeiro-Ministro tem o expoente caricato na exigência presidencial de que as reuniões de quinta-feira entre os dois passassem a ser gravadas para evitar duplicidades de interpretação e distorção do que fora dito[230].

Entretanto, nesse quadro problemático e conflitual, Eanes abre e desenvolve as virtualidades políticas de um poderoso novo canal de contacto directo com as populações[231], que complementa os discursos e as comunicações ao país, e que, sob uma ou outra modalidade, continuará no futuro a ser sistematicamente utilizado por todos os Presidentes[232], funcionando como compensação ou dissuasão de quaisquer tentativas de *apagamento* mediático dos Presidente da República por uma comunicação social mais zelosa (ou temerosa) dos Governos em funções. São as viagens pelo país (futuras *Presidências abertas*) a convite dos autarcas e através das quais um Presidente hábil reforça a sua imagem e implantação nacional, contactando os notáveis locais, a *sociedade civil*, ouvindo e assumindo as razões de queixa das populações locais —o ónus

legislatura não implicava, ao contrário do que hoje acontece, a demissão do Governo em funções, mas, nos termos da Constituição em vigor, o Governo era politicamente responsável tanto perante a Assembleia da República como perante o Presidente da República). Cf. Joaquim Aguiar, *loc. cit.*, pág. 1261; Jorge Campinos, *loc. cit.*, pág. 213.

[229] Cf. Santana Lopes/Durão Barroso, *op. cit.*, págs. 79 e segs, que localizam a primeira *afronta* no facto de, no discurso de posse do Governo AD, Eanes se ter *limitado* a garantir a "solidariedade institucional" e não já a cooperação política, a que o Governo *responderia* de imediato no episódio da condenação portuguesa à invasão soviética do Afeganistão e chamada do embaixador português a Lisboa sem dar qualquer prévio conhecimento a Eanes.

[230] Cf. Jorge Campinos, *loc. cit.*, págs. 215 e seg; Durão Barroso, *loc. cit.*, págs. 242 e segs.

[231] Cf. Jorge Campinos, *loc. cit.*, págs. 209 e segs; Durão Barroso, *loc. cit.*, págs. 237 e seg.

[232] Cf. Vasco Franco, *op. cit.*, págs. 267 e segs.

pela não satisfação das aspirações ou das promessas é normalmente imputado ao Governo a quem um Presidente não executivo se vê *obrigado* a remeter as reclamações.

Nesta fase são recorrentes no discurso do Presidente da República a defesa da regionalização e do poder local, as críticas à *classe política* de Lisboa e ao monopólio dos partidos políticos, dando força a um discurso anticentralista e antipartidos que testava e ensaiava o que poderia vir a ser o registo de um futuro partido presidencial que, desde 1979, pairava como *ameaça* sobre o sistema partidário[233].

Então, perante o segundo *fôlego* de Eanes, a maioria orienta a *guerrilha* para um *teatro de operações* desfavorável ao Presidente da República, o terreno da revisão constitucional, que o Presidente da República está constitucionalmente obrigado a promulgar e onde os 2/3 necessários parecem reunidos através da confluência anti-eanista da AD[234] e de um PS onde Mário Soares, eterno adversário de Eanes, retomara o controlo e a liderança e que *forçava* agora a um acordo de revisão com o PSD.

A revisão constitucional de 1982 será, assim, o terceiro momento em que se joga decisivamente o futuro e a viabilidade da matriz portuguesa de semipresidencialismo, quando, como veremos e ao contrário das expectativas geradas, uma intenção proclamada e assumida de restrição dos poderes presidenciais redundou, surpreendentemente, num reforço do estatuto e do papel do Presidente da República em conformidade à natureza própria e especial do semipresidencialismo português. Pela sua importância sistémica, autonomizamo-la como tema do capítulo que se segue.

[233] Cf. Jorge Campinos, *loc. cit.*, págs. 217 e segs.

[234] Como diz Durão Barroso (cf. "Les conflits...", *cit*, págs. 250 e seg), a AD, tendo falhado o projecto radical de profunda revisão da *Constituição económica* prosseguida com a estratégia de referendo *constitucional* com Soares Carneiro, orienta-se agora para a parte da organização política da Constituição, designadamente a redução dos poderes do Presidente da República.

Capítulo III
A Revisão Constitucional de 1982

1. O contexto jurídico-político da revisão

a) Com o início da II legislatura em Outubro de 1980, a Assembleia da República adquire os poderes de revisão constitucional que, realizada como previsto, conduzirá ao fim do período de transição, com a extinção do Conselho da Revolução e o termo da presença das Forças Armadas na vida política. Dá-se, assim, contra o que se poderia deduzir de previsões e teorizações que negavam a natureza de Constituição de Estado de Direito à Constituição de 1976 e identificavam o nosso sistema político como sendo uma "ditadura militar", integral cumprimento ao compromisso político de transição democrática celebrado entre os militares e os partidos políticos.

Ou seja, a presença dos militares na vida política do pós-25 de Abril de 1974 não foi algo de unilateralmente imposto à sociedade, mas a modalidade de transição que a sociedade, através da mediação dos partidos políticos, também considerou mais adequada à concreta transição entre a ditadura e um Estado de Direito democrático plenamente estabelecido. Essa forma de transição foi consensualmente assumida e, depois, institucionalizada jurídica e constitucionalmente, mas, sobretudo, o carácter transitório da presença dos militares na vida política e os termos do seu *regresso aos quartéis* foram integral e exemplarmente cumpridos, segundo os procedimentos politicamente acordados e juridicamente vertidos na própria Constituição. De acordo com o que estava previsto, o Conselho da Revolução foi extinto em 1982 e os militares voltaram aos quartéis, subordinando-se à autoridade civil e ao poder democrático, com observância da Constituição, sem sobressalto nem resistência.

Assim sendo, e uma vez que o objectivo programado da revisão seria o de encerrar o período de transição, era inevitável que, para além das disputas sobre a parte do sistema económico, a revisão se centrasse na organização do poder político. A simples extinção do Conselho da Revolução, e tendo em conta as funções que ele desempenhava até aí, obrigava a redistribuir os seus anteriores poderes, criar eventualmente novos órgãos e repensar o relacionamento entre os órgãos de soberania que exerciam o poder político.

Não se tratava, no entanto, de um mero problema de arranjo técnico dos poderes políticos. O período 1976-1980 *sobrecarregara* politicamente o tema do sistema de governo e, de há muito, as vicissitudes desse período foram adiando para a revisão constitucional o *acerto* de contas entre os protagonistas políticos, designadamente, entre os líderes dos principais partidos políticos, Mário Soares e Sá Carneiro, e Ramalho Eanes, Presidente da República que acabaria por ser reeleito em 1980.

É certo que o PS —com a oposição de Mário Soares— havia celebrado um acordo com o candidato presidencial Ramalho Eanes em que se comprometia a manter, na revisão constitucional, o equilíbrio de poderes que identificava o sistema de governo semipresidencial[235]. No entanto, tendo posteriormente Mário Soares retomado o controlo do Partido Socialista no Congresso de Maio de 1981, a questão da reavaliação dos poderes do Presidente da República ressurgia necessariamente na revisão constitucional, conhecida que era a anterior história de conflito entre os dois protagonistas.

Por sua vez, mesmo após o desaparecimento de Sá Carneiro[236], manteve-se o conflito ou *guerrilha* entre o Presidente da República reeleito

[235] E o cumprimento desse compromisso era tanto mais exigível quanto Eanes cumprira a sua parte do acordo, incluindo a renúncia ao cargo de Chefe de Estado-Maior das Forças Armadas.

[236] Note-se que, apesar dos conflitos e do afastamento relativamente ao Presidente Eanes, a posição de Sá Carneiro sobre a posição do Presidente da República no sistema de governo, em abstracto, era substancialmente distinta do que foi, depois, a intencional participação da Aliança Democrática (PSD e CDS) no processo de revisão e mesmo do projecto de revisão

e a AD, pelo que o projecto de revisão constitucional dos partidos que a integravam (PSD e CDS) retomava, como era já esperado, uma clara intenção de redução dos poderes presidenciais e de menorização do estatuto do Presidente da República relativamente ao Governo[237].

constitucional que veio a ser apresentado pela AD. Cf., a propósito, a descrição do processo de formação do projecto da AD em MARCELO REBELO DE SOUSA, *O Sistema...*, cit., págs. 30 e segs.
Com efeito, no seu projecto de *Uma Constituição para os Anos 80*, Lisboa, 1979 (elaborado numa fase em que, segundo MARCELO REBELO DE SOUSA, *loc. cit.*, pág. 32, Sá Carneiro fazia uma derradeira tentativa de reatar o relacionamento com Eanes), Sá Carneiro procura aproximar o nosso sistema do modelo francês e orienta-se para um reforço do estatuto presidencial, exemplificado nas suas propostas de extensão da duração do mandato presidencial a sete anos, de supressão dos condicionamentos ao poder de dissolução da Assembleia da República e de demissão do Governo, de atribuição do poder de presidir ao Conselho de Ministros sempre que o desejasse, de atribuição do poder de convocar o referendo, de descondicionamento dos poderes presidenciais nos estados de excepção constitucional, de nomeação de membros do Tribunal Constitucional e de alargamento do poder de veto. Simultaneamente, nesse projecto, Sá Carneiro alterava a relação entre o Governo e a Assembleia da República quando previa a necessidade de aprovação do programa de governo, a instituição da moção de censura construtiva (na aprovação da segunda moção que determinava a demissão do Governo) e a limitação temporal na votação das duas moções de censura conducentes à demissão do Executivo.

[237] Entretanto, já após o acirrar do conflito entre o Presidente Eanes e o Primeiro-Ministro Sá Carneiro, tinha sido publicado, a pedido deste último, *Um projecto de alterações ao projecto Sá Carneiro* de Santana Lopes (cf. SANTANA LOPES/DURÃO BARROSO, *op. cit.*, anexo), que propunha a eliminação do poder de demissão do Governo por parte do Presidente da República, a responsabilização política do Governo exclusivamente perante a Assembleia da República, a moção de censura construtiva, mas mantinha o poder de presidir aos Conselhos de Ministros sempre que o Presidente da República o considerasse conveniente.
Foi então apresentado o projecto de revisão da AD (DAR, II, nº 57, de 27 de Abril), que, sintetizando o sentimento político das sensibilidades dominantes no CDS e no PSD, fazia desaparecer qualquer forma de responsabilidade do Governo perante o Presidente da República —fosse ela política ou institucional—, restringia o alcance do poder de veto, instituía limites temporais ao poder presidencial de dissolução do Parlamento, eliminava a fiscalização preventiva da constitucionalidade e a fiscalização da inconstitucionalidade por omissão (ambas desencadeáveis pelo Presidente da República no texto de 1976) e acentuava a dependência exclusivamente parlamentar do executivo, com necessidade de aprovação do programa do Governo e a instituição da moção de censura construtiva, ou seja, a moção de censura votada pelo Parlamento deveria incluir o nome do Primeiro-Ministro a propor ao Presidente da República.

b) Assim, conhecidas as intenções dos dois principais partidos, todo o *ambiente* político criado em torno da revisão constitucional foi acentuadamente marcado, e publicamente percebido em conformidade, pela ideia de revisão especialmente orientada para a redução dos poderes e da margem de intervenção do Presidente da República, ideia essa que, mais do que expressa nos respectivos projectos de revisão constitucional[238], ia sendo concretizadamente pontuada pelos acordos políticos entre PS e PSD feitos à margem dos trabalhos parlamentares[239].

De resto, o próprio Presidente Eanes potenciava a impressão dominante quando instigava à *vigilância* sobre o processo de revisão e alertava publicamente para as supostas intenções parlamentares de degradação do estatuto constitucional do Presidente da República.

Veremos como essa ideia de redução dos poderes presidenciais na revisão constitucional de 1982 fez o seu caminho, incluindo no plano doutrinário. Com efeito, parte da literatura especializada parecia apenas esperar o termo do processo de revisão para proclamar uma pretensamente verificada restrição dos poderes presidenciais, *reconhecer* a redução do papel do Presidente da República[240] e questionar, até, a subsistência da natureza semipresidencial do sistema de governo[241].

No entanto, no fim, contra todas as expectativas e contra a conclusão mais generalizada, os poderes e o estatuto do Presidente da República resultaram acrescidos na revisão constitucional. E significativamente acrescidos. É um dos maiores *enigmas* da história constitucional portuguesa recente, mas é a pura verdade, mesmo se ainda hoje a gran-

[238] Com efeito, se o projecto de revisão da AD afectava o estatuto do Presidente da República no sistema político nos termos mencionados na nota anterior, já o projecto da FRS, muito baseado nas contribuições pessoais de Jorge Miranda, Nunes de Almeida e António Vitorino, é muito aproximado do texto de revisão constitucional que viria finalmente a ser aprovado pela Assembleia da República. Sintomaticamente, tanto Jorge Miranda (cf. "A originalidade e as principais características da Constituição portuguesa" *in Cuestiones Constitucionales,* 16, 2007, pág. 274), como António Vitorino (cf. A. Nadais/ A. Vitorino/ V. Canas, *Constituição da República Portuguesa,* Lisboa, 1983, págs. 141 e segs) interpretam o sentido da revisão constitucional de 1982, não como redução dos poderes presidenciais, mas como um reequilíbrio de poderes derivado necessariamente da extinção do Conselho da Revolução.

[239] Cf. Jorge Miranda, *Manual de Direito Constitucional,* I, Lisboa, 2003, pág. 381.

[240] Cf, entre muitos, Marcelo Rebelo de Sousa, *O Sistema...,* cit.

[241] Cf. André Gonçalves Pereira, *O Semipresidencialismo...,* cit.

de maioria dos comentadores mediáticos, politólogos, jornalistas e até alguns juristas, continua convencida de que a revisão de 1982 reduziu drasticamente os poderes presidenciais.

A intenção dos dois maiores partidos (PS e PSD) era, de facto, a de reduzir poderes e degradar o estatuto do Presidente da República no equilíbrio do sistema político[242], mas o resultado foi exactamente o inverso. O Presidente da República ficou convicto de que lhe tinham reduzido os poderes, denunciou a situação ao povo português, mas, ele próprio, em breve desmentiria, na prática, a falta de razão de ser dessas convicções e temores. Contra o que era aparentemente a intenção originária dos dois grandes partidos, contra o que Eanes afirmava, o estatuto constitucional do Presidente da República saíra reforçado da revisão constitucional de 1982 e o próprio se encarregaria de o demonstrar, na prática, no período que se seguiu.

Veremos, a seguir, como e porquê tal ocorreu.

2. As alterações no texto constitucional[243]

A extinção do Conselho da Revolução —que estava prevista e a que efectivamente se procedeu nesta revisão— determinaria sempre a necessidade de alguma reconfiguração da repartição constitucional de poderes, no mínimo para acolher e redistribuir as competências que até aí estavam atribuídas àquele órgão político-militar. Assim, as funções consultivas que o Conselho da Revolução desempenhava junto do Presidente da República passaram a ser assumidas pelo então criado Conselho de Estado; as funções do Conselho da Revolução no domínio da fiscalização da constitucionalidade foram assumidas pelo novo Tribunal Constitucional e as competências políticas e legislativas em matéria militar passaram para a Assembleia da República, o Governo e, em certa medida, o Presidente da República.

[242] Como diz MARCELO REBELO DE SOUSA, os propósitos da revisão eram comandados por uma ideia de fazer confluir a natureza do nosso semipresidencialismo com os da Islândia, Irlanda e Áustria (cf. *A Coabitação...*, cit., pág. 20).

[243] A numeração dos artigos da Constituição a seguir mencionados é a numeração do texto actual da Constituição e não a que constava do texto da época.

Porém, as mais importantes alterações saídas da revisão constitucional de 1982 no domínio do sistema de governo concentraram-se em alguns pontos cruciais, designadamente, concentraram-se nos poderes presidenciais de dissolução do Parlamento e de demissão do Governo e na responsabilidade do Governo perante o Presidente da República. Igualmente controvertida, e de grande impacto político na época, foi a alteração verificada no domínio do poder de nomeação das altas chefias militares.

Vejamos, mais pormenorizadamente, o sentido e o alcance dessas principais alterações.

2.1. Poder de dissolução da Assembleia da República

Até 1982 o poder de dissolução era um poder fortemente condicionado. Em primeiro lugar, para dissolver a Assembleia da República o Presidente carecia da autorização do Conselho da Revolução. Depois de 1982 este poder passa a ser um poder livre do Presidente da República (artigo 133º, e)). Ele pode dissolver quando quiser, sempre que quiser e pelas razões que entender apropriadas. Tem de ouvir o Conselho de Estado e os partidos parlamentares, mas o parecer e as opiniões destes têm um carácter não vinculativo, meramente consultivo: o Presidente da República fará como entender.

Em segundo lugar, antes de 1982 o poder de dissolução tinha ainda outros condicionamentos materiais. O Presidente da República não podia dissolver a Assembleia da República em consequência da rejeição parlamentar do programa de governo, a não ser no caso de ter havido três rejeições consecutivas. Para além disso, o Presidente da República tinha a obrigação de dissolver a Assembleia da República quando esta tivesse recusado a confiança ou votado a censura ao Governo determinando, por tais factos, a terceira substituição do Governo.

Todos estes condicionamentos materiais desapareceram com a revisão de 1982: fica à livre decisão do Presidente da República, na hipótese de ocorrência das situações atrás mencionadas, tal como em qualquer outra ocasião, dissolver ou não o Parlamento.

Os únicos condicionamentos introduzidos em 1982 ao poder de dissolução são de natureza temporal e circunstancial. Assim, o Presidente da República só não pode dissolver a Assembleia da República nos seis meses que se seguem à eleição desta e no último semestre do mandato presidencial, bem como durante a vigência do estado de sítio ou de emergência (artigo 172º).

2.2. Poder de demissão do Governo

Até 1982 o poder de demissão do Governo[244] era um poder livre do Presidente da República. Sob a cobertura do poder de exoneração do Primeiro-Ministro, interpretado como poder de demissão do Governo, entendia-se, e bem, que o Presidente da República podia exonerar o Primeiro-Ministro, no sentido de o demitir, sempre que quisesse. De facto, conjugando a previsão constitucional de uma responsabilidade política do Governo perante o Presidente da República com a existência de uma legitimidade democrática plena do Presidente da República, esse era o entendimento constitucional correcto.

Depois de 1982, distinguiu-se entre poder de exonerar o Primeiro-Ministro (acto meramente jurídico e formal) e poder de demitir o Governo[245]. Assim, quanto ao poder de demissão, e era sobre este que se projectava o foco da controvérsia, o Presidente da República passou a só poder demitir o Governo, não já livremente, como até então, mas só

[244] Como se verá, não nos preocupamos em fazer aqui qualquer distinção entre "demissão do Governo"/"demissão do Primeiro-Ministro", "exoneração do Primeiro-Ministro"/"exoneração dos membros do Governo". Hoje, fazendo-se uma clara distinção jurídica entre os conceitos de demissão e de exoneração, a demissão do Governo inclui, naturalmente a demissão do Primeiro-Ministro; antes da revisão, e quando a distinção dos dois conceitos não era ainda inequívoca, a exoneração do Primeiro-Ministro, entendida como demissão, implicava já também a exoneração de todos os membros do Governo.

[245] O poder de exoneração fica exclusivamente associado ao procedimento jurídico de colocação de um termo às funções do Primeiro-Ministro; ele será exonerado pelo Presidente da República quando este, na sequência da demissão de um Governo, nomear um novo Primeiro-Ministro que vem substituir o Primeiro-Ministro que até então, mesmo após a demissão do Governo, permanecera necessariamente em funções de gestão. Ou seja, a cessação de funções de um Governo por demissão faz-se em dois tempos: inicialmente, a Assembleia da República ou o Presidente da República demitem o Governo ou há outros factos que implicam a demissão do Governo; entretanto, mesmo demitido, o Governo mantém-se em funções de gestão (artigo 186º, 5) até à exoneração do Primeiro-Ministro, que se verificará apenas quando o novo Primeiro-Ministro for nomeado e tomar posse.

"quando tal se torne necessário para assegurar o regular funcionamento das instituições democráticas" (artigo 195º, 2).

2.3. Responsabilidade do Governo perante o Presidente da República

Até 1982 o Governo era politicamente responsável tanto perante o Parlamento quanto perante o Presidente da República, o que, como vimos, significava que o Governo tinha de prestar contas da sua actividade ao Presidente da República e à Assembleia da República e, sobretudo, que tanto um como o outro órgão podiam, em última análise e em função dessa responsabilização política, demitir o Governo.

Depois de 1982, a Constituição continua a dizer que o Governo responde perante Presidente da República e Assembleia da República (artigo 190º), mas distingue os dois tipos de responsabilidade, na medida em que apenas qualifica como política a responsabilidade que o Governo tem perante o Parlamento (artigo 191º, 1).

Quanto à natureza da responsabilidade que o Governo passa a ter perante o Presidente da República, a Constituição não o diz expressamente, mas atendendo ao facto de que o Presidente da República deixou, com a revisão de 1982, de poder demitir o Governo por discordância política, só o podendo fazer, como vimos, "para assegurar o regular funcionamento das instituições democráticas", tem-se entendido qualificar a responsabilidade do Governo perante o Presidente da República, não já como responsabilidade política, mas como responsabilidade puramente *institucional*.

De resto, em conformidade ou como uma espécie de compensação para o facto de ter desaparecido a responsabilidade política do Governo perante o Presidente da República, foi introduzida na revisão de 1982 uma competência/dever de o Primeiro-Ministro "informar o Presidente da República acerca dos assuntos respeitantes à condução da política interna e externa do país" (artigo 201º, 1, c)). De alguma forma, assinalava-se, assim, na revisão constitucional de 1982, que a anterior responsabilidade política —mesmo se, numa visão lata do conceito, pudesse continuar a qualificar-se a responsabilidade remanescente como sendo ainda *política*— ficava agora reduzida a esse dever de informação.

No fundo, e não obstante as alterações verificadas no domínio da responsabilidade do Governo perante o Presidente da República, a alteração significativa é a que se refere à eliminação da possibilidade de o Presidente da República poder demitir o Governo por razões de mérito, por discordância política. Desaparecido esse poder, desaparecem também, como consequência estrutural natural, as possibilidades de interferência presidencial na governação e na condução da vida política pelo Governo. Não é que, em termos práticos, não possam, pontualmente, continuar a verificar-se, mas, em termos estruturais, ficará nítida a sua inadequação constitucional à luz das alterações introduzidas pela revisão de 1982.

2.4. Poder de nomeação das altas chefias militares

Até 1982 a Constituição nada dizia sobre a nomeação das chefias militares. No entanto, a lei ordinária então vigente atribuía esse poder ao Presidente da República, que, nos termos dessa lei, nomeava e exonerava o Chefe do Estado-Maior-General das Forças Armadas (CEMGFA), o Vice-CEMGFA e os Chefes do Estado-Maior dos três ramos das Forças Armadas.

Com a revisão de 1982, este poder de nomeação e de exoneração passa a ter acolhimento constitucional, mas com uma diferença significativa relativamente ao que dizia a lei ordinária: tanto o poder presidencial de nomeação quanto o de exoneração daqueles Chefes militares faz-se sob proposta do Governo, ou seja, passa a ser um poder partilhado, como vários outros, entre Presidente da República e Governo (artigo 133º, p)).

2.5. Poder de veto

A revisão de 1982 trouxe duas alterações com significado neste domínio: uma clarificação e uma modificação.

A clarificação respeita ao chamado *veto de bolso*. Aproveitando a relativa indefinição do texto originário, que estabelecia um prazo para vetar, mas não um prazo para promulgar, o Presidente Eanes deixava, por vezes, decorrer o prazo normal de promulgação/veto sem nada fazer[246].

[246] Cf. SANTANA LOPES/DURÃO BARROSO, *op. cit.*, págs. 82 e seg.

A revisão de 1982 vem clarificar aquele que era já o melhor entendimento da doutrina: nos prazos estabelecidos pela Constituição (vinte e quarenta dias, respectivamente para vetar diplomas da Assembleia da República e do Governo), o Presidente da República tem obrigatoriamente de ou promulgar ou vetar (não pode permanecer *em silêncio*), devendo, quando veta, devolver com mensagem fundamentada o diploma ao órgão que o aprovou.

Por sua vez, a modificação verificada em 1982 neste domínio respeita ao elenco de matérias que, em caso de veto de diploma parlamentar sobre elas incidente, requerem uma maioria qualificada de 2/3 dos deputados para superar o veto do Presidente (normalmente a maioria exigida para confirmar um diploma vetado pelo Presidente da República é a maioria parlamentar absoluta). Esse elenco foi alargado na revisão de 1982[247], o que significa que há matérias que antes de 1982 *requeriam* apenas a reaprovação por uma maioria absoluta de deputados para superar o veto presidencial e que depois de 1982 passam a *requerer* uma maioria qualificada de 2/3 para esse efeito (artigo 136º, 3).

2.6. Responsabilidade do Governo perante a Assembleia da República

Antes de 1982, para que a Assembleia da República demitisse o Governo era necessário a aprovação de duas moções de censura com, pelo menos, trinta dias de intervalo. Depois de 1982, a aprovação de uma só moção de censura é suficiente para demitir o Governo (artigo 195º, 1, f)).

3. As alterações no sistema de governo e o estatuto constitucional do Presidente da República

Como dissemos, a interpretação vulgar sobre o que aconteceu na revisão constitucional de 1982 é relativamente simples: os poderes do Presidente da República foram reduzidos. Como se pode perceber essa redução? Também a resposta a essa questão parece simples e inequívoca.

[247] Voltaria a sê-lo, e substancialmente, na revisão constitucional de 1989 e também na de 1997.

Com efeito, a revisão teria restringido significativamente dois dos mais importantes poderes presidenciais: os poderes presidenciais de demissão do Governo e de nomeação das altas chefias militares. Porquê? Porque antes da revisão o Presidente da República podia demitir livremente o Governo e agora já não pode. Porque antes da revisão a nomeação dos chefes militares dependia exclusivamente do Presidente e agora é um poder partilhado entre Presidente e Governo. Aparentemente, bem simples.

Conhecendo-se a importância das relações entre Presidente da República e Primeiro-Ministro e o historial tumultuoso das relações entre os titulares dos dois órgãos nos seis anos passados desde 1976, a conclusão parecia incontestável: houve redução, e séria, dos poderes constitucionais do Presidente da República, já que teria sido atingido o núcleo dos poderes que faziam do Presidente da República um órgão da maior relevância no sistema político, precisamente, e na área das suas relações com o Governo, o que era visto como o seu poder máximo, o poder de demissão do Governo.

Em segundo lugar, antes da revisão de 1982 o Presidente da República nomeava livremente as altas chefias militares, agora já não o pode fazer, uma vez que passa a depender da proposta do Governo. Conhecendo-se a enorme influência que as Forças Armadas tinham na sociedade portuguesa e na vida política da época, mais uma vez a mesma conclusão parecia impor-se: redução, e séria, dos poderes presidenciais e, mais uma vez, uma redução que atingia o *coração* do seu estatuto.

Tanto bastou para que a *notícia* se espalhasse e constituísse doutrina quase oficial: os partidos ameaçavam diminuir e manietar a figura do Presidente da República e cumpriram a ameaça. Como, nos termos da Constituição, o Presidente da República estava obrigado a promulgar a lei de revisão, a *malfeitoria* estava consumada[248].

[248] O PCP, funcionando na altura como único partido parlamentar que *defendia* Eanes, confirmava a realização daquele desígnio quando denunciava a revisão como *golpe de Estado* constitucional e mesmo como *golpe de Estado* contra o regime democrático prosseguido por PS e PSD (cf. Jorge Campinos, *loc. cit.*, págs. 216 e seg. e as intervenções de Carlos Brito, líder parlamentar do PCP na Assembleia da República). Curiosamente, quando em 2010 o PSD apresentou um controverso anteprojecto de revisão constitucional que, contra tudo o que se poderia imaginar, repunha, em grande medida, a distribuição de poderes anterior a 1982, o PCP voltou a falar em tentativa de *golpe de Estado*, ou seja, passou a defender o *status* criado pelo suposto *golpe de Estado* de 1982 contra o retorno ao *status* anterior a essa data...

O próprio Presidente Eanes avalizou e amplificou esta ideia. Durante todo o processo de revisão fizera sentir e difundir os seus temores e suspeitas, tendo mesmo posto a circular a intenção de renunciar ao cargo se os partidos persistissem no plano de lhe diminuir os poderes, ao mesmo tempo que *ameaçava* candidatar-se posteriormente à *eleição* como Primeiro-Ministro[249], reactivando assim a ideia do partido presidencial que circulava com alguma verosimilhança, pelo menos desde 1979[250].

Mais ainda, consumada a revisão, e no momento em que promulgou a lei de revisão constitucional, Eanes fez uma comunicação ao país sublinhando a sua discordância relativamente à pretensa redução dos poderes e ao carácter secreto dos acordos partidários que conduziram ao resultado final, anunciando, como resposta possível, que ia passar a utilizar mais rigorosamente o poder de veto, supostamente o único poder que lhe restaria para controlar a actuação do governo[251].

Enraizada a crença sobre a pretensa redução dos poderes presidenciais na revisão de 1982, importa perceber se esse *mito* corresponde à realidade ou, mais precisamente, importa demonstrar porquê essa crença é falsa e também porquê, em nosso entender, não houve redução, mas antes ampliação, e substancial, dos poderes presidenciais na revisão de 1982.

3.1. Porque não houve redução dos poderes presidenciais

Em nosso entender, nenhuma das alterações introduzidas na revisão de 1982 significou verdadeira redução, muito menos uma redução significativa, dos poderes do Presidente da República, nem tão pouco, uma qualquer degradação, por esse facto, do estatuto do Presidente da República no sistema político.

[249] Em Janeiro de 1981 o Chefe da Casa Civil do Presidente da República anunciou esta possibilidade (cf. Jorge Campinos, loc. cit., pág. 217; Braga da Cruz, "O Presidente da República na génese e evolução do sistema de governo português" in Análise Social, XXIX, 1994, págs. 250 e seg).

[250] Cf. Joaquim Aguiar, *loc. cit.*, pág. 159; M. Costa Lobo, "Governos partidários numa democracia recente: Portugal, 1976-1995" *in Análise Social*, XXXV, 2000, pág. 159.

[251] Cf. Jorge Campinos, *loc. cit.*, pág. 217.

Significa isso dizer que a revisão de 1982 foi irrelevante, que não teve consequências? Não, teve e tem, ainda hoje, a maior importância na natureza do sistema de governo e na construção do nosso semipresidencialismo, mas não significou nem uma redução dos poderes presidenciais, nem uma degradação do seu estatuto no sistema político. Vejamos porquê.

3.1.1. *Quanto ao poder de demissão do Governo*

a) Relativamente ao poder de demissão do Governo, é certo que, formalmente, esse poder foi restringido, uma vez que a faculdade de o Presidente da República demitir o Governo passa a ocorrer só quando tal seja necessário para assegurar o regular funcionamento das instituições democráticas, enquanto anteriormente tal faculdade era incondicionada. Porém, como vamos ver, na realidade da prática política essa alteração não tem o alcance que normalmente se lhe atribui.

Em primeiro lugar, quanto ao condicionamento agora introduzido (demissão do Governo só quando tal seja necessário para assegurar o regular funcionamento das instituições democráticas), importa determinar o que ele significa, pois só assim será possível perceber em que medida a alteração verificada implicou uma limitação do poder presidencial.

A primeira nota que tem de se relevar é a de que cabe primariamente ao Presidente da República fazer o juízo de quando é ou não necessário demitir o Governo para assegurar o regular funcionamento das instituições democráticas[252].

[252] Frequentemente este condicionamento gera as maiores confusões e é mal interpretado. Por um lado, costuma ser considerado como sendo um requisito para dissolver a Assembleia da República, o que, quarenta anos passados da revisão constitucional, é verdadeiramente admirável, mas também elucidativo quanto às confusões que grassam no domínio do sistema de governo. Não é, só tem a ver com a demissão do Governo. Por outro lado, costuma ser interpretado como significando que o Presidente da República pode demitir o Governo quando há uma disrupção no regular funcionamento das instituições. Também não é assim. Pode haver um irregular funcionamento das instituições democráticas e a demissão do Governo em nada contribuir para resolver o problema. Nessa altura, a demissão do Governo não seria constitucionalmente admissível. Por exemplo, se é a Assembleia da República que funciona irregularmente, há um funcionamento irregular de uma instituição democrática, mas de

Lidamos aqui com conceitos abertos ou indeterminados (o que é ou não um regular funcionamento das instituições democráticas e quais são as instituições democráticas) cujo conteúdo concreto alguém tem de densificar. Em segundo lugar, temos ainda a necessidade de fazer juízos de prognose e de avaliação sobre quando a demissão do Governo é indispensável para assegurar o funcionamento regular e quando permite ela atingir ou, pelo menos, aproximar-nos desse resultado. Ora, tanto o preenchimento dos conceitos indeterminados quanto o juízo de avaliação e prognose são procedimentos naturalmente subjectivos, permitindo várias interpretações e concretizações, de resultados sempre discutíveis.

No entanto, a única interpretação ou avaliação juridicamente relevante é a que é feita pelo próprio Presidente da República. A ele cabe decidir se está em causa o regular funcionamento das instituições democráticas e, ainda, se ou quando a demissão do Governo é um meio necessário e apto para manter ou repor o seu funcionamento regular. A decisão do Presidente da República pode ser politicamente discutível, pode ser juridicamente errada, abusiva, mas a ele cabe decidir.

A Constituição poderia ter atribuído o controlo da regularidade constitucional deste acto a um outro órgão, designadamente ao Tribunal Constitucional criado na mesma altura, mas não o fez. Logo, por mais errada ou inconstitucional que seja a demissão do Governo, uma tal decisão não está sujeita a controlo jurisdicional, não é juridicamente sindicável e, logo, juridicamente sancionável. A única sanção que *sofrerá* o Presidente da República por não ter eventualmente observado os limites constitucionais será a correspondente sanção política por parte da opinião pública.

Portanto, mesmo se a intenção dos partidos políticos era a de reduzir o poder presidencial de demissão do Governo e mesmo que o General Ramalho Eanes tenha ficado convencido que isso tinha acontecido, uma tal conclusão pode até, em termos jurídico-formais, ser acertada —veremos, contudo, que mesmo nesse plano não é—, mas, em termos jurídico-práticos, em termos políticos, não foi esse o resultado verificado.

que adiantaria demitir o Governo? Se os mecanismos de funcionamento democrático não são respeitados numa Região Autónoma, há funcionamento irregular das instituições democráticas, mas de que forma contribuiria a demissão do Governo para resolver o problema?

Cabe primariamente ao Presidente da República determinar se e quando exerce ou não o poder de demissão do Governo. Se o Presidente da República emite um decreto de demissão do Governo, o Governo fica juridicamente demitido, inapelavelmente.

b) Em segundo lugar, mesmo admitindo que o condicionamento introduzido na revisão constitucional de 1982 tem um claro sentido limitativo, condicionador da actuação do Presidente da República —e tem—, a relevância que esta alteração nas possibilidades de demissão do Governo projecta no funcionamento do sistema político e no alcance global dos poderes presidenciais é mínima ou, pelo menos, não tem, nem de longe, a importância que lhe foi na altura, e ainda é hoje, atribuída.

Diremos a seguir porquê, mas a igual conclusão chegará também qualquer leitor que tenha conhecimento ou atente na seguinte informação, normalmente também desconhecida. O semipresidencialismo francês desenvolveu um perfil de Presidente da República político-partidariamente activo, militante, executivo, líder de uma maioria de governo ou líder da oposição. Por isso se pode falar justamente, quando se quer reforçar a posição do Presidente português no sistema de governo, em *afrancesar* o nosso sistema de governo. No entanto, mesmo com tal perfil, o Presidente da República francesa não tem, na Constituição, o poder de demitir o Governo. Pura e simplesmente, não tem, nem sequer para assegurar o regular funcionamento das instituições.

O Presidente português pode ter um poder de demitir *fraco* ou *enfraquecido* na revisão de 1982, mas o Presidente francês não tem sequer poder nenhum. O Presidente francês não pode, em circunstância alguma, fazer um decreto de demissão do Governo; o Presidente português pode. Ou, para ser mais rigoroso (ou gerar ainda mais confusão...), o Presidente francês não tem este poder na Constituição e, na realidade, muitas vezes *força* o Primeiro-Ministro a apresentar-lhe o pedido de demissão; o Presidente português tem este poder na Constituição (mesmo que enfraquecido), mas nunca o usa.

E porque é que o Presidente francês não precisa deste poder na Constituição? Pois, simplesmente, porque em semipresidencialismo este poder não é tão importante e muito menos tão decisivo como muitas (demasiadas) vezes se pensa.

Em semipresidencialismo este poder de demissão do governo não é decisivo porque, como o Governo depende politicamente do Parlamento, tem de ter sempre o aval ou, no nosso caso, a não oposição, do Parlamento. De que adianta ao Presidente da República demitir um Governo se a seguir tem de nomear outro e esse outro, novo Governo, tem de *passar* no Parlamento? Como a composição do Parlamento não foi alterada com o acto de demissão do Governo, a eventual vontade de mudança que o Presidente queria protagonizar continua exclusivamente dependente das forças políticas parlamentares que sustentavam ou que toleravam o Governo demitido. Ou seja, mesmo que o Presidente da República demita um Governo, a última palavra sobre a questão continua a ser da Assembleia da República.

Desde logo, se existir uma maioria absoluta no Parlamento, o poder de demissão, na prática, não existe. O Presidente da República pode querer um outro governo, mas a maioria parlamentar não deixa: só aceita, e por isso o Presidente tem de nomear, o Governo que ela mesmo indicar; qualquer outro será rejeitado no Parlamento.

Quando muito, o poder presidencial de demissão só poderá ter algum significado quando não há maioria parlamentar absoluta de sustentação de um Governo, ou seja, quando o Governo é minoritário. Mas, mesmo aí, o novo Governo nomeado pelo Presidente, para *passar*, necessita do acordo ou da não rejeição do Parlamento. O Presidente só teria interesse em demitir um Governo se soubesse antecipadamente que havia uma maioria parlamentar que aceitaria ou, pelo menos, que não rejeitaria o novo Governo que ele pretendia nomear. Mas, se essa maioria existe, se há uma maioria parlamentar que pretende a substituição do Governo anterior por um novo Governo, então ela mesmo poderia ter demitido o governo sem necessitar da demissão operada pelo Presidente.

Se o Presidente demite um Governo sem ter as garantias da posterior *colaboração* parlamentar, arrisca, com grande probabilidade, um desastre. O Presidente Eanes, aliás, deveria sabê-lo, já que fez essa experiência em 1978/1979 com os chamados "governos de iniciativa presidencial" e com o insucesso conhecido. De tal forma assim foi, que essa experiência nunca mais foi repetida.

c) Por isso, em geral (admitindo que possa haver circunstâncias excepcionais em que este poder se revele de alguma importância pontual), o poder presidencial de demissão do Governo não tem impacto ou significado político. Mesmo admitindo que ele foi juridicamente restringido na revisão de 1982 —e vimos atrás como essa conclusão, sendo segura em termos jurídicos, não é tão evidente em termos práticos—, as consequências políticas para o conjunto dos poderes e para o estatuto do Presidente da República foram mínimas ou irrelevantes.

Residia aqui o grande argumento que sustentava o *mito* da redução dos poderes presidenciais em 1982. Mas, e concluindo com base nos dois tipos de razões (é o Presidente da República quem, em última análise, continua a decidir —como o fazia antes da revisão— e, em qualquer caso, tanto o poder em si quanto a sua limitação não são politicamente significativos), relativamente às alterações relativas ao poder de demissão do Governo não se pode dizer, com fundamento, terem resultado sensivelmente diminuídos os poderes presidenciais e, ainda menos, o estatuto constitucional do Presidente da República.

3.1.2. Quanto ao poder de nomeação das altas chefias militares

a) O outro ponto controvertido, e na altura dado como *prova* da restrição dos poderes presidenciais que teria sido pretensamente operada pela revisão de 1982 , foi o das alterações verificadas no poder presidencial de nomeação e exoneração das altas chefias militares (Chefe do Estado-Maior-General das Forças Armadas e Chefes dos três ramos).

É conhecido o peso, também político, que as Forças Armadas tinham na época, pelo que qualquer alteração verificada na forma de designação dos seus comandos era sensível e atraía a atenção da opinião pública. Ora, o que ocorreu em 1982 neste domínio parecia atingir, clara e ostensivamente, a posição constitucional do Presidente da República.

Com efeito, antes de 1982 era o Presidente da República quem nomeava livremente o Chefe do Estado-Maior, o Vice-Chefe e os três Chefes de Estado-Maior do Exército, da Marinha e da Força Aérea. Nos termos da revisão constitucional de 1982, o Presidente da República manteve este poder, mas deixou de ser um poder de exercício autónomo: o Presidente da República ficou sujeito, para nomear e exonerar, às propostas do Governo. O poder de nomeação das altas chefias militares passou a ser um chamado poder partilhado entre Presidente da República e Governo.

b) Assim exposto, o sentido da alteração constitucional parece evidente: uma intencional redução da margem de decisão e de escolha do Presidente da República, condicionado que ele agora ficou pela iniciativa de nomeação e de exoneração a ser exercida pelo Governo.

Há, no entanto, um pormenor que foi normalmente negligenciado na época, mas que tem o maior significado. É que antes de 1982 o Presidente da República tinha aquele poder livre de nomeação e de exoneração dos Chefes militares, mas não por tal poder lhe ter sido dado pela Constituição. Quem lho atribuiu foi simplesmente a lei ordinária[253].

Mas, sendo assim, isso significava que se tratava de um poder de consistência precária, que o legislador ordinário o podia modificar ou mesmo suprimir em qualquer altura, alterando simplesmente a lei ordinária que o consagrava. Para mais, na época, a probabilidade de formação de uma maioria parlamentar qualificada politicamente hostil ao Presidente da República em funções (maioria constituída pela AD e pelo PS liderado por Mário Soares) não era negligenciável. O Presidente da República encontrava-se, neste domínio, nas mãos do legislador ordinário, da maioria parlamentar, tanto mais quanto um eventual veto presidencial da lei que lhe viesse a retirar aquele poder era passível de ser ultrapassado pela Assembleia da República.

Logo, quando a revisão constitucional de 1982 *constitucionaliza* este poder presidencial de nomeação e de exoneração das chefias militares, está, na prática, a conferir-lhe rigidez, a proteger juridicamente o Presidente da República de eventuais tentações das maiorias parlamentares conjunturais. Neste sentido, a revisão de 1982 não significava redução, mas antes protecção da posição do Presidente da República: antes da revisão ele não dispunha, no texto da Constituição, de qualquer garantia ou poder neste domínio.

É certo que a constitucionalização do referido poder se fez com a *contrapartida* do necessário envolvimento e partilha com o Governo, como, de resto, acontece com outras nomeações de altos cargos por parte do Presidente da República (Procurador Geral da República, Presidente do Tribunal de Contas).

Mas, mesmo sendo um poder partilhado, não deixa de ser, ainda assim, um poder significativo nas mãos do Presidente da República. Tudo

[253] O Decreto-lei nº 669/76, de 11 de Agosto.

dependerá das relações entre Presidente da República e Primeiro--Ministro e da margem de acção que o Presidente aí possa, queira e saiba preservar, como se colhe facilmente de exemplos posteriores verificados neste domínio[254].

Considerando que antes da revisão este poder de nomeação e de exoneração, embora partilhado, não estava constitucionalizado, pode-se dizer que a solução encontrada na revisão constitucional é uma solução equilibrada, conforme à natureza do sistema de governo e que não envolve redução dos poderes constitucionais.

[254] Em 1997, a propósito da recondução, que estava em curso, de um Chefe militar, o Presidente Sampaio recebeu do então Chefe do Estado-Maior-General das Forças Armadas, o Almirante Fuzeta da Ponte, uma carta cujo tom foi considerado inapropriado pelo Presidente da República. No seguimento desse episódio, o Presidente da República fez chegar ao Primeiro-Ministro a conveniência em lhe ser *proposta* a substituição do Almirante Fuzeta da Ponte. Não obstante a *resistência* do Ministro da Defesa, o Governo não teve outra hipótese que não fosse acatar a *sugestão* presidencial: algumas semanas depois o Chefe de Estado-Maior--General estava exonerado e substituído (cf. relato do episódio em João Gabriel, *A Década de Sampaio em Belém*, Lisboa, 2007, págs. 181 e segs).
No mesmo sentido revelador do *peso* do Presidente da República na proposta que lhe é apresentada pelo Governo, houve, durante o primeiro Governo de Cavaco Silva, um *modus faciendi* de apresentação das propostas de nomeação que, de alguma forma reduzia ou eliminava a margem de decisão do Presidente da República: as propostas eram aprovadas em Conselho de Ministros e, a partir daí, chegavam ao conhecimento público antes de serem conhecidas em Belém, o que inibia naturalmente o Presidente da República de manifestar posterior eventual oposição aos nomes propostos e já publicamente conhecidos. A chamada de atenção do Presidente da República ao Governo permitiu modificar o padrão de actuação governamental, passando a ser dada ao Presidente da República a possibilidade de objectar à proposta que lhe ia ser apresentada antes de ela ser aprovada em Conselho de Ministros (cf. Cavaco Silva, *Autobiografia Política*, I, Lisboa, 2002, págs. 322 e seg).
Curiosamente, e num sentido inverso, foi o Presidente Eanes que, tendo alimentado a ideia de esvaziamento do seu poder de nomeação das chefias militares, renunciou, todavia, na prática, ao forte poder de recusa da proposta governamental que a Constituição lhe garantia quando, no Governo do *bloco central*, aceitou contrariado a substituição de alguém que lhe era muito próximo, Garcia dos Santos, como Chefe de Estado-Maior do Exército, quando se podia ter oposto à proposta governamental.
Também com o Presidente Soares há, em 1994, um episódio de recusa da proposta governamental de recondução do Chefe de Estado Maior Mendes Dias, o que levou o Ministro da Defesa da altura, Fernando Nogueira, a apresentar o pedido de demissão que o Primeiro--Ministro não aceitou. Curiosamente, no seu primeiro mandato, Soares tinha aceitado a nomeação de Soares Carneiro, antigo candidato presidencial da AD, como CEMGFA, contra tudo o que seria aparentemente de esperar se não se tivesse em conta o sentido *colaboracionista* com o PSD que Mário Soares imprimiu aos seus primeiros anos na Presidência.

3.2. Porque houve reforço do estatuto do Presidente da República no sistema de governo: o poder de dissolução da Assembleia da República

a) Tendo concluído ou pela inexistência de uma diminuição dos poderes constitucionais ou por uma diminuição sem significado político sensível, importa considerar agora as alterações de sentido contrário, isto é, as que se traduziram em acréscimo dos poderes ou em reforço da *presença* política do Presidente da República e ponderar o seu peso com as alterações atrás analisadas.

Há várias alterações introduzidas na revisão constitucional de 1982 que, de alguma forma, se traduziram em aumento dos poderes presidenciais[255].

Desde logo, na própria definição do estatuto constitucional do órgão Presidente da República, a ideia de reforço do estatuto está presente, quando uma definição minimalista provinda da versão originária[256] é sintomaticamente substituída pela definição abrangente que hoje vigora e segundo a qual, numa fórmula praticamente reproduzida da Constituição francesa, o Presidente da República é definido como órgão de soberania que "representa a República Portuguesa, garante a independência nacional, a unidade do Estado e o regular funcionamento das instituições democráticas e é, por inerência, Comandante Supremo das Forças Armadas" (artigo 120º).

O reforço do estatuto presidencial em 1982 manifesta-se também nos poderes de nomeação de altos cargos do Estado, na presidência do Conselho Superior de Defesa Nacional, na fiscalização da inconstitucionalidade por omissão e, sobretudo, no aumento do alcance e margem presidenciais no exercício do poder de veto quanto às matérias que requerem 2/3 para confirmação parlamentar em caso de veto. Esta última alteração, acentuada ainda nas revisões seguintes, é de grande significado, na medida em que, perante a eventual existência de uma maioria parlamentar absoluta, é a exigência de maioria qualificada de 2/3 para a

[255] Cf. uma enumeração completa em Marcelo Rebelo de Sousa, *O Sistema...*, cit., págs. 49 e segs; Gonçalves Pereira, *O Semipresidencialismo...*, cit., págs. 55 e segs.

[256] Dizia o anterior artigo 123º: "O Presidente da República representa a República Portuguesa e desempenha, por inerência, as funções de Presidente do Conselho da Revolução e de Comandante Supremo das Forças Armadas".

superação do veto presidencial que confere efectividade e peso político ao veto do Presidente, e tanto mais quanto essa maioria qualificada de superação é exigida precisamente em caso de veto das leis mais relevantes[257].

Mas, independentemente da importância não negligenciável deste conjunto de alterações susceptíveis de contribuírem para o reforço do estatuto constitucional do Presidente da República, a grande e decisiva alteração para efeitos da avaliação do sentido e consequências globais da revisão de 1982 foi a que se verificou no domínio do poder de dissolução da Assembleia da República.

b) Já tivemos ocasião de discorrer sobre o tema da importância que deve ser conferida ao poder de dissolução da Assembleia da República por parte do Presidente da República na compreensão do semipresidencialismo[258]. É, sem lugar a dúvida razoável, o mais importante e decisivo dos poderes presidenciais.

Com o poder de dissolução, o Presidente da República tem nas mãos a *chave* do funcionamento do sistema. Tal poder implica a possibilidade de convocação das eleições parlamentares para o tempo e as circunstâncias escolhidas exclusivamente pelo Presidente da República.

Como se viu, através do exercício do poder de demissão do Governo nada se decide verdadeiramente em termos de possível alteração do panorama político e nada muda no plano da relação existente entre as várias forças políticas. Demitido um governo, há que nomear outro e este, seja no momento da investidura, seja durante o mandato, continua a depender da vontade da maioria parlamentar e essa, uma vez que o quadro parlamentar e a respectiva relação de forças continuam a ser os mesmos, não foi alterada com o acto presidencial de demissão do governo.

Já o alcance da dissolução do Parlamento é potencialmente enorme, uma vez que pode mudar profundamente o panorama político, pode dar origem a uma nova maioria parlamentar, pode, indirectamente, fazer substituir, para toda uma legislatura, um Governo por outro radicalmente

[257] Por isso, e também porque o poder de veto continuaria a ser uma forma de obstrução, eventualmente definitiva sobre a actividade legislativa do Governo —dependendo da inexistência de um apoio parlamentar maioritário ao Executivo—, é que o Presidente Eanes *ameaçava* com o recurso ao exercício do poder de veto, como se residisse aqui a *tábua de salvação* da sua presença na vida política.

[258] Cf. *supra*, Parte I, cap. II, 2.

distinto. Tudo dependerá, em última análise, da vontade política do eleitorado expressa nas eleições necessariamente convocadas por força da dissolução do parlamento.

Munido deste poder, e mesmo que não o utilize ou nunca o venha a utilizar, o peso do Presidente da República no sistema político é significativo. As várias forças políticas, o Governo em funções e todos os protagonistas conhecem —e se desconhecem arriscam-se a experimentar os correspondentes efeitos desagradáveis— a força de impacto desse poder de dissolução, pelo que não podem desconsiderar a posição e a vontade do Presidente.

Sem o poder de dissolução ou com um poder de dissolução enfraquecido, o órgão Presidente da República perderia os seus *dentes*, transformar-se-ia, e com ele o nosso sistema de governo, em algo substancialmente distinto daquilo que é no sistema actual. Basta, para tanto, ver o que acontece quando o Presidente da República entra no último semestre do seu mandato e, já não se podendo recandidatar, também já não pode dissolver a Assembleia da República: a sua presença na vida política reduz-se a um exercício residual de competências, a um *resto* de mandato de puro cumprimento de calendário.

c) Ora, com a revisão constitucional de 1982, o poder de dissolução da Assembleia da República por parte do Presidente da República aumentou e significativamente.

A prova da importância desta alteração da revisão de 1982 fez-se logo no ano seguinte. Em 1983, o Presidente Eanes queria dissolver a Assembleia da República no episódio já referido do termo do VIII Governo constitucional[259]. Pediu, então, antes de decidir, o parecer do Conselho de Estado. O Conselho de Estado não estava de acordo, o seu parecer foi negativo, o Conselho de Estado votou maioritariamente contra a dissolução da Assembleia. O Presidente Eanes agradeceu o contributo inestimável do Conselho e a sua opinião eminente e, a seguir, dissolveu a Assembleia da República...

De 1976 a 1982 houve uma demissão do Governo decidida pelo Presidente (em 1978) e uma dissolução da Assembleia da República, em 1979. Depois de 1982 não houve nenhuma demissão de governo por ini-

[259] Cf., com mais desenvolvimento, *infra*, cap. V, 2.2.1.

ciativa do Presidente da República[260], mas houve seis dissoluções da Assembleia da República decididas pelo Presidente da República (incluindo nesse conjunto a dissolução de 2002, depois do pedido de demissão de António Guterres, e a dissolução de 2011, após pedido de demissão de José Sócrates, mesmo considerando que se tratou, mas só nestes nestes dois casos, de dissoluções consensuais, politicamente *pacíficas*).

A demissão presidencial do Governo, em 1978, não produziu nada, a não ser a enorme *embrulhada* dos "governos de iniciativa presidencial" em que se meteu o Presidente da República e a necessidade de, afinal, ter de dissolver a Assembleia da República e convocar eleições intercalares em 1979. Já as dissoluções verificadas depois de 1982 produziram, todas elas, consequências políticas significativas e todas num sentido que, *a posteriori*, reforçou o poder e a imagem dos Presidentes.

As *estatísticas* nem sempre querem dizer alguma coisa, mas esta parece apontar num sentido nítido: a *troca* verificada na revisão constitucional de 1982 favoreceu, e amplamente, o Presidente da República.

d) De facto, quando se ponderam *perdas* e *ganhos* na revisão de 1982, só um Presidente distraído teria recusado trocar o poder de dissolução que saiu de 1982 pelo poder de demissão do governo que existia até então, como, a acreditar nas suas palavras, teria sido a opção de Eanes. Como foi possível *convencer* o Presidente Eanes de que a revisão de 1982 lhe retirou poderes ou, o que equivale ao mesmo, como é que não havia na sua *entourage* ninguém que o tivesse esclarecido sobre as consequências do que se estava a passar, é um enigma tão grande como esse outro de saber como é que dois blocos políticos —o PS, de Mário Soares, e o PSD/CDS— entram na revisão para restringir os poderes do Presidente e aprovam uma revisão que os aumenta e significativamente.

[260] Houve várias demissões do Governo, mas por força de aprovação de moção de censura (o de Cavaco Silva em 1987), por força da rejeição parlamentar do programa do Governo (o de Passos Coelho em 2015) ou na sequência de pedidos de demissão apresentados pelo Primeiro-Ministro (os dois pedidos de demissão dos Governos de Balsemão em 1981 e 1982, por ruptura ou crise da coligação; o do Governo de *bloco central* em 1985, por ruptura da coligação; o do II Governo Guterres em 2001, após derrota eleitoral nas autárquicas; o do Governo Santana Lopes em 2004, após anúncio presidencial da intenção de dissolução da Assembleia da República; o de José Sócrates em 2011, após rejeição parlamentar do PEC).

No entanto, aqueles enigmas encontram alguma explicação quando se considera o *ambiente* da época, os projectos de "vingança"[261] partidária acumulados nos anos anteriores, as expectativas generalizadas sobre o que se esperava da revisão e, não menos importante, a quase unanimidade da doutrina da época em acolher a tese da *diminuição de poderes*[262].

Porém, independentemente das posições na altura sustentadas pelos protagonistas envolvidos e das avaliações subjectivas que mereçam, parece-nos que, mesmo sem considerar os outros reflexos da revisão de 1982 na construção da matriz portuguesa, ou seja, mesmo permanecendo na estrita ponderação daquilo que o Presidente da República *perdeu* e *ganhou* no elenco e na substância dos seus poderes, o balanço objectivo é largamente favorável aos *ganhos*[263], com o inerente reforço do seu estatuto constitucional no sistema de governo e no sistema político.

[261] Cf. António de Araújo/C. Tsimaras, "Os poderes presidenciais nas Constituições grega e portuguesa" *in O Direito*, 2000, III-IV, pág. 396.

[262] Cf. a resenha bibliográfica completa de quem esteve a favor e contra esta tese em António de Araújo, *loc. cit.*, págs. 397 e seg.

[263] Muito longe, portanto, da metáfora atribuída por Carlos Brito, líder parlamentar do PCP, a Vital Moreira, deputado do mesmo partido em 1982, segundo a qual PS e PSD tinham amputado o braço direito ao Presidente da República e, em troca, tinham-lhe acrescentado um dedo na mão esquerda (cf. *DAR*, I, nº 41, pág. 1658).

De resto, esta posição do PCP é coerente com o registo tradicional deste partido relativamente às revisões constitucionais. Enquanto estão a ocorrer significam todas, para o PCP, uma opção inadmissível, uma subversão da Constituição, um golpe de Estado, uma violação da Constituição. Logo a seguir, o PCP passa a ser o maior defensor da Constituição aprovada, embora já subvertida e violada, contra futuras alterações. Em 1982, quando a revisão constitucional retirou ao Presidente da República o poder de demitir livremente o Governo, o PCP gritou "golpe constitucional"; em 2010, quando o PSD propôs voltar a dar ao Presidente da República esse mesmo poder de demitir livremente o Governo, o PCP gritou... ..."golpe constitucional".

Capítulo IV
A Especificidade do Semipresidencialismo Português

Como dissemos, quando se procura compreender a especificidade e a natureza do sistema de governo semipresidencial, a atenção deve centrar-se, essencialmente, na figura do Presidente da República. É a natureza deste órgão, dos seus poderes e do papel que assume no sistema político que definem a especificidade do semipresidencialismo como sistema de governo autónomo e é também a configuração concreta do tipo do seu mandato que distinguem os vários semipresidencialismos entre si. Com efeito, no que se refere à outra dimensão caracterizadora dos sistemas de governo —a referente à responsabilidade política do governo perante o parlamento — não há no semipresidencialismo qualquer especificidade relativamente ao que se passa em sistema parlamentar e não há diferenças substanciais nesse plano entre os vários semipresidencialismos.

É também, portanto, em torno do órgão Presidente da República que se concentram as maiores dúvidas de compreensão do sistema e os temas de maior controvérsia política, pelo que a natureza da intervenção política que lhe deve ser constitucionalmente reconhecida é o ponto capital onde acaba por convergir a discussão política e científica. Pressuposto o facto de que a eleição popular directa confere ao Presidente de semipresidencialismo a legitimidade democrática para desenvolver uma intervenção política autónoma no exercício dos seus poderes constitucionais, abrimos agora a discussão sobre os limites que um mandato de carácter nacional, suprapartidário, moderador e arbitral —como é exigido no semipresidencialismo português— eventualmente lhe impõe.

Para tanto, começamos por estabelecer as consequências que a já analisada revisão constitucional de 1982 produziu na configuração definitiva do sistema de governo.

1. As consequências da revisão de 1982 na construção definitiva da matriz portuguesa de semipresidencialismo

a) Na altura, em 1982 e nos anos que se lhe seguiram, a saturação da discussão sobre a diminuição dos poderes presidenciais obscureceu a percepção da importância real da revisão constitucional no plano do sistema de governo, bem como daquilo que foi o enorme alcance que ela teve na construção da matriz portuguesa de semipresidencialismo.

Com efeito, em nosso entender, a revisão não diminuiu os poderes do Presidente, não afectou a subsistência do sistema semipresidencial, mas constituiu um passo jurídico da maior relevância na construção e consolidação de um certo modelo de semipresidencialismo, o português.

O ponto central desse contributo residiu na configuração constitucional da responsabilidade do Governo perante o Presidente da República como responsabilidade *institucional* ou, noutra perspectiva, no desaparecimento da responsabilidade política do Governo relativamente ao Presidente da República.

Vimos atrás como da conjugação dos artigos 190º, 191º, 1, 195º, 2, e 201º, 1, c), resulta claro que, depois da revisão de 1982, o Governo já não responde politicamente perante o Presidente. Tem de informar o Presidente da República sobre a forma como está a conduzir a política interna e externa do país, mas nesse dever de informação esgota-se a sua responsabilidade perante o Presidente. Já quanto ao mérito da condução da política interna e externa, o Governo só responde perante o Parlamento. Só a Assembleia da República pode demitir o Governo por discordância política. Até 1982 também o Presidente da República o podia fazer; a partir de 1982 já não pode.

Estas alterações deixam claro que o Governo não é o Governo do Presidente. Apesar de ser nomeado pelo Presidente da República, o Governo é nomeado em função dos resultados das eleições parlamentares ou, mais rigorosamente, em função da composição política da Assembleia da República, e não em função da sua adesão a um hipotético projecto político ou programa governativo do Presidente da República que devesse ser desenvolvido pelo Governo[264].

Reciprocamente, se o Governo não responde politicamente perante o Presidente da República, também este não se responsabiliza nem é co-responsável pela condução da política do Governo. Em Portugal não há diarquia de executivo. O Presidente português não governa nem participa da governação, o que, reciprocamente, também o deve inibir de participar da oposição ao Governo. A responsabilização política do Governo é assunto exclusivo do Parlamento.

Aquilo por que o Presidente da República se responsabiliza é pelo regular funcionamento das instituições democráticas, pela unidade do Estado, a independência nacional, o cumprimento da Constituição. Por isso, a sua intervenção na vida política não se deve traduzir numa intervenção executiva, governativa, de participação ou de colaboração na função governativa ou, reciprocamente, na oposição política ao Governo em funções, mas constituir, antes, uma referência nacional de garantia, de regulação, de moderação e de arbitragem.

b) Ora, essa configuração do seu perfil político e constitucional, que, como vimos, se desenhava e construía, jurídica e politicamente, desde 1976, teve na revisão constitucional de 1982 um marco decisivo.

É certo que esse carácter *fundador* não foi imediatamente percebido. No entanto, para a melhor doutrina[265], o sentido principal da revisão constitucional no que se referia ao estatuto constitucional do Presidente

[264] Será sintomático, para este efeito, o episódio relatado por Cavaco Silva (cf. *Autobiografia...*, I, cit., pág. 293), segundo o qual, após a eleição presidencial de 1986, o recém-eleito Presidente Soares, terá pressionado para que o Primeiro-Ministro Cavaco Silva lhe colocasse o lugar à disposição. Cavaco Silva terá recusado e, à luz da Constituição em vigor, fez bem. Com a revisão de 1982 desaparecera a responsabilidade política do Governo perante o Presidente da República, logo, o Governo minoritário de Cavaco Silva não tinha nem precisava de ser *apadrinhado* pelo novo Presidente da República.

[265] Cf. Lucas Pires, "O sistema de governo: sua dinâmica" *in Portugal, o Sistema Político e Constitucional*, Lisboa, 1989, pág. 302 (ainda que, algo contraditoriamente, considere, na pág. 296, ter resultado diminuída a capacidade de ameaça e de regulador supremo do Presidente da República); Jorge Miranda, "A experiência portuguesa de sistema semipresidencial", *in Direito e Cidadania*, 1, 1997, págs. 9 e segs; Maritheresa Frain, "Relações entre o Presidente

da República era já justamente assinalado quando se concluía que a revisão havia acentuado a diferença entre "presidir" (papel do Presidente da República) e "exercer o poder executivo" (papel do Governo). Ora, se o papel do Presidente da República é *presidir*, quando se diminuíra o poder presidencial de "direcção política", mas, em contrapartida, se lhe reforçara o poder de "moderação e arbitragem", então, o resultado da revisão constitucional de 1982 fora, no fundo, o do reforço do estatuto e papel do Presidente da República no nosso sistema de governo, ou seja, o reforço da sua habilitação jurídica e prática para *presidir*.

A racionalidade inscrita na revisão de 1982 havia sido traduzida no facto de ela ter diminuído ou eliminado os poderes presidenciais executivos e de direcção política —intenção manifestada na supressão da responsabilidade política do Governo perante o Presidente da República e do poder presidencial de livre demissão do Governo—, mas de, em contrapartida, ter produzido um incremento e aperfeiçoamento da capacidade de intervenção política autónoma do Presidente da República no sistema político e dos seus poderes de moderação e de arbitragem, sobretudo com base na potenciação do impacto político de uns e de outros através do então verificado reforço substancial do poder de dissolução da Assembleia da República.

Por isso dizemos que a revisão constitucional de 1982, muito longe de significar o fim do semipresidencialismo ou tão pouco a transição do nosso sistema de governo para um parlamentarismo racionalizado, como pretendia alguma doutrina[266], constituiu, ao invés, um marco fundamental da construção da matriz portuguesa de semipresidencialismo.

No entanto, neste percurso evolutivo poder-se-ia, eventualmente, ter ido longe de mais na supressão dos mecanismos que garantiam directamente uma intervenção activa do Presidente da República na vida política. A hipótese de evolução para um semipresidencialismo de Presidente-*cerimonial* que, supostamente, estaria no espírito de alguns promotores da revisão, poderia ressurgir com novo alento. Mas, os anos seguintes demonstrariam, à evidência, que esse perigo estava afastado.

e o Primeiro-Ministro em Portugal: 1985-1995" *in Análise Social*, XXX, 1995, pág. 653; Braga da Cruz, *loc. cit*, págs. 250 e seg.

[266] Cf., na doutrina nacional, Gonçalves Pereira, *O Semipresidencialismo...*, cit., págs. 60 e segs.

Também aí o papel do Presidente Eanes se revelaria decisivo. Como se verá[267], ele não precisou de se refugiar no poder de veto para evidenciar as enormes possibilidades de intervenção autónoma e reguladora que a Constituição proporciona ao Presidente da República. É certo que já não poderia proclamar, como ainda fizera em 1981, nas vésperas da revisão, que cabia ao Presidente da República a "missão de orientação superior da nossa vida política" —mesmo que, duvidosamente, essa afirmação pudesse conceber-se como admissível antes da revisão, esses tempos estavam definitivamente ultrapassados—, mas a amplificação da margem de iniciativa e de conformação autónoma da realidade política, essa seria imediatamente confirmada nos anos seguintes pelo próprio Presidente Eanes e pelos Presidentes que se lhe seguiram.

2. Um Presidente moderador, *garante*, regulador e arbitral

a) Pode-se dizer que, em primeiro lugar e do ponto de vista formal, a busca da natureza específica que um determinado sistema de governo apresenta deve ser procurada na Constituição. Porém, comparando, por exemplo, as Constituições francesa e portuguesa, não encontramos grandes diferenças de texto. Como dissemos, por vezes, as definições basilares, por exemplo no que se refere ao Presidente da República, são exactamente as mesmas numa e noutra Constituição. Tal como no artigo 5º da Constituição francesa se estabelece que o Presidente da República "*veille au respect de la Constitution. Il assure, par son arbitrage, le fonctionnement régulier des pouvoirs publics ainsi que la continuité de l'État. Il est le garant de l'indépendance nationale, de l'intégrité du territoire et du respect des traités*", também se diz no artigo 120º da Constituição portuguesa, que o Presidente da República é o representante da República e o garante da independência e unidade nacional e do regular funcionamento das instituições democráticas.

No entanto, sendo essa definição constitucional portuguesa quase literalmente *copiada* do texto constitucional francês, podemos dizer que, de forma substancialmente diversa do que ocorre em França, só em Portugal a definição que a Constituição dá das funções do Presidente da

[267] Cf. *infra*, cap. V, 2.2.

República é *levada a sério*, ou seja, encontramos nos limites traçados por aquela definição constitucional os verdadeiros contornos jurídico-constitucionais onde se inscreve o perfil político que o Presidente português pode assumir ao longo do mandato.

Assim, enquanto que, apesar dessa definição, o Presidente do semipresidencialismo francês se assume como Presidente-*liderante*, portador de um programa político de governo, que o conduz, de resto, em função do resultado das eleições parlamentares, à liderança da maioria de governo ou, em caso de resultado eleitoral parlamentar que lhe seja desfavorável, à liderança da oposição, já o Presidente português, ao longo de mais de quarenta anos, mas praticamente logo no próprio momento do nascimento do regime, assumiu, pelo menos no plano da teoria dos poderes presidenciais e da natureza do mandato, um perfil constitucional e político particularmente distinto e que corresponde ao programa que se deduz, aparentemente, da definição constitucional do referido artigo 120º.

b) Afastando-se de um protagonismo político orientado para o exercício do poder executivo, o Presidente português não se confinou, todavia, a um entendimento restritivo da definição constitucional citada que o tivesse conduzido, como aconteceu noutras experiências constitucionais integráveis no semipresidencialismo de Presidente-*cerimonial*, a um *baixo perfil* de Presidente meramente representativo, de referência simbólica da integração nacional, institucionalmente complacente ou passivo relativamente a Governo e Parlamento.

Ao invés, retirando da forma de eleição popular directa e universal, que a Constituição consagrou, a legitimidade democrática que lhe permite o exercício efectivo dos poderes constitucionais, o Presidente da República português —em todos os sucessivos mandatos presidenciais— afirmou-se como Presidente politicamente activo, relevante, exercendo de forma autónoma e efectiva poderes ou intervenções de significativo impacto político, eventualmente em divergência ou mesmo em oposição frontal e decisiva às maiorias parlamentares e governamentais em funções. E, mesmo quando o seu mandato não se traduziu no exercício contundente de específicos poderes constitucionais, o Presidente da República deixou sempre uma marca de referência, de integração e de intervenção políticas autonomamente definidas de acordo com o entendimento próprio daquilo que, em seu entender, o interesse nacional exigia.

No entanto, e essa é a marca da matriz portuguesa de semipresidencialismo, o exercício desses poderes não é justificado, fundamentado ou politicamente enquadrado numa lógica de realização de um programa de governo próprio ou de interferência ou partilha do poder executivo com o Governo ou de disputa do poder político com a maioria parlamentar, mas antes, e sempre, justificado segundo uma lógica suprapartidária, nacional e não executiva. O exercício das funções presidenciais é sempre apresentado como movido exclusivamente pela perspectiva de garantia do normal funcionamento das instituições, de moderação e de regulação dos vários poderes e interesses políticos, partidários ou sociais, ou de arbitragem entre eles, mas respeitando sempre o domínio das exclusivas atribuições executivas do Governo.

Mesmo quando o Presidente da República português tem um passado de líder partidário, eventualmente ex-Primeiro-Ministro de governos partidários ou de coligação partidária, a vitória nas eleições presidenciais marca a assunção de um papel totalmente diverso. O Presidente eleito *desfaz* a maioria presidencial na própria noite das eleições e afirma-se como *Presidente de todos os portugueses*, lema curiosamente colhido na retórica presidencial francesa, mas, entre nós, *levado a sério*, afastando-se, pelo menos no plano dos princípios —e é apenas nesse plano que, por ora, nos situamos—, da lógica partidária de facção, assumindo-se como uma instância imparcial na luta Governo/oposições e proclamando a isenção partidária no exercício dos seus poderes constitucionais. Pelo menos, mesmo quando a prática desminta estas proclamações, o comportamento do Presidente vem sempre apresentado e justificado segundo um pretenso respeito daqueles valores e princípios.

Mais, é em função da conformidade e compatibilização do exercício concreto das suas funções com estes parâmetros identificadores que o mandato presidencial é *julgado*: o Presidente da República será e é politicamente censurado se ou quando, por hipótese, se converte em Presidente *cerimonial*, meramente representativo, honorífico, mas não é menos desqualificado se, ao invés, enveredar, como tem pontualmente ocorrido e pode sempre acontecer, por um activismo presidencial alinhado por uma lógica de prossecução de um programa governamental próprio ou identificado com um partido ou facção político-partidária.

Neste mesmo sentido, e tal como acontece com a característica da não *bicefalia de executivo*, também no que respeita à natureza da intervenção presidencial, podemos perfeitamente detectar, ao longo destas quatro décadas de semipresidencialismo, situações em que o Presidente da República se comporta de forma partidarizada, faccional, de ajuda ou identificação com a força partidária donde provém, mas, mesmo quando isso sucede, o Presidente da República nunca assume uma tal vinculação partidária e, ao invés, rejeitará sempre essa imputação: a sua intenção proclamada, o seu programa, é sempre o de um Presidente da República suprapartidário, independente, nacional, imparcial. É esse o modelo do Presidente da República do semipresidencialismo português.

3. Um Presidente com poder de conformação política autónoma e não dependente da maioria parlamentar

a) Em Portugal o Presidente deve afastar-se da disputa político-partidária, da luta faccional, e preservar a imagem de Presidente independente, equidistante, que prossegue o interesse nacional —obviamente à luz da interpretação pessoal que, a cada momento, faz do que deve ser o respectivo preenchimento— independentemente dos interesses e objectivos partidários que legitimamente se defrontam na arena parlamentar.

Um Presidente que oriente o mandato ao favorecimento do partido ou das forças políticas de onde provém ou que o apoiaram na eleição é um Presidente que incumpre o mandato nacional que recebeu e que se afasta das proclamações de imparcialidade e independência que, em princípio, terá feito na campanha. Por isso mesmo, em Portugal, o espírito do sistema é tão mais observado quanto o mandato presidencial possa ser percebido como um *continuum*, politicamente inalterado e invariável independentemente das maiorias político-partidárias que se sucedem no Parlamento e do facto de o Governo ser ou não afecto à força política de onde o Presidente é oriundo[268].

[268] Por isso também não tem pertinência, entre nós, falar em *coabitação*, à laia da teorização feita, em França, por Duverger, pesem embora alguns ensaios realizados nesse sentido, como o de Marcelo Rebelo de Sousa, *A Coabitação Política em Portugal*, cit., ou C. Blanco de Morais, *O Sistema Político*, cit, págs. 595 e segs. Curiosamente, trinta anos depois da escrita daquele seu texto, o primeiro mandato do Presidente Marcelo Rebelo de Sousa foi um

No entanto, se a *indiferença* presidencial relativamente ao combate político-partidário é louvável, se essa postura suprapartidária é vista como valor essencial do mandato presidencial e como padrão de comportamento conforme à natureza da matriz portuguesa de semipresidencialismo, já a existência ou inexistência de uma maioria parlamentar na Assembleia da República e, sobretudo, de um Governo, monopartidário ou de coligação, apoiado por uma maioria parlamentar, não devem ser indiferentes ao Presidente da República.

Com efeito, nas respectivas funções presidenciais enquanto garante do regular funcionamento das instituições, a questão da estabilidade política e da governabilidade são valores da maior relevância que não devem escapar às preocupações centrais do Presidente, sobretudo quando, como é frequente entre nós, o governo é minoritário[259].

Por isso mesmo, pelo mesmo tipo de razões atinentes à estabilidade política e à governabilidade, é compreensível e, eventualmente, até desejável, uma alteração do comportamento presidencial consoante o Presidente esteja em face de um Governo maioritário, sólido, todo poderoso, ou, ao invés, esteja perante um Governo minoritário, frágil,

desmentido prático da existência de *coabitação* entre nós, ou seja, não foi pelo facto de Presidente e Primeiro-Ministro se situarem politicamente em blocos político-partidários opostos, respectivamente PSD e PS, que entenderam a sua convivência política como sendo própria de um relacionamento de *coabitação* forçada entre adversários políticos (pelo menos, e independentemente do que esteja ou venha a suceder no segundo mandato, não foi essa a prática do primeiro mandato presidencial).

[259] Não fez, por isso, qualquer sentido a postura do Presidente Marcelo Rebelo de Sousa quando iniciou praticamente o seu segundo mandato com um *apoio* incompreensível e inadmissível a uma *maioria parlamentar negativa* que, em ostensiva violação da *cláusula-travão* do artigo 167º, 2, da Constituição, e com a oposição frontal e pública do Governo minoritário em funções (o XXII Governo, de António Costa), aumentou as despesas previstas no orçamento para 2021. Não tendo suscitado a fiscalização preventiva, sustentando o seu *apoio* numa pretensa e absurda interpretação conforme à Constituição, o Presidente Marcelo viria posteriormente, em Julho de 2021, aquando da inevitável declaração de inconstitucionalidade do diploma em causa por parte do Tribunal Constitucional feita a pedido do Primeiro-Ministro, a agravar a insustentabilidade da sua postura considerando que a *derrota jurídica* que sofrera era compensada pelos benefícios políticos obtidos, o que constitui manifesta negação dos deveres funcionais de um Presidente-*moderador* e não-executivo do nosso semipresidencialismo, como se o favorecimento de concepções pessoais politicamente controvertidas em contexto de disputa partidária —como era o caso— se sobrepusesse à obrigação presidencial de garantir o regular funcionamento das instituições e o cumprimento da Constituição.

sujeito aos humores de maiorias formadas conjunturalmente no parlamento e em permanente dificuldade de poder executar um programa governamental coerente.

Um Presidente *garante*, *moderador* ou *arbitral*, próprio da matriz portuguesa de semipresidencialismo, não deve ser um Presidente partidário, de facção, parcial, mas, simultaneamente, as condições concretas de governabilidade e de estabilidade política não lhe devem ser indiferentes, pelo que, em função das circunstâncias concretas, é legítima e até conveniente uma flexibilidade de atitude presidencial em função das condições de sustentação do Governo em funções.

b) Isto significa que o Presidente da matriz portuguesa tem uma prerrogativa de avaliação política que lhe permite conformar a orientação concreta da sua própria intervenção política em função da avaliação que ele próprio faz sobre o sentido e o alcance das consequências políticas da sua acção. Mais, com a legitimidade democrática plena de que beneficia, fruto da sua forma de eleição, pode desenvolver essa intervenção política com total autonomia e eventualmente em confronto, divergência ou oposição à vontade política do Governo e da maioria parlamentar.

Este poder de conformação política autónoma concretiza-se com um máximo de contundência quando, por exemplo, o Presidente da República dissolve a Assembleia da República contra a vontade da maioria parlamentar existente, convoca novas eleições e, com isso, cria uma oportunidade de alteração da maioria parlamentar de governo. Se tal se verifica, o panorama político altera-se profundamente e foi a actuação política do Presidente da República que, pelo menos indirectamente, esteve na origem dessa mudança.

Esse poder de intervenção ou de conformação política autónoma do Presidente da República concretiza-se noutras modalidades de exercício dos seus poderes constitucionais (como o poder de nomeação do Primeiro-Ministro, o poder de veto político ou o direito de enviar mensagens à Assembleia da República), mas também nas modalidades informais de actuação política, como as tomadas de posição pública, o contacto directo com as populações e o eleitorado, as declarações, as comunicações ao país.

Da combinação de poderes constitucionais expressos e de poderes informais resulta a configuração de um estatuto político-constitucional próprio do Presidente da República que lhe garante, assim ele o entenda, amplíssimas possibilidades de intervenção política que, no limite, podem pôr em causa os mandatos de Governo e Assembleia da República e, nessa medida, o elevam à estatura de uma magistratura máxima no sistema político que, como veremos, detém em larga medida a *chave* de regulação do funcionamento do sistema político.

No entanto, a partir do momento em que se lhe reconhece essa possibilidade de actuação política autónoma, abre-se também, objectivamente, algum espaço de indefinição quanto aos respectivos limites constitucionais e políticos. Assim, pelo menos enquanto pretender observar os limites da matriz portuguesa de semipresidencialismo, ou seja, desde que não tenha uma intenção de modificar o padrão existente, há um limite que não deve ser transposto: na sua intervenção política legítima, o Presidente da República nem deve invadir a área de direcção política reservada ao Governo ou disputar, com ele, a partilha do poder executivo, nem pode converter-se em agente directo da luta político-partidária, não deve interferir e, muito menos, fazer parte, da "dialéctica Governo-oposição"[270].

Apesar de não haver limites constitucionais estabelecidos ao poder de dissolução da Assembleia da República, seria dificilmente compatível com a natureza do nosso semipresidencialismo uma dissolução que, pura e simplesmente, visasse a alteração da maioria parlamentar em funções. Mas, já seria conforme à natureza do nosso sistema de governo uma dissolução de uma concreta Assembleia da República que, no entender do Presidente, tivesse esgotado a capacidade de substituir um Governo em eventual falência ou que tivesse demonstrado a sua incapacidade para gerar uma solução governativa estável, consistente, viável.

Isto significa que, sendo certo que o poder de conformação política autónoma do Presidente da República se concretiza, sobremaneira, nos poderes constitucionais concretos que a Constituição lhe atribui, com os condicionamentos constitucionais expressos ao exercício desses poderes, o próprio sentido político do conteúdo, da orientação e do preenchimento que o Presidente lhes confere tem, ainda, as limitações próprias que decorrem da natureza do nosso sistema de governo.

[270] Cf. Gomes Canotilho/Vital Moreira, *Os Poderes do Presidente da República*, cit., pág. 29.

Note-se, todavia, que diferente seria a hipótese —que todavia ainda nunca se verificou entre nós— em que o candidato a Presidente tivesse colocado o eleitorado perante um programa ou um projecto de mandato presidencial radicalmente diversos, isto é, uma proposta de candidatura partidária, programática, eventualmente com um projecto de governo próprio. Aí já estaríamos numa tentativa de *viragem* ou de inflexão da natureza do nosso sistema de governo tal como ele tem sido entendido e praticado até aos dias de hoje. Desde que caucionado pelo eleitorado com a respectiva eleição, nada há na nossa Constituição que impeça um *novo curso*, ainda que estranho à natureza da matriz de semipresidencialismo que se institucionalizou entre nós. Ou seja, da mesma forma que a Constituição francesa comportou o desenvolvimento de um semipresidencialismo de Presidente-*liderante*, nada há na Constituição portuguesa —como dissemos, nestes domínios muito semelhante àquela— que proíba uma evolução do mesmo tipo. Não é provável, não é desejável, mas não seria inconstitucional.

c) No fundo, os limites da intervenção política autónoma do Presidente da República relevam de uma natureza política, isto é, decorrem da vontade de observância do nosso padrão de sistema de governo, que não de uma natureza constitucional, pelo que colocam, então, uma questão que vamos considerar: tendo um poder de conformação política, autónomo tanto relativamente ao Governo quanto à maioria parlamentar, tem também o Presidente português um poder autónomo de definição ou, pelo menos, de participação na definição da política do Estado, da linha e orientação políticas que, afinal, devem ser prosseguidos pelos restantes órgãos que exercem o Poder?

Em segundo lugar, estando esse poder de conformação política autónoma ancorado na legitimidade democrática que a Constituição lhe garante através da eleição popular directa, pode, ou deve, o Presidente da República exercê-lo segundo as convicções pessoais de natureza política, ideológica ou moral, ou, diferentemente, está limitado a motivar-se politicamente e a fundamentar a sua intervenção política autónoma segundo parâmetros, critérios e fundamentos *nacionais*, ou, mais rigorosamente, segundo princípios partilháveis por toda a comunidade, dentro, naturalmente, do consenso próprio do pluralismo razoável das sociedades de Estado de Direito?

4. Os limites da intervenção política autónoma do Presidente da República

a) São recorrentes as dúvidas que sistematicamente se suscitam a propósito dos limites da intervenção política do Presidente da República. A complexidade da questão advém, não tanto da eventual existência de limites de natureza constitucional —que, em princípio, não deveriam estar em causa, já que a Constituição fixa com suficiente clareza e determinabilidade as competências que lhe cabem—, mas, sobretudo, das dificuldades de identificação dos constrangimentos que a natureza própria da nossa matriz de semipresidencialismo impõe a um Presidente da República que proclamou, como todos o têm feito até agora, a intenção de dar continuidade ao tipo de mandato presidencial que se ajusta ao nosso específico sistema de governo.

Trata-se, muito simplesmente, de saber quando o Presidente em funções respeita ou não, pontual ou sistematicamente, os limites que decorrem do facto de o Presidente da República de semipresidencialismo português não exercer funções governativas, não repartir o executivo com o Governo, não se dever imiscuir na dialéctica política Governo/oposições.

Ou seja, podendo, por exemplo, o Presidente da República recusar a promulgação de actos legislativos, aprovados pela Assembleia da República ou pelo Governo, será que o pode fazer com qualquer fundamento ou será que as razões invocáveis estão limitadas pela natureza do mandato presidencial no nosso sistema de governo? Poderá invocar como fundamento, simplesmente, a sua discordância relativamente ao conteúdo e mérito da política prosseguida pelo governo e a sua preferência por uma política alternativa?

Podendo o Presidente da República pronunciar-se sobre quaisquer assuntos, será que se pode manifestar publicamente contra a orientação política definida pelo Governo em funções tal como ela se concretizou numa dada medida ou decisão governamental, acompanhando aí as críticas que foram dirigidas a essa medida pelas oposições ou estará a sua intervenção política sujeita aos referidos limites implícitos na natureza da nossa matriz de semipresidencialismo que o impediriam, no caso, de se imiscuir na função governativa e na luta política governo/oposições?

b) Estas questões são sempre da maior actualidade e constituem dos problemas mais complexos com que se depara a indagação sobre a natureza e funções do Presidente da República da matriz portuguesa de semipresidencialismo.

A delimitação de uma margem adequada de intervenção do Presidente da República no nosso semipresidencialismo pressupõe um balanço entre dois factores de sentido potencialmente divergente: uma legitimidade que garante ao Presidente da República a mais ampla possibilidade de intervenção política, mas também uma preocupação constante de que a sua actuação não invada a área exclusiva de definição, direcção e condução da política do país que incumbem ao Governo.

Não está em causa, como dissemos, o exercício corrente e pontual de poderes presidenciais como o poder de veto, o poder de nomeação de altas figuras do Estado, das altas chefias militares ou dos Representantes da República nas Regiões Autónomas, ou do desempenho das funções que lhe estão constitucionalmente atribuídas, como as de Comandante Supremo das Forças Armadas.

No exercício de qualquer destes poderes o Presidente da República exprime preferências políticas e pessoais que podem entrar em tensão com as decisões do Governo e, eventualmente, impedir, por vezes definitivamente, a realização de objectivos ou de programas políticos que o Governo pretenda prosseguir. No entanto, quando a Constituição conformou o estatuto do Presidente da República e lhe atribuiu estes poderes, ela teve necessariamente em conta e, obviamente, quis garantir essa possibilidade de divergência e de conflito.

Tão pouco estará em causa o exercício dos poderes *dramáticos*, como o poder de dissolução da Assembleia da República ou de demissão do Governo que, pesem embora o impacto e consequências radicais que podem produzir no panorama político, são, mesmo quando em oposição frontal à vontade do Governo e da maioria parlamentar, de legitimidade democrática indiscutível, observados que estejam, naturalmente, as regras constitucionais e os limites políticos atrás referidos.

A complexidade deste problema de delimitação de competências e de balanço entre princípios de sentido contrário acaba por se concentrar e residir, então, não nas possibilidades de exercício de cada um daqueles poderes —uma vez que o seu exercício pontual e concreto é de legitimidade incontestada—, mas antes na intenção e objectivos políticos que orientam estrategicamente a intervenção presidencial e que se reflectem tanto na justificação do exercício pontual daqueles poderes *formais*, quanto, e com impacto não menor, no sentido que é conferido à intervenção *informal*, difusa, mas não menos influente, do Presidente da República na vida política quotidiana.

c) Como a Constituição não impõe quaisquer limites nem fixa quaisquer directivas quanto aos fins estratégicos da intervenção política do Presidente da República, não lidamos aqui com questões de inconstitucionalidade nem se trata de procurar descobrir limites jurídicos expressos ou implícitos àquela intervenção. Tão *constitucional* é um veto presidencial de uma lei por discordância essencial dos princípios e valores que adopta, como um veto através do qual o Presidente da República apenas pretende, ainda que não confessadamente, o enfraquecimento do Governo. Tão *constitucional* é uma dissolução da Assembleia da República porque o Presidente da República se convenceu que ela é incapaz de gerar uma solução de Governo estável ou capaz, como uma dissolução em que o Presidente da República não visa mais que substituir uma maioria política parlamentar que lhe é adversa por uma outra que lhe seja favorável.

No entanto, sendo *constitucionais*[271], não significa que tais intervenções sejam politicamente adequadas, no sentido de compatíveis com a natureza da matriz portuguesa de semipresidencialismo, que exige um Presidente da República moderador, arbitral, não executivo, que não utilize o mandato presidencial para uma actividade militante em favor de determinado programa e projecto partidários.

Ou seja, um Presidente da República, tanto quanto isso seja possível em função da própria natureza do cargo —é necessário ter presente que o Presidente da República não é um Tribunal Constitucional, mas sim um órgão de exercício do poder político, que disputa eleições e é eleito tendo em conta o seu passado e as suas convicções políticas, tendo em conta, no fundo, a forma como ele interpreta os valores e princípios constitucionais—, deve mover-se segundo uma lógica nacional, na prossecução dos valores constitucionais tal como os interpreta, e não segundo

[271] Deve entender-se por essa expressão, se quisermos ser inteiramente rigorosos, "não sendo inconstitucionais", ou seja, não violando normas ou princípios constitucionais.

uma lógica de facção, baseada em convicções pessoais, ideológicas, morais ou religiosas particulares.

Se é certo que a eleição popular directa confere ao Presidente da República a legitimação que lhe permite exercer os seus poderes segundo uma leitura e interpretação próprias das exigências do mandato, a natureza nacional e suprapartidária do exercício presidencial no semipresidencialismo português impõe-lhe que, nessa leitura e interpretação, que nunca é politicamente neutra ou asséptica, o Presidente da República se mova e seja capaz de fundamentar a sua actuação política em nome de princípios e de valores susceptíveis de serem racionalmente partilhados por toda a comunidade, dentro dos limites de um consenso e pluralismo razoável de Estado de Direito democrático.

Deve, nessas circunstâncias o Presidente da República inibir-se da publicitação de posições políticas próprias ou impedir que as suas mais profundas convicções políticas assomem nos actos que pratica ou nas opiniões que formula? Não seriam essas inibições ou impedimentos radicalmente contrários à legitimidade democrática de título que lhe é conferida pela eleição popular, sobretudo quando se sabe que até aos próprios Presidentes de sistemas parlamentares é reconhecida alguma margem de intervenção política?

d) Pode-se dizer que, de uma ou outra forma, com diferentes causas e enquadramentos, as dúvidas quanto a actuações pontuais dos Presidentes da República e quanto à observância dos limites que a nossa matriz de semipresidencialismo lhe impõe se suscitaram relativamente a todos os Presidentes em algum momento dos seus mandatos.

Aconteceu inicialmente com Eanes, nos anos setenta, sobretudo quando a sucessão de nomeação dos chamados entre nós *governos de iniciativa presidencial*[272], ou seja, governos constituídos por *independentes* ou figuras próximas do Presidente da República à margem das indicações partidárias, fazia duvidar da autonomia política desses governos relativamente ao Presidente da República e da independência e distância do Presidente relativamente a executivos que, na prática, mesmo quando o respectivo programa não foi imediatamente rejeitado no parlamento, dependiam quase exclusivamente do apoio presidencial.

[272] Cf. *supra*, Parte II, cap. II, 4.1.

Nas presidências Eanes, e no mesmo sentido das dúvidas sobre a intenção do Presidente da República em manter-se num plano nacional e suprapartidário, foi igualmente recorrente, pelo menos desde 1979[273], e sempre suscitando enorme controvérsia, a *ameaça* de *lançamento* de um partido patrocinado por Eanes que constituísse um *braço* de intervenção político-partidária do Presidente da República. Essas sombras ficaram sempre a pairar sobre a genuinidade com que o Presidente Eanes acatava os constrangimentos decorrentes da natureza do nosso semipresidencialismo.

Com o Presidente Soares foi sobretudo a pronunciada inflexão de atitude política, do primeiro para o segundo mandato, que suscitou as maiores dúvidas sobre a adequação da sua intervenção política a uma interpretação consistente dos limites do mandato presidencial.

Isto é, não estando em causa a legitimidade de uma intervenção política do Presidente da República, desenvolvida com plena independência das posições do Governo e da maioria parlamentar e, eventualmente, em oposição a elas, já é mais discutível saber se quando, praticamente de forma sistemática ao longo do segundo mandato, Soares se envolveu num confronto político permanente com o Governo e o Primeiro-Ministro da altura (Cavaco Silva), e indirectamente com o PSD, transformando praticamente o Presidente da República no protagonista principal da luta oposicionista ao Governo e à maioria parlamentar, não estaria, no fundo, o Presidente da República a impedir o Executivo de desenvolver, em normalidade, o programa político e de governo para que tinha sido *eleito* e, enquanto tal, a não observar a necessária natureza suprapartidária e nacional, do cargo presidencial.

Já com o Presidente Sampaio, foram sobretudo os acontecimentos do ano de 2004, designadamente o anúncio da dissolução da Assembleia da República em Outubro, que geraram dúvidas de legitimidade face à intenção de continuidade no apoio ao Governo em funções manifestada pela maioria parlamentar da altura. Todavia, abstraídas as razões naturais de luta política, neste caso as dúvidas eram afectadas por alguma debilidade de sustentação jurídico-constitucional, já que, naturalmente, um Presidente da República pode sempre, entre nós, dissolver o parla-

[273] Cf. JORGE CAMPINOS, *loc. cit.*, págs. 217 e segs.

mento e convocar eleições mesmo, como foi o caso, contra a vontade da maioria parlamentar.

Na medida em que o Presidente da República se convenceu do esgotamento político da solução governativa por que tinha optado, bem como da irreversibilidade da degradação da situação em caso de manutenção do Governo em funções e estando convicto da responsabilidade principal do Governo nesse ambiente de degradação, a via que lhe restava para interromper essa trajectória, face à intransigência da maioria parlamentar no apoio ao Governo, era a dissolução da Assembleia da República e a convocação de novas eleições. De resto, tanto o Presidente Eanes, em 1983, como o Presidente Soares, em 1987, haviam dissolvido a Assembleia da República em circunstâncias análogas, ou seja, num contexto em que havia na Assembleia da República uma maioria absoluta que se dispunha a formar Governo ou a sustentar um Governo e que se opunha à dissolução.

Com o Presidente Cavaco Silva as dúvidas adquiriram um cariz qualitativamente distinto, uma vez que, por um lado, o Presidente da República se empenhou, em inúmeras ocasiões, em actuações politicamente dirigidas contra governos de que discordava politicamente, mesmo quando esses governos eram minoritários, enquanto se colocou sistematicamente ao lado de governos da sua facção política, mesmo quando eles dispunham do apoio de uma maioria parlamentar absoluta. O último episódio do seu segundo mandato presidencial, quando resistiu até ao fim a dar posse a um governo que, todavia, dispunha do apoio de uma maioria parlamentar absoluta formada pelos vários partidos da esquerda do espectro parlamentar, incluindo a tentativa de nomeação de um governo de direita que se sabia não ter condições de *passar* na Assembleia da República, foi um exemplo eloquente do indisfarçável empenhamento político-partidário que imprimiu aos seus mandatos.

Sobretudo condenável foi o facto de, pontualmente, desenvolver a sua estratégia política com recurso a meios eticamente inadmissíveis ou até juridicamente condenáveis. Designadamente no ano de 2009, em vésperas de uma campanha eleitoral para a Assembleia da República, o Chefe da Casa Civil da Presidência da República instou, com alegada autorização superior, a publicação de notícias em meio de comunicação social de grande difusão levantando a suspeita de que a Presidência estaria a ser espionada pelo Governo há mais de ano e meio. Tais alegações revelar-se-iam destituídas de fundamento, mas o próprio Presidente da República permitiu e deu azo a que, em época pré-eleitoral, se alimentasse uma campanha de suspeitas sobre o Governo baseada nessas notícias e sem qualquer desmentido oficial.

Finalmente, com o Presidente Marcelo Rebelo de Sousa, as dúvidas mais difundidas respeitam, mas, aqui de novo, sem fundamento jurídico-constitucional, à pretensa invasão das competências governamentais que supostamente derivaria do facto de o Presidente da República se pronunciar, com frequência quase quotidiana, sobre áreas integradas na competência e gestão corrente do Governo. Sendo evidentes os inconvenientes de uma inevitável confusão entre os papéis de comentador político e de Presidente da República, os danos que um tal ruído provoca na estabilidade política, bem como o risco de banalização envolvido numa sua excessiva presença mediática, o caso não chega, aqui, sequer a ser controverso na medida em que o Presidente da República pode, sem extravasar das competências ou do estatuto próprio de Presidente na matriz portuguesa de semipresidencialismo, pronunciar-se, sem excepção, sobre todas as situações que considere política ou socialmente relevantes.

Bem mais discutível será, todavia, a tentação de o Presidente da República confundir as suas funções com as do Primeiro-Ministro, como quando chama a Belém ou recebe dirigentes de corpos administrativos envolvidos em controvérsias políticas. Ainda mais ostensivamente, sendo normais os contactos, por vezes directos, entre Presidente da República e os ministros responsáveis por áreas objecto da intervenção presidencial, já se situa claramente fora do padrão admissível do nosso semipresidencialismo a convocação de duas ministras (no caso a da saúde e a da justiça) para reunião no Palácio de Belém em que, supostamente, o Presidente da República pretendia *articular* a respectiva actuação no domínio do combate ao surto pandémico nas prisões[274].

Por último, surge como claramente disfuncional a recusa sistemática de o Presidente da República suscitar a fiscalização preventiva da constitucionalidade (um único pedido feito durante todo o primeiro mandato), não apenas nos casos em que, todavia, há dúvidas sérias de constituciona-

[274] Ver episódio ocorrido em Novembro de 2020 (https://expresso.pt/coronavirus/2020-11-22-Marcelo-chama-Temido-e-Van-Dunem-atencao-aos-surtos-nas-prisoes).

lidade publicamente reveladas, mas também naqueles em que há mesmo uma probabilidade significativa de a correspondente inconstitucionalidade vir a ser declarada pelo Tribunal Constitucional em sede sucessiva, com todos os inconvenientes de segurança jurídica que resultam dos riscos de *facto consumado* inconstitucional[275].

[275] Considerando apenas os casos em que, até Julho de 2021 (altura em que escrevemos), o Tribunal Constitucional ainda pôde declarar, em tempo útil, a inconstitucionalidade de diplomas que, apesar de aprovados em ambiente de grande controvérsia jurídico-constitucional, foram promulgados pelo Presidente da República sem fiscalização preventiva, cf. o Acórdão nº 225/2018 (gestação de substituição), Acórdão nº 464/2019 (metadados), Acórdão nº 299/2020 (direito de preferência dos arrendatários), Acórdão nº 247/2021 (candidaturas de grupos de cidadãos), Acórdão nº 318/2021 (segurança do emprego), Acórdão nº 474/2021 (identidade de género), Acórdão nº 545/2021 (apoios sociais). Em todos estes casos, perante dúvidas sérias de constitucionalidade, o Presidente da República recusou pedir a fiscalização preventiva, os diplomas entraram em vigor e a produzir efeitos e, decorridos alguns meses, o Tribunal Constitucional, como seria de esperar, a pedido de Deputados, do Primeiro-Ministro ou da Provedora de Justiça declara a respectiva inconstitucionalidade.

Capítulo V
O Poder e os Poderes do Presidente da República

A legitimidade democrática recolhida na eleição popular directa constitui a fonte indiscutível do poder do Presidente da República no nosso sistema de governo. Por sua vez, indissociável dessa legitimidade, o estatuto constitucional do órgão, tal como foi configurado em 1976 e definitivamente conformado em 1982, confere-lhe a possibilidade de uma intervenção relevante e permanente na vida política. Essa presença política varia, naturalmente, em função das circunstâncias de cada conjuntura —incluindo, desde logo e com papel determinante, os factores relacionados com a governabilidade e a estabilidade governativa decorrentes da responsabilidade política do Governo perante a Assembleia da República—, mas é também, em grande medida, condicionada pela personalidade e perfil presidencial do titular do cargo e pela forma como entende o desempenho do mandato.

Os diferentes poderes constitucionais que lhe são atribuídos, garantem-lhe a capacidade de intervenção regular no exercício da função política, mas o impacto da sua presença política não depende menos do exercício dos chamados poderes informais, ou seja, das capacidades que, não estando directamente associadas a uma competência constitucional expressamente prevista, resultam das possibilidades políticas que, de facto, se abrem ao Presidente da República pelo simples razão da titularidade do cargo e das expectativas que as pessoas nele depositam.

O exercício desses *poderes informais* fez-se inicialmente, entre nós, através dos discursos e mensagens de Eanes, por vezes de efeitos incontrolados, bem como através das suas viagens pelo país a convite dos autarcas e foi continuado e desenvolvido, depois, em todos os mandatos presidenciais, especialmente nas *presidências abertas* de Mário Soares e na presença de Marcelo Rebelo de Sousa no comentário quase quotidiano dos eventos políticos, sociais, desportivos ou culturais nos meios de comunicação social e no contacto directo com as populações. Traduz-se na força política da *palavra* do Presidente, na comunicação das mensagens políticas que o Presidente considera oportunas, na capacidade de relacionamento com os restantes protagonistas e forças políticas e no exercício da chamada *magistratura de influência*.

Em todo o caso, e pese embora a relevância dessas formas multifacetadas de intervenção política, esse poder de conformação política autónoma do Presidente da República é garantido, em última análise, pelo facto de se saber que, no nosso sistema de governo, o Presidente detém, em última análise, a *chave* do funcionamento do sistema político, sabendo-se que, na eventualidade de uma crise política, são as virtualidades do exercício dos seus poderes mais *fortes*, que aqui designamos por poderes *dramáticos*, que, independentemente dos eventuais bloqueios no sistema político, mantêm sempre abertas as alternativas de solução política em democracia.

Diríamos, assim, que o poder do Presidente da República lhe advém da legitimidade democrática e do estatuto constitucional, assenta na capacidade de exercício efectivo dos poderes presidenciais, mas é mais do que a respectiva soma desses poderes. Trata-se, no fundo, de uma capacidade de intervenção, de influência e de conformação política autónoma que é, finalmente, extraordinariamente potenciada pelo facto de, na nossa matriz de semipresidencialismo, o Presidente da República não ser uma *parte* directamente interessada na competição e disputa político-partidárias, antes constituindo uma referência reguladora e de integração político-social de carácter nacional.

Vamos, a seguir, percorrer os diferentes poderes presidenciais, distinguindo entre os que, por mera facilidade de exposição, designamos de *dramáticos* ou de *fracos*, de *formais* ou *informais*, de *expressos* ou *implícitos*, salientando nestes últimos, também pelo facto da sua importância extrema, e também por ser normalmente ignorado, o que designamos de poder ou de prerrogativa presidencial de avaliação decisiva da viabilidade dos governos por parte do Presidente da República.

1. Os poderes *dramáticos*: a nomeação e demissão do Governo, a dissolução da Assembleia da República e a prerrogativa de avaliação da viabilidade dos governos

Pelo impacto que produzem na subsistência ou na renovação do mandato dos restantes órgãos de soberania de exercício de poder político, os poderes presidenciais de dissolução do Parlamento e de nomeação/demissão do Governo, bem como a prerrogativa de avaliação da sua viabilidade, integram o núcleo essencial da definição constitucional do estatuto do Presidente da República.

A sua importância —e consequente potencial *dramatismo* que envolve, em princípio, o seu exercício— deriva imediatamente da possibilidade que dão ao Presidente da República de determinar directamente alterações fundamentais na formação, composição e subsistência do mandato do Governo e na cessação da legislatura da Assembleia da República. Indirectamente, a relevância destes dois poderes reflecte-se, então, na possibilidade eventual de, através do respectivo exercício e dependendo da vontade subsequentemente manifestada pelo eleitorado, o Presidente da República poder provocar alterações de fundo na condução da política nacional.

Ou seja, enquanto que através do exercício dos restantes poderes que, comparativamente, podemos designar de *fracos*, como o poder de veto, de nomeação, de mensagem, de iniciativa de fiscalização da constitucionalidade, ou através dos chamados poderes informais, o Presidente da República mantém uma intervenção permanente na vida política, mas sem interferir directa e decisivamente nos aspectos centrais da condução da política nacional por parte do Governo e da Assembleia da República, já quando recorre aos poderes *dramáticos* —o poder de dissolução do Parlamento e de nomeação/demissão do Governo, bem como a prerrogativa de avaliação da sua viabilidade—, o Presidente da República, não apenas pode fazer prevalecer a sua vontade sobre as destes outros órgãos de soberania, como pode decidir directamente sobre a própria *vida* de Governo e Assembleia da República.

1.1. Poder de dissolução da Assembleia da República

a) Já analisámos, desenvolvidamente, nos comentários às consequências e balanço da revisão constitucional de 1982, porquê, na comparação entre estes dois poderes, o decisivo acaba por ser o poder de dissolução da Assembleia da República.

Com efeito, após a revisão de 1982, o poder presidencial de dissolução do Parlamento passou a ser um poder praticamente livre, incondicionado. O Presidente da República não tem limites ou condicionamentos materiais, de índole constitucional, para o respectivo exercício. Ele é, em termos jurídicos, senhor exclusivo da definição dos fundamentos, motivações e decisão de dissolução. Os únicos limites ou condicionamentos fixados pela Constituição são de natureza circunstancial ou temporal: o Presidente da República só não pode dissolver a Assembleia da República na vigência de uma situação de estado de sítio ou de emergência e, em termos temporais, só não pode dissolver nos primeiros seis meses após a eleição do Parlamento e nos últimos seis meses do mandato presidencial.

Ora, tendo em conta o enorme impacto político que o exercício deste poder de dissolução pode provocar no funcionamento do sistema e considerando que não há, desde 1982, condicionamentos materiais de natureza constitucional para o seu exercício, facilmente se conclui que o poder de dissolução da Assembleia da República é, em termos absolutos e relativos, o grande poder do Presidente da República português, aquele que mais profundamente determina o alcance e os contornos do estatuto político-constitucional do Presidente da República no nosso semipresidencialismo.

Pela sua relevância extrema, é comummente designado, entre nós, em linguagem política e jornalística, como a *bomba atómica*, o que, se bem que ajustado enquanto ilustração dos efeitos e consequências que pode produzir no funcionamento do sistema político, induz algum equívoco quanto às possibilidades do seu exercício efectivo. É que enquanto a bomba atómica tende, hoje, a produzir na cena política internacional quase exclusivamente efeitos dissuasores, já o poder de dissolução é de exercício efectivo e provável, tendo sido várias vezes[276] exercido, entre nós, pelos vários Presidentes da República.

[276] Sete vezes até agora: três por Eanes (em 1979, 1983 e 1985), uma por Soares (em 1987), duas por Sampaio (em 2002 e 2004) e uma por Cavaco (em 2011).

Como está juridicamente associado à marcação de novas eleições parlamentares —nos termos do artigo 113º, nº 6, a dissolução da Assembleia da República tem de ser acompanhada, sob pena de inexistência jurídica do acto de dissolução, da marcação de novas eleições a realizar nos sessenta dias seguintes—, o poder de dissolução confere ao Presidente da República a competência, real, de escolha do momento em que se devem realizar as eleições parlamentares seguintes, ou seja, dá-lhe o essencial do controlo do calendário político, diferentemente do que sucede em sistema parlamentar onde é efectiva e essencialmente o Primeiro-Ministro que detém esse poder[277].

Em grande medida, o poder de dissolução da Assembleia da República poderia perfeitamente ser designado como o poder de antecipar as eleições parlamentares e para a data escolhida exclusivamente pelo próprio Presidente da República. É, sobretudo, essa possibilidade de acção e de escolha livre do momento e das circunstâncias da dissolução e, consequentemente, das eleições parlamentares, que dá ao Presidente da República, mesmo que nunca venha a exercer esse poder, uma enorme margem de acção política, independentemente do tipo de governo e de maioria parlamentar que existam em cada momento.

b) Ou seja, se é verdade que os restantes poderes políticos do Presidente da República —designadamente o poder de nomeação e de demissão do Governo e o poder de veto— *refluem*, extraordinária e automaticamente, sempre que tenha face a si uma maioria parlamentar absoluta que lhe seja hostil, já a capacidade de poder dissolver o Parlamento, nas circunstâncias por ele exclusivamente determinadas, preserva-o, sempre, do perigo de cair numa situação conjuntural de irrelevância

[277] Em sistema presidencial o problema do *calendário* das eleições não se coloca, uma vez que, não havendo possibilidades de dissolução do Parlamento nem de demissão do Executivo, as eleições ocorrem necessariamente nas datas pré-estabelecidas em função da duração normal dos mandatos. Já em sistema parlamentar, o Primeiro-Ministro ou a maioria parlamentar têm a faculdade de antecipar as eleições, devendo, em princípio, o chefe de Estado seguir essa indicação. Em sistema semipresidencial —e aí uma clara manifestação da natureza específica e autónoma deste sistema de governo— não cabe nem ao Primeiro-Ministro nem à maioria parlamentar, mas antes a uma *terceira parte*, o Presidente da República, a decisão sobre eventual antecipação e marcação de eleições parlamentares, pelo que a gestão da agenda política por parte do Governo está sempre condicionada pela decisão que, sobre a questão da data das próximas eleições, venha a ser tomada pelo Presidente da República.

política: por mais poderoso e parlamentarmente sustentado que seja um governo, a possibilidade de marcar novas eleições parlamentares através da dissolução da Assembleia da República permite ao Presidente da República, dependendo da vontade consequente do eleitorado, produzir consequências potencialmente devastadoras para o Governo e a maioria parlamentar no poder. Basta-lhe que dissolva o Parlamento e convoque novas eleições numa altura eleitoralmente desfavorável para a maioria que sustenta o Governo.

Ora, como, por esse facto, o Primeiro-Ministro nunca pode menosprezar a vontade do Presidente da República, essa *espada de Dâmocles* que é o poder de dissolução confere, sempre, ao Presidente da República uma capacidade de influência sobre o Governo e a maioria parlamentar que vai muito para além da mera soma dos potenciais efeitos produzidos por cada um dos seus restantes poderes individualmente considerados. Essa *mais valia*, oculta, mas de presença dominante, é-lhe garantida pelo poder de dissolução e pela quase inteira margem de livre decisão que lhe cabe nesse domínio.

É por isso que, também em termos relativos e, nomeadamente, comparando com o poder de demissão do Governo, o poder de dissolução é incomparavelmente mais importante. É que, mesmo que o Presidente demita um Governo, a última palavra acaba sempre por ser da Assembleia da República: todo o Governo tem de *passar* na Assembleia da República, pelo que de nada adianta ao Presidente da República demitir um Governo se, a seguir, não tiver uma alternativa susceptível de ser viabilizada pelo Parlamento. O poder de demissão do Governo é sempre um poder que deixa o Presidente a meio do caminho ou a meio do jogo; resta sempre a última decisão, a tal última palavra dita pela maioria parlamentar e que viabilizará ou rejeitará a nova solução governativa patrocinada pelo Presidente da República.

Já quanto ao poder de dissolução da Assembleia da República, a maioria parlamentar não tem *voz*: o Presidente da República pode decidir dissolver contra a vontade da maioria parlamentar e será o resultado das novas eleições que determinará o resultado final do jogo.

c) É por isso, também, que o poder de dissolução, sendo um poder juridicamente livre, não é um poder politicamente incondicionado. É verdade que o Presidente da República pode dissolver o Parlamento em quaisquer circunstâncias e com quaisquer fundamentos e, eventualmente, contra a vontade expressa pela maioria parlamentar em funções. Mas, aqui, a tal última palavra que, no caso do poder de demissão do Governo, acabava por caber ao Parlamento em funções, no caso do poder de dissolução transfere-se para o eleitorado. O Presidente da República pode dissolver independentemente de qual seja a opinião de Governo e Parlamento, mas o *jogo* só termina com a realização das novas eleições parlamentares e, aí, o eventual conflito subjacente à dissolução —Presidente da República contra Governo e maioria parlamentar— será arbitrado pelo eleitorado a favor de um ou outro dos contendores.

Se, nas eleições, o eleitorado renova o mandato da maioria hegemónica na anterior composição da Assembleia dissolvida é, então, o Presidente da República que sai desautorizado: o eleitorado respondeu negativamente à sua iniciativa, ou seja, a dissolução da Assembleia da República levada a cabo pelo Presidente da República revelou-se desnecessária e, tendo em conta os custos políticos e os gastos financeiros envolvidos, revelou-se desastrosa. O Presidente da República passou de árbitro e moderador, que deveria ser, a provocador de instabilidade e criador de novos problemas. O resto do seu mandato, mesmo supondo que o desaire não leve o Presidente da República a renunciar ao cargo, não será fácil.

Já se o eleitorado, com o resultado do seu voto, dá origem a uma nova maioria ou, no mínimo, modifica substancialmente o anterior quadro parlamentar, aí demonstra, *a posteriori*, o bem fundado da dissolução: aquela Assembleia da República já não correspondia ao novo sentimento e vontade dos eleitores, o acto presidencial de dissolução foi, no fundo, *ratificado* pela vontade popular.

Por isso, sendo a iniciativa e a decisão exclusivamente do Presidente da República, o poder de dissolução é um poder necessariamente exercido *em dueto*, pelo Presidente da República e pelo eleitorado. A razão de ser e a justificação da dissolução só resultam comprovadas, *a posteriori*, com o resultado expresso nas eleições seguintes onde, de alguma forma, e sempre que dissolveu contra a vontade da anterior maioria parlamentar, o Presidente da República também joga a sua imagem e o seu futuro político.

A possibilidade de um *julgamento* popular negativo da sua decisão de dissolução do Parlamento, com o desencadeamento de eventuais consequências *pesadas* para o seu futuro político, constitui, assim, um poderoso constrangimento dos juízos de avaliação e prognose que envolvem uma decisão presidencial de dissolução. O Presidente da República tem de perscrutar o sentir ou o *pulsar* da opinião pública, tem de saber prever como reagirá o eleitorado à sua decisão *dramática* de interromper a legislatura e de chamar antecipadamente o Povo a eleições e a *escolher* um novo Governo. Se ignora esse sentimento ou se avalia mal, será ele próprio a vítima política do acto de dissolução.

d) Mas não são esses os únicos condicionamentos políticos que impendem sobre este acto.

É verdade que, como se disse, em teoria não há condicionamentos jurídicos materiais da decisão de dissolver. A dissolução da Assembleia da República pode ser decidida com os mais diferentes fundamentos e para prosseguir os mais variados fins. O Presidente da República pode, teoricamente, dissolver o Parlamento para resolver uma crise institucional, superar um bloqueio de funcionamento do sistema, arbitrar um conflito político ou institucional, mesmo que seja ele próprio uma das partes em disputa, refrescar a legitimidade de um Governo, antecipar a realização de eleições parlamentares pelos mais diversos motivos, mas também pode recorrer a este instrumento para *derrubar* um Governo, derrotar uma maioria, favorecer a chegada de uma nova força política ao poder ou renovar o mandato da maioria em funções. A Constituição não lhe coloca qualquer limite nesse plano.

Mas serão todas essas razões igual e indiferentemente admissíveis à luz da natureza do sistema de governo português?

Aí, na perspectiva da natureza e do estatuto do Presidente da República e da racionalidade subjacente ao funcionamento da nossa matriz de semipresidencialismo, nem todos aqueles fundamentos são admissíveis. Um Presidente da República que deve ser suprapartidário, prosseguir o interesse nacional, actuar de forma equidistante e isenta relativamente a todas as forças partidárias, que deve ser moderador e árbitro e não participante directo no jogo democrático político-partidário, não deve dissolver a Assembleia da República para beneficiar ou prejudicar um determinado partido político, para favorecer ou derrubar uma maioria parlamentar, para prosseguir fins pessoais de intervenção na luta política.

É certo que, se o fizer, a dissolução não é inconstitucional. Como se disse, a Constituição não lhe impõe quaisquer limites nesse plano. Mas, uma dissolução feita, na realidade —isto é, independentemente dos fins formalmente proclamados—, com esses objectivos, será uma dissolução feita à margem do espírito, dos princípios e da natureza do nosso sistema de governo; será uma dissolução não comportada ou até incompatível com o estatuto do Presidente da República na matriz portuguesa de semipresidencialismo[278].

Pode-se, no entanto, dizer que, até hoje, o exercício do poder presidencial de dissolução da Assembleia da República tem sido feito com grande parcimónia, adequação e em inteira conformidade aos parâmetros do sistema, o que é, de resto, confirmado pelo correspondente assentimento popular que as diferentes dissoluções mereceram, tanto quanto tal é apurável em função dos resultados das eleições parlamentares consequentes. Ou seja, incluímos neste balanço tanto as dissoluções que, nas circunstâncias concretas em que ocorreram foram desde logo *pacíficas* ou praticamente consensuais (1979, 2002, 2011[279]), como as que, sendo acompanhadas de alguma ou até de enorme controvérsia (1983, 1987, 2004) obtiveram uma confirmação *a posteriori* da parte do eleitorado[280].

[278] Este tipo de dissolução já seria, todavia, perfeitamente comportada e natural no quadro do semipresidencialismo francês, onde, como se viu, as dissoluções da Assembleia Nacional têm sido feitas para prosseguir fins deste tipo, uma vezes com o posterior aval, mas outras também com a censura do eleitorado. Da mesma forma, mesmo entre nós, como dissemos, já não seria censurável, pelo menos pelas mesmas razões, se a intenção tivesse sido previamente anunciada ao eleitorado no momento da candidatura presidencial, se com esse anúncio o candidato a Presidente manifestasse uma intenção clara e aberta de alterar o funcionamento e a natureza do nosso semipresidencialismo e o eleitorado tivesse caucionado, com o seu voto, o novo curso que se pretendia imprimir ao sistema. Mas, aí, como vimos, era o próprio sistema de governo ou, mais rigorosamente, a matriz portuguesa de semipresidencialismo, que mudava.

[279] Apesar da enorme discussão e controvérsia política que a rejeição parlamentar do PEC provocou em 2011, pode dizer-se que, após o consequente pedido de demissão apresentado pelo Governo, também a dissolução da Assembleia da República nessa altura passou a ser inevitável.

[280] A dissolução de 1985, protagonizada por Eanes, foi, de algum modo, a excepção: controversa, em alguma medida, e com um posterior resultado eleitoral inconclusivo. Eanes dissolveu por não aceitar um governo minoritário de Mário Soares, mas, a seguir às eleições, deu posse a um governo igualmente minoritário de Cavaco Silva. Cf., *infra*, cap. V, 2.2.1.

1.2. Poder de nomeação e de demissão do Governo

a) Relativamente ao Governo, o poder de intervenção do Presidente da República apresenta o maior *dramatismo* na hipótese, todavia nunca verificada, de demissão enquanto acto necessário para assegurar o regular funcionamento das instituições, de acordo com o disposto no artigo 195º, nº 2, da Constituição.

Vimos já, no entanto, como a possibilidade e o impacto do exercício deste poder presidencial são muito menos relevantes do que aquilo que se poderia intuir à primeira vista, sobretudo quando em comparação com o poder de dissolução da Assembleia da República.

De facto, trata-se fundamentalmente de um poder mais ajustado para um exercício de último recurso, enquanto instância de resolução e superação de um bloqueio ou de um disfuncionamento institucionais que exijam a demissão do Governo como solução necessária para a reposição do regular funcionamento das instituições ou, pelo menos, que contribua de algum modo, mesmo que parcialmente, para alcançar esse fim.

A característica de último recurso que se retira do enquadramento constitucional deste poder presidencial resulta do facto de, segundo uma interpretação adequada, para que este poder possa ser exercido, não inconstitucionalmente[281], haver quatro pressupostos que devem estar reunidos:

[281] Note-se que o que dizemos não é contraditório com a afirmação corrente de que é ao Presidente da República que cabe exclusivamente verificar e decidir quando esses pressupostos se encontram ou não reunidos, mas já o seria se desta última afirmação se pretendesse retirar a conclusão de que, não havendo sanção jurídica para uma demissão feita à margem do preenchimento destes requisitos, o poder presidencial de demissão acabaria por ser tão livre quanto o era antes da revisão constitucional de 1982, quando o Presidente da República podia demitir livremente o Governo, incluindo por razões de discordância política.
É certo que cabe exclusivamente ao Presidente fazer essa avaliação e agir em conformidade, mas isso não o autoriza a violar ou desrespeitar os limites e imposições constitucionais. Se o fizer, independentemente de inexistência de sanção jurídica, estará a cometer uma inconstitucionalidade grave, com a sanção/censura políticas inerentes. Não seria nada de diferente do que ocorreria com outras eventuais situações patológicas resultantes do incumprimento dos preceitos constitucionais por parte do Presidente da República, mesmo quando não haja sanção jurídica para a inconstitucionalidade cometida. Se o Presidente da República receber um diploma para promulgar e o meter na *gaveta* ou no *bolso* durante meses, sem o promulgar nem vetar, é óbvio que está a cometer uma inconstitucionalidade grave, mesmo se

(*i*) primeiro, deve haver uma situação de irregular funcionamento de instituições democráticas ou de iminência ou grande probabilidade da sua ocorrência;
(*ii*) segundo, não devem existir ou estar disponíveis outros meios menos gravosos para resolver o problema que não seja a demissão do Governo;
(*iii*) terceiro, o bloqueio ou disfuncionamento institucionais devem ser suficientemente graves para justificar um *remédio* tão poderoso;
(*iv*) finalmente, mas decisivo, a demissão do Governo deve constituir, pelo menos segundo um prognóstico razoável com as informações e conhecimentos disponíveis na altura da decisão, um meio que permita repor efectivamente o regular funcionamento das instituições em causa ou que contribua significativamente para atingir esse objectivo.

Ora, com uma configuração constitucional deste tipo, ou seja, como poder a que se recorre só em situação de último recurso e verificados aqueles pressupostos especialíssimos, o poder presidencial de demissão do Governo é uma espécie de *válvula de segurança* do sistema, que se pode revelar importante em situações muito particulares, mas que não se ajusta a uma utilização capaz de assegurar uma intervenção política relevante e regular do Presidente da República nos momentos vitais de formação e/ou de subsistência do Governo.

Esta relativa debilidade, que se traduz num espectro muito estreito de virtualidades de utilização, comprova-se facilmente quando se tem em conta que este poder nunca foi sequer utilizado, ou seja, nunca algum Presidente da República demitiu o Governo porque tal se tenha revelado "necessário para assegurar o regular funcionamento das instituições democráticas". De resto, na história da vigência da Constituição de 1976 só houve uma demissão do Governo por iniciativa do Presidente da República e essa verificou-se, ainda antes da revisão de 1982, quando

Assembleia da República ou Governo nada possam fazer para a superar ou para sancionar o comportamento ilegítimo do Presidente da República. Pelo menos até à próxima revisão constitucional, que deveria, então, obrigatoriamente, chegar a nova solução para obviar a uma prática indesejável, mas que não se considerara, até então, passível de ocorrência prática real.

o poder presidencial de demissão do Governo era livre e o Presidente Eanes, em 1978, demitiu o II Governo de Mário Soares.

Logo, não é através do poder de demissão, mas necessariamente por outras vias, que o Presidente da República tem desenvolvido uma intervenção politicamente relevante no plano da formação e, sobretudo, no da definição de condições de subsistência dos governos.

b) Nos termos do artigo 187º da Constituição, o Presidente da República nomeia o Primeiro-Ministro "tendo em conta os resultados eleitorais" e, embora o texto não o diga expressamente, os resultados eleitorais que *contam* são os das eleições legislativas. Não tanto porque resultados de outras eleições não possam servir, eventualmente, para avaliar das condições de subsistência de um governo, mas porque um Governo tem ou não condições de *passar* no Parlamento em função da composição política da Assembleia da República e esta é determinada pelos resultados das eleições parlamentares.

Assim, a margem de actuação do Presidente da República é, nesta fase da nomeação do Governo, substancialmente limitada pelo leque de possibilidades, mais ou menos reduzidas, comportadas por uma dada composição do Parlamento e pela opinião que lhe seja correspondentemente transmitida pelos partidos políticos nele representados aquando das audições para a formação do Governo. Havendo, por exemplo, uma maioria absoluta —de um partido ou de uma coligação— é óbvio que o Presidente da República *só* pode nomear Primeiro-Ministro a pessoa indicada por esse partido ou coligação.

Já se nenhum dos partidos ou forças políticas concorrentes alcança a maioria absoluta dos lugares no Parlamento, as margens de intervenção e de escolha do Presidente da República aumentam significativamente, podendo, então, aconselhar, mediar e estimular acordos, e, em função da avaliação política da situação, nomear um Primeiro-Ministro que lhe dê maiores garantias de estabilidade ou de condições de formação de um governo viável, podendo até, ao contrário do que, erradamente, se supunha, nomear como Primeiro-Ministro alguém que não seja o líder ou a pessoa indicada pelo partido mais votado.

Por exemplo, entre nós, não será improvável que o Presidente da República se decida por nomear um governo PSD/CDS numa situação em que o PS seja o partido mais votado. Se o PS (eventualmente com o apoio de outras forças políticas) não dispuser de maioria absoluta e PSD e CDS sejam, em conjunto, maioritários e se disponham, primeiro a inviabilizar qualquer Governo com a participação do PS e, segundo, a formar um Governo de coligação maioritária, ainda que essa coligação não tivesse sido previamente anunciada como tal ao eleitorado, a nomeação *directa* de um Governo PSD/CDS pouparia o país a procedimentos inúteis e lentos de nomeação e formação de um Governo (PS) que se sabia não ter condições de viabilização parlamentar.

Portugal passou exactamente por uma situação concreta deste tipo quando, nas eleições parlamentares de 2015, sendo a coligação PSD/CDS a força política mais votada e com mais deputados, se formou na Assembleia da República uma maioria absoluta, constituída por PS, BE e PCP, disposta a viabilizar um Governo PS e, concomitantemente, determinada a inviabilizar qualquer Governo PSD/CDS. Esses dados ficaram claros nas audições dos partidos políticos por parte do Presidente da República, mas como este (Cavaco Silva) discordava frontalmente de uma solução governativa de esquerda, procurou evitá-la até ao último momento, chegando mesmo a nomear um Governo PSD/CDS, mesmo quando se sabia que esse governo seria inviabilizado no parlamento[282].

Obviamente, tendo embora o Presidente da República legitimidade para nomear tal governo, foi pura perda de tempo, de energias e de credibilidade para os envolvidos já que, como se esperava, o programa de governo foi, sem surpresa, rejeitado na Assembleia da República e o Presidente da República não teve outra alternativa que não fosse a nomeação de um governo com condições políticas para *passar* na Assembleia da República, isto é, um Governo PS apoiado na Assembleia da República por BE e PCP[283].

[282] Tratou-se do XX governo constitucional, de Passos Coelho, nomeado a 30 de Outubro de 2015, demitido a 10 de Novembro e substituído a 26 de Novembro.

[283] É verdade que, na altura, Blanco de Morais, ex-consultor de Cavaco Silva, congeminou e difundiu publicamente uma pretensa alternativa, que chegou a ser considerada no leque de possibilidades ao dispor pelo Presidente da República, mas que era, para além de desrazoável, frontalmente inconstitucional. Tratava-se da hipótese de o Presidente da República, após a demissão do Governo Passos Coelho por rejeição parlamentar do seu programa, deliberadamente não proceder à nomeação de um novo Governo e manter o Governo demitido em funções (de gestão) até ao termo do mandato do Presidente da República, deixando para o próximo Presidente, que tomaria posse dali a quatro meses, a resolução do problema.

c) De qualquer forma, a principal intervenção política do Presidente da República relativamente aos governos não diz tanto respeito à sua demissão —pelas circunstâncias e requisitos excepcionais e raramente verificáveis em que se pode justificar, como se prova pelo facto de nunca ter ocorrido após a introdução da sua previsão na revisão constitucional de 1982— nem, tão pouco, respeita à sua formação após a realização de eleições parlamentares, por facto de, como se viu, a intervenção presidencial ser aí extraordinariamente condicionada pelo facto de a última palavra caber à Assembleia da República. Como vamos ver a seguir, é sobretudo no plano da verificação da viabilidade de subsistência dos governos, seja em situação de crise seja na iminência da sua verificação, que o papel do Presidente da República se revela decisivo, podendo mesmo dizer-se que é nesse plano que se projecta o essencial das capacidades de conformação política autónoma do Presidente da República no nosso sistema de governo.

1.3. A prerrogativa presidencial de avaliação da viabilidade de subsistência ou de formação de um governo (remissão)

Ainda que não esteja formalmente consagrado no texto constitucional, este é, na prática, e beneficiando da possibilidade de, em alternativa, dissolver a Assembleia da República, o principal poder de intervenção decisiva no nosso sistema de governo por parte do Presidente da República. A sua importância real justifica uma consideração autónoma a que a seguir procedemos.

Tratava-se, obviamente, de uma proposta de *golpe* contra a Constituição que pretendia fazer *tábua rasa* do papel da Assembleia da República e das obrigações constitucionais do Presidente da República. Ou seja, a Assembleia da República demitia um Governo e o Presidente procederia como se o Parlamento não existisse: mantinha o Governo em funções como se nada tivesse, entretanto, ocorrido, como se a moção de rejeição do seu programa não tivesse sido aprovada pela maioria absoluta dos Deputados. Pura e simplesmente, como discordavam da alternativa que se veio a realizar —Governo apoiado por toda a esquerda parlamentar—, então a solução seria essa: o Governo Passos Coelho, que já estava em funções de gestão, permaneceria nessas mesmas funções como se nada tivesse acontecido, como se o Governo não fosse politicamente responsável perante a Assembleia da República e como se não incumbisse ao Presidente da República nomear um novo Governo em caso de demissão do anterior...

2. A associação entre o poder de dissolução da Assembleia da República e a prerrogativa presidencial de avaliação da viabilidade dos Governos

Desde os mandatos de Eanes que os Presidentes da República, mesmo quando, depois da revisão de 1982, desapareceu a responsabilidade política do Governo perante o Presidente, se têm arrogado o poder de fazer uma avaliação política sobre as condições, não apenas de formação, mas também de subsistência dos Governos, e de decidir em conformidade, ainda que sem a presença de um poder *formal* constitucionalmente previsto para o efeito.

Como dissemos, se bem que, sobretudo depois de 1982, o Governo não seja *o Governo do Presidente*, persistiu na nossa ordem constitucional a ideia de que o Presidente da República tem um papel relevante na definição das condições em que um dado apoio parlamentar ao Executivo, explícito ou implícito, justifica ou garante a entrada em funcionamento de um Governo ou viabiliza a sua subsistência. E, na medida em que essa prerrogativa de avaliação presidencial se pode ancorar, indirectamente, no poder de dissolução da Assembleia da República, a posição que o Presidente da República tome sobre o problema pode ser mesmo decisiva.

Vamos ver como este poder *silente* se afirma e converte, afinal, no principal poder de intervenção real do Presidente da República no sistema político, no poder em que se traduz, por excelência, a sua capacidade de intervenção política autónoma. O Presidente da República não governa, mas é ele que pode definir, em última análise, as condições de viabilidade de formação, subsistência e cessação dos Governos.

Deduzido inicialmente —até 1982—, de forma directa, dos poderes de nomeação e de demissão do Governo e da responsabilidade política do Governo perante o Presidente da República, e, depois de 1982, ancorado indirectamente no poder de dissolução da Assembleia da República, é neste poder, *ignorado* por quase toda a doutrina, eventualmente não exercido, mas sempre potencialmente presente, que se revela a amplitude máxima da capacidade de intervenção política do Presidente da República no nosso sistema de governo.

A origem desta prerrogativa ou poder presidencial e, consequentemente, daquela margem ampla de intervenção política autónoma do

Presidente da República, ainda que em geral tal não seja devidamente reconhecido, está nos mandatos do Presidente Eanes.

2.1. A responsabilidade política do Governo perante o Presidente da República e a prerrogativa presidencial de avaliação decisiva da viabilidade dos Governos antes da revisão constitucional de 1982

a) Nos termos da versão originária da Constituição de 1976, o Governo respondia perante a Assembleia da República, mas, e aí a diferença para a situação actual, também respondia politicamente perante o Presidente da República.

Isto significava, numa leitura possível e adequada da Constituição, que a subsistência do Executivo dependia do assentimento ou, pelo menos, da não oposição, de qualquer um destes órgãos. Ou seja, nomeado e entrando em funcionamento um Governo, o respectivo mandato ficava dependente da vontade política do Parlamento (aprovando moções de censura ou rejeitando uma moção de confiança, a Assembleia da República fazia *cair* o Governo), mas também da vontade política do Presidente (em qualquer altura o Presidente da República podia, incluindo por razões de desconfiança ou desacordo políticos, exonerar/demitir o Governo)[284].

Logo, esse quadro jurídico tinha como consequência constitucional que o Governo teria de prestar contas da sua actividade ao Parlamento —de quem dependia politicamente—, mas não menos ao Presidente da República, que não só o nomeava, como o podia destituir em qualquer altura. A Constituição consagrava, portanto, uma dupla responsabilidade política do Governo e de tal forma essa nota era considerada essencial na definição do sistema de governo vigente que, durante muito tempo, se pensou entre nós, ou ainda pensa, embora erroneamente,

[284] Note-se que a expressão da Constituição era "exonerar o Primeiro-Ministro", mas o sentido incluía a possibilidade de demissão, como, de resto, se viria a verificar aquando da exoneração/demissão do II Governo de Mário Soares em 1978, apesar da tentativa de controverter juridicamente o sentido normativo inscrito no conceito de "exoneração" por parte de um Primeiro-Ministro, Mário Soares, relutante à demissão.

como vimos, que a dupla responsabilidade é uma característica essencial de semipresidencialismo.

Mas, por ora, interessa-nos uma outra consequência: a de que a existência desta dupla responsabilidade política do Governo —perante a Assembleia da República, mas também perante o Presidente da República— fornecia a este uma cobertura ou pretexto constitucional para uma intervenção acrescida na esfera do executivo.

b) Essa intervenção seria sempre inevitavelmente exigida, qualquer que fosse a específica distribuição constitucional de poderes, no momento da nomeação dos governos. É ao Presidente da República que cabe nomear Primeiro-Ministro e membros do Governo e, sem prejuízo da decisão final do Parlamento, é ao Presidente da República que cabe, em primeira linha, avaliar da viabilidade, condições e termos da nomeação.

Mas, mesmo depois da nomeação do Governo, e é precisamente nesse outro plano que a existência de uma dupla responsabilidade produz os efeitos mais contundentes, se o Governo tinha de prestar contas ao Presidente, se este podia destituir o Governo por razões de discordância política, então isso significava que se abria todo um espaço de responsabilização e de avaliação políticas em que actuação do Governo e apreciação do Presidente da República se encontram e intersectam.

No campo mais estritamente político, no da condução governativa do país e da sua avaliação, as actuações de Presidente da República e Governo cruzam-se necessariamente e, havendo tensão ou disputa, as respectivas margens de actuação influenciam-se reciprocamente, no sentido de que um Governo *forte* (isto é, um Governo com apoio maioritário sólido no Parlamento) restringe naturalmente a área de intervenção do Presidente, enquanto que um Governo *fraco* a estimula potencialmente.

Ora, nos primeiros anos de vivência do semipresidencialismo, até 1979, nem o Partido Socialista nem o bloco de direita (PPD/CDS) dispunham, cada um deles, de maioria absoluta parlamentar, pelo que as soluções governativas encontradas se *abriam* objectivamente, na fragilidade inerente à falta de um apoio parlamentar sólido, à interferência ou à presença tutelar do Presidente da República.

Desde logo, no momento da nomeação do Primeiro-Ministro e do Governo, a vontade do Presidente da República conta especialmente.

Sem uma maioria parlamentar absoluta, claramente definida, é necessário encontrar a solução governativa viável, mais sólida ou mais adequada e, aí, a avaliação e a consequente decisão políticas do Presidente não são, no mínimo, irrelevantes e podem até ser determinantes.

Não foi o que sucedeu na nomeação do I Governo constitucional, mas só porque, aí, a decisão do Presidente da República já era conhecida: Eanes tinha pré-anunciado, na campanha eleitoral, que nomearia o líder do partido mais votado. Mas, já em todas as nomeações posteriores ocorridas após a queda do I Governo, e até 1979, a intervenção de Eanes foi relevante ou decisiva.

c) Também depois da nomeação do Governo, a intervenção política do Presidente pode continuar a fazer-se e, nos primeiros anos, a presença do Presidente da República no curso normal da vida política foi, nesse plano, intensa. Algumas vezes porque essa intervenção era inevitável, por exemplo, na solução de crises governativas, mas muitas outras apenas porque essa foi a escolha deliberada, ainda que por vezes imprevisível e inesperada, do Presidente Eanes.

Muitas vezes a presença tutelar do Presidente era canalizada através dos chamados *poderes informais*, como as tomadas de posição públicas, os discursos, as comunicações. Deixou memória e, de alguma modo, marca um certo precedente no funcionamento do sistema político, a forma como Eanes aproveitava os discursos nos momentos mais solenes, designadamente os das comemorações oficiais do 25 de Abril, para deixar mensagens de aviso, de distanciamento, de crítica ou de desconfiança ao Governo em funções[285].

Eanes começou a fazê-lo logo no 25 de Abril de 1977, apesar da debilidade de um Governo (o I Governo, minoritário, de Mário Soares), a braços com enormes dificuldades financeiras e com a responsabilidade e o desgaste da celebração e execução de um acordo com o FMI. Era um governo frágil, que estava nas mãos das oposições, seja para a aprovação de qualquer lei, seja relativamente à própria subsistência do mandato, como se veio a verificar quando caiu, por rejeição da moção de confiança

[285] Segundo LUCAS PIRES ("O sistema de governo: sua dinâmica", *cit.*, pág. 294), Eanes fizera da Assembleia da República, e dos discursos que nela fazia, local de excelência para afirmar e reafirmar a sua autoridade sobre o Governo.

que apresentou no final desse ano à Assembleia da República, através do voto conjunto de todos os restantes partidos parlamentares, à esquerda e à direita.

De facto, se um Governo é *fraco*, minoritário, se depende a todo o momento das oposições, se é obrigado a tomar medidas seriamente impopulares por causa das dificuldades financeiras e se, nesse mar de atribulações, vê, no momento mais solene, o Presidente da República a distanciar-se e a criticá-lo severamente, está grande parte do caminho feito para um *fim* próximo.

Ainda em Outubro do mesmo ano, também perante a Assembleia da República, ao mesmo tempo que respondia aos apelos dos partidos da oposição, remetendo para a Assembleia da República a responsabilização do Executivo, Eanes não deixava de se distanciar e criticar o Governo.

Logo no ano seguinte, no 25 de Abril de 1978, Eanes repetiu o distanciamento, agora já relativamente ao II Governo, quando esse novo governo, apesar de maioritário (um governo de aliança ou, na fórmula da época, assente num "acordo de incidência governamental" entre PS e CDS), era, todavia, uma solução de recurso claudicante, como se verificou quando, no seguimento cronológico e político desse discurso presidencial[286], o CDS denunciou o acordo e abandonou o Governo, invocando divergências no domínio da saúde e da cultura e a recusa de remodelação por parte do Primeiro-Ministro.

Note-se, ainda, que o enfraquecimento objectivo daquelas soluções governativas se fazia mesmo quando havia sido o próprio Presidente a fixar inicialmente as condições da sua viabilização, já que, quanto ao I Governo, Eanes havia anunciado que nomearia o líder do partido mais votado e exigira, para a formação do II Governo, a pré-existência de um acordo parlamentar maioritário de sustentação "estável e coerente"; daí a necessidade de, após a queda do I Governo, o Primeiro-Ministro da altura, Mário Soares, ter sido forçado a encontrar um *parceiro* para formar maioria parlamentar de acordo com a vontade expressa do Presidente da República. Porém, relativamente a este II Governo, logo, no próprio

[286] Cf. António Reis, "O Partido Socialista no poder e na oposição: da dialéctica com o projecto nacional-militar à dialéctica com o eanismo" *in* M. B. Coelho (org.), *Portugal, O Sistema Político e* Constitucional, Lisboa, 1989, pág. 132; Santana Lopes/Durão Barroso, *Sistema de Governo e Sistema Partidário*, Lisboa, 1980, págs. 44 e seg; M. Costa Lobo, "Governos partidários numa democracia recente...", *cit.*, págs. 157 e seg.

momento da tomada de posse, Eanes mostrou distanciamento relativamente à fórmula escolhida[287] e deixou expresso um *caderno de encargos* que, a não ser alcançado, significaria implicitamente a demissão do governo[288].

De resto, se bem que não exclusivamente, Eanes canalizava para a definição das condições de viabilização e de subsistência dos governos o essencial da sua vontade de intervenção política, o que ficou manifesto quando, depois de os ministros do CDS abandonarem o II Governo, não permitiu sequer a tentativa de Mário Soares, Primeiro-Ministro, substituir esses ministros e colocar a questão da confiança ao Parlamento. Ostensivamente contra a vontade do Primeiro-Ministro, que recusou apresentar-lhe o pedido de demissão, Eanes exonerou-o, demitindo por consequência o Governo, por considerar esgotadas as soluções de governo minoritário e deixando claro que não prescindia, enquanto Presidente da República, da prerrogativa de avaliação das condições de viabilidade da fórmula governativa que lhe era proposta e da fiabilidade de respeito dos parâmetros que ele próprio lhe fixava[289].

d) As razões e justificações apresentadas pelo Presidente Eanes para estas imposições e distanciamentos sucessivos eram naturalmente discutíveis e controversos, como não podiam deixar de ser, uma vez que, numa altura em que o sistema de governo dava os primeiros passos, nos movemos num domínio sensível, em que o problema só surge quando há divergências, ou seja, mais concretamente, quando há diferenças de avaliação política entre Presidente da República, Primeiro-Ministro e bloco de apoio parlamentar quanto à adequação ou inadequação da continuidade ou da entrada em funcionamento de um dado governo.

Doutras vezes, nem sempre eram fáceis de perceber as razões presidenciais, envoltas como vinham em fórmulas e discursos crípticos[290]

[287] Eanes teria preferido um acordo PS/PSD. Cf., Joaquim Aguiar, "A história múltipla", *cit.*, pág. 1252; Carlos Gaspar, *loc. cit.*, pág. 18.

[288] Cf. Marcelo Rebelo de Sousa, *A Coabitação Política em Portugal*, cit., pág. 16; M. Braga da Cruz, "O Presidente da República ...", *cit.*, pág. 245.

[289] Cf. Jorge Miranda, "O sistema...", *cit.*, págs. 210 e segs; Santana Lopes/Durão Barroso, *op. cit.*, pág. 47.

[290] Cf. Braga da Cruz, *loc. cit.*, págs. 243 e seg.

que, na melhor das hipóteses, não queriam dizer nada e, na pior, dir-se-ia terem sido confeccionados e emitidos de Belém com o propósito de caucionar as especulações mais criativas[291].

Por exemplo, quando aceitou a reestruturação do I Governo, em Março de 1977, Eanes[292] justificou a sua aceitação porque o governo minoritário reflectia

> "uma solução política que deriva da correlação das forças e das condições objectivas que o país atravessa. As soluções aritméticas não podem iludir as divergências do programa. Mas tão-pouco será realista pensar que as convergências programáticas hão-de ter necessariamente como expressão a partilha de acção governativa".

Imaginam-se as especulações e a especialização exigidas para decifrar a mensagem, no pressuposto de que havia uma.

Quando Mário Soares pretendia apresentar-se na Assembleia para dar continuidade ao II Governo após a saída dos ministros do CDS, Eanes recusou e demitiu-o porque, em seu entender, estavam esgotadas as possibilidades de acordo no quadro parlamentar para uma solução "estável e coerente".

Paradoxalmente, quando a seguir, exactamente com o mesmo quadro parlamentar, nomeou o Governo Nobre da Costa, de *independentes*, já considerava[293], através de formulação não menos enigmática, não estarem "totalmente esgotadas as hipóteses e soluções dentro da actual composição da Assembleia da República", pelo que, com a nomeação de Nobre da Costa como Primeiro-Ministro, se buscava chegar a um

[291] Vem, daí, a *fixação* jornalística na *descoberta* dos *recados* ou dos *puxões de orelhas* que, supostamente, os Presidentes da República deixam aos Governos nos seus discursos, ou, melhor, nas entrelinhas dos discursos, uma vez que provavelmente também data deste período a ideia de que o Presidente da República não deve *falar* nas linhas, mas antes nas entrelinhas ou nos espaços de silêncio entre elas. É considerado absolutamente normal, entre nós, que a cada discurso ou intervenção pública do Presidente da República se reúna, logo a seguir, uma *tribo* de especialistas de decifração *do que é que o Presidente quis dizer*, como se em Belém não se falasse português, mas uma qualquer linguagem codificada só acessível a especialistas.

[292] Cf. Braga da Cruz, *loc. cit.*, pág. 243.

[293] Cf. Braga da Cruz, *loc. cit.*, pág. 246.

"governo de base parlamentar maioritária, fundamentada nesse eventual acordo político de mediação presidencial"...[294]

Mesmo muito mais tarde, já em 1985, antes de Eanes decidir a dissolução da Assembleia da República aquando da crise do Governo de *bloco central*, os *criativos* do departamento das fórmulas barrocas de Belém tiveram uma derradeira recaída, como se depreende da proposta, que Eanes fez aos partidos, de uma solução governativa designada por "governo de compromisso presidencial com apoio parlamentar" e que, na *tradução* de Cavaco Silva[295], significaria um governo sob o patrocínio do Presidente da República, formado por ministros indicados pelo PS e pelo PSD.

e) Em qualquer caso, independentemente da retórica criativa inconsequente, importante para a evolução do sistema de governo foi que o activismo e protagonismo presidenciais nesta primeira fase do regime, e neste domínio particular da viabilização e subsistência dos governos, marcaram até hoje a natureza da matriz portuguesa de semipresidencialismo.

Mário Soares, Primeiro-Ministro do II Governo, queria e até poderia ter eventualmente condições políticas para, em Julho de 1978, constituir novo Governo, mas o Presidente da República arrogou-se o poder de fixar e avaliar o preenchimento das condições da respectiva viabilidade. Nas circunstâncias do caso, para Eanes, não estavam reunidas as condições parlamentares para uma solução governativa "estável e coerente", pelo que restava a demissão do governo[296].

[294] Como se viu, porém, não havia qualquer correspondência real entre a realidade parlamentar e a intenção presidencial, nem nada que pudesse abonar o *rodriguismo* pomposo da fórmula, já que esse suposto "governo de base parlamentar maioritária" fundado em eventual "acordo político de mediação presidencial" *caiu* mal se apresentou na Assembleia.

[295] Cf. Cavaco Silva, *Autobiografia Política*, cit., pág. 84.

[296] Cf. Braga da Cruz, *loc. cit.*, págs. 245 e seg.

Note-se que Eanes repetirá o mesmo procedimento —e sempre com Mário Soares, como Primeiro-Ministro na qualidade ou papel de *vítima*— quando, após a queda do IV Governo (Mota Pinto), em Junho de 1979, recusou a Soares, com base na avaliação presidencial da respectiva viabilidade, a hipótese de novo Governo de base parlamentar sustentado em acordo entre o PS e os deputados dissidentes do PSD. Viria ainda, em 1985, a recusar a Mário Soares a hipótese de tentativa de novo Governo minoritário socialista quando da crise do

Ora, este episódio criou um precedente que se revelará decisivo na configuração futura do nosso sistema de governo.

O Presidente nem governa, nem o governo nomeado é *o governo do Presidente*, mas, como salienta em sentido muito próximo JORGE MIRANDA[297], neste e noutros episódios em que é chamado ou decide intervir, Eanes deixa indelevelmente no semipresidencialismo português a marca segundo a qual compete, em última, mas decisiva, análise, ao Presidente da República "o acertamento do tipo e das condições" em que um dado apoio parlamentar ao executivo, explícito ou implícito, justifica ou garante a entrada em funcionamento ou a viabilização da subsistência de um Governo[298].

É certo que, na altura, o Presidente da República podia invocar em favor deste entendimento ou interpretação dos seus poderes constitucionais relativamente ao Governo, tanto a cláusula constitucional da *dupla responsabilidade*, quanto a possibilidade de demissão presidencial do governo por desconfiança política, mas, mesmo quando a dupla responsabilidade e o poder presidencial de demissão incondicionada do Governo desapareceram do texto constitucional (na revisão constitucional de 1982), esta prerrogativa presidencial de avaliação decisiva sobre a viabilidade dos Governos continuaria a ser assumida e reivindicada, com sucesso, na prática, pelos Presidentes da República.

Com efeito, mesmo depois de 1982, os vários Presidentes arrogaram-se este mesmo poder, esta prerrogativa presidencial de direito à última palavra sobre a continuidade ou viabilidade de um Governo, e fazem-no mesmo quando as soluções governativas em questão têm apoio parlamentar ou beneficiam da não oposição parlamentar.

Governo de *bloco central* provocada pela ruptura promovida por Cavaco Silva que, entretanto, havia chegado à liderança do PSD.

[297] Cf., JORGE MIRANDA, "O sistema...", cit., págs. 212 e seg.

[298] Para JORGE MIRANDA, o Presidente da República teria reservado sempre para si a definição do tipo, das condições, das formas e dos termos de subsistência dos Governos, numa atitude activa e não meramente declarativa como, diferentemente, ocorre nos sistemas parlamentares. Cf. "A posição constitucional do Primeiro-Ministro", *Separata do BMJ*, Lisboa, 1984, pág. 35.

2.2. A prerrogativa presidencial de avaliação decisiva da viabilidade dos Governos após 1982

Depois de 1982, esse poder de última palavra sobre a renovação ou a continuidade de um Governo já não é juridicamente confortado no poder de demissão presidencial do Primeiro-Ministro; por outro lado, também já não deve ser garantido pela possibilidade de nomeação alternativa de *governos de iniciativa presidencial*, de tal forma essa hipótese saiu politicamente desqualificada após as experiências desastrosas levadas a cabo por Eanes.

Tal poder passa a ser, agora, indirectamente ancorado no poder de dissolução da Assembleia da República. Isto é, se os Presidentes consideram que um Governo em funções ou que lhes seja proposto no quadro de uma situação de crise não tem condições de viabilidade, rejeitam-no e optam por dissolver a Assembleia da República, com a inerente convocação de eleições de onde sairá um novo Governo alternativo. Foi isto que, na realidade, sucedeu com Eanes em 1983[299] e 1985[300], com Soares em 1987[301] e com Sampaio em 2004[302].

De facto, aquilo que é comum a todas as dissoluções não consensuais da Assembleia da República na história constitucional portuguesa —as referidas dissoluções de 1983, 1985, 1987 e 2004— é que elas são sempre feitas após e em consequência de uma avaliação negativa e correspondente decisão, por parte do Presidente da República, sobre a viabilidade de um Governo em funções ou de uma solução governativa que

[299] Como se verá a seguir, em 1983, depois da apresentação do pedido de demissão do Primeiro-Ministro Balsemão em finais do ano anterior, havia uma maioria parlamentar PSD/CDS disposta a sustentar um novo Governo (com Vítor Crespo como Primeiro-Ministro) e que apresentou ao Presidente da República uma proposta formal de Governo, mas Eanes não aceitou e dissolveu a Assembleia da República.

[300] Em 1985, após crise no governo do *bloco central* saído das eleições de 1983, Eanes não permitiu que Soares desenvolvesse esforços de viabilização de novo Governo no mesmo quadro parlamentar e dissolveu o Parlamento.

[301] Em 1987, após a aprovação da moção de censura que derrubou o Governo minoritário de Cavaco Silva, havia uma maioria parlamentar de PS, PRD e PCP disposta a viabilizar um novo Governo, mas Soares não aceitou e dissolveu a Assembleia da República. Cf. desenvolvidamente, *infra*, 2.2.2.

[302] Em Novembro de 2004 havia uma maioria parlamentar PSD/CDS que pretendia continuar a sustentar o Governo Santana Lopes em funções, mas Sampaio não aceitou e dissolveu a Assembleia da República. Cf. desenvolvidamente, *infra*, 2.2.3.

lhe é proposta pelo Primeiro-Ministro ou por uma maioria parlamentar. O Presidente da República só dissolve a Assembleia da República porque discorda da continuidade ou não acredita na viabilidade do Governo em funções ou na daquele que lhe é proposto em substituição.

2.2.1. As dissoluções da Assembleia da República de 1983 e 1985 e a confirmação da prerrogativa presidencial de decisão sobre a viabilidade dos Governos

a) No final de 1982, sob um Governo PSD/CDS liderado por Pinto Balsemão (o VIII Governo), a derrota da AD e a progressão do PS nas eleições autárquicas então realizadas geraram uma crise interna nas hostes governamentais que levou o líder do CDS, Freitas do Amaral, a afastar-se do Governo e do próprio partido. Então, sem o carisma do seu antecessor no cargo (Sá Carneiro) e já desgastado pela segunda experiência governativa como Primeiro-Ministro[303], Balsemão pediu a demissão, aceite em Dezembro de 1982.

Porém, quando se tratou de encontrar uma solução, e não obstante a *ladainha* da perda de poderes que teria pretensamente ocorrido na revisão constitucional, Eanes não prescindiu, exactamente como fizera em 1978, de condicionar a subsistência ou a nomeação do novo Governo à verificação, que ele próprio faria, das condições políticas de viabilidade e solidez do respectivo apoio parlamentar, prerrogativa de avaliação presidencial essa que, como defendemos, passou a fazer parte do núcleo central do *acquis* presidencial na matriz portuguesa de semipresidencialismo.

Reiterando a interpretação extensiva e maximalista dessa prerrogativa, que adoptara, como vimos, antes da revisão de 1982, Eanes frisa novamente que o Governo necessita não apenas de legitimação parlamentar, mas também do apoio do Presidente da República. Ou seja, ele próprio se dispunha a provar, *ao vivo*, que em nada a revisão constitu-

[303] Balsemão já liderara, depois da morte de Sá Carneiro, o VII Governo (da AD) e também com um período de vida muito curto (de Janeiro a Agosto de 1981), tendo igualmente pedido a demissão por razões de crise partidária.

cional havia diminuído, ao contrário do que dizia, a sua capacidade de intervenção política autónoma.

Mais, se em 1978 Eanes não permitira que o Primeiro-Ministro Mário Soares fizesse a tentativa de buscar ou apoio ou, pelo menos, condescendência parlamentar à continuidade do seu Governo, agora a imposição da *presença* do Presidente da República na superação da crise é mais ostensiva, na medida em que no Parlamento se formou entretanto um apoio maioritário a um novo Governo da AD e foi mesmo apresentada ao Presidente da República uma proposta concreta de Primeiro-Ministro e de um elenco de Ministros que integrariam o novo Governo.

De facto, os partidos da AD (PSD e CDS) chegaram a acordo quanto a um Primeiro-Ministro (Vítor Crespo) e quanto a uma concreta composição de um futuro governo e apresentaram a respectiva proposta a Eanes, mas o Presidente da República, invocando aquela prerrogativa de avaliação da viabilidade e adequação da solução governativa, não a aceitou. Manteve o Governo demitido em funções de gestão e optou por dissolver a Assembleia da República.

Esta dissolução da Assembleia da República em 1983 será, assim, e já depois da revisão de 1982, a primeira de um conjunto de dissoluções de Parlamento efectuadas por vários Presidentes da República —depois de Eanes, também Soares e Sampaio repetiram este tipo de dissolução— em condições que, como já referimos, identificam o nosso sistema de governo como algo de perfeita e radicalmente distinto de um sistema parlamentar. E é algo de claramente distinto de sistema parlamentar porque os Presidentes da República manifestam aí, por excelência, um poder de conformação política que prevalece mesmo quando se exerce em oposição, como era o caso, à vontade da maioria parlamentar ou à vontade do Governo.

Ou seja, trata-se da primeira dissolução feita pelo Presidente da República contra a vontade da maioria parlamentar absoluta (no caso formada por PSD e CDS), com a nota suplementar de essa maioria absoluta se ter disposto a viabilizar e sustentar um novo Governo.

Mais, e muito esclarecedor sobre as consequências e efeitos produzidos pela revisão de 1982, no caso desta dissolução, como já dissemos, o Conselho de Estado, chamado a pronunciar-se nos termos constitucionais, deu um parecer contrário à dissolução. O Presidente da República *desvalorizou* essa opinião e dissolveu a Assembleia da República. Para quem considerava que a revisão constitucional feita há quatro meses atrás lhe esvaziara os poderes, foi obra...

b) Este poder de conformação política autónoma, que se expressa na decisão sobre a viabilidade dos Governos ou que se utiliza como instrumento de dissuasão através da simples ameaça do seu exercício, não deixa dúvidas sobre a capacidade e o impacto potencial da intervenção do Presidente da República na vida política.

No caso —e veremos como as futuras dissoluções feitas em circunstâncias afins têm ainda consequências políticas mais relevantes—, a dissolução vai gerar uma nova e diferente maioria parlamentar de apoio a novo governo. Com efeito, as eleições consequentes são *ganhas* pelo PS, mas uma vitória sem maioria absoluta, o que, nas condições económicas e financeiras muito difíceis da época, dará origem à formação, pela primeira vez, e até agora única, de um governo de *bloco central* (PS/PSD) apoiado por uma maioria qualificada de cerca de 2/3 dos deputados na Assembleia da República.

Eanes, que sempre apostara, como Presidente da República, na formação de um *bloco central* de que ele próprio seria o patrocinador e fiel da balança[304], assiste finalmente à realização desse projecto, mas, neste caso, através de um *bloco central* que, liderado por Soares, lhe é hostil. Nessas circunstâncias, a aproximação do termo do mandato combinada com a continuidade da visão do seu próprio papel como *charneira* do sistema político[305], projectaram Eanes para o lançamento do *partido presidencial*, no caso o PRD, que, de alguma forma, procurando afirmar-se como partido necessário à formação de qualquer maioria absoluta parla-

[304] No que parece ser uma aspiração recorrente de uma concepção *egocêntrica* e *cómoda* do exercício do cargo, que viria de algum modo a ser de novo sugerida por Cavaco Silva em 2009, no discurso nas comemorações do 25 de Abril, e tentada pelo próprio novamente em Julho de 2013, quando da crise interna do Governo de Passos Coelho, na sequência da demissão do Ministro das Finanças. O Presidente da República patrocina a formação de um governo de *bloco central* que, apoiado por uma maioria esmagadora, ficaria praticamente sem oposição parlamentar e com estabilidade e subsistência garantidas até final do mandato. Então, o Presidente da República chamaria a si um papel de contraponto e de *fiel da balança* que lhe adviriam, não apenas das tarefas de *mediação* entre os dois partidos de governo, como também das tarefas de *vigilância* e *crítica* que seriam próprias da oposição parlamentar agora praticamente irrelevante.

[305] Cf. António Reis, *loc. cit.*, págs. 140 e seg.

mentar, à esquerda ou à direita, estaria destinado a perpetuar a sua presença na vida política.

Obviamente, a ideia de *partido presidencial*, alimentada durante os mandatos de Eanes, é intrinsecamente contraditória com a natureza da matriz portuguesa de semipresidencialismo. Um Presidente regulador, garante, moderador, nem precisa nem pode ter um partido que disputa o Governo e o Parlamento com as restantes forças partidárias. É a situação normal e adequada na matriz francesa, de Presidente líder do Governo ou da oposição, mas incompatível com a posição suprapartidária do Presidente português.

De resto, o envolvimento de Eanes no projecto e lançamento do *partido presidencial* ilustra bem o que foi a *bipolaridade* do Presidente Eanes relativamente à construção da matriz portuguesa de semipresidencialismo.

De um lado, foi o seu activismo, a sua resistência vitoriosa às tentativas de *apagamento* estimuladas pelos grandes partidos que *fizeram* o órgão Presidente da República tal como existe hoje. É inegável a importância do seu contributo para a afirmação e reconhecimento ao Presidente da República de uma margem de conformação política autónoma, relativamente ao Governo e à maioria parlamentar, que constitui um elemento nuclear do semipresidencialismo português.

Mas, por outro lado, a falta de uma concepção sólida sobre o que deveria ser o Presidente da República e o funcionamento normal do nosso sistema de governo conduziram-no a práticas e a objectivos —como os *governos de iniciativa presidencial*, a defesa da concepção de um Presidente como instância suprema de definição de políticas ou o *partido presidencial*— que, de alguma forma, a serem bem-sucedidos, não deixariam de constituir outros tantos factores de crise ou de obstáculo à construção do nosso sistema de governo tal como hoje existe.

Quanto ao *partido presidencial*, o PRD, a sua constituição em Fevereiro de 1985 e a consequente possibilidade de candidatura a eleições parlamentares, associadas à aproximação do termo do prazo em que a dissolução da Assembleia da República lhe era ainda possível[306], podem ter constituído motivação suficiente para o Presidente Eanes levar entretanto a cabo uma nova dissolução da Assembleia da República.

306 O decreto de dissolução, ainda que anunciado em finais de Junho, foi publicado a 12 de Julho de 1985, a dois dias do termo do prazo em que a dissolução era ainda possível.

Nessa altura, quando o PSD, com a chegada de Cavaco Silva à liderança, abriu uma crise no *bloco central* e anunciou a intenção de abandono do Governo, mais uma vez o Presidente Eanes não deu ao Primeiro-Ministro Mário Soares margem política para procurar a viabilização parlamentar de uma nova experiência governativa minoritária[307] e tentou, ao invés, patrocinar a constituição de novo governo de *bloco central* sob a sua égide[308]. Não o conseguindo, aceitou o pedido de demissão apresentado pelo Primeiro-Ministro e decidiu novamente a dissolução do Parlamento[309], no que constituiu a sua derradeira confirmação prática de que o poder de conformação política autónoma do Presidente da República em nada saiu diminuído com a revisão constitucional de 1982.

2.2.2. Soares e a dissolução da Assembleia da República em 1987

a) A dissolução de 1987 tem a maior relevância na compreensão da natureza do nosso sistema de governo e assinalámos já, em diferentes ocasiões, a forma como ela se integra num padrão de utilização do poder de dissolução pelos vários Presidentes da República —associado à afirmação do poder presidencial de decisão sobre a viabilidade dos Governos, mesmo contra a opinião e a vontade das maiorias parlamentares—, num sentido que confirma este poder como instrumento de afirmação de um poder presidencial de conformação autónoma da vida política e principal *arma* nas mãos dos Presidentes. O episódio de 1987 é talvez o mais eloquente exemplo deste alcance do poder de dissolução e da amplíssima margem de livre utilização que dele pode ser feito.

De 1985 a 1987 tinham-se repetido os episódios de conflito entre o Governo minoritário de Cavaco Silva e a Assembleia da República.

[307] Cf. António Reis, *loc. cit.*, pág. 140.

[308] Cf. Cavaco Silva, *Autobiografia...*, I, cit., pág. 84.

[309] Curiosamente, quando das eleições que se seguem, em 1985, não sai qualquer solução maioritária (o vencedor PSD não ultrapassa os 30% da votação), contra toda a anterior teorização que o Presidente da República havia feito sobre o necessário apoio maioritário sólido e contra a própria justificação da dissolução, que era a da impossibilidade de formar um Governo consistente e durável no quadro parlamentar anterior, o Presidente Eanes aceita, afinal, nomear um Governo minoritário, o primeiro Governo de Cavaco Silva, com a garantia de não rejeição parlamentar mediante a abstenção do PRD e do CDS, mas com uma perspectiva de durabilidade que se veio a verificar ser de pouco mais de um ano.

No fundo, o Governo apenas sobrevivia graças a uma estratégia comum das oposições neste tipo de situações: desgaste do Governo através de decisões parlamentares aprovadas pelas chamadas maiorias conjunturais negativas (no caso, do CDS, PRD, PS e PCP) que impunham derrotas políticas sucessivas ao Governo, desde logo nos momentos de aprovação dos orçamentos, mas mantendo-o em funções através de abstenções estratégicas (do CDS e do PRD) quando o Governo colocou, no Verão de 1986, a questão da confiança ao Parlamento.

Todavia, em Abril de 1987, por iniciativa do PRD, a Assembleia da República aprovou uma moção de censura ao Governo (a primeira e única aprovada na vigência da Constituição de 1976), o que, desde a revisão de 1982, implicava imediatamente a demissão do Governo. Então, a posição do Presidente da República foi o mais *anti-parlamentar* que se possa imaginar. A Assembleia da República demitira o Governo, mas o Presidente da República opõe-se frontalmente: coloca-se ao lado do Governo demitido[310] e dissolve a Assembleia.

Mais, o Presidente da República não podia sequer invocar, no caso, problemas de governabilidade para dissolver o Parlamento. É certo que, por vezes, e desde logo quando anunciou a dissolução, Soares procurará fazer passar a ideia que não havia nem lhe foi apresentada, pelas oposições, qualquer solução governativa alternativa[311]. Porém, como confirmam todos os protagonistas e Soares acaba por reconhecer[312], a maioria que aprovou a moção de censura dispôs-se, e dessa disponibilidade deu conhecimento ao Presidente da República, a formar novo Governo, com Vítor Constâncio como Primeiro-Ministro de um Executivo que bene-

[310] Como Cavaco Silva confirma (cf. *Autobiografia...*, I, cit., págs. 146 e segs), a estratégia do Governo ia exactamente nesse sentido, ou seja, denunciar os sucessivos obstáculos à governação que a Assembleia da República lhe levantava e colocar as oposições perante a alternativa: ou serem responsabilizadas por provocar novas eleições e instabilidade política, de onde se esperavam possibilidades acrescidas de o Governo chegar à maioria absoluta, ou terem de aprovar a confiança ao Governo. Porém, Cavaco Silva receava ainda que, numa situação de crise, Mário Soares acabasse por entregar o poder à esquerda (*op. cit.*, págs. 166 e seg).

[311] "A verdade é que não me foi apresentada qualquer solução concreta de governo no actual quadro parlamentar. Foram-me sugeridas apenas hipóteses de solução" (*in Intervenções* 2, Lisboa, 1988, págs. 71 e segs).

[312] Cf. Braga da Cruz, *loc. cit.*, pág. 255; M. João Avillez, *Soares, o Presidente*, Lisboa, 1997, págs. 23 e segs.

ficiaria do apoio parlamentar de uma maioria absoluta formada por PS, PRD e PCP, ainda que sem a participação directa deste último partido no elenco governativo.

Aliás, para as oposições, a iniciativa e a aprovação da moção de censura só faziam algum sentido no pressuposto da aceitação presidencial de um novo governo maioritário formado no quadro parlamentar existente. Se pudessem suspeitar que o que se seguia era a dissolução e novas eleições, a sua estratégia seria suicida. Mas, contra todas as previsões, Soares fez o inesperado: contra uma moção de censura aprovada à esquerda e a possibilidade de viabilização de novo governo com apoio parlamentar maioritário, à esquerda, o Presidente "socialista, republicano e laico" —como se viria posteriormente a declarar na preparação da recandidatura a Belém— coloca-se ao lado do Governo de direita, dissolve a Assembleia da República, convoca novas eleições e *dá* ao PSD a oportunidade de chegar à maioria absoluta.

b) Quando elabora, posteriormente, sobre o poder de dissolução da Assembleia da República e as condições em que ela se pode verificar, Soares acaba por limitar teoricamente a hipótese de dissolução às situações em que tal é necessário para assegurar o regular funcionamento das instituições (como se vigorassem aqui, o que não é correcto, os mesmos limites que a Constituição fixa para a demissão do Governo) ou em que a dissolução é necessária para assegurar a governabilidade[313]. No episódio de 1987 só estaria em causa, quando muito, a questão da governabilidade, mas só com muito boa vontade se pode reconhecer a situação vivida na altura como preenchendo esse tipo.

Para Soares, a solução de governo que lhe foi apresentada seria de tal forma frágil que, por razões de garantia de estabilidade governativa, a dissolução era a única via adequada para resolver a crise. É certo que, *a posteriori*, o eleitorado lhe deu razão: o Governo obteve uma maioria absoluta (a primeira de Cavaco Silva). Porém, na altura da dissolução, o resultado de um balanço entre a solução Vítor Constâncio e a dissolução da Assembleia da República era tudo menos inequívoco.

Por um lado, não se podia, à partida, vaticinar o insucesso de uma fórmula governativa que nunca havia sido tentada, ou seja, um governo

[313] Cf. ANTÓNIO DE ARAÚJO, "El Presidente...", cit., págs. 92 e seg.

de coligação com apoio maioritário à esquerda[314]. Por outro lado, se Soares havia garantido ao Governo minoritário de Cavaco Silva todo o apoio institucional e político —decisivo para a sobrevivência do Governo nesses primeiros anos, como Cavaco Silva reconhece[315]— não se percebe por que razão tal sustentação não poderia ou deveria ser também assegurada à esquerda, sobretudo quando, ao contrário do que acontecia com o Governo de Cavaco Silva, o apoio parlamentar a esta solução governativa alternativa era maioritário[316]. Por último, não havia quaisquer indicações, no momento da dissolução, dada até a ausência de sondagens indicativas, que garantissem que das próximas eleições sairia uma maioria absoluta.

Nessas circunstâncias, ganha peso a hipótese explicativa da existência de uma estratégia presidencial orientada para a reeleição para um segundo mandato, o que exigia a garantia, *a todo o custo*, do apoio do PSD. A esta razão, política, acrescia uma outra porventura não despicienda: a dificuldade em Soares aceitar que, com a sua colaboração, ainda que passiva, o PRD eanista pudesse chegar ao Governo e consolidar, dessa forma, uma presença definitiva na cena política. Pode ter sido apenas um novo episódio no interminável historial de conflito entre os dois protagonistas.

Quaisquer que fossem as razões, os efeitos da dissolução são conhecidos e, no plano estrutural da formação e consolidação do sistema de governo, ela tem uma importância crucial. Esta dissolução evidencia, da forma mais eloquente possível, o alcance do poder de conformação política autónoma do Presidente da República no nosso sistema de governo.

O *erro* de cálculo dos partidos que aprovaram a censura ao Governo residiu provavelmente aqui: não atenderam suficientemente à margem de livre decisão e de intervenção política ao dispor do Presidente da República, nem às possibilidades de ele deter uma última, mas decisiva, palavra sobre a viabilidade de uma proposta de Governo, ainda que

[314] Como se verificaria, na prática, quase trinta anos depois, uma solução governativa deste tipo começou por ser considerada absurda, por isso apelidada de *geringonça*, mas, como diria António Costa, o Primeiro-Ministro dessa altura, *é geringonça, mas funciona....*

[315] *Autobiografia...*, I, pág. 158.

[316] Como diz António Reis, *loc. cit.*, pág. 145, com a mesma composição da Assembleia da República, Soares viabiliza e apoia um governo minoritário do PSD, mas rejeita nomear um governo maioritário com o PS.

maioritário, que o poder de dissolução do Parlamento indirectamente lhe confere.

O episódio revela também, nas circunstâncias da altura, como era fictícia a teorização aparentemente minimalista que Soares fazia do cargo. A ideia da *magistratura de influência* escondia, de facto, uma concepção bem realista da natureza e do alcance efectivo dos poderes e do estatuto constitucional do Presidente da República na matriz portuguesa de semipresidencialismo. O segundo mandato de Soares, marcado pelo desenvolvimento de um papel de oposição ao governo em funções, comprová-lo-ia inequivocamente, mesmo se ele se tivesse desenvolvido praticamente ao arrepio de toda a teorização sobre a função presidencial anteriormente anunciada.

2.2.3. *Sampaio e a dissolução da Assembleia da República em 2004*

a) A reflexão teórica sobre o papel e os limites da intervenção do Presidente da República no nosso sistema de governo viria a encontrar, inesperadamente, no ano de 2004, condições extraordinárias de actualização quando o Primeiro-Ministro em funções, Durão Barroso, se dispôs a aceitar o convite para presidir à Comissão Europeia e a abandonar, consequentemente, a liderança do Governo.

Num processo de grande tensão e controvérsia políticas, Sampaio aceitou, então, em Julho de 2004, nomear Santana Lopes como novo Primeiro-Ministro. No entanto, alguns meses volvidos, em Novembro/Dezembro de 2004, por sua iniciativa, ou seja, sem que estivesse a reagir a uma qualquer crise aberta gerada na maioria parlamentar (PSD/CDS) que sustentava o Governo, o Presidente Sampaio dissolveu a Assembleia da República e convocou novas eleições parlamentares, de onde saiu a primeira maioria absoluta do PS e a formação do primeiro Governo Sócrates.

Assim, sob a Presidência de Sampaio, o ano de 2004, com as duas crises então vividas, em Julho e em Novembro/Dezembro, acabou por se revelar um ano decisivo do ponto de vista da maturação e *prova* da matriz portuguesa de semipresidencialismo, mas também objecto de análise da maior relevância no plano da reflexão teórica sobre a natureza do nosso sistema de governo e sobre o estatuto que nele ocupa o Presidente da República.

A forma exemplar como o Presidente Sampaio neles afirmou o poder de intervenção política autónoma do Presidente da República constituem a derradeira prova do papel nuclear que este órgão desempenha na matriz portuguesa de semipresidencialismo e das razões por que é o poder de dissolução da Assembleia da República, com a sua actual configuração constitucional, que lhe confere essa relevância máxima.

Porém, a forma como nas duas crises de 2004 o poder presidencial de dissolução não foi ou foi exercido, respectivamente em Julho e em Dezembro, ilustra igualmente a importância que este poder assume em associação a esse outro poder fundamental, ainda que não constitucionalmente expresso, e que agora analisamos: o poder derradeiro que os Presidentes da República possuem de decidir sobre a *vida* dos Governos.

b) Em Junho de 2004, dois anos depois de ter tomado posse, o Governo maioritário de Durão Barroso (PSD/CDS) entrara em clara perda. Nas eleições para o Parlamento Europeu, o PS, com a nova liderança de Ferro Rodrigues, obteve quase 45% dos votos e deixou a coligação de direita a mais de onze pontos de diferença (PSD/CDS passaram de um total de 49% dos votos obtidos em Março de 2002 para cerca de 33% em Junho de 2004).

Foi então que, a essa situação de fragilidade, se junta um novo factor de grande perturbação: o Primeiro-Ministro Durão Barroso dispõe-se a responder afirmativamente a um convite para presidir à Comissão Europeia e, consequentemente, a abandonar o Governo. Mais ainda, a essa situação de dupla fragilidade (um governo de coligação saído de uma pesada derrota eleitoral e que perde o seu líder) acresce um novo elemento não menos problemático: como novo Primeiro-Ministro, a coligação PSD/CDS só propõe e aceita Santana Lopes (na altura Vice-Presidente do PSD), personalidade controversa e relativamente à qual, justa ou injustamente, se suscitaram as maiores reservas, oriundas em grande parte de sectores sociais e políticos afectos à maioria no poder.

Numa situação tão problemática, e como é próprio do nosso sistema de governo, a palavra decisiva sobre a resolução da crise passa para o Presidente da República. As alternativas que se colocavam eram as de aceitação do Primeiro-Ministro proposto por PSD/CDS ou a dissolução da Assembleia da República e convocação de novas eleições. Abriu-se, então, em Belém, um período conturbado de reflexão, em que o Presidente da República avaliava os argumentos, de peso, a favor de uma ou outra solução.

Qualquer que ela fosse, era mais uma vez evidente que no Presidente da República moderador e arbitral do nosso sistema de governo residia a *chave* do funcionamento do sistema, uma vez que, de forma radicalmente diversa da que ocorre em sistema parlamentar, o nosso Presidente da República não está de alguma forma vinculado às indicações da maioria parlamentar, mesmo que esta, como era o caso, fosse uma maioria absoluta, se apresentasse unida em torno de uma solução e firmemente disposta a continuar a governar e a lutar acerrimamente por essa pretensão.

Sendo este o dilema que o Presidente da República estava obrigado a decidir, Sampaio optou por nomear o Governo Santana Lopes após um maturado processo de discussão e de reflexão e em que o Presidente da República alterou mais do que uma vez a sua predisposição inicial.

c) Em termos pessoais foi a opção mais difícil. Com ela, o Presidente Sampaio frustrou as expectativas da base popular que o tinha eleito contra Cavaco Silva em 1996 —todas as oposições reclamavam a realização de eleições antecipadas— e pôs em causa as relações com os seus antigos companheiros na liderança do PS. Em nosso entender, ainda que indiscutivelmente legítima e defensável, foi também a opção menos sustentada.

No entanto, do ponto de vista da racionalidade do sistema de governo e da sua maturidade, constituiu uma decisão exemplar. O Presidente da República mostra como tem uma concepção estável dos poderes presidenciais e actua a cada momento de forma imune às afinidades políticas, pessoais ou partidárias, motivando-se exclusivamente segundo os ditames daquilo que considera ser, na sua interpretação, mesmo que equivocada, o interesse nacional. O Presidente da República funcionou exactamente como, à luz da racionalidade imanente à matriz portuguesa de semipresidencialismo, dele se deve esperar: como moderador e árbitro que participa do *jogo* democrático, mas numa posição suprapartidária, de *regulador* acima dos interesses, legítimos, mas grupais, das *partes* em conflito.

Por outro lado, ainda que acabando por seguir, no caso, a indicação e a proposta que lhe foram feitas pela maioria parlamentar, o Presidente da República não prescindiu da sua prerrogativa de avaliação das condições de sustentabilidade e de adequação política do governo que lhe cabia nomear, deixando claro que, em quaisquer circunstâncias, possui a legitimidade e não abdica da disponibilidade política para exercer, com efectividade, todos os poderes que a Constituição lhe atribui. Mostra, por último, que mesmo em situação de maioria parlamentar absoluta é ele que guarda a *chave-mestra* do sistema político, a que abre e fecha todas as portas do seu funcionamento, isto é, a que lhe confere, a cada momento e de acordo com a legitimidade democrática que lhe é conferida pela eleição popular directa, a possibilidade de chamar o eleitorado a decidir.

d) Os *episódios rocambolescos* que viriam a construir a imagem pública do novo Governo Santana Lopes iniciaram-se com mudanças de pasta ministerial no próprio dia da tomada de posse, com os *acidentes* da leitura do discurso do Primeiro-Ministro e com a ostensiva manifestação pública, na cerimónia de posse, da pretensa estranheza de Paulo Portas relativamente ao âmbito do Ministério de que seria titular. E os meses seguintes, com razão ou sem ela —ou seja, se admitirmos, benevolamente, que muitos dos episódios atribulados que marcaram a curta vida do Governo foram *construídos* e amplificados pela pressão mediática—, confirmaram as expectativas negativas que se haviam formado e que eram oriundas em grande parte do próprio campo político de extracção do Governo.

Nos meses seguintes, a oportunidade, já de si precária, que Sampaio concedera ao Governo Santana Lopes foi sendo desaproveitada ao longo de uma série de situações críticas que aprofundavam a instabilidade, debilitavam a capacidade de acção e ensombravam decisivamente a imagem e a credibilidade do Governo.

Ficaram célebres episódios como o processo atribuladíssimo de colocação dos professores, a mobilização inusitada de recursos militares para a manutenção corrente da ordem pública ou, pior, para fins de campanha ideológica[317], a sucessão de declarações públicas sobre medidas políticas anunciadas por uns membros do Governo e contraditadas

[317] A mobilização dos meios estatais para pura acção de propaganda ideológica teve expressão máxima no episódio do navio da Armada portuguesa enviado pelo Governo contra uma manifestação política pacífica a favor da despenalização do aborto, no Verão de 2004, motivando queixa ao Tribunal Europeu dos Direitos do Homem (caso *Women on Waves*) e condenação do

pelos mesmos ou por outros, por vezes no próprio dia, o percurso errático em matéria orçamental, a repetição de incidentes que criaram uma situação permanentemente conflitual com a comunicação social e, por fim, uma remodelação governamental complicada a que se seguiu a imediata e estrondosa demissão de um Ministro acabado de nomear e que, por sua iniciativa saiu do Governo com insinuações graves sobre o Primeiro-Ministro e revelações de quebra de lealdade institucional deste relativamente à Presidência da República.

Toda esta sucessão de factos evidenciava que, num curto período de alguns poucos meses, o Governo, que começara por ser uma solução altamente controversa de recurso, se convertera, ele próprio, afinal, em mais um problema. O centro das atenções passou a ser, semana após semana, o próprio Governo e as crises, conflitos e contradições que ele próprio gerava, a ponto de o próprio Primeiro-Ministro reconhecer estar o Governo fundamentalmente ocupado com simples preocupações de sobrevivência, na sua imagem, como se de um recém-nascido se tratasse que, lutando pela vida na incubadora, era, em vez de acarinhado, sistematicamente agredido pela própria família.

Todavia, e apesar de Santana Lopes reconhecer que encarou seriamente a hipótese da demissão, não foi o Primeiro-Ministro, mas o Presidente da República quem tomou a iniciativa de pôr termo a uma situação que, em seu entender, piorava sem hipóteses de remissão. Ou seja, Sampaio formou a convicção —que era, de resto, generalizadamente partilhada— de que o Governo era irregenerável, de que o trajecto de degradação pública da sua imagem era irreversível e de que, perante tais dados, não podia permanecer impávido a assistir ao desenrolar interminável de episódios que faziam do Governo uma *fonte* de problemas.

Mas, por outro lado, a maioria parlamentar que sustentava o Executivo, não apenas se alinhava firmemente em torno do Governo em funções, como rejeitava qualquer sugestão ou hipótese de apoiar uma solução alternativa dentro da mesma maioria. Significava isto que aquele quadro parlamentar era definitivamente incapaz —por vontade própria reiteradamente afirmada— de gerar uma qualquer outra solução de Governo, maioritário ou minoritário.

Estado português, em decisão unânime de 3 de Fevereiro de 2009, pela violação da liberdade de expressão e pela manifesta desproporcionalidade dos meios repressivos utilizados.

Restava, então, uma única via a um Presidente da República que, no respeito escrupuloso dos parâmetros constitucionais, não se conformasse com a degradação progressiva da situação política e lhe quisesse pôr termo: a dissolução da Assembleia da República, que foi anunciada ainda em Novembro e efectivada em Dezembro de 2004.

e) Esta dissolução da Assembleia da República ter-se-á convertido na mais controversa das sete já verificadas na história da vigência da Constituição de 1976. Veremos, no entanto, como as críticas de que foi objecto são teoricamente débeis, não ultrapassando, em geral, o nível da simples manifestação de desagrado e de discordância política da parte de sectores que, na altura, sustentavam o Governo, ou, quando se situam num plano doutrinário, denotando uma incompreensão significativa da natureza do nosso sistema de governo.

Em qualquer caso, a dissolução de 2004 tem uma importância notável no estudo e compreensão do sistema de governo português, mas pelas razões contrárias, ou seja, por constituir uma expressão eloquente da relevância do estatuto do Presidente da República e do papel insubstituível que ele desempenha no sistema político.

Na altura, as críticas à dissolução orientaram-se segundo três direcções:

(i) a dissolução seria racionalmente incompreensível e injustificada, já que, tendo na base uma motivação anti-Governo (as razões que o Presidente da República invocava prendiam-se, todas elas, com a acção do Governo), acabava por ser dirigida contra outro órgão, a Assembleia da República;

(ii) não teria precedentes no nosso sistema constitucional, significando um desrespeito da vontade da maioria parlamentar e consequente presidencialização do regime;

(iii) contra a natureza do nosso sistema de governo, fazia do Presidente da República uma fonte de instabilidade política, já que o Governo tinha pleno apoio parlamentar e dispunha-se a levar o seu mandato até ao fim.

Vejamos.

2.2.3.1. *O equívoco da ideia de dissolução-sanção*

Subjacente àquela primeira crítica está a ideia de que o poder presidencial de dissolução da Assembleia da República é expressão do poder sancionatório do Presidente da República, como se o Presidente da República devesse demitir o Governo ou dissolver a Assembleia da República quando estes órgãos, supõe-se, se tivessem, na perspectiva do Presidente, *portado mal*, cometido inconstitucionalidades ou ilegalidades. Mas, o poder de dissolução da Assembleia da República não é tal.

Como vimos, o poder de dissolução é o principal poder do Presidente da República, não porque lhe permita *sancionar* outro órgão de soberania, mas enquanto expressão, por excelência, do seu poder de intervenção política e pela latitude das razões que o Presidente da República pode invocar para o exercer e dos fins que pretenda atingir. Nesses termos, com esse carácter materialmente livre e incondicionado, o Presidente da República poderia eventualmente utilizar o poder de dissolução também para *sancionar*, mas não é esse o sentido da previsão constitucional[318].

Por isso, não tem qualquer sentido a ideia de pretenso *desvio de poder*, por facto de, supostamente, o Presidente da República querer *punir* o Governo e ter, afinal, dissolvido o Parlamento.

Aquilo que existia, na altura, era uma dificuldade política séria, que assumia contornos de gravidade progressiva e irreversível, e que tinha, na perspectiva do Presidente da República, de ser resolvida política e institucionalmente, recorrendo, como não podia deixar de ser, aos poderes constitucionais de que dispunha.

Ainda assim, poderia, então, formular-se a dúvida crítica: se o problema tinha origem no Governo, porquê não demitir o Governo e nomear um outro em sua substituição?

[318] A dissolução como sanção teve já, de facto, previsão constitucional, mas referia-se exclusivamente à possibilidade de dissolução dos órgãos de governo regionais por parte do Presidente da República "por prática de actos contrários à Constituição" (na versão originária da Constituição), ou "por prática de actos graves contrários à Constituição" (na revisão constitucional de 1997). Por esse mesmo motivo, ou seja, por apresentar esse carácter *denegridor* e paternalista envolvido na ideia de dissolução-sanção, essa previsão constitucional foi suprimida na revisão de 2004 e também, hoje, o poder presidencial de dissolução das assembleias regionais é, tal como relativamente à Assembleia da República, um poder político livre do Presidente da República.

A primeira dificuldade que teria essa hipótese alternativa seria a do preenchimento dos requisitos constitucionais de exercício do poder de demissão do Governo, uma vez que, como vimos, desde a revisão constitucional de 1982 que o Presidente só pode demitir o Governo quando "tal se torne necessário para assegurar o regular funcionamento das instituições democráticas" (artigo 195º, 2).

Ora, apesar da série de atribulações que vitimavam progressivamente o Governo, não se poderia, em rigor, dizer que havia uma situação grave que pusesse em causa o regular funcionamento das instituições democráticas. Independentemente da abertura do conceito e da latitude de interpretações que permite, só uma interpretação forçada e até violentadora dos limites constitucionais poderia confundir uma avaliação fortemente negativa da actuação do Governo —e essa era praticamente consensual na altura— com a sua identificação com um não regular funcionamento das instituições democráticas.

Mas, a principal dificuldade não era essa nem esse era o problema a dilucidar, ou seja, o problema de saber se havia ou não um regular funcionamento das instituições democráticas. E esse é, como temos repetido, um dos grandes equívocos que vem afectando a compreensão dos poderes presidenciais de demissão do Governo e de dissolução da Assembleia da República.

Existe, com efeito, a ideia feita segundo a qual o Presidente da República pode demitir o Governo quando está em causa o regular funcionamento das instituições democráticas (e muitas vezes também se inclui, nos mesmos pressupostos, o poder de dissolução da Assembleia da República, embora caindo aí já num erro absolutamente indesculpável, sobretudo quando ele, apesar de muito frequente, é oriundo dos meios académicos). No entanto, mesmo essa primeira ideia de possibilidade de demissão presidencial do Governo quando está em causa o regular funcionamento das instituições democráticas não é correcta.

Muito diversamente, e nos termos do artigo 195º, nº 2, da Constituição, o Presidente da República pode demitir o Governo, não quando há um irregular funcionamento das instituições, mas sim quando a demissão se afigure necessária para assegurar o regular funcionamento das instituições democráticas. Ora, em que é que a demissão do Governo, na altura, poderia contribuir para assegurar o regular funcionamento das instituições, mesmo pressupondo que o seu funcionamento era irregular? Em nada, uma vez que a maioria parlamentar que o apoiava não aceitava viabilizar um qualquer outro Governo. Logo, o Governo não deveria nem poderia ser demitido.

De facto, como, na altura, havia uma maioria parlamentar absoluta indefectivelmente alinhada em torno do Governo, demiti-lo apenas contribuiria para alimentar uma crise sem saída. Demitir o Governo significaria transformá-lo em Governo de mera gestão (ou substituí-lo por um outro, *de iniciativa presidencial*, mas também de gestão e que seria seguramente rejeitado no Parlamento). E em que é que um Governo de gestão repunha ou contribuiria para repor o regular funcionamento das instituições? Em nada.

Mais, esses Governos de gestão permaneceriam nesse estatuto até quando? Obviamente, não durante os dois anos seguintes, mas apenas até à realização de eleições antecipadas. Mas, como se poderiam realizar eleições antecipadas? Dissolvendo a Assembleia da República.

Por último, demitir o Governo e nomear um outro com viabilidade de entrar em pleno funcionamento pressupunha, necessariamente, a possibilidade de o novo Governo *passar* na Assembleia da República, isto é, merecer o apoio ou, pelo menos, a não oposição da maioria parlamentar. Mas, essa hipótese estava, nas circunstâncias da altura, absolutamente excluída pela vontade contrária e irredutível da maioria PSD/CDS.

Portanto, admitindo que existia uma situação de grande dificuldade política e que deveria ser atalhada —e essa era a convicção do Presidente da República—, a saída nunca poderia ser a da eventual demissão do Governo, mesmo admitindo que era constitucionalmente possível. A única hipótese em aberto era a da dissolução do Parlamento.

2.2.3.2. As supostas dissolução sem precedentes e presidencialização do regime

A ideia de que a dissolução decidida por Sampaio era um acto sem precedentes e conducente à presidencialização do regime não tem o mínimo de consistência e só a insistência com que foi difundida justifica aqui a sua consideração.

Como se viu longamente, diga-se que só um desconhecimento elementar dos sistemas políticos permite que se agite o fantasma da presidencialização do regime e isto por uma razão muito simples: em sistema presidencial o Presidente não tem o poder de dissolução. O Presidente dos USA não pode dissolver o Congresso. Este poder só existe nos sistemas parlamentares (onde é, de facto, um poder do Primeiro-Ministro) e em sistemas semipresidencialistas (onde é, de facto e de direito, um poder do Presidente eleito por sufrágio universal). Um poder de dissolução livre poderá conduzir a tudo o que a imaginação mais prodigiosa quiser, mas, por definição, nunca à presidencialização do regime.

Em segundo lugar, também a ideia de uma dissolução sem precedentes, actuada contra a vontade da maioria parlamentar e do Governo em funções, não tem mais consistência. Com efeito, das sete dissoluções da Assembleia da República até hoje efectuadas, três delas foram feitas, como se viu detalhadamente, *contra* a maioria parlamentar: em 1983, com Eanes; em 1987, com Soares; e em 2004, com Sampaio. Também em 1985, a dissolução decidida por Eanes não mereceu o acordo de um dos partidos da coligação e do Primeiro-Ministro em funções. Assim, só as dissoluções de 1979, com Eanes, de 2002, com Sampaio, e de 2011, com Cavaco, foram consensuais e *pacíficas*.

Logo, sendo certo que a dissolução de 2004 foi feita contra a maioria parlamentar e o Governo em funções e, nesse sentido, constitui uma reafirmação clara da relevância do Presidente da República no sistema político —eventualmente contrabalançando a *retracção* relativa que vinha da actuação contida de Julho desse ano—, em nada tal significa uma qualquer inflexão ou, ainda menos, desconformidade relativamente aos parâmetros político-constitucionais do nosso sistema de governo ou mesmo à *tradição* de exercício dos poderes presidenciais.

Tal não invalida, porém, nem o impacto político da dissolução decidida em 2004 nem os aspectos inéditos e sistemicamente relevantes da iniciativa de dissolução. Analisamos estes últimos no ponto seguinte.

2.2.3.3. A dissolução de 2004 e o poder de intervenção política autónoma do Presidente da República

a) Para além do impacto político que produziu, expresso na mudança radical de maioria política saída das eleições que se seguiram —no que, todavia, em nada se distinguiu das dissoluções precedentes, já que todas elas desencadearam, por força da vontade do eleitorado, alterações de monta na coloração partidária da liderança política—, a dissolução de 2004 é ainda exemplar pela manifestação que constitui do poder de intervenção ou de conformação política autónoma do Presidente da República no cerne do sistema político e constitucional.

De facto, e essa foi a novidade da dissolução de 2004[319], o Presidente Sampaio não esperou que a situação se deteriorasse até ao ponto de crise política *aberta* no Parlamento, no Governo ou no bloco partidário de sustentação do Governo. Pela primeira vez, um Presidente da República dissolveu um Parlamento, onde existia uma maioria absoluta de apoio a um Governo, sem ter ocorrido uma prévia crise desencadeada ou consumada com uma demissão do Governo, seja a pedido do Primeiro-Ministro (como em 1979, 1983, 1985, 2002 e 2011), seja por iniciativa parlamentar (como em 1987).

Ora, em nosso entender, é precisamente este poder de iniciativa e de intervenção autónoma que distingue a capacidade de intervenção do nosso Presidente da República e, logo, a matriz portuguesa de semipresidencialismo, tanto do estatuto passivo do Presidente da República de sistema parlamentar, clássico ou racionalizado, como do estatuto *adormecido* do Presidente da República do semipresidencialismo de Presidente-*cerimonial*.

Isto é, enquanto que os chefes de Estado de sistema parlamentar ou afim podem, eventualmente ser chamados a moderar ou até a arbitrar crises políticas *abertas*, desencadeadas, mas não inteira ou exclusivamente resolvidas em sede parlamentar, o nosso Presidente da República, sendo também ele um moderador e um árbitro, tem uma capacidade de intervenção política autónoma, de iniciativa política, decorrente da legitimidade democrática directa que possui. O nosso Presidente da República não tem de aguardar a irrupção de uma crise para intervir *a posteriori*, não está dependente da iniciativa governamental ou parlamentar, não espera que o chamem para actuar como moderador e árbitro, mas pode assumir, de *motu proprio*, essas funções e escolher, com autonomia, o momento e circunstâncias do exercício dos seus poderes constitucionais.

[319] Cf. F. Marques da Costa, "To boldly go where no man has ever gone: as decisões do Presidente Sampaio de Julho e Dezembro de 2004" in M. Villaverde Cabral/M. Costa Lobo/Rui G. Feijó (orgs.), Portugal: uma democracia em construção. Ensaios de homenagem a David B. Goldey, Lisboa, 2009, págs. 209 e segs.

Não devendo, é certo, disputar uma partilha de Executivo, liderar um Governo ou uma oposição e intervir como participante na luta político-partidária —o que o faria confundir com o Presidente da matriz francesa de semipresidencialismo—, o Presidente português, com uma legitimidade democrática plena e tão forte quanto a do Parlamento, tem, diversamente do chefe de Estado parlamentar, iniciativa política, tem um poder autónomo de conformação política. Ele pode desencadear iniciativas políticas, apadrinhar causas, propor soluções e, mais contundentemente, promover um acordo político-partidário, mediar a aprovação parlamentar de um orçamento, apoiar a formação de um Governo de coligação, propor e patrocinar, por exemplo numa situação de emergência, um Governo de *salvação* ou de *unidade nacional.*

Mas, pode também, e foi o caso, interromper uma governação que, na sua interpretação, estava politicamente esgotada e era incapaz de mobilizar e dirigir adequadamente as energias do país. Desde que, quando o faça, o Presidente da República não esteja pura e simplesmente a actuar como participante directo da luta Governo-oposições ou do legítimo combate democrático interpartidário, não há quaisquer objecções ou limites impostos pela natureza do nosso sistema de governo que o impeçam.

Por que razão estaria, afinal, o Presidente da República obrigado a aguardar que uma tal iniciativa fosse obrigatória e previamente desencadeada no Parlamento ou no Governo quando o Presidente da República tem uma legitimidade democrática tão forte e directa quanto a daqueles órgãos e pode naturalmente, tal como eles, fazer uma interpretação autónoma do que são, em cada momento, as exigências do interesse nacional?

b) Uma dissolução deste tipo, sendo obviamente legítima do ponto de vista do cumprimento dos limites constitucionais, é também comportada pelos parâmetros do exercício dos poderes presidenciais no nosso semipresidencialismo, posto que, como dissemos, o Presidente não extravase para o domínio da disputa do poder executivo e do combate político-partidário.

Por outro lado, quando exerce este poder com a autonomia de iniciativa com que o Presidente da República procedeu em 2004, ele toma os acrescidos riscos inerentes, uma vez que uma dissolução *não forçada* da Assembleia da República, a quinze meses do termo do seu próprio mandato, o colocaria, inevitavelmente, numa situação de grande dificuldade em caso de não ser, como foi, integralmente acompanhada pela manifestação de vontade política do eleitorado nas eleições subsequentes.

Ou seja, acrescendo aos já referidos limites impostos pela natureza do sistema de governo, o próprio funcionamento complexo do sistema político gera os antídotos naturais a um exercício abusivo de um poder de consequências tão relevantes. O Presidente da República sabe que o seu juízo tem necessariamente de encontrar eco e ser acompanhado pelo veredicto último da vontade popular, sob pena de o Presidente da República se transformar em vítima de um seu acto que, *a posteriori*, se demonstre ter sido gratuito e mal pensado. Tal risco constitui a mais séria garantia para uma utilização parcimoniosa e ponderada deste poder de dissolução.

Ora, em 2004, apesar da intensa *barragem de fogo* dirigida contra a dissolução, a resposta do eleitorado foi eloquente: o maior partido da oposição ao Governo, o PS, alcançou, isolado, a primeira e, até hoje, única maioria absoluta da sua história.

Mais, isso ocorreu sem que o Presidente da República tivesse interferido ou participado minimamente na campanha eleitoral. E isso constitui, igualmente, um outro traço decisivo da matriz portuguesa de semipresidencialismo: o Presidente da República não deve interferir e, muito menos, ser participante directo ou indirecto das campanhas eleitorais parlamentares. Mesmo quando, como era o caso, é a sua posição pessoal e política que também se joga nos resultados dessas eleições, o Presidente português, ao contrário do que sucede no semipresidencialismo francês, deve manter-se à margem. Intervir na campanha seria transformar-se em participante directo do combate interpartidário, seria tomar partido, colocar-se ao lado de um contra outro bloco, o que contrariaria os limites que decorrem da natureza do nosso sistema de governo.

3. Os poderes *fracos* e os poderes informais

a) É certo que, por força da legitimidade democrática directa e independente que recolhe do voto popular, o Presidente da República pode intervir com autonomia plena na vida política e desenvolver aí o poder de conformação que decorre, por definição, do exercício *normal* dos seus poderes constitucionais. Quando o Presidente da República veta uma lei, envia outra para o Tribunal Constitucional, nomeia o Representante da República numa Região Autónoma, nomeia o Primeiro-Ministro ou dissolve a Assembleia da República, tais actos produzem necessariamente consequências políticas directas, influenciam o curso normal da vida pública, podem, eventualmente, inflectir, condicionar, inviabilizar ou mesmo pôr um termo às medidas, às intenções ou às políticas de fundo do Governo e da maioria parlamentar.

Se esses são os poderes que aqui designamos de *fracos* —mas só na acepção de se situarem num plano menos *dramático* que os poderes de nomeação/demissão do Governo, de dissolução da Assembleia da República e de decisão sobre a viabilidade dos governos—, o mesmo se deve dizer relativamente aos chamados *poderes informais*, ou seja, aqueles que não se traduzindo ou concretizando em decretos ou decisões presidenciais, permitem, todavia, ao Presidente da República manter uma presença relevante na vida política[320].

Por muito incomodados ou perturbados que fiquem o Primeiro-Ministro e a maioria parlamentar, não há quaisquer objecções —tanto de natureza constitucional quanto de conformidade ou de compatibilidade com o modelo português de semipresidencialismo— a um veto presidencial de uma lei por razões de discordância política, a um discurso presidencial crítico de opções do Governo, a uma deslocação do Presidente da República a uma zona do país para chamar a atenção para uma situação de carência extrema ou à formulação de sugestões presidenciais de desenvolvimento de um determinada política ou orientação diferentes ou até contrárias às defendidas pelo Governo.

Cada um desses actos constitui um exercício normal dos poderes constitucionais. Desde que não arrastem uma qualquer violação de limites constitucionais, eles corporizam uma actuação de legitimidade indiscutível. Não permitir ou questionar sequer a possibilidade de o Presidente da República poder exercer livremente cada um desses poderes, seria pretender reduzir um Presidente da República eleito directamente pelo Povo a órgão meramente cerimonial típico de um sistema parla-

[320] O primeiro mandato do Presidente Marcelo é um exemplo inequívoco de como, recorrendo quase exclusivamente a este tipo de intervenção, o órgão Presidente da República do nosso semipresidencialismo se pode colocar num plano de notável relevância política.

mentar, mas que não se confunde com o Presidente da República do nosso sistema de governo.

O mesmo se diga relativamente ao exercício *passivo* dos seus poderes. Por exemplo, quando o Presidente Cavaco Silva abdicava, por sistema, de pedir a fiscalização preventiva das medidas de austeridade inscritas nos orçamentos de Estado dos anos da crise (de 2011 a 2014), mesmo quando sabia e sustentava que tais medidas eram inconstitucionais, tratava-se, obviamente, de uma opção e de uma actuação, seguramente legítimas, mas com um profundo sentido e intenções políticas, ou seja, no caso, as de ajudar o Governo em funções a impor tais medidas, eventualmente por considerar que tal era requerido pelo interesse nacional[321]. Igualmente legítimas do ponto de vista constitucional, mas ainda mais estranhas, por não corresponderem a qualquer padrão político perceptível, são, como vimos, as *omissões* do Presidente Marcelo neste mesmo domínio, pelo menos tendo em conta o seu padrão de (não) actuação durante o primeiro mandato.

b) Já se entra, todavia, num plano diverso e já há razão para interrogações sérias quando nos elevamos da apreciação pontual e concreta de cada acto e avaliamos o sentido geral da actuação política do Presidente da República. E, nesse plano, já há razões para as maiores dúvidas quando se verifica que, através de uma actuação permanente, sistemática, continuada, o Presidente da República se converte em agente principal de luta político-partidária, quando funciona como protagonista principal na luta ou na "dialéctica" entre Governo e oposição, quando se converte em líder objectivo da oposição ou em patrocinador tutelar de um Governo, ou seja, quando, de algum modo, o Presidente da República dispute objectivamente com o Governo o poder de definição da orientação política do país.

Pois, se é certo que o Presidente da República tem, no nosso sistema de governo, um poder *natural* de conformação política autónoma —que, desde logo, resulta do exercício *normal* dos seus poderes constitucionais—, esse poder não deve confundir-se com partilha (ou disputa

321 Sobre esta estratégia de facto consumado —no caso, facto inconstitucional consumado— que era desenvolvida pelo não-exercício das competências presidenciais no domínio da fiscalização preventiva, cf. J. Reis Novais, *Em Defesa do Tribunal Constitucional*, Coimbra, 2014, págs. 8 e segs.

da partilha) do poder de definição da orientação política do Estado que cabe ao Executivo enquanto órgão que, desde 1982, não responde politicamente perante o Presidente da República e que é constitucionalmente definido como "**o** órgão de condução da política geral do país" (artigo 182º, sublinhado nosso).

Por isso o parecer dos constitucionalistas Gomes Canotilho/Vital Moreira, com que Soares procurava justificar o *novo curso* do seu segundo mandato, se bem que ressalvando que o Presidente da República do nosso sistema de governo "não compartilha da função governamental"[322], induzia uma indefinição potenciadora de uma intervenção presidencial estranha ao nosso modelo quando colocava o Presidente da República a compartilhar de uma "função política ou de governo em sentido amplo, que consiste na definição das orientações e opções políticas do Estado"[323].

É que não se vê como pode o Presidente da República arrogar-se este poder de definição ou de co-definição das orientações políticas do Estado sem invadir, com legitimidade muito discutível à luz da observância do nosso modelo semipresidencial, a área de exclusiva condução da política geral do país por parte do Governo.

Ou seja, se a produção de efeitos condicionadores da acção política do Governo é inevitável e sistemicamente inatacável quando ela decorre como consequência natural do exercício pontual e concreto dos poderes constitucionais do Presidente da República, já uma prática sistemática de liderança, de disputa ou de confronto com as opções políticas do Governo dificilmente se ajusta aos limites da função presidencial no nosso sistema de governo.

Assim, se bem que, do ponto de vista constitucional, não haja objecções —desde que respeitados os limites que a Constituição impõe— ao exercício (ou ao não exercício) concreto e individual de cada um daqueles poderes, já há um problema de incompatibilidade com a natureza suprapartidária, nacional, não executiva, do órgão Presidente da República da matriz portuguesa de semipresidencialismo quando aquele exercício pontual se integra numa estratégia de disputa da definição da orientação política do país e, consequentemente, numa prática siste-

[322] *Op. cit.*, pág. 43.
[323] *Op. cit.*, pág. 44.

mática de investimento do exercício do cargo, por parte do Presidente da República, na luta a favor ou contra um Governo ou na liderança, na ajuda ou no combate a uma força política.

4. O Comando Supremo das Forças Armadas

a) Segundo a Constituição, o Presidente da República é, por inerência, Comandante Supremo das Forças Armadas (artigo 120º) e exerce as respectivas funções (artigo 134º, alínea a)). No entanto, em 1982, quando da aprovação da Lei de Defesa Nacional e das Forças Armadas feita no seguimento da revisão constitucional, o legislador ordinário não manifestou qualquer intenção ou interesse, como devia, em preencher e concretizar legislativamente aquelas normas, pelo menos, não se revelou capaz de o fazer de forma constitucionalmente adequada à natureza do nosso sistema de governo e ao estatuto constitucional do Presidente da República.

É conhecida, ao invés, a intencionalidade subjacente de desqualificação do estatuto do Presidente da República, dirigida, de facto, *contra* o titular do órgão, Ramalho Eanes, com que, na altura da aprovação da Lei da Defesa Nacional e das Forças Armadas, o legislador ordinário abordou o problema. No contexto da época, a preocupação predominante era a de garantir, ao máximo, o controlo exclusivo do Governo sobre tudo o que respeitasse a política de defesa e de Forças Armadas. Foi assim que, na proposta de lei inicial, nem sequer se atribuíam quaisquer poderes específicos ao Presidente da República enquanto Comandante Supremo das Forças Armadas. A ideia, até explicitamente reconhecida, era a de conferir ao cargo uma natureza meramente honorífica e vazia de quaisquer poderes políticos efectivos. A lei aprovada foi menos redutora, mas, ainda assim, pode-se dizer que, no seu conjunto, ela pouco acrescentou às competências do Presidente da República já expressamente previstas na Constituição.

No que se refere às funções de Comandante Supremo das Forças Armadas, toda a lógica da nova Lei de Defesa Nacional (Freitas do Amaral), aprovada com os votos conjuntos de AD e PS, foi num claro sentido de esvaziamento ou de neutralização do cargo.

Não sendo possível ao legislador eliminar as competências *militares* que a Constituição já atribuía ao Presidente da República, a via escolhida foi a de, no essencial, limitar a lei à pura, simples e redundante reprodução do texto constitucional —sem fazer o que seria exigido, mais precisamente, sem concretizar, desenvolver e regular os poderes constitucionais[324]. Mas, para além disso, na *Memória Justificativa* da proposta de lei, qualificava-se expressamente o cargo de Comandante Supremo como sendo um mero "título", afirmando-se claramente que nessas funções nada distinguiria o Presidente português de um típico chefe de Estado parlamentar[325].

b) Obviamente, o legislador ordinário, por maioritário que fosse, não deveria ter incorrido numa tal *degradação* do estatuto constitucional do Presidente da República, mas esse era o *espírito do tempo*, mesmo que o alvo não fosse verdadeiramente o órgão, mas o seu titular concreto em 1982. Todavia, as consequências, negativas, desta opção perduram até hoje.

Esta contradição tornou-se evidente quando, sobretudo a partir da segunda metade da década de noventa, se multiplicavam as intervenções militares humanitárias e de paz envolvendo a participação de contingentes militares portugueses no estrangeiro. Nessa altura, aquela omissão legislativa deixava um vazio normativo incompreensível quanto ao que, nessas eventualidades, incumbia ao Comandante Supremo das Forças Armadas, sobretudo quando esse vazio era interpretado como significando que o Comandante Supremo não teria, sequer, uma palavra a dizer quanto às missões externas das Forças Armadas que *comandava*.

Mais ostensiva era ainda essa contradição quando ao Presidente da República, por força da Constituição, era atribuído um papel decisivo

[324] O *minimalismo* do legislador vai ao ponto de, no pouco que se inova relativamente ao texto da Constituição revista, *conceder* ao Presidente da República, no âmbito das funções de Comandante Supremo, esse *extraordinário* "dever de aconselhar em privado o Governo acerca da política de defesa nacional" (artigo 39º, alínea c), da Lei nº 29/82, de 11 de Dezembro), como se o Presidente da República estivesse tolhido, não do *dever*, mas do direito, que lhe advém da Constituição e da eleição universal e directa, de escolher com inteira liberdade a forma e o alcance das suas intervenções em qualquer domínio e coubesse ao legislador ordinário autorizar o que pode o Presidente da República dizer em público ou em privado...

[325] Cf. a memória justificativa da Proposta de lei nº 129/II, que daria origem à Lei de Defesa Nacional e das Forças Armadas, Lei nº 29/82, *in* Freitas do Amaral, *A Lei de Defesa Nacional e das Forças Armadas*, Coimbra, 1983, pág. 118. Cf. a crítica desta posição em Gomes Canotilho/Vital Moreira, *Os Poderes do Presidente da República*, cit., págs. 101 e seg.

nas situações mais dramáticas de declaração de guerra —que, todavia, hoje não acontecem ou raramente acontecem— enquanto que nas situações frequentes de participação das Forças Armadas no estrangeiro, bem mais comuns e também, por vezes, politicamente muito controversas, o Presidente da República era pura e simplesmente ignorado pela lei em vigor.

c) Herdando esta situação, o Presidente Sampaio rapidamente experimentou as consequências negativas daquele claro défice de regulação das funções do Comandante Supremo quando, a propósito da controversa participação portuguesa na intervenção militar na ex-Jugoslávia, decidida pelo Governo, assistiu à expressão pública de grandes expectativas depositadas numa intervenção presidencial correctiva, sem que, no plano da lei e das possibilidades de intervenção que aí lhe eram asseguradas, essas expectativas tivessem a mínima correspondência.

O problema não residia, nem podia, em quaisquer dúvidas e, muito menos, disputa de competências no domínio da definição e da condução da política de defesa nacional —que era e deveria ser exclusivamente do Governo—, mas antes na configuração legal do "Comando Supremo" das Forças Armadas e, também, na indefinição do significado da Presidência de um Conselho Superior de Defesa Nacional, cuja composição, fixada na lei, era maioritariamente preenchida por membros do Governo ou dele dependentes.

Assim, em diferentes ocasiões, entrevistas, intervenções públicas, contactos com representantes dos partidos políticos na Comissão de Defesa da Assembleia da República, e desde logo na resposta às críticas que lhe foram dirigidas a propósito da intervenção militar portuguesa no Kosovo, Sampaio chamou reiteradamente a atenção para o facto e apelou a que a Assembleia da República procedesse às necessárias alterações legislativas.

Em múltiplas intervenções públicas, Sampaio chamava particularmente a atenção para a disparidade existente na atribuição constitucional ao Presidente da República desse poder máximo de declarar a guerra e fazer a paz (artigo 135º, alínea c)), confrontada com a inexistência absoluta de previsão legal de qualquer possibilidade de participação do Comandante Supremo das Forças Armadas na decisão de envio de militares portugueses para missões no estrangeiro. Ora, essa disparidade era tanto mais incompreensível quanto a declaração de guerra é, nos nossos dias, um quase anacronismo, enquanto que a participação de Portugal em missões de paz e intervenções militares decorrentes das suas obrigações nas organizações internacionais de que faz parte, designadamente a NATO, a União Europeia e a ONU, é uma realidade presente.

Nas situações extremas de maior gravidade e, por isso mesmo, de probabilidade mais remota, como são as situações de guerra declarada, a lei dá ao Comandante Supremo da Forças Armadas o direito de assumir a direcção superior da condução da guerra em conjunto com o Governo. Surpreendentemente, porém, no que se refere às missões de paz e humanitárias, de ocorrência muito mais provável, o silêncio da lei quanto às competências do Presidente da República, seja no momento da decisão seja no do acompanhamento, era total. Nem sequer o direito a dar o seu assentimento à participação de contingentes militares portugueses no estrangeiro —que seria o mínimo que se poderia atribuir ao Comandante Supremo das Forças Armadas— estava legalmente garantido[326]. O mesmo se diga, *mutatis mutandis*, para os casos de incidentes que impliquem o emprego das Forças Armadas, em território nacional ou no estrangeiro, sem que ocorra ou se justifique prévia declaração de guerra. Sendo natural que as responsabilidades dessa decisão política incumbissem, também aí, conjuntamente ao Presidente da República e ao Governo, a lei era, a propósito, totalmente omissa.

De qualquer modo, e não tendo os défices e disparidades assinalados sido entretanto colmatados, ocorreu, em 2003, a crise do Iraque onde, já não no plano da crítica e reflexão teórica, mas no plano da prática política, o Presidente Sampaio afirmou decisivamente o papel efectivo do Presidente da República enquanto Comandante Supremo das Forças Armadas.

Numa altura em que o Primeiro-Ministro português, Durão Barroso, alinhava incondicionalmente atrás da Administração Bush no apoio à guerra e intervenção militar no Iraque e pretendia envolver nessa política de apoio activo as Forças Armadas portuguesas, Sampaio, sem questionar a autonomia do Governo para conduzir a política externa e a

[326] Sustentando, na doutrina, que a necessidade deste assentimento deveria ser uma exigência própria das funções de Comandante Supremo, cf. Gomes Canotilho/Vital Moreira, *Os Poderes...*, cit., pág. 105; no mesmo sentido, António de Araújo, "Competências constitucionais...", cit., págs. 202 e seg.

política de defesa nacional, e, logo, sem questionar o apoio político que o Governo português entendeu dar à administração americana, opôs-se estritamente, na sua qualidade de Comandante Supremo das Forças Armadas, ao envio de contingentes militares portugueses.

Nessa oposição ou veto presidencial ao envio de contingentes militares portugueses para o Iraque, Sampaio *jogou* a probabilidade de estar a desencadear uma crise política interna grave, que eventualmente o obrigasse, em caso de persistência do Primeiro-Ministro na intervenção militar portuguesa, à utilização dos seus poderes *dramáticos*. Durão Barroso sentiu essa determinação e os dois órgãos chegaram à solução de compromisso de não envio de contingentes militares e de uma presença quase simbólica da GNR, uma vez que a dependência funcional exclusiva desta relativamente ao Governo não podia ser questionada pelo Presidente da República.

d) De facto, não obstante o vazio legislativo, Sampaio impusera, na prática, a necessidade do prévio assentimento do Presidente da República ao envio de contingentes militares portugueses para o estrangeiro, o que, em termos da racionalidade de funcionamento do sistema de governo, obrigava, no caso de ser tomado e aceite como precedente, a uma reinterpretação constitucionalmente adequada do cargo de Comandante Supremo das Forças Armadas segundo a lógica do semipresidencialismo, ou seja, a de que no nosso sistema de governo, por força da legitimidade democrática directa que recolhe na eleição popular, quaisquer poderes ou funções constitucionalmente atribuídos ao Presidente da República devem ser considerados efectivos.

Mais, como associou esse compromisso bem sucedido a que chegara com o Primeiro-Ministro à proposta pública, diversas vezes formulada, de que o legislador desse expressão positiva[327] àquilo que era, em seu entender, uma decorrência lógica da posição constitucional do Presidente da República no nosso sistema de governo, criava, de alguma

[327] Diferentemente do que ocorre com a generalidade dos poderes presidenciais, eventuais alterações neste domínio processam-se, não necessariamente no plano constitucional, mas no plano da lei ordinária que concretiza, densifica e regula as normas constitucionais. Assim, estabelecendo a Constituição que o Presidente da República "exerce as funções de Comandante Supremo das Forças Armadas", cabe necessariamente ao legislador ordinário, ainda que em conformidade ao espírito da Constituição, especificar em que consistem tais funções.

forma, um precedente na interpretação do conteúdo das funções do Comandante Supremo que ia no sentido de lhe reconhecer, neste domínio, um papel de co-decisão.

Entretanto, não tendo havido, desde 2003, ocasião para testar, confirmando ou infirmando, a existência do precedente, a alteração da Lei de Defesa Nacional ocorrida em 2009 assumia, relativamente ao tema, a maior importância, tanto mais quanto o vazio legislativo até então existente —a lei anterior nada dizia acerca dos poderes do Comandante Supremo neste domínio— foi, de algum modo, suprido. Ou seja, a Lei de Defesa Nacional[328] passou a incluir um ponto específico sobre a matéria no artigo referente ao Comandante Supremo[329], estabelecendo, neste domínio, que "o emprego das Forças Armadas em operações militares no exterior do território nacional é sempre precedido de comunicação fundamentada do Primeiro-Ministro", especificando os diversos elementos que devem constar dessa comunicação.

Ora, a inclusão deste ponto tem o aspecto, positivo, de deixar claro que o Presidente da República tem de ser informado previamente a qualquer decisão governamental sobre o tema, mas, lamentavelmente, preenche o anterior vazio legal de forma inteiramente frustrante para o *adquirido* pelo Comandante Supremo nos mandatos de Sampaio. É que não está apenas em causa o minimalismo com que o legislador trata as obrigações do Governo neste domínio: tudo a que o Governo está vinculado é, parece, apresentar previamente ao Comandante Supremo uma "comunicação fundamentada" do Primeiro-Ministro sobre o emprego pontual das Forças Armadas no exterior. O principal risco desta alteração legislativa é que dela se possa inferir, como parece decorrer da sua interpretação histórica e sistemática[330], que tudo quanto o Presidente da República tem a fazer neste domínio é ser, na sua qualidade de Comandante Supremo, o destinatário daquela comunicação.

Ora, a ser assim, sobretudo quando se considere que o processo de decisão sobre a (não)intervenção militar portuguesa no Iraque havia

[328] Lei Orgânica nº 1-B/2009, de 7 de Julho.

[329] Artigo 10º, nº 2, da Lei de Defesa Nacional.

[330] De resto, as normas do artigo 13º, nº 2, alíneas c) e d), desta Lei parecem confirmar esse entendimento, quando dizem que a referida "comunicação fundamentada" se faz sem prejuízo do dever de informação do Primeiro-Ministro sobre política e decisões do Governo em matéria de defesa nacional e Forças Armadas.

criado um precedente em termos de um reconhecimento da existência de poderes de co-decisão do Governo e do Presidente da República nesta matéria, a alteração legislativa de 2009 ter-se-ia saldado por uma significativa diminuição dos poderes presidenciais[331]: onde antes teria passado a existir (depois do *Iraque*), na prática, um poder partilhado de Primeiro-Ministro e Presidente da República quanto ao envio de contingentes militares portugueses para o estrangeiro, agora esse poder era exclusivo do Governo, ainda que com a obrigação de o Primeiro-Ministro fazer previamente uma "comunicação fundamentada" ao Presidente da República.

Assim, como, pelas razões desenvolvidas, esta *solução* é intrinsecamente contraditória com a racionalidade do sistema de governo e a atribuição ao Presidente da República da competência constitucional para exercer as funções de Comandante Supremo das Forças Armadas[332], reabre-se a necessidade da correspondente alteração legislativa. De outro modo, a eventual, mas provável, repetição de situações como as vividas com a decisão sobre a participação militar portuguesa na guerra do Iraque evidenciará os inconvenientes políticos da persistência da indefinição —ou da má decisão— legal sobre a competência em causa.

[331] Por isso, quando, na altura da aprovação da lei, se criticou publicamente esta iniciativa legislativa governamental, aprovada pela Assembleia da República, como tendo subjacente uma intenção de restringir os poderes presidenciais, a surpresa foi ainda maior quando se percebeu que, afinal, um *inexplicável* silêncio do Presidente da República sobre a questão se relacionaria com o facto de ter sido a própria Presidência da República a sugerir a inclusão da norma em causa na proposta governamental. Blanco de Morais, que na altura era consultor de Cavaco Silva, confirma esta interpretação, sustentando que ao Presidente da República, enquanto Comandante Supremo das Forças Armadas, devia caber, neste domínio, uma mera magistratura de influência que simplesmente ficou clarificada na alteração legislativa de 2009 (cf. *O Sistema Político*, cit., págs. 662 e seg).

[332] Cf., neste mesmo sentido, Tiago F. Freitas, "As missões militares portuguesas no estrangeiro: breve enquadramento de Direito Constitucional e Administrativo" *in* M. Luísa Duarte/R. Tavares Lanceiro (orgs.) *O Direito Internacional e o Uso da Força no Século XXI*, Lisboa, 2018, págs. 232 e segs, e bibliografia aí citada.

Capítulo VI
O Semipresidencialismo Português e a Sua Reforma

a) Depois do percurso que fizemos sobre a teoria e a história política e constitucional do semipresidencialismo português, é altura de regressar às questões deixadas em aberto sobre a necessidade de eventuais reformas no sistema de governo.

Da nossa parte, propugnamos decididamente a manutenção e continuidade da matriz portuguesa de semipresidencialismo, cujas vantagens relativamente às alternativas *realistas* nos parecem confirmadas por um balanço de quarenta anos de um sistema que provou ser bem sucedido nas mais diferentes situações e combinações político-partidárias. Simultaneamente, é esse balanço que aconselha, em contrapartida, mudanças mais ou menos significativas que, sem porem em causa a natureza do sistema de governo, atendam às maiores debilidades verificadas no seu funcionamento desde 1976.

São estas as conclusões que agora desenvolvemos atinentes às mudanças que, a nosso ver, deveriam ser introduzidas na estrutura jurídico-constitucional do sistema, não sem antes deixarmos clarificado um ponto susceptível de induzir alguns equívocos.

O facto de fazermos um balanço largamente positivo do sistema de governo adoptado em 1976, e confirmado na sua configuração actual em 1982, não significa a ignorância ou a desvalorização das grandes insuficiências e problemas facilmente detectáveis no funcionamento do sistema político no seu todo.

Simplesmente, sendo certo que quaisquer dessas debilidades afectam o funcionamento do sistema de governo, elas não são susceptíveis de encontrar remédio ou antídoto, pelo menos determinante, no plano do sistema de governo. Este, que é o objecto do nosso trabalho, respeita unicamente às relações entre os vários órgãos de exercício do poder político em democracia representativa, ou seja, no nosso caso, as relações entre Presidente da República, Governo e Assembleia da República. Não abordamos aqui, por isso, as questões que remetem para uma discussão situada, sobretudo ou exclusivamente, noutros planos, no do sistema ou regime político, no plano das relações entre governantes e governados, do sistema eleitoral ou do sistema partidário, que, aqui, não consideramos[333].

Ao invés, já respeitam ao objecto do nosso trabalho outro tipo de questões, como sejam, o equilíbrio institucional no funcionamento do sistema, a eventualidade de bloqueios ou impedimentos disfuncionais no relacionamento entre os vários órgãos de poder, as questões da governabilidade, da estabilidade política, e é em função delas, em função da forma como, pensamos, o nosso sistema de governo dispõe ou não das correspondentes capacidades de superação que sustentamos aquela posição de partida, ou seja, a de que o nosso sistema de governo é adequado e tem respondido globalmente de forma muito positiva, mas que há necessidade de introduzir melhorias, garantias ou mudanças significativas em questões pontuais.

b) Da nossa parte, consideramos que, num quadro de conservação global da estrutura jurídica e da matriz de funcionamento do nosso sistema de governo, as alterações a introduzir se devem situar em três planos, que a seguir serão desenvolvidos:

Num primeiro plano, o atinente aos poderes presidenciais, sustentamos a manutenção global da configuração jurídica actual dos poderes do Presidente da República, mas com possibilidade de previsão constitucional da nomeação partilhada (com proposta do Governo e nomeação pelo Presidente da República) dos Presidentes ou dos membros da direcção das entidades administrativas independentes, *maxime* as

[333] Cf., a propósito, J. Reis Novais, *Teoria das Formas Políticas...*, cit., págs. 79 e segs.

entidades reguladoras; em segundo lugar, como desenvolvemos atrás[334], consideramos estritamente necessário que a lei ordinária densifique as funções do Comandante Supremo das Forças Armadas (que é, por inerência, o Presidente da República) prevendo, designadamente, a necessidade do assentimento do Presidente da República (Comandante Supremo) para o envio em missão de contingentes militares portugueses para o estrangeiro.

Num segundo plano, o dos mecanismos institucionais de controlo e defesa do sistema perante eventuais quebras de cumprimento dos deveres a que o Presidente da República está obrigado, consideramos a necessidade de ponderar a possibilidade de os inquéritos parlamentares passarem a poder incidir sobre quaisquer questões de relevante interesse nacional, não excluindo a acção ou a omissão do Presidente da República e dos seus serviços, nomeadamente quando elas se traduzem em incumprimento dos seus deveres funcionais.

Por último, e com maior premência, sustentamos a necessidade de o sistema de governo passar a incluir mecanismos de garantia ou promoção da governabilidade do País e da estabilidade política. Neste sentido, propomos a introdução combinada de dois institutos: de um lado, a chamada moção de censura construtiva, segundo a qual o Parlamento só pode derrubar um Governo quando simultaneamente for capaz de apresentar uma alternativa; de outro lado, a possibilidade de, relativamente a certo tipo de leis (orçamento, leis financeiras), o Governo poder associar a sua aprovação parlamentar à questão da confiança política do Parlamento relativamente ao Governo, com o que a lei em causa se considera aprovada a não ser que o Parlamento vote a censura ao Governo.

1. A estabilidade dos poderes presidenciais

No essencial, os poderes presidenciais estão estabilizados e são adequados às funções e ao papel que o Presidente da República deve desempenhar no nosso sistema de governo. Designadamente os *poderes dramáticos* —poder de dissolução da Assembleia da República e poder de nomeação/demissão do Governo—, que obtiveram a configuração que

[334] Cf *supra*, cap. V, 4.

têm hoje na revisão constitucional de 1982, devem ser considerados *intocáveis*, sob pena de serem seriamente desvirtuados, não apenas o actual equilíbrio e interdependência entre os poderes públicos, como de o Presidente da República ver significativamente afectadas as possibilidades de desempenhar, com efectividade, as funções de regulação e de moderação, bem como de desenvolvimento de uma intervenção política autónoma ajustadas à natureza da matriz portuguesa de semipresidencialismo.

Desenvolvemos longamente a justificação desta posição, pelo que nos dispensamos de a repetir aqui.

1.1. Reformas pontuais relativamente às entidades administrativas independentes e enquanto Comandante Supremo das Forças Armadas

a) Há sempre, evidentemente, no que se refere à generalidade dos restantes poderes, a possibilidade de ajustes ou modificações que podem ser feitos em futuras revisões constitucionais em ordem a conferir maior racionalidade ao funcionamento do sistema e sem pôr em causa os equilíbrios existentes.

Uma dessas possíveis alterações e que, a nosso ver, corresponderia inteiramente ao espírito do sistema, é a que respeita à possibilidade de o Presidente da República passar a nomear, sob proposta do Governo, nos termos habituais dos chamados *poderes partilhados*, membros das direcções das entidades administrativas independentes, designadamente as chamadas entidades reguladoras.

Quando se considera, de um lado, a já referida tendência para uma excessiva partidarização dos aparelhos do Estado, e, do outro, tanto as funções de regulação de que essas entidades estão incumbidas, como as próprias funções de regulação do Presidente da República no nosso sistema de governo, uma alteração deste tipo parece perfeitamente ajustada à natureza do nosso sistema de governo. De facto, se na raiz da criação destas entidades está, precisamente, uma intenção de garantir a imparcialidade, a isenção, a independência e o suprapartidarismo no exercício da actividade administrativa reguladora, então a partilha da nomeação entre Governo e Presidente da República reforça a presença desses atributos, até pela natureza afim que assume a função presidencial no nosso sistema de governo, e garante às entidades em questão uma legitimação democrática superior.

É verdade que noutras situações em que uma solução deste tipo ou a participação do Presidente da República na nomeação de certos órgãos igualmente se justificava, essa não foi a opção do legislador da revisão. Referimo-nos aos diversos casos de criação e regulação de entidades deste tipo por parte da própria Constituição. Hoje, um ajustamento dessa solução, se bem que pontualmente admissível, poderia não compensar a inevitável perturbação que criaria na composição de órgãos já perfeitamente estabilizados.

Mas, no caso geral das entidades administrativas independentes de criação legal, uma adaptação do tipo acima referida, não tendo contra-indicações perceptíveis que não sejam as de um preconceito parlamentarista não condizente com a natureza do nosso sistema de governo, poderia, com a necessária e prévia cobertura constitucional, ter efeitos positivos no equilíbrio e na racionalidade de funcionamento do sistema.

b) Como dissemos atrás[335], há, por último, ainda no domínio dos poderes do Presidente da República, mas situada no plano infraconstitucional, uma necessidade de correcção ou de aperfeiçoamento do sistema que nos parece inteiramente justificada e inadiável, a respeitante às funções do Presidente da República enquanto Comandante Supremo das Forças Armadas.

1.2. Uma *imunidade* injustificada

a) O desempenho presidencial de Cavaco Silva suscitou um problema da maior importância e relativamente ao qual a ordem jurídico-constitucional não dá resposta adequada. Se o Presidente da República, no exercício das suas funções incumpre os deveres a que está obrigado, só há previsão de uma resposta institucional no caso de o incumprimento se traduzir na prática de crimes. Aí vale o procedimento previsto no artigo 130º da Constituição: iniciativa do processo pela Assembleia da

[335] Cf. *supra*, cap. V, 4.

República e respectivo julgamento pelo Supremo Tribunal de Justiça. Porém, se o incumprimento dos seus deveres não se traduzir, de imediato, na prática de crimes no exercício das funções, e mesmo quando esses deveres são deveres jurídicos constitucionalmente impostos ou quando se trate de comportamentos manifestamente incompatíveis com o cargo, não há, na ordem jurídica, nem forma de atalhar o incumprimento nem, tão pouco, a possibilidade de convidar o Presidente da República a esclarecer ou a responder sobre a situação.

O *caso das escutas* atrás referido evidenciou a lacuna. A actuação ou a omissão da Presidência da República deixou, na altura, inúmeras e importantes questões por esclarecer[336] relacionadas com eventuais conhecimento e participação que o Presidente da República poderia ter tido naqueles acontecimentos e onde estaria em causa, pelo menos, a violação do dever político de lealdade institucional entre Presidente da República e Governo e a violação do dever de imparcialidade do Presidente da República perante as várias candidaturas. O esclarecimento dessas questões poderia ter, consequentemente, repercussão directa ou indirecta na avaliação e julgamento por parte do eleitorado e, nessa medida, reflectir-se nas respectivas escolhas com consequências relevantes para o curso normal da vida política.

No entanto, como o Presidente da República —e bem— não responde politicamente perante outros órgãos, incluindo a Assembleia da República, toda a eventual responsabilização política é feita exclusivamente perante o povo que o elege. Mas, relativamente a factos da maior

[336] Seria, no caso, do maior interesse público apurar, pelo menos, algumas das questões não cabalmente esclarecidas ou a que o Presidente da República nunca respondeu: se a iniciativa do membro da Casa Civil da Presidência da República junto do *Público*, em Abril de 2008, foi feita nos termos relatados pelo editor do *Público*; designadamente, se essa iniciativa foi feita em nome ou com invocação do aval do Presidente da República e, em caso afirmativo, se a invocação do nome do Presidente da República foi ou não abusiva; quando teve o Presidente da República conhecimento dessa iniciativa e por que razão o referido colaborador foi mantido, e eventualmente promovido, nos quadros da Casa Civil; se houve ou não fonte da Casa Civil a levantar as suspeitas sobre escutas dos serviços da Presidência por parte do Governo em Agosto de 2009; por que razão, não havendo, afinal, suspeitas, não foram elas imediatamente desmentidas pelo Presidente da República ou pela Casa Civil, tanto mais quanto o *Público* as noticiava a partir de *fonte de Belém*; se houve ou não consciência dos efeitos eleitorais graves, mas democraticamente ilegítimos, que o não desmentido da notícia provocava em período pré-eleitoral.

relevância que envolvam a actuação do Presidente da República, o conhecimento popular está adstrito, pura e simplesmente, aos dados que venham a ser transmitidos pela própria Presidência da República, embora esses elementos possam e devam ser escrutinados pela actividade crítica de uma imprensa livre e pelo próprio debate político democrático. Porém, não há, pura e simplesmente, canais institucionais através dos quais se possa convidar o Presidente da República ou chamar os seus serviços a darem explicações em ordem a permitir o esclarecimento de dúvidas relevantes sobre situações de interesse nacional ou acerca do eventual incumprimento, por parte do Presidente da República, ou dos serviços que dirige, dos deveres a que estão obrigados.

Acresce, em termos práticos, que as próprias funções típicas do Presidente da República no nosso semipresidencialismo —funções de regulação, suprapartidárias, orientadas exclusivamente à prossecução do interesse nacional— conferiram ao órgão uma *auréola de sacralidade*, de pretensa *superioridade moral* comparativamente à pretensa *perfídia* intrínseca da disputa partidária, que atenuam ou até inibem o escrutínio normalmente exercido pela imprensa livre relativamente ao que se passa com outros órgãos e agentes políticos.

b) Há, assim, a existência, de facto, de uma área de *imunidade* e de ausência de instâncias de apreciação e de controlos democráticos que se pode vir a revelar de consequências nefastas para a transparência e a vitalidade da democracia. Desde que não se atinja o caso extremo da responsabilidade criminal, em que os deputados e a Assembleia da República tomem a iniciativa e a deliberação de acusar o Presidente da República da prática de crimes por este praticados no exercício das funções —e, para tanto, há o referido procedimento previsto[337]—, não há qualquer outra via instituída para apurar factos ou para inquirir sobre comportamentos que podem, todavia, ser da maior relevância para a vivência democrática e para habilitar os cidadãos a agirem politicamente em conformidade.

A via adequada para o esclarecimento da realidade de factos em ordem a permitir uma valoração política adequada ao exercício de uma

[337] Artigo 130º da Constituição e artigos 251º e segs. do Regimento da Assembleia da República.

cidadania democrática seria a da realização de um inquérito parlamentar, mesmo que tal não envolvesse, dado o princípio da separação de poderes, a obrigatoriedade de o Presidente da República ser chamado a responder. Todavia, entre nós, atenta a actual configuração jurídica, constitucional e legal deste instituto, pelo menos tal como tem vindo a ser interpretado pela prática parlamentar e até pela jurisprudência constitucional, só muito discutivelmente o recurso a essa possibilidade seria considerado admissível.

É que, entre nós, o inquérito parlamentar e a actividade das comissões parlamentares de inquérito, de acordo com a conformação do instituto feita, desde sempre, pela lei ordinária, estão, em princípio, exclusivamente configurados e orientados, de um lado, para funções de vigilância do cumprimento da Constituição e da lei e de controlo da actividade do Governo e da Administração, logo, estão inscritos no âmbito constitucional das competências de fiscalização da Assembleia da República, e, do outro, estão funcionalizados ao esclarecimento de questões sobre as quais a Assembleia da República possa ou deva decidir, ou seja, têm de ter por "objecto qualquer matéria de interesse público relevante para o exercício das atribuições da Assembleia da República"[338].

Por sua vez, a Comissão Constitucional, logo em 1977, pronunciando--se, pela primeira vez, sobre as funções e o objecto dos inquéritos parlamentares a propósito da conformação legal do instituto feita naqueles precisos termos[339], concluiu que os inquéritos parlamentares "visam um *controlo político* a realizar pela Assembleia da República sobre o Governo e a Administração, sendo o seu âmbito por ele delimitado"[340].

No mesmo sentido, considerou o Tribunal Constitucional, em 1994, que, entre nós, "as comissões parlamentares de inquérito podem ter como objecto quaisquer factos ou questões de interesse público, isto é, quaisquer matérias, desde que devidamente determinadas e delimitadas, que caibam nas competências da Assembleia da República. Não podem, aquelas ter por objecto questões que tenham a ver com interesses estritamente privados ou incidir sobre matérias que extravasem a com-

[338] Cf. artigo 1º, nº 2, da Lei nº 5/93, de 1 de Março, alterada pela Lei nº 15/2007, de 3 de Abril.

[339] Na altura plasmada na Lei nº 43/77, de 18 de Junho.

[340] Cf. Parecer nº 14/77 da Comissão Constitucional.

petência da Assembleia da República ou se incluam na competência exclusiva de outros órgãos constitucionais"[341].

Então, por umas e outras razões, em princípio toda a área de actuação do Presidente da República e dos serviços sob a sua responsabilidade ficam fora do actual objecto possível dos inquéritos parlamentares[342] e, logo, numa zona de total, mas não justificada *imunidade*.

A única via, mas desproporcionada, que restaria aos deputados para obterem vinculativamente os esclarecimentos requeridos em situações desse tipo seria a abertura do procedimento da responsabilidade criminal do Presidente da República ou a iniciativa de um inquérito parlamentar preliminarmente dirigido ao apuramento da existência da prática de crimes, mas já com a finalidade de eventual desencadeamento posterior daquele procedimento, o que, num e noutro caso, sem a existência de suspeitas e indícios sérios de prática criminosa, seria claramente excessivo.

c) Ao longo das mais de três décadas de vigência do sistema de governo, o problema nunca se colocou[343], mas apenas porque a prática política não revelou a respectiva pertinência. No entanto, depois do "caso das escutas", a ordem jurídico-constitucional não deveria continuar a ignorá-lo.

Em nosso entender, para além da necessidade de alterar as práticas e as interpretações de redução restritiva do objecto dos inquéritos par-

[341] Cf. Acórdão nº 195/94 do Tribunal Constitucional.

[342] Assim, Gomes Canotilho (cf. *Direito Constitucional e Teoria da Constituição*, Coimbra, 2003, pág. 636) concluía que os inquéritos parlamentares podem abranger: "(1) os *inquéritos legislativos* destinados a colher informações com vista à preparação de projectos legislativos; (2) os inquéritos adequados a assegurar e manter a reputação e o prestígio do parlamento; (3) os inquéritos tendentes a controlar abusos e irregularidades do Governo e da administração".

343 No entanto, no plano doutrinário, Nuno Piçarra, que entre nós foi quem dedicou maior atenção ao tema, considerando o inquérito parlamentar um instrumento ao serviço directo e imediato da função fiscalizadora da Assembleia da República, sustenta a possibilidade de sujeitar a inquérito parlamentar outros órgãos de soberania, como o Presidente da República, incluindo a respectiva administração acessória, com fundamento na competência fiscalizadora genérica da Assembleia da República de "vigiar pelo cumprimento da Constituição e das leis" consagrada no artigo 162º, alínea a) da Constituição (cf. Nuno Piçarra, "Inquérito Parlamentar" *in Dicionário Jurídico da Administração Pública*, 3º supl., 2007, págs. 426 e segs).

lamentares, justifica-se ainda, no mínimo, ponderar a hipótese de deixar esclarecida, na Constituição e na lei, a possibilidade de realização de inquéritos parlamentares que, sem prejuízo da necessária observância do princípio da separação de poderes e, especialmente, no caso, sem prejuízo da ausência de responsabilidade política do Presidente da República perante o Parlamento, permitam que o inquérito parlamentar possa ter como objecto, em geral, qualquer situação de interesse público relevante.

A partir do momento em que a prática já demonstrou a respectiva necessidade, não deveriam permanecer ambiguidades quanto à possibilidade de realização de inquéritos parlamentares tendo por objecto acções ou omissões do Presidente da República e dos seus serviços quando tal seja necessário para o esclarecimento ou clarificação de factos de relevante interesse nacional em ordem a permitir aos cidadãos a sua adequada valoração política.

Não havendo, com esses pressupostos, objecções de princípio a uma solução desse tipo, não parece que ela seja, de algum modo, incompatível com a natureza do nosso sistema de governo e com a posição relativa que nele ocupa o órgão Presidente da República.

Veja-se como, de resto, o problema é diferentemente tratado, não apenas em sistemas parlamentares, mas também em sistemas afins ao nosso, como o francês[344], ou nos sistemas presidencialistas, onde o facto da eleição directa do Presidente da República e a ausência da sua responsabilidade política perante o Parlamento não inibem a assembleia parlamentar de proceder a este tipo de inquéritos.

Por outro lado, entre nós, há já várias manifestações constitucionais de reconhecimento, até, de uma aparente *subordinação* do Presidente da República a decisões da Assembleia da República que, mesmo nos casos em que não apresentam, hoje, justificação bastante, não são vistas como violadoras da separação de poderes e do estatuto do Presidente da República. Referimo-nos, por exemplo, a situações como as da tomada de posse do Presidente da República perante a Assembleia da República, a necessidade de autorização parlamentar para o Presidente da República declarar o estado de sítio ou de emergência, de autorização para declarar a guerra e fazer a paz, ou até mesmo, ainda, essa subor-

[344] Cf. o artigo 68º da Constituição francesa.

dinação anacrónica e injustificada que é a necessidade de o Presidente da República obter o assentimento da Assembleia da República para se poder ausentar do território nacional.

2. A necessidade de racionalização do sistema de governo no plano das relações Governo/Parlamento

a) Portugal tem sofrido de um problema de governabilidade, ou seja, de uma dificuldade pronunciada de o sistema político gerar Governos estáveis, com garantias de poderem exercer o mandato por todo o período da legislatura, e com condições para desenvolverem uma governação efectiva de acordo com o respectivo programa de governo[345].

Esse problema não se manifesta, propriamente, na dificuldade em constituir Governos após as eleições parlamentares (aí não se têm manifestado bloqueios), mas já se traduz, com significado, na dificuldade em constituir Governos de legislatura (desde 1982 tivemos sete Governos cujo mandato foi interrompido) e, sobretudo, na dificuldade em constituir Governos maioritários, sólidos e consistentes que tenham condições para governar e se poderem responsabilizar, perante o eleitorado, pela execução do seu próprio programa.

A estatística da natureza dos Governos constitucionais revela, mas só aproximadamente, os contornos do problema. Assim, dos vinte e dois Governos constitucionais, só onze foram governos maioritários[346], o que coloca Portugal numa situação singular nos sistemas políticos europeus, onde a *normalidade* é a da formação de Governos, de um partido ou de coligação, com apoio parlamentar maioritário.

[345] Contra, considerando não existir, em Portugal, desde 1987, um problema de governabilidade, cf. A. Freire/M. Meirinho/D. Moreira, *Para uma melhoria da representação política*, Lisboa, 2008, pág. XIII e pág. 37, mas apenas porque os Autores só atendem ao facto de os Governos tenderem, desde 1987, a cumprir todo o mandato, não considerando esse outro elemento essencial da governabilidade, que é o que respeita à possibilidade de governação efectiva de acordo com o programa próprio.

[346] Em termos de tempo de duração, desde Julho de 1976, data da tomada de posse do I Governo constitucional, Portugal viveu cerca de dezassete anos sob Governos não apoiados por uma maioria parlamentar. Se tivermos em conta a grandeza e dificuldade dos problemas a que tiveram de fazer frente, é fácil perceber a gravidade do problema da governabilidade entre nós.

No entanto, a gravidade da situação só é verdadeiramente percebida quando se verifica que, para lá daquela singularidade, há ainda um desequilíbrio patente na distribuição político-partidária das coligações que sustentaram politicamente aqueles governos maioritários. Ou seja, das sete coligações maioritárias até agora constituídas, duas envolveram o PS e foram celebradas com o CDS e, no Governo de *bloco central*, com o PSD; todas as outras foram constituídas entre PSD e CDS, donde se verifica, e esse o dado problemático, que, estando o sistema partidário português de há muito estabilizado num espectro largo em que, à esquerda e à direita dos dois partidos da *alternância* democrática, PS e PSD, há sempre outros partidos com representação parlamentar significativa, há apenas uma situação, precisamente a do XXI Governo, de António Costa, em que, apesar de não existir uma coligação formal, houve um acordo de governação entre o PS e os partidos à sua esquerda.

Isto significa que, apesar da forte e constante presença política da esquerda na sociedade portuguesa, bem reflectida nos resultados eleitorais, sempre que a esquerda era maioritária no Parlamento —e nas quinze eleições parlamentares já realizadas isso aconteceu por oito vezes—, a probabilidade de se constituir um governo maioritário e politicamente sólido[347], que pudesse durar toda a legislatura e ter condições políticas para desenvolver o seu programa, era mínima (aconteceu uma única vez, em 2005, quando o PS alcançou a sua única maioria absoluta, e em 2015, quando foi possível celebrar o único acordo de governo entre os partidos de esquerda até agora).

As razões desta impossibilidade de formar coligações na área da esquerda têm a ver com particularidades de rigidez do sistema partidário português e da natureza dos partidos políticos (expressas nas dificuldades ou impossibilidade de um relacionamento *normal* entre PS, PCP e BE). O acordo interpartidário de 2015 constituiu uma espécie de *revolução* que pode ter modificado as condições de governabilidade, mas não é possível prever com segurança se é ou não repetível.

[347] Não se podem considerar consistentes ou sólidas as coligações formadas entre o PS e partidos à sua direita, como facilmente se conclui quando se atenta no tempo da sua duração: a coligação governamental PS/CDS, em 1978, durou seis meses e a coligação de *bloco central* (PS/PSD), em 1983, durou treze meses.

b) Entretanto, se bem que ainda não seja perfeitamente claro e estabilizado, também à direita as coisas podem ter mudado, no sentido em que está em curso uma recomposição que, por uma lado, parece conduzir à irrelevância um dos parceiros habituais das coligações de governo, o CDS, enquanto, por outro lado, parece emergir uma força de extrema-direita que terá, em princípio, muito mais dificuldades de integrar coligações de governo à direita.

Nesse sentido, as dificuldades estruturais em formar coligações parlamentares maioritárias pode ter-se *transferido* para o lado direito do espectro partidário ou, no mínimo, poderíamos concluir que essas dificuldades se generalizaram e, logo, maior tendência e probabilidade de constituição de governos minoritários.

c) Um Governo minoritário não é uma *anormalidade* constitucional nem suscita quaisquer problemas de legitimidade democrática, de título ou de exercício. É expressão da vontade do eleitorado manifestada no quadro do sistema eleitoral vigente e nele se podem descobrir virtudes, como sejam as da necessidade de estabelecer compromissos, de ter de *negociar*, à esquerda e /ou à direita, e de não concentração de um poder excessivo. Mas, independentemente dessas virtualidades, um Governo minoritário é, por natureza, um Governo frágil (porque pode ser destituído pelo Parlamento a qualquer momento) e fraco (porque é incapaz de governar de acordo com o programa que apresentou ao eleitorado e pode ver constantemente as suas propostas, não apenas inviabilizadas pela maioria conjugada das oposições, como mesmo obrigado a governar com medidas de que discorda e lhe sejam impostas pelas oposições).

Uma tal situação afecta negativamente, de forma evidente e imediata, a possibilidade de governação efectiva, programada, racionalmente planeada. Em situações de grave crise económica e financeira, como a que temos vivido nos últimos anos, as consequências negativas dessa situação amplificam-se extraordinariamente.

Por outro lado, é também a própria natureza das eleições parlamentares dos nossos dias, enquanto momentos de responsabilização política directa dos Governos e das oposições pelo eleitorado, que é seriamente distorcida, na medida em que o eleitorado acaba a *julgar* o Governo, não tanto pelo que fez ou deixou de fazer, mas pelo que as oposições o deixaram fazer. Um *julgamento* justo obrigaria o eleitorado a considerar e ponderar essa disparidade entre o que o Governo minoritário pretendia e aquilo que lhe foi permitido fazer, aquilo que, na situação política e nos resultados verificados, é responsabilidade do Governo ou das oposições, o que, não estando, obviamente, ao alcance das possibilidades de avaliação do *eleitor médio*, frustra as possibilidades práticas de um voto adequadamente retributivo de uns e outros.

Estas são consequências e efeitos gerais decorrentes inelutavelmente da persistência de Governos minoritários, mesmo se o problema da governabilidade, quando não se traduz abertamente em instabilidade política, não é generalizadamente percebido e valorado com a dimensão de gravidade com que surge entre nós.

A gravidade da situação só é adequadamente avaliada nos momentos extremos de conflito aberto entre o Governo e as oposições, seja nos casos extremos de inviabilização da continuidade da governação (como no Governo de Sócrates em 2011 com a rejeição parlamentar do PEC), seja no caso de conflitos duradouros, como foi o da co-incineração nos Governos de Guterres, mas sobretudo nos momentos de aprovação dos orçamentos (veja-se o que se passou com os orçamentos de 1986 e 1987, no Governo minoritário de Cavaco Silva, nos orçamentos *limianos* do segundo Governo de António Guterres, no orçamento para 2011 de José Sócrates ou nas dificuldades financeiras e políticas geradas pela inobservância da cláusula-travão no segundo governo de António Costa), mas não é menos grave quando o conflito aberto não se chega a desencadear, mas isso só porque o Governo já foi obrigado a prescindir da realização da política que desejava prosseguir, como nas cedências para a aprovação dos vários orçamentos no primeiro Governo de Guterres, no abandono da anterior política restritiva da progressão automática na carreira dos professores, com o Governo minoritário de Sócrates, e, novamente relacionado com a carreira dos professores, com António Costa em 2019 e 2021.

c) Ora, quando se confronta o problema da governabilidade no nosso sistema político, as hipóteses de solução não abundam. A via que resta, e tem sido diversas vezes proposta, é a da alteração do sistema eleitoral em ordem a permitir, com muito maior grau de probabilidade, a obtenção de uma maioria absoluta dos mandatos parlamentares por parte da força partidária mais votada.

Uma *engenharia constitucional* deste tipo seria possível, mas, nessa altura, a governabilidade seria alcançada a custo de uma redução sensível da democraticidade, proporcionalidade e representatividade da eleição e, a prazo, com sacrifício do pluralismo partidário consolidado na democracia portuguesa desde 1975, o que teria, como consequência tendencial, a acentuação da crise de representação e de integração política actualmente proporcionadas pelo regime político. Naturalmente, grande parte dos grupos, correntes e sensibilidades sociais que se têm sentido representados pelos partidos *não centrais*, tenderiam, com grande probabilidade e com o tendencial desaparecimento parlamentar dos partidos minoritários, a somar a sua indiferença política e desmotivação cidadã às dos actuais e significativos sectores abstencionistas e marginais, ou, na outra reacção provável, a canalizar a sua não representatividade institucional através de formas não democráticas de participação política.

Resta, então, a procura de soluções no próprio plano do sistema de governo.

Partindo da inevitabilidade e alta probabilidade de constituição de Governos minoritários, tratar-se-á, então, de procurar garantir, no quadro de existência de um Governo minoritário politicamente responsável perante a Assembleia da República, acréscimos sensíveis de governabilidade e de estabilidade política no funcionamento prático do sistema.

Da nossa parte, a proposta que sustentamos é a da consagração de um instituto de há muito discutido na *querela* constitucional portuguesa, a chamada moção de censura construtiva, mas combinando-a com a adopção de outras garantias afins inspiradas num outro instituto, presente na Constituição francesa da V República, o mecanismo de associação da aprovação excepcional de leis à responsabilização política do Governo perante o Parlamento.

Desenvolvemos, a seguir, esta proposta de combinação dos dois institutos —que colhemos de LIJPHART e VALENZUELA[348]— e que vimos defendendo desde 2007[349], salientando, como ali fizéramos, que a proposta só faz integralmente sentido quando combina os dois mecanismos.

[348] Cf. LIJPAHRT, "Constitutional design for divided societies" *in Jounal of Democracy*, 15, 2, 2004, pág. 104; A. VALENZUELA, "Latin american presidencies interrupted" *in Jounal of Democracy*, 15, 4, 2004, pág. 17 (com a curiosidade de o Autor revelar ter sido António Guterres quem lhe sugeriu a ideia).

[349] Cf. *Semipresidencialismo I*, 2007, págs. 168 e segs.

Ou seja, apesar da maior difusão da ideia de *moção de censura construtiva*, ela, por si só, não resolve o problema da governabilidade, considerando que esta não se esgota na garantia da estabilidade dos Governos. Pode até admitir-se que, desde 1987, há uma tendência ou, pelo menos, uma pressão assumida para que os Governos, mesmo os não maioritários, cumpram os quatro anos da legislatura. Mas, tal estabilidade ao longo da legislatura de nada adianta se, durante o mandato, cumprido integralmente, o Governo fica impedido de desenvolver e executar o seu programa político.

Ora, aquilo que a *moção de censura construtiva* garante é que o Governo minoritário não será, com toda a probabilidade, derrubado antes do termo do mandato; mas nada garante sobre as condições efectivas da governação. Só a combinação da *moção de censura construtiva* com outras garantias inspiradas no mecanismo *francês* da associação da confiança política à aprovação de leis garante, como veremos, um acréscimo sensível de governabilidade nos dois planos referidos: no da estabilidade do mandato durante a legislatura e no da garantia de uma efectiva capacidade de governação.

2.1. A moção de censura construtiva

a) A *moção de censura construtiva* é um mecanismo de *engenharia constitucional* destinado a racionalizar o funcionamento do sistema de governo no que respeita às relações entre Parlamento e Governo[350]. Foi pela primeira vez adoptado na Lei Fundamental alemã, em 1949, com o objectivo declarado de conferir racionalidade ao funcionamento do sistema democrático parlamentar, prevenindo a eventual repetição da instabilidade governativa que caracterizara a República de Weimar antes do advento do nazismo, quando os executivos se sucediam ou eram derrubados pela acção *destrutiva* conjunta das oposições.

O instituto traduz-se na necessidade de o Parlamento, quando pretende demitir um Governo, ser obrigado a indicar e aprovar simultaneamente o seu sucessor. Assim, sem prejuízo da plena responsabilidade

[350] Sobre a moção de censura construtiva, cf., em língua portuguesa, AAVV, *A Revisão Constitucional e a Moção de Censura Construtiva*, Lisboa, 1988

política do Governo perante o Parlamento, a censura ou desconfiança manifestada pelo Parlamento ao Governo só produz a queda do Executivo quando o Parlamento é capaz de forjar um governo alternativo; se o Parlamento não consegue chegar a acordo quanto ao nome de um novo Primeiro-Ministro, então também não pode destituir o que se encontra em funções.

As consequências e a lógica de racionalização que um tal mecanismo introduz são imediatamente perceptíveis e encontram plena aplicação quando o Governo não dispõe do apoio de uma maioria parlamentar absoluta, quando o Governo é minoritário. Nessas circunstâncias, ele correria sempre o risco de cair por força do voto conjugado das oposições, à esquerda e à direita. Já, ao invés, se se exige que essas oposições, quando votam a censura, simultaneamente cheguem a acordo quanto ao nome do novo Primeiro-Ministro que deve suceder ao Governo em funções, a aprovação da censura é muito mais difícil, para não dizer impossível, sobretudo quando o governo é um governo de *centro* e tem oposições parlamentares à sua esquerda e à sua direita.

Basta fazer a *prova* com o que se passa em Portugal. Se um Governo minoritário do PS pode facilmente ser derrubado através do voto conjunto de CDS, PSD, PCP e BE —criticar o Governo, ainda que com fundamentos diversos, é o ponto comum que une todas as oposições—, já seria praticamente impossível que CDS, PSD, PCP ou BE alguma vez se entendessem quanto a um nome do novo Primeiro-Ministro. Se um Governo minoritário do PSD seria facilmente derrubado pelo voto de CDS, PS, PCP e BE, muito dificilmente tais partidos chegariam a acordo quanto ao novo Governo[351].

[351] Há aqui que ter em conta e distinguir o alcance da *moção de censura construtiva* em duas espécies de governo minoritário que, para utilizar a terminologia de Miguel Galvão Teles (cf. o debate sobre a *moção de censura construtiva* na revisão constitucional de 1989 em DAR, II, nº 47-RC, pág. 1490), podemos designar de *minoritário centrado* ou *minoritário descentrado*. No primeiro caso, o Governo não tem contra si, de nenhum dos lados que se lhe justapõem no hemiciclo parlamentar, uma maioria parlamentar absoluta (por exemplo, actualmente, o Governo PS não tem contra si, em cada um dos lados do espectro partidário, à esquerda ou à direita, uma maioria absoluta, logo, é um governo *minoritário centrado*). No segundo caso, Governo *descentrado*, há, de um daqueles lados, a possibilidade de formar maioria absoluta (era o caso do Governo minoritário Cavaco Silva em 1985-1987: à *esquerda* do Governo, PRD/PS/PCP tinham a possibilidade de somar, como, aliás, fizeram em 1987, uma maioria absoluta contra o Governo). Naturalmente, é nas situações de Governo minoritário *centrado* que

Ou seja, quanto está em causa um Governo em funções, é relativamente fácil *ser contra* e, consequentemente, alcançar no Parlamento uma maioria *negativa, destrutiva,* que considera que o Governo não deve continuar; mas é muito mais difícil obter uma maioria *positiva, construtiva,* que, ao mesmo tempo que derruba o governo em funções, chegue a um acordo sobre qual deva ser, então, o Primeiro-Ministro do novo Governo.

b) Sendo assim, a *moção de censura construtiva* tem a virtude intrínseca de responsabilizar quem pretende destruir *o que está,* já que obriga também à apresentação de uma solução alternativa, ao que acresce o facto de ser, também, pelos efeitos produzidos, um mecanismo eficaz de garantia de estabilidade política aos Governos minoritários em funções. Por isso, por uma e outra razão —garantia de subsistência do Governo em funções ou, em alternativa, formação de um Governo maioritário que o substitua—, constitui um instrumento poderoso de racionalização do funcionamento de qualquer sistema de governo onde o Executivo responda politicamente perante o Parlamento e possa ser demitido por ele, o que equivale a dizer que é aplicável e cobra pleno sentido em sistemas de governo parlamentares, mas, não menos, em sistemas semipresidenciais.

Em qualquer destes sistemas, a partir dos resultados das eleições parlamentares e da tradução dos votos em mandatos, ou se consegue formar uma Governo apoiado por uma maioria absoluta —de um único partido ou de uma coligação— ou, na impossibilidade ou na inconveniência de se repetir imediatamente o acto eleitoral, se é obrigado a formar um Governo minoritário, que não tem o apoio da maioria dos deputados ou que tem mesmo a oposição activa dessa maioria.

Quando se consegue formar um Governo maioritário, em princípio, na ausência de crises *internas,* o seu mandato será por toda a legislatura. O Governo executa o seu programa ao longo dos anos da legislatura e, no seu termo, será *julgado* nas eleições seguintes. Isto é, há todas as condições de garantia da estabilidade política. Já um Governo minoritário não tem qualquer garantia de subsistência ao longo da legislatura, pode

a *moção de censura construtiva* desenvolve a plenitude das suas virtualidades de ajuda à estabilidade do Governo em funções, pois é mais difícil um entendimento contra o Governo que abranja os dois *lados* do espectro partidário.

cair a qualquer momento e, se o quiser evitar, é obrigado a cedências e compromissos com a oposição; por isso, mesmo quando chega ao termo do mandato, pode sempre invocar os obstáculos que lhe foram criados para contestar a *equidade* do *julgamento* a que se sujeita. Mas, com a garantia de estabilidade que a exigência da *moção de censura construtiva* lhe oferece, os Governos minoritários passam a ser, também, *governos de legislatura* e gozam, pelo menos no plano da garantia de não serem demitidos no decurso do mandato, de possibilidades de uma governação programada análogas àquelas de que beneficiam os governos de maioria.

Assim, com a introdução da *moção de censura construtiva*, o sistema tende, em quaisquer circunstâncias, a funcionar, no plano das relações entre Governo e Parlamento, sem elementos de imprevisibilidade que impeçam um Governo de planear, com segurança, a execução do seu programa ao longo da legislatura e ser *julgado*, no final, pelos resultados obtidos.

Por último, pode acontecer que, apesar da dificuldade, se forme no Parlamento uma maioria absoluta das várias oposições contra o Governo e que essas oposições cheguem a acordo quanto ao nome de um novo Primeiro-Ministro, o que significa que, embora raro, seja possível às oposições derrubar o Governo através da aprovação da referida *moção de censura construtiva*. Mas, nessa hipótese, o instituto da *moção de censura construtiva* dá uma derradeira garantia de estabilidade ao sistema de governo: uma eventual crise aberta pela manifestação de desconfiança parlamentar no Governo é necessariamente acompanhada da sua solução.

Ou seja, só se desencadeia verdadeiramente uma crise parlamentar de confiança no Governo quando o Parlamento já dispõe de uma solução governativa alternativa. Se, à partida, esta não existe, se a maioria parlamentar que pretende censurar o Governo não chega a acordo quanto ao nome de um novo Primeiro-Ministro, então nem sequer chega a abrir-se a própria crise: a censura ao Governo não é aprovada. Se, na outra hipótese, se forma uma solução de governo alternativa no Parlamento, então a crise não chega, também, a desenvolver-se verdadeiramente; simplesmente, o que ocorre é que a um Governo se sucede um outro, de forma *fria*, sem convulsões, e, mais, com a garantia de que o novo Governo será, em princípio, um Governo mais estável, já que, pelo menos no início do seu mandato, tem o apoio expresso de uma maioria parlamentar absoluta.

c) Para além da Alemanha, que acolheu constitucionalmente a moção de censura construtiva em 1949, este mecanismo foi depois adoptado pela Espanha, pela Hungria, por Israel, pelo Lesotho, e, de certa forma, também pela Bélgica[352], países que, de comum, têm o facto de adoptarem o sistema de governo parlamentar, pelo que o mecanismo da *moção de censura construtiva* se configura originariamente como instrumento, por excelência, de racionalização do sistema parlamentar, dando origem, por vezes em conjunção com outros mecanismos igualmente indutores de estabilidade política, ao que pode ser designado de sistema parlamentar *racionalizado*[353].

Daí resultou, em grande medida, a ideia errada de que a *moção de censura construtiva* é própria de sistemas parlamentares ou que a sua adopção *parlamentariza* outros sistemas que a acolham. Não há, no entanto, nada que impeça a adopção da *moção de censura construtiva* em sistema semipresidencial, como, de resto, se comprova no facto de ela ter já sido igualmente consagrada em sistemas deste tipo, como é o caso da Polónia e da Eslovénia, nem nada, como veremos, que imponha a *parlamentarização* de um sistema de governo que a adopte.

No entanto, em Portugal, apesar de o tema ter vindo a ser discutido desde 1979, apesar das várias e sucessivas propostas nesse sentido em sede de revisão constitucional, o acolhimento da ideia tem sido sistematicamente frustrado.

Veremos, a seguir, porquê, quais as justificações que têm sido dadas para a rejeição, e consideraremos, depois, a pertinência das objecções. Finalmente, concluiremos por uma proposta e avaliação crítica sobre a necessidade de consagrar a *moção de censura construtiva*, mas simultaneamente sobre as suas insuficiências.

2.1.1. *A história da* **moção de censura construtiva** *em Portugal*

Em Portugal, a *moção de censura construtiva* foi objecto de intensa discussão nos anos oitenta do século passado e, depois de um largo

352 A Constituição belga não consagra, em todo o seu alcance, o instituto da *moção de censura construtiva*, mas uma disposição afim e segundo a qual o chefe do Estado só pode dissolver o Parlamento se este aprovar uma censura ou recusar a confiança ao Governo sem, simultaneamente, indicar qual o seu sucessor.

353 Cf. J. Reis Novais, *Teoria das Formas Políticas...*, cit. págs. 192 e segs.

interregno em que parecia ter desaparecido do debate político e constitucional, voltou, desde 2007, a atrair a atenção de partidos políticos[354], políticos[355], constitucionalistas[356] e politólogos[357].

Como é normal, e uma vez que se trata de um mecanismo de "engenharia constitucional", a discussão tende a concentrar-se em períodos de revisão constitucional, como aconteceu em 1982, 1989, 1997 e no processo de revisão aberto em Setembro de 2010.

Foi Sá Carneiro quem, em 1979, no seu contributo para a revisão constitucional que se aproximava[358], propôs pela primeira vez, entre nós, a adopção do instituto. Na sua proposta, previa-se que na segunda das moções de censura que deviam, na altura, ser sucessivamente aprovadas para provocar a queda do Governo, se devesse incluir o nome do Primeiro-Ministro que deveria ser consequentemente nomeado[359]. A proposta não era consensual nos círculos da Aliança Democrática, mereceu a oposição expressa de Lucas Pires[360], coordenador do projecto de revisão da AD[361], mas, depois de ser confirmada nas alterações ao projecto Sá Carneiro elaboradas por Santana Lopes[362], acabaria por in-

[354] Veja-se o processo de revisão constitucional aberto em 2010, em que o tema da *moção de censura construtiva* surgiu inicialmente na *agenda* do PSD e depois foi assumido pelo PS.

[355] O Presidente Sampaio, que havia defendido a ideia no fim dos anos oitenta, voltou publicamente ao tema, por diversas ocasiões, em 2009, com eco positivo em sectores do PS e PSD.

[356] Cf. a defesa e proposta de adopção do instituto que fazemos desde 2007, em *Semipresidencialismo* I.

[357] Cf. André Freire/Manuel Meirinho/Diogo Moreira, *op. cit.*

[358] Cf. *Uma Constituição para os Anos 80*, Lisboa, 1979.

[359] Cf. artigo 181º, nº 4.

[360] Cf. Carlos Gaspar, "O processo constitucional...", cit., pág. 26.

[361] Para além das diferenças de opinião pessoal (Lucas Pires parece considerar que a *moção de censura construtiva* desvirtua o semipresidencialismo e tende a transformar o Presidente da República em "monarca de tipo liberal" —cf. "O sistema de governo...", cit., pág. 318), percebe-se que nos dois partidos que formam a AD seja o PSD a assumir a proposta, já que a respectiva aprovação lhe garantiria a possibilidade de, sendo o partido mais votado, se *libertar* da necessidade do apoio e da coligação com o CDS para formar Governo; por outro lado, noutra perspectiva, aparentemente contrária, mas de resultados convergentes, a presença da *moção de censura construtiva forçava* o CDS à coligação com o PSD, pois, não aceitando coligar-se, perderia *peso* político no sistema partidário, já que, em princípio, os seus votos não poderiam somar-se aos da esquerda para derrubar o Governo PSD.

[362] Cf. os artigos 143º, nº 3, e 150º, nº 4, do Projecto, publicado em anexo em Santana Lopes/Durão Barroso, *Sistema de Governo ..., cit.*

tegrar, ainda que de forma algo contraditória[363], o projecto de revisão constitucional da AD.

Surpreendentemente, a proposta não mereceu, na altura, o acordo do Partido Socialista, o que surge, pelo menos hoje, como algo de verdadeiramente incompreensível, pela forma como se desperdiçou, então, a possibilidade, talvez única, de acolher o mecanismo da *moção de censura construtiva* na nossa Constituição, e com as consequências negativas conhecidas para o futuro do sistema de governo[364]. O PS viria a recuperar o tema em revisões constitucionais seguintes, de 1989 e de 1997, mas a proposta foi novamente frustrada, dessas vezes por recusa ...do PSD.

De facto, ao longo dos anos 80, o PS recuperou a anterior proposta de Sá Carneiro e da AD e acolheu a *moção de censura construtiva* nos seus programas eleitorais de 1985 e de 1987, o mesmo fazendo o candidato Mário Soares nas eleições presidenciais de 1986[365]. Consequentemente, na revisão constitucional de 1989, o PS fez pela primeira vez a proposta

[363] De facto, ao mesmo tempo que previa a indicação, na moção de censura, de um nome de Primeiro-Ministro a ser proposto ao Presidente da República, essa indicação não era vinculativa para o Presidente da República, o que diminuía o alcance prático da *moção de censura construtiva*, mas, simultaneamente, não se exigia a aprovação da censura por maioria absoluta dos deputados (seria suficiente a maioria relativa desde que o Governo a demitir não tivesse tido o seu programa ou uma moção de confiança aprovados por maioria absoluta), o que facilitava a possibilidade da sua aprovação. Cf. DAR, II, nº 57, de 27 de Abril de 1981.

[364] António Vitorino, que participou activamente nos trabalhos de revisão pela FRS (que integrava PS, UEDS e ASDI), ensaiaria, posteriormente, uma explicação nada convincente para uma posição, pelos vistos, de um purismo *tudo ou nada*: seria o carácter *facultativo* da indicação de Primeiro-Ministro a propor ao Presidente da República que teria justificado a rejeição do PS (cf. António Vitorino, "A moção de censura construtiva no projecto de revisão constitucional do Partido Socialista" *in* AAVV, *A Revisão Constitucional e a Moção de Censura Construtiva*, Lisboa, 1988, pág. 83).
É verdade que não tem sentido, em caso de aprovação de uma censura ao Governo com indicação do novo Primeiro-Ministro por parte de uma maioria parlamentar, admitir-se, a seguir, a possibilidade de o Presidente da República, aceitando nomear um novo Governo, escolher um outro Primeiro-Ministro. Mas, rejeitar em bloco a proposta de *moção de censura construtiva* com esse argumento ainda faz menos sentido: aquela possibilidade conferida ao Presidente da República não teria a mínima aplicabilidade prática. É óbvio que nenhum Presidente da República nomearia, ou poderia nomear, naquelas circunstâncias, um outro Primeiro-Ministro que não fosse o indicado pelo Parlamento; poderia não aceitar a indicação parlamentar, mas aí só lhe restaria dissolver a Assembleia da República e não tentar um Governo *seu* contra a maioria parlamentar.

[365] Cf. António Vitorino, *loc. cit.*, pág. 84; Carlos Gaspar, *loc. cit.*, pág. 26; José Magalhães, *Dicionário de Revisão Constitucional*, Lisboa, 1989, págs. 206 e 208.

de consagração constitucional da *moção de censura construtiva*, todavia com a particularidade de, aliada à exigência de votação, com a moção de censura, de um candidato a Primeiro-Ministro, se fazer uma outra, maximalista e sem justificação razoável, de ter de ser logo ali igualmente votado o programa do novo Governo[366].

Na revisão constitucional de 1997, o Partido Socialista repetiria a proposta, nos exactos termos com que o fizera em 1989[367]. Por outro lado, esta revisão teve ainda a particularidade de nela ter sido apresentado um projecto de revisão de deputados da JSD onde se assumia, igualmente, a proposta de introdução da *moção de censura construtiva*, exigindo-se que as moções de censura contivessem a indicação de um candidato a Primeiro-Ministro[368]. No entanto, estas propostas mereceriam, de novo, a rejeição do PSD[369], em parte com base na objecção *democrática*, mas, sobretudo, na objecção da pretensa redução dos poderes presidenciais, uma e outra a seguir consideradas.

Finalmente, na revisão constitucional aberta em Setembro de 2010, depois de um arremedo, falhado e sem sentido útil, de proposta de uma *moção de censura construtiva* no projecto de revisão do PSD[370], o Partido

[366] Cf. DAR, II, nº 23, 3º supl., Projecto de lei de revisão constitucional nº 3/V, art. 197º, nº 2.

[367] Cf. Projecto de revisão constitucional nº 3/VII, art. 197º, nº 3, *in* Separata nº 6/VII do DAR, de 8 de Abril de 1996.

[368] Cf. art. 197º, nº 2, do Projecto de revisão constitucional nº 2/VII, do deputado Pedro Passos Coelho e outros, que assumia abertamente a proposta de introdução da *moção de censura construtiva*, justificando-a porque a "dificuldade na obtenção de uma maioria parlamentar conjugada com a facilidade de apresentação de uma moção de censura são factores de perturbação do funcionamento do sistema político".
Assinale-se a curiosidade de o primeiro proponente deste projecto, Passos Coelho, ser o líder do PSD na revisão constitucional aberta em 2010, onde se voltou ao tema da *moção de censura construtiva*.

[369] Cf. DAR, II-RC, nº 48, Acta da reunião nº 49 da CERC, de 5 de Novembro de 1996.

[370] A proposta, constante do anteprojecto de revisão do PSD, era verdadeiramente inédita, já que mantinha, ao lado da *moção de censura construtiva*, a faculdade de se poder igualmente aprovar, no Parlamento, uma moção de censura *destrutiva*, mas com a particularidade de esta determinar, por si só, a auto-dissolução da Assembleia da República. Num e noutro caso, o sentido útil da proposta parecia ser, exclusivamente, o de reduzir, ou eliminar mesmo, a intervenção do Presidente da República na resolução de eventuais crises políticas, já que concentrava toda a solução no Parlamento e, simultaneamente, se restringia, em geral, a possibilidade de dissolução da Assembleia da República por parte do Presidente da República à situação em que tal fosse necessário para garantir o regular funcionamento das instituições. Mas, consubstanciando um tal projecto uma redução drástica dos poderes presidenciais,

Socialista anunciou a intenção de recuperar o tema e voltar a propor a *moção de censura construtiva*.

Justifica-se, agora, até pela difusão de percepções erróneas da natureza do instituto, considerar as objecções mais importantes normalmente invocadas contra a sua adopção constitucional.

2.1.2. As objecções à adopção da moção de censura construtiva

a) Contra este mecanismo de racionalização do funcionamento dos sistemas de governo têm, em geral, sido alinhados os seguintes argumentos de ordem geral:

(i) em primeiro lugar, o que designamos por *objecção democrática*, ou seja, a que se funda na alegação de que a *moção de censura construtiva* corrói os mecanismos da responsabilização política do Governo perante o Parlamento, limitando drasticamente os poderes tradicionais de um parlamento democrático e, designadamente, das oposições, não respeitando, além do mais, os resultados e efeitos *naturais* da escolha plural do eleitorado;

(ii) em segundo lugar, há a objecção segundo a qual, independentemente da sua justificação, o mecanismo da *moção de censura construtiva* não tem verdadeira importância prática, já que raramente ele foi utilizado nos países que o adoptaram;

(iii) em terceiro lugar, objecta-se que no caso dos sistemas semipresidenciais a sua adopção se traduziria numa restrição gravosa dos poderes presidenciais, pelo que seria incompatível com a legitimidade democrática do Presidente da República e com a natureza do sistema de governo;

(iv) por último, há a objecção oposta, no sentido de que a instituição da moção de censura construtiva ampliaria discricionariamente os poderes presidenciais de nomeação do Governo, combinada com a denúncia da proposta como sendo uma "armadilha para incautos".

nele se atribuía ao Presidente da República, paradoxalmente, o poder de demissão livre do Governo, tal como existia antes da revisão de 1982.

Consideraremos especificamente os quatro tipos de argumentação, dispensando-nos de desenvolver autonomamente as vantagens da *moção de censura construtiva*, de tal forma a sua justificação surge como evidente enquanto garantia de estabilidade política e de prevenção do eclodir de crises governativas por iniciativa das oposições quando estas não apresentam uma solução alternativa.

b) Quanto à objecção *democrática*, é verdade que a adopção da *moção de censura construtiva* diminui o *peso* político das oposições numa situação em que o Governo é minoritário. Ou seja, na medida em que protege o Governo de eventuais crises provocadas pelas oposições no Parlamento, diminui, de facto, o alcance político da intervenção, ou da ameaça de intervenção, das oposições parlamentares.

No entanto, trata-se de uma diminuição de influência que pretende assegurar, a final, o equilíbrio nas relações entre Governo e Parlamento. Um Governo minoritário é, por definição, um Governo frágil, que, sem a protecção adicional conferida por este instituto, teria o seu mandato permanentemente ao dispor dos humores das oposições, o que significa que seria incapaz de programar a sua acção, de governar de acordo com um plano racional, dependente que estaria, sempre, da decisão das oposições sobre o seu *destino* político. A introdução da *moção de censura construtiva* serve para balancear o relacionamento entre Governo e Parlamento.

Porém, essa reposição ou compensação do equilíbrio a favor do Governo, que é proporcionada pela *moção de censura construtiva*, não se traduz, ao contrário do que pretende a objecção *democrática*, em eliminação ou *desnaturação* da responsabilidade política do Governo perante o Parlamento. O Governo continua a ter de prestar contas, a ter de responder perante o Parlamento e, em última análise, a poder ser demitido por decisão parlamentar. Simplesmente, o requisito adicional introduzido pela *moção de censura construtiva* associa à responsabilidade política do Governo perante as oposições a responsabilidade das oposições perante o país, obrigando-as, quando derrubam ou pretendem derrubar o Governo, a dizer o que propõem em alternativa.

Por último, ao contrário do que vem insinuado naquela objecção, a *moção de censura construtiva* não subverte a vontade expressa pelo eleitorado quando *transforma*, pretensamente, a *minoria* que resultou das eleições em *maioria absoluta* de governo. O facto de se chamar um partido ou uma força política sem maioria a governar é a solução quase inevitável quando não é possível constituir um Governo maioritário. Não é possível *respeitar* de outra maneira a *vontade* do eleitorado. Mas, o facto de a *minoria* formar Governo não a transforma, sem mais, em *maioria absoluta*[371]. É que a *moção de censura construtiva* não impede que se derrube o Governo minoritário em funções, mas apenas impede que se derrube o Governo quando não se é capaz de propor um outro para o substituir. De resto, nas situações já referidas de Governo minoritário *descentrado*, a probabilidade de aprovação de uma *moção de censura construtiva* é bem real, ainda que, e daí a vantagem do instituto, sem qualquer dramatismo, já que a maioria que vota a censura se dispõe a formar um Governo de apoio maioritário no Parlamento.

É verdade que a iniciativa de apresentar uma moção de censura ao Governo não é exclusivamente, nem tem de ser, num sistema político democrático, uma acção que vise a demissão efectiva do Governo. O recurso a esse instituto por parte das oposições cumpre um outro papel associado à responsabilização política do Governo perante o Parlamento e que é, simplesmente, o de dar eco e impacto mediático à acção política oposicionista, o que se consegue através de uma aparente dramatização da luta contra o Governo —o descontentamento com a acção governativa chegou a tal ponto que exigiria uma manifestação extrema do desagrado—, expressa na apresentação da moção de censura, mesmo quando se sabe que ela não será bem-sucedida. Ou melhor, o sucesso da apresentação de uma moção de censura deste tipo esgota-se nela própria, no debate que a acompanha, na atenção que se atrai ou noutros efeitos políticos colaterais da iniciativa (por exemplo, colocar outros partidos, eventualmente do mesmo espaço político, em dificuldades).

Assim, subjacente à maior parte das iniciativas da censura ao Governo não está uma intenção de o derrubar, mas apenas de obtenção de efeitos políticos favoráveis à luta oposicionista. É um meio, naturalmente legítimo, de prosseguir a actividade da oposição, de desenvolver a luta

[371] No debate da revisão constitucional de 1989, o deputado José Magalhães, pelo PCP, falava criticamente nesse "momento glorioso" em que a nomeação do Governo minoritário pelo Presidente da República o transformaria, por efeito da *moção de censura construtiva*, de "minoria em maioria", conferindo-lhe os "mesmos poderes de uma maioria de pedra e cal" (cf. DAR, II, nº 47-RC, pág. 1492).

política de acordo com os meios e formas por ela livremente escolhidos. Simplesmente, esta utilização, legítima, do instituto em nada fica diminuída ou prejudicada com a adopção da *moção de censura construtiva*.

Tal como acontece actualmente, se viesse no futuro a ser adoptada a *moção de censura construtiva*, qualquer partido da oposição poderia continuar a apresentar a censura ao Governo, indicando, simultaneamente, o nome do Primeiro-Ministro alternativo que propõe. Sabendo, embora, que a moção não seria aprovada —tal como hoje, de resto, acontece na maior parte das iniciativas de censura[372]— prosseguiria exactamente os mesmos efeitos políticos que agora tem em vista quando recorre ao procedimento da censura ao Governo.

Logo, nessas circunstâncias, a adopção da *moção de censura construtiva* serviria os interesses políticos correntes das oposições: mesmo com Governo minoritário, elas poderiam continuar a propor a censura ao Governo, com a garantia de que, por facto de a iniciativa incluir, necessariamente, o nome de um Primeiro-Ministro no qual ou outros partidos da oposição não votariam, desaparecia o *risco*, indesejado, de verem a moção que apresentam aprovada e provocarem, por tal facto, uma queda do Governo de que não queriam ser responsabilizados.

Portanto, em termos práticos, o actual instituto da censura parlamentar ao Governo não tem funcionado como instrumento que vise efectivamente a demissão do Executivo, mas, antes, como mero instrumento de luta política, de prossecução da campanha política das oposições contra o Governo. Mas, sendo assim, então o acolhimento constitucional da *moção de censura construtiva* em nada afectaria as possibilidades de intervenção das oposições e teria o efeito benigno de garantir estabilidade política quando ela é necessária, como se percebe facilmente.

c) Em segundo lugar, quanto à objecção da pretensa falta de interesse prático da *moção de censura construtiva* —pretensamente ilustrado pelo facto de, nos países em foi adoptada, raramente ter ocasião para demonstrar a sua utilidade—, ela ilustra, ao invés, a incompreensão da natureza do instituto. É que a *moção de censura construtiva* só é constitucionalmente instituída, precisamente, para não ser utilizada. Ela foi

[372] Entre nós há, de resto, de entre as inúmeras iniciativas de censura, um único caso de moção de censura aprovada, a de 1987, contra o Governo minoritário de Cavaco Silva.

adoptada para prevenir crises governativas abertas com a aprovação de uma moção de censura, *destrutiva*, numa situação em que o governo seja minoritário. A exigência do requisito existe para dissuadir as oposições de abrirem crises para as quais não têm solução.

Logo, se quando existe um Governo minoritário —única situação em que a aprovação da censura parlamentar ao Governo é possível— ele termina o *seu* mandato, isto é, a *moção de censura construtiva* não foi utilizada, isso não demonstra a falta de interesse prático do instituto, mas exactamente o inverso, uma vez que ele existe exactamente para garantir esse fim, o da estabilidade política que resulta necessariamente ou da capacidade de os Governos, mesmo minoritários, cumprirem o mandato, ou, em alternativa, poderem ser demitidos, mas com a garantia da possibilidade de constituição de novo Governo sem crise política.

Também a objecção afim de que o instituto seria praticamente irrelevante, dado o diminuto número de casos em que, no Direito comparado, os Parlamentos têm aprovado *moções de censura construtivas*, não tem, e pelas mesmas razões, qualquer consistência. Seria como, entre nós, concluir pela irrelevância do poder presidencial de demissão do Governo quando tal seja necessário para assegurar o regular funcionamento das instituições democráticas, actualmente previsto pela Constituição, com o argumento de que tal poder nunca foi utilizado.

Obviamente, não é pelo facto de o Presidente da República português nunca ter sentido necessidade de utilizar este poder que ele deixa de ter a maior relevância como instância de último recurso, da mesma forma que não é pelo facto de um Parlamento nunca ter sentido a necessidade ou ter tido a possibilidade de aprovar uma *moção de censura construtiva* que o instituto deixa de ter o maior sentido útil numa altura em que se forme, no Parlamento, uma maioria absoluta que se disponha substituir o Governo minoritário em funções.

Assinale-se, porém, que esta última hipótese de sucessão *fria* de Governos através da aprovação de uma *moção de censura construtiva* é a situação típica prevista para um sistema de governo parlamentar, onde não têm que se considerar as possibilidades de intervenção de uma *terceira parte*, o Presidente da República. Então, a estabilidade política é, à partida, plenamente assegurada com a adopção da *moção de censura construtiva*. Em situação de Governo maioritário, o fim da estabilidade, em princípio, está garantido. Por sua vez, também se alcança uma análoga estabilidade em situação de Governo minoritário, já que, ou não há aprovação de censura e o Governo permanece durante toda a legislatura, ou há aprovação de uma *moção de censura construtiva* e o Governo cai, mas o Parlamento determina, na hora, qual o Governo que lhe sucede.

Já quando se pretende transpor essa forma de garantia de estabilidade governativa para um sistema de governo semipresidencial, o problema parece residir no facto de uma tal estabilidade poder ser igualmente garantida, mas com a contrapartida do *sacrifício* do órgão Presidente da República. Ou seja, conseguir-se-ia, com a *moção de censura construtiva*, garantir a estabilidade governativa exclusivamente no plano das relações Governo/Parlamento —ou o Governo completa o mandato ou é substituído, durante a legislatura, por um outro *escolhido* pelo Parlamento—, mas a custo do *esquecimento* e da marginalização do órgão Presidente da República: todo o processo de manutenção ou substituição de um Governo se desenrolaria no Parlamento, aparentemente, sem qualquer intervenção do Presidente da República[373].

Essa é, precisamente, a terceira objecção de que falávamos e a que mais directamente nos importa, dado que, entre nós, o Presidente da República tem, e deve continuar a ter, poderes efectivos de intervenção política que, de acordo com esta objecção, seriam postos decisivamente em causa com a adopção da *moção de censura construtiva*.

Não é assim, como vamos ver.

d) Uma vez que, como temos referido, o problema dos efeitos da *moção de censura construtiva* se coloca, sobretudo ou quase exclusivamente[374], nas situações de Governo minoritário, é aí que importa verificar em que medida a adopção deste procedimento afectaria os poderes presidenciais, o que só poderia ocorrer quando o Parlamento determinasse a demissão do Governo em funções e a sua substituição por um novo Governo, com aprovação expressa do nome do novo Primeiro-Ministro. Resta, então,

[373] Foi sobretudo este o tom das objecções do PSD (pela voz do deputado Rui Machete) e do PRD (pela voz do deputado Miguel Galvão Teles) à proposta de consagração da *moção de censura construtiva* apresentada pelo PS na revisão constitucional de 1989. Cf. DAR, II-RC, nº 47, págs. 1471 e segs.

[374] Há, todavia, a hipótese excepcional, eventualmente abusiva ou *fraudulenta*, de uma maioria de governo poder utilizar a *moção de censura construtiva*, *contra* o Presidente da República, em situação de Governo maioritário. Veremos como.

comparar as diferenças e as consequências nas margens de intervenção do Presidente da República nessas circunstâncias, isto é, nas de Governo minoritário, com e sem *moção de censura construtiva.*

Hoje, se o Parlamento demite o Governo —como, entre nós, aconteceu em 1987— cabe ao Presidente da República, a seguir, optar ou por nomear um novo Governo, que terá de se apresentar na Assembleia da República, ou, em alternativa, por dissolver a Assembleia da República e convocar novas eleições.

Se o Presidente da República opta por nomear novo Governo, a viabilidade dessa solução depende sempre, em última análise, da vontade da Assembleia da República, uma vez que o novo Governo tem de se apresentar no Parlamento e a sua *passagem* depende da decisão parlamentar. Assim, de nada adianta ao Presidente da República insistir numa proposta que sabe não colher o acordo do Parlamento e merecer mesmo a sua oposição. Logo, hoje, sem *moção de censura construtiva,* quando uma maioria parlamentar derruba um Governo, a seguir, ou o Presidente da República atende à vontade dessa maioria, que lhe é comunicada nas audições com os partidos com representação parlamentar, ou a crise não tem solução, no sentido de que o Presidente da República não tem *margem* para fazer escolha diversa da expressa pela maioria parlamentar.

Logo, se quando o Presidente da República opta por nomear novo Governo, de acordo com a vontade da maioria parlamentar, isso significa que, em última análise, foi a vontade dessa maioria que determinou a solução da crise, então nada seria substancialmente diverso na hipótese de existir a *moção de censura construtiva*: o Presidente da República, após a maioria parlamentar demitir o Governo e indicar um novo Primeiro-Ministro, nos termos previstos pela *moção de censura construtiva,* deve igualmente atender à vontade expressa por essa maioria.

Significa isto que se, em teoria, o poder de nomeação do novo Governo por parte do Presidente da República sai diminuído com a consagração constitucional da *moção de censura construtiva,* uma vez que deveria seguir, sem mais, a indicação parlamentar sobre o novo Primeiro-Ministro, na prática é também isso que sucede já, mesmo sem *moção de censura construtiva,* ou seja, também agora, em última análise, será sempre a vontade da maioria parlamentar a decidir. O Presidente da República, desde que não queira provocar um conflito gratuito com a maioria parlamentar[375], deve seguir as indicações da maioria parlamentar sobre o novo Governo, donde se conclui que, em termos práticos, a introdução da *moção de censura construtiva* no sistema constitucional não afectaria substancialmente o poder presidencial de nomeação do Governo.

No entanto, o papel do Presidente da República não se esgota, hoje, nessa possibilidade de nomear um novo Governo, nem esse é o seu principal poder numa situação em que o Parlamento demite o Executivo ou em que, por qualquer razão, o Governo se demitiu. Nessas circunstâncias, como desenvolvemos atrás, o principal poder do Presidente da República é essa prerrogativa de avaliação decisiva acerca da viabilidade de constituição de um novo Governo, seja numa situação em que é a Assembleia da República que lhe indica o novo Primeiro-Ministro, seja numa outra em que o partido ou coligação maioritários lhe façam essa proposta.

Este poder de decisão sobre a viabilidade do novo Governo, que foi consistentemente afirmado pelos diferentes Presidentes da República, apoia-se hoje, como vimos, no poder de dissolução do Parlamento. Isto é, quando lhe é feita a proposta de nomeação de novo Governo, o Presidente da República decide, em última análise, se aceita a proposta ou se, não reconhecendo viabilidade ou condições de governabilidade ao Governo proposto, rejeita essa nomeação, optando, em alternativa, por dissolver a Assembleia da República e chamar, consequentemente, o eleitorado a decidir em novas eleições.

Como vimos, é em grande medida este poder que confere a maior relevância à intervenção política autónoma do Presidente da República no nosso sistema de governo e é essa possibilidade de se opor, com total legitimidade democrática, à vontade da maioria parlamentar que distingue o nosso sistema de governo de outros sistemas, como o sistema parlamentar racionalizado ou o semipresidencialismo de Presidente-*-cerimonial*.

[375] Obviamente, se a hipótese for essa, ou seja, se se considera que o Presidente da República sai diminuído com a introdução da *moção de censura construtiva* por ficar impedido da possibilidade de abrir um conflito com a maioria parlamentar em torno do novo Governo, mesmo sabendo que a vontade da maioria inviabilizaria sempre um Governo com que não concordasse, então, sobretudo num sistema de governo como o nosso, em que o papel do Presidente da República não deve ser nunca o de criar conflitos sem sentido com o Parlamento, é justo que esse poder, disfuncional, do Presidente seja efectivamente *diminuído*.

Tudo residirá, portanto, quando se avaliam as consequências da eventual introdução da *moção de censura construtiva* no nosso sistema de governo, em saber o que acontece ao poder presidencial de dissolução do Parlamento numa altura em que a maioria parlamentar vote a censura ao Governo e aprove um Primeiro-Ministro de alternativa: o poder de dissolução, nessas circunstâncias, desaparece ou mantém-se integralmente?

Na primeira hipótese, que não acompanhamos, se se obrigasse o Presidente da República a nomear o Governo indicado pela Assembleia da República, retirando-lhe simultaneamente o poder de optar pela dissolução do Parlamento, haveria, de facto, redução, e séria, dos poderes presidenciais e das suas possibilidades de intervenção política autónoma[376]. Basta ver, por exemplo, que na situação, já diversas vezes analisada, de 1987, quando uma maioria PS, PRD e PCP demitiu o Governo minoritário de Cavaco Silva e sugeriu ao Presidente Soares a nomeação de um novo Governo, com Vítor Constâncio como Primeiro-Ministro, o Presidente da República não teria podido recusar essa proposta e ter, como sucedeu, dissolvido a Assembleia da República[377].

[376] Era o que acontecia na proposta de uma espécie de *moção de censura construtiva* que integrava um primeiro projecto de revisão constitucional do PSD, em 2010. Essa proposta era tão drasticamente redutora dos poderes do Presidente da República que continha ainda uma outra limitação: o Parlamento podia também votar uma moção de censura *destrutiva*, mas com a consequência da *auto-dissolução* da Assembleia da República, sem qualquer intervenção presidencial.

[377] Acresce que, nessa hipótese de supressão do poder presidencial de dissolução em caso de aprovação de uma *moção de censura construtiva*, seria estimulada a possibilidade de utilização *fraudulenta* ou, no mínimo, abusiva do instituto. Assim, em 1983, quando o Presidente Eanes, depois de aceitar a demissão do Governo Balsemão (PSD/CDS), recusou nomear um novo Governo (Vítor Crespo), apoiado pela mesma maioria absoluta PSD/CDS, teria bastado a essa maioria votar uma *moção de censura construtiva* ao anterior Governo Balsemão, apesar de apoiado pelos mesmos partidos, com indicação de Vítor Crespo como novo Primeiro-Ministro, para obrigar o Presidente da República a nomeá-lo.

Podemos, até, imaginar um outro exemplo, mais académico, mas igualmente ilustrativo. Numa altura em que o Presidente Sampaio, em 2004, se preparava para dissolver a Assembleia da República, a aprovação de uma *moção de censura construtiva*, propondo a Assembleia da República de novo Santana Lopes como Primeiro-Ministro, teria impedido, caso este mecanismo existisse na nossa ordem constitucional, o Presidente Sampaio de dissolver a Assembleia e chamar o eleitorado a decidir.

Em quaisquer destas circunstâncias ou hipóteses, só a conservação intocada do poder presidencial de dissolução do Parlamento permite evitar utilizações fraudulentas ou abusivas do instituto da *moção de censura construtiva*.

Portanto, em nosso entender, a introdução da *moção de censura construtiva*, que sustentamos vivamente, só faz sentido e só é conforme à natureza e racionalidade de funcionamento do nosso sistema de governo, se se mantiver, sem qualquer condicionamento e em quaisquer circunstâncias, o poder presidencial de dissolução da Assembleia da República.

Então, mantendo-se o poder presidencial de dissolução do Parlamento, mesmo numa altura em que a Assembleia aprove uma *moção de censura construtiva*, a posição, o papel e os poderes do Presidente da República não saem juridicamente diminuídos. Pode haver, é certo, alguma diminuição prática[378], mas que, noutras circunstâncias parti-

[378] Uma vez que, em termos políticos, é mais difícil ao Presidente da República opor-se a uma indicação e aprovação formal de um novo Primeiro-Ministro feita pelo Parlamento, do que opor-se a uma indicação de Primeiro-Ministro que lhe é apresentada pela mesma maioria parlamentar, mas no segredo dos salões de Belém. Ou seja, em 1987, o Presidente Soares não teria disposto da mesma margem política de decisão se, na altura, existisse a *moção de censura construtiva* na nossa ordem constitucional e o nome de Vítor Constâncio como novo Primeiro-Ministro tivesse sido publicamente aprovado com a moção de censura apresentada pelo PRD, ainda que, nessa altura não fosse igualmente seguro que o PCP aprovasse uma moção de censura de onde constasse o nome do líder socialista como Primeiro-Ministro.
Essa diferença de circunstâncias elimina uma outra objecção feita à proposta de acolhimento da *moção de censura construtiva* entre nós. Diz-se que, no fundo, ela já existe, mas não produzindo, mesmo assim, as referidas virtualidades de estabilidade política que lhe são imputadas pelos seus defensores. A ilustrar a objecção aponta-se, precisamente, o exemplo de 1987. Foi o único caso de aprovação de uma moção de censura entre nós e, por um lado, a maioria que a aprovou sentiu-se na responsabilidade de indicar uma solução de governo alternativa, exactamente como aconteceria se fosse uma *moção de censura construtiva*; por outro lado, em nada a consagração do instituto teria cumprido a sua função de garantia de estabilidade governativa, pois o Governo minoritário de Cavaco Silva teria caído em qualquer das hipóteses, com e sem *moção de censura construtiva*.
Mas não é assim, desde logo porque só na altura se verificava essa situação particular de Governo minoritário, mas *descentrado*. Na situação *normal*, depois do desaparecimento do PRD, os Governo minoritários entre nós tendem a ser *centrados*, isto é, não têm, à esquerda ou à direita, maiorias absolutas contra eles. Por outro lado, para além disso, e em primeiro lugar, como se disse acima, a margem política do Presidente da República seria algo diferente, num ou no outro caso, havendo escolha parlamentar expressa de um novo Primeiro-Ministro ou havendo, simplesmente, uma sugestão que é comunicada informalmente ao Presidente da República por partidos que votaram a censura parlamentar. Em segundo lugar, a posição do PCP seria provavelmente diversa da que se verificou se lhe fosse exigido, na altura, que aprovasse, não apenas a censura ao Governo Cavaco Silva, como também o nome de Vítor Constâncio para Primeiro-Ministro.

culares, é compensada pelo reforço da posição do Presidente da República relativamente ao Governo.

Referimo-nos à situação em que, não havendo condições para a constituição de um Governo maioritário, o Presidente da República nomeia um Governo minoritário que, não podendo ser, na prática, demitido pela Assembleia da República —por força das exigências de aprovação de uma *moção de censura construtiva* que as oposições não conseguem preencher—, acaba por subsistir durante toda a legislatura só com o eventual beneplácito do Presidente da República[379].

Mais ainda, este reforço da capacidade de intervenção do Presidente da República pode mesmo ser extraordinariamente potenciado, dependendo da forma como seja resolvida a questão da *investidura* parlamentar do Governo numa altura em que se adopte a *moção de censura construtiva*: exige-se, para que a Assembleia da República rejeite a *passagem* do Governo, que haja igualmente a necessidade de aprovação parlamentar de um novo Primeiro-Ministro ou mantém-se o regime actualmente existente?

Voltaremos à questão a seguir, mas, por ora, fica a ideia de que se a lógica inerente à *moção de censura construtiva* funcionasse também na *investidura* do Governo, isto é, o Parlamento só poderia rejeitar o programa do Governo se apresentasse uma alternativa de solução governativa, então, aí, a entrada em funcionamento de um Governo minoritário dependeria, na prática, exclusivamente da vontade do Presidente da República: o Parlamento nem tinha, em princípio, condições para rejeitar a entrada em funções do Governo minoritário, nem tinha condições para o derrubar posteriormente. Longe de qualquer diminuição global do papel e do estatuto do Presidente da República, a adopção da *moção de censura construtiva* aumentaria significativamente a sua margem de intervenção comparativamente à situação actual.

e) A última objecção mencionada[380] tem, por um lado, um sentido exactamente oposto ao da objecção anterior, ou seja, enquanto que nesta se *acusava* a moção de censura positiva de privar o Presidente da

[379] É o argumento de António Vitorino, *in* "A moção de censura construtiva ...", *cit.*, e no debate da revisão constitucional de 1989 (cf. DAR, II, nº 47-RC, págs. 1490 e seg).

[380] Cf. a sua defesa em C. Blanco de Morais, *O Sistema Político*, cit., págs. 732 e segs.

República da sua actual capacidade de conformação política, já a última objecção que agora apreciamos sustenta-se na hipótese contrária, ou seja, a instituição da moção de censura construtiva garantiria ao Presidente da República um peso excessivo, quando lhe dava a possibilidade prática de nomear um governo minoritário, que podia até nem ser o do partido mais votado, com a garantia de que esse governo não seria derrubado, nem na investidura nem ao longo da legislatura.

Já atrás considerámos a hipótese da nova capacidade de intervenção que, com a cobertura da moção de censura construtiva se garantiria ao Presidente da República no momento da nomeação do Governo a seguir às eleições; é efectivamente assim, mas tal apenas compensaria, de algum modo, a diminuição da sua margem de acção quando a Assembleia da República aprova uma moção positiva e, no fundo, o *obriga* a nomear o Primeiro-Ministro por ela escolhido. De algum modo, as duas objecções neutralizam-se e constituem a melhor prova de que a proposta de instituição da moção de censura construtiva mantém o equilíbrio de poderes, racionaliza o funcionamento do sistema e em nada diminui o estatuto do Presidente da República no nosso semipresidencialismo.

Finalmente, a objecção de que a proposta de instituição da moção de censura positiva é uma armadilha e um "isco para incautos" ao serviço, supõe-se, do Partido Socialista, é apenas expressão de um visão estritamente partidária que, no fundo, explica a razão da sua sistemática recusa pelo PSD em diferentes processos de revisão constitucional.

Todavia, quando analisada na sua racionalidade e justificação, não há nada na moção de censura construtiva que a identifique com os interesses de um partido em particular; quando muito, e é um facto, é uma proposta de racionalização que procura promover a estabilidade governativa em torno de soluções de centro (centro-esquerda ou centro-direita) quando nenhuma força política detém maioria absoluta e o governo em funções, minoritário, se vê incapaz de governar pela soma puramente negativa das restantes forças parlamentares. Que é assim, e que não há um viés partidário na eventual adopção da moção de censura construtiva demonstra-se facilmente quando se tem em conta que, como dissemos, a proposta foi introduzida em Portugal precisamente pelas *mãos* de Sá Carneiro (com a oposição do PS), constava do projecto de revisão constitucional da AD em 1982 e tem continuado a obter eco ocasional em sectores do PSD.

Ao invés do que se pretende na objecção que apreciamos, é, pelo contrário, a sua recusa que padece de uma visão excessivamente paroquial e sectária que não atende devidamente aos interesses de racionalização do sistema e de estabilidade governativa. Blanco de Morais[381] sugere que a adopção deste mecanismo constituiria "um seguro de vida para o predomínio de um determinado partido político do *mainstream*", supõe-se, o PS. Porém esta atitude nem sequer tem em conta a profunda alteração das condições de funcionamento do nosso sistema político resultante do acordo interpartidário à esquerda saído das últimas eleições de 2015.

Com efeito, a atitude de recusa da moção de censura construtiva por parte do PSD baseava-se estritamente no verdadeiro seguro de vida, esse sim, de que beneficiava por falta de entendimentos partidários à esquerda. No fundo baseava-se no raciocínio e expectativas seguintes. O problema da crise de governabilidade ou da instabilidade governativa não seria um problema do PSD; podia ser do país, mas não do PSD, já que este partido governaria sempre com estabilidade: ou alcançava por si próprio a maioria absoluta ou alcançava-a em coligação com o CDS. Já quando a esquerda fosse maioritária no Parlamento, o PS só governaria com estabilidade quando obtivesse maioria absoluta (só uma vez em toda a sua história), já que a possibilidade de alianças à esquerda era dada como excluída.

Logo, dando como assente e eterna esta assimetria entre esquerda e direita, a hipótese e as dificuldades inerentes à governação minoritária seriam um problema exclusivamente do PS e por isso se diz naquela visão que a proposta da moção de censura construtiva seria um "isco para incautos": aceitá-la numa revisão constitucional seria, da parte do PSD, independentemente das vantagens que daí resultassem para o país em termos de governabilidade e de estabilidade, ajudar o PS a sair das suas dificuldades.

Ora, a partir do momento em que esse quadro se alterou com a realização de alianças de governo também à esquerda, não há hoje nenhuma razão, nem mesmo na visão mais paroquial e sectária, que justifique a insistência na recusa, já que PS e PSD se encontram exactamente na mesma situação e com dificuldades análogas.

[381] Cf. *op. cit.*, pág. 735.

Mais, o PSD pode vir a encontrar-se numa situação em que a única hipótese de formar governo seja a de uma conjuntura de governo minoritário em que, sendo o partido mais votado, mas sem atingir a maioria absoluta, recuse fazer coligação com um partido de extrema-direita que lhe proporcionasse a formação de uma maioria absoluta parlamentar. Sem moção de censura construtiva tratar-se-ia, inevitavelmente, de um governo débil, instável, sujeito a *cair* a qualquer momento através da formação de maiorias negativas conjunturais na Assembleia da República. A existência da moção de censura construtiva poderia, eventualmente, funcionar, nessas circunstâncias, como única hipótese realista de continuar a aspirar ser uma solução de poder sem ser obrigado a coligar-se com a extrema-direita. O que demonstra não haver qualquer viés, de partida, na proposta de instituição da moção de censura construtiva no nosso sistema constitucional.

2.1.3. **Regulação da moção de censura construtiva *e investidura do Governo na Assembleia da República***

a) O tema da *moção de censura construtiva* só fica esgotado quando indagamos das modalidades concretas da sua integração no sistema constitucional e de governo como um todo. Pois, como vimos, designadamente num sistema complexo como é o semipresidencialismo, a adopção da *moção de censura construtiva* exige outras escolhas sobre a forma de compatibilizar o novo mecanismo de demissão parlamentar dos Governos, tanto com os poderes do Presidente da República, como com outros momentos de responsabilização política do Governo perante o Parlamento, desde logo, o momento da apresentação do programa do Governo ao Parlamento.

Em primeiro lugar, há, desde logo, a questão da definição da exigência suplementar que a *moção de censura construtiva* coloca à moção de censura *clássica*.

Em nosso entender, ela deve ser o mais simples e razoável possível, ou seja, deve significar apenas que a proposta de moção de censura deve vir acompanhada do nome do Primeiro-Ministro que se propõe em alternativa ao Governo em funções e que essa indicação tem de ser votada em conjunto com a própria moção. Mantendo-se a actual configuração constitucional da moção de censura, a sua aprovação deve implicar a demissão do Governo só quando, tanto a censura quanto a indicação do nome do novo Primeiro-Ministro, sejam aprovadas por maioria absoluta dos deputados em efectividade de funções.

Poder-se-ia, ainda, suscitar a questão de saber se o mecanismo da *moção de censura construtiva* deveria ser estendido à regulação da moção de confiança. Esta última distingue-se, entre nós, da moção de censura por duas razões. Por um lado, a sua iniciativa é do Governo e não dos deputados, ou seja, é o próprio Governo que levanta, no Parlamento, a questão da confiança. E, por outro lado, por isso mesmo, porque foi dele a iniciativa, a Constituição já não exige, para que haja demissão do Governo, uma votação por maioria absoluta, isto é, basta que a moção de confiança apresentada pelo Governo não seja aprovada, qualquer que seja o número de votos ou até que haja *empate*, para que tal implique a demissão do Governo.

Propendemos a considerar que a regulação constitucional da moção de confiança, porque tem uma natureza e enquadramento diferentes, não deva ser afectada com a adopção da *moção de censura construtiva*, isto é, deve permanecer intocada. Assim, suscitando o Governo a confiança no Parlamento e não sendo a moção aprovada, simplesmente o Governo é demitido, cabendo ao Presidente da República a nomeação de novo Governo ou a dissolução do Parlamento.

No entanto, nesta hipótese, e para evitar um eventual prolongamento artificial da crise, os deputados deveriam ter sempre a possibilidade de, apresentada pelo Governo uma moção de confiança, poderem apresentar uma moção de censura que, a ser aprovada de acordo com o procedimento da *moção de censura construtiva*, determinaria a constituição do novo Governo nos termos nela indicados, ou seja, e desde que o Presidente optasse por nomear novo Governo, com necessária nomeação do Primeiro-Ministro dela constante.

b) Isto remete para a questão da integração dos poderes presidenciais com a adopção da *moção de censura construtiva*. Como se deduz dos desenvolvimentos anteriores, consideramos que, sem prejuízo da necessidade de se conferir sentido útil à *moção de censura construtiva*, a actual ordenação constitucional dos poderes presidenciais e do relacionamento entre os vários órgãos do poder político deve permanecer inalterada, pelo que, tanto quanto possível, a adopção da *moção de censura construtiva* não deve afectar os poderes do Presidente da República, designadamente o seu poder de dissolução da Assembleia da República. Portanto, mesmo que aprovada uma moção de censura ao Governo, com indicação de novo Primeiro-Ministro, o Presidente da República pode continuar a optar, tal como acontece actualmente, pela dissolução do Parlamento. Nessa altura, será o eleitorado a decidir.

No entanto, no que se refere ao poder presidencial de nomeação do Primeiro-Ministro, é inevitável a compressão deste poder na estrita medida da necessidade de conferir utilidade à *moção de censura construtiva*. Significa isto que, no caso de aprovação da moção de censura, se o Presidente da República não optar por dissolver o Parlamento, deve então seguir a indicação parlamentar e nomear o Primeiro-Ministro que lhe foi indicado pela maioria absoluta da Assembleia da República.

É verdade que tal significa alguma redução deste poder de nomeação do Governo pelo Presidente da República, mas, por um lado, esse é o *preço* a pagar pela coerência do sistema —uma moção de censura construtiva meramente indicativa não realizaria todas as suas virtualidades de garantia de estabilidade política, o que tornaria relativamente ainda mais *pesado* o sacrifício imposto à margem de livre decisão política das oposições— e, por outro, como vimos, essa redução do poder presidencial de nomeação pode ser adequadamente compensada.

c) É precisamente essa eventual compensação que se coloca na forma como se responda à questão, já referida, de saber o que deve ou não mudar, com a adopção da *moção de censura construtiva*, no momento da chamada *investidura* do Governo, isto é, no momento em que, após a sua nomeação pelo Presidente da República, o Governo se apresenta na Assembleia da República e coloca o seu programa à apreciação do Parlamento.

Actualmente, o programa do Governo não carece de ser aprovado na Assembleia da República e nem sequer precisa de ser votado, mas apenas de ser submetido à apreciação do Parlamento. Simplesmente, até ao termo do debate parlamentar do programa, o Governo pode solicitar, a propósito, se quiser, a aprovação de um voto de confiança (se não for aprovado o Governo é demitido) ou pode qualquer grupo parlamentar propor a rejeição do programa (se ocorrer rejeição, necessariamente por maioria absoluta dos deputados em efectividade de funções, o Governo é demitido).

Resta, então, saber se o eventual acolhimento constitucional da *moção de censura construtiva* deve implicar a correspondente e análoga mudança na regulação da rejeição do programa do Governo —no sentido de que a proposta de rejeição deveria igualmente indicar o nome de um novo Primeiro-Ministro e a sua aprovação implicar a simultânea votação desse nome— ou se, ao invés, a adopção da *moção de censura construtiva* deveria deixar intocada a actual regulação do procedimento de *investidura* do Governo.

A lógica da adopção da *moção de censura construtiva* tende a *forçar* a alteração, mas as consequências estão longe de ser inócuas. Se o regime actual —de não necessária aprovação do programa— se justifica historicamente por uma intenção, compreensível, de permitir a constituição de Governos minoritários, esta *facilitação* seria exponenciada com a alteração referida. Ou seja, o Governo minoritário só não *passaria* no Parlamento se neste houvesse, à partida, uma maioria absoluta capaz de indicar e apoiar um Primeiro-Ministro alternativo; mas, como é óbvio, se esta possibilidade existisse, ela já teria, com toda a probabilidade, sido explorada pelo Presidente da República no acto de indigitação e nomeação do Primeiro-Ministro.

Logo, a alteração do regime de rejeição do programa de governo nos moldes assinalados —incluindo a necessária indicação de um novo Primeiro-Ministro na moção de rejeição— significaria, na prática, garantir a *passagem* no Parlamento de qualquer Governo minoritário nomeado pelo Presidente da República. Como, depois de *passar* no Parlamento, um tal Governo dificilmente seria demitido pela Assembleia da República, o Governo teria toda uma *vida* totalmente assegurada, e em certa medida legitimada, exclusivamente pelo Presidente da República, o que, como dissemos, significaria um acréscimo real significativo do poder presidencial de nomeação do Primeiro-Ministro que compensaria, largamente, o que *perdia* com a nova vinculação a que ficava sujeito em caso de aprovação de uma censura *construtiva*.

Em todo o caso, independentemente deste reforço do poder presidencial de nomeação, a alteração referida do regime de rejeição do programa de governo apresenta vantagens e inconvenientes sobre os quais não temos posição definitiva.

Nas vantagens contabilizam-se o acréscimo de estabilidade política e a prevenção da emergência de crises. É que, apesar de nunca ter ocorrido, não é actualmente de excluir a possibilidade de ocorrência de uma situação em que a Assembleia da República, rejeitando sucessivamente o programa de governo —desde que haja uma maioria *negativa* contra o Governo ou Governos nomeados—, cria uma situação de total ingovernabilidade. Mais, nessa ocorrência, como o Presidente da República não pode dissolver a Assembleia da República nos seis meses seguintes à eleição parlamentar, a crise prolongar-se-ia, sem saída, por cerca de um ano, até à realização de novas eleições e formação definitiva de novo Governo[382].

Nos inconvenientes, para lá de um porventura excessivo reforço do poder presidencial de nomeação, está a atenuação da pressão para se formarem coligações pós-eleitorais, já que, tendo um Governo minoritário a *passagem* praticamente assegurada, a procura da coligação só se justifica, não para o momento da investidura do Governo, mas para a garantia de uma efectiva capacidade de governação durante o mandato, o que tem a ver com a questão que a seguir examinamos.

2.2. A associação da aprovação parlamentar de leis à responsabilidade política do Governo perante o Parlamento

a) Como se disse atrás, apesar de o problema da governabilidade se centrar, actualmente, na discussão em torno da *moção de censura construtiva*, ela é, por si só, insuficiente para resolver o problema da governabilidade. É que, tão ou mais importante do que garantir ao Governo saído das eleições a possibilidade de ser um *governo de legislatura*, é assegurar-lhe condições para governar durante essa legislatura.

A prova pode ser dada pelo exemplo do segundo Governo Guterres que, na prática, funcionava como se vigorasse, entre nós, o mecanismo da *moção de censura construtiva*.

É que, como durante esse Governo existia na Assembleia da República um *empate* 115 vs. 115 deputados da *maioria* e das oposições, estas últi-

[382] Diga-se, à margem, que, em qualquer caso, esta eventualidade deveria conduzir à reformulação, no mínimo através de um encurtamento, do prazo durante o qual não é actualmente possível ao Presidente da República dissolver a Assembleia da República; seis meses é notoriamente excessivo, o que só ainda não foi evidenciado porque uma crise deste tipo nunca ocorreu.

mas não tinham o número de votos necessários, ou seja, a maioria absoluta dos deputados em efectividade de funções, para demitir o Governo —tal como aconteceria se vigorasse a *moção de censura construtiva*—, mas tinham o número de votos suficientes para impedir a aprovação das propostas de lei governamentais (uma proposta de lei só é aprovada se recolhe mais votos a favor do que contra). Ora, esse sucedâneo prático da *moção de censura construtiva* (no sentido de que as oposições não podiam demitir o Governo) em nada serviu para proteger o Governo Guterres dos bloqueios e impedimentos impostos pelas oposições, como foi patente nas dificuldades e necessidade de cedências e *desvios* heterodoxos na aprovação dos orçamentos (foi o caso, já referido, dos *orçamentos limianos*).

De facto, muitas vezes acontece que as próprias oposições de um Governo minoritário têm todo o interesse em mantê-lo em funções, mas impedindo-o de governar. Num período de dificuldades económicas e financeiras sérias, quando quem quer que seja Governo sofre inevitavelmente a erosão política implicada nas medidas impopulares que é obrigado a tomar, ou numa altura em que os partidos de oposição não estejam em condições políticas de forjar uma alternativa eleitoralmente bem-sucedida, as oposições não procuram verdadeiramente derrubar o Governo minoritário. Na maior parte das situações, elas satisfazem-se com acções de desgaste político, com a imposição de sucessivas derrotas do Governo no Parlamento que vão degradando a imagem do executivo, bloqueando as medidas decisivas que o Governo pretende levar a cabo e, assim, preparar a vitória eleitoral oposicionista no termo da legislatura.

b) Ora, é este, verdadeiramente, o principal problema de governabilidade entre nós: a frequência com que se formam Governos que, na prática, por não disporem de suficiente apoio parlamentar, só muito limitada e condicionadamente conseguem, durante a legislatura, realizar o seu programa, executar uma política livre e autonomamente decidida e, consequentemente, ser adequadamente responsabilizados por ela no termo da legislatura, nas eleições subsequentes.

Um Governo pretende a aprovação de um orçamento necessário para realizar uma dada política por ele definida, mas as oposições alteram-no profundamente e inviabilizam, com isso, medidas que o Governo considerava essenciais ou, até, no limite, obrigam-no a prosseguir uma política significativamente diversa. O Governo pretende garantir um certo nível de endividamento e de défice programados para um prazo de uma legislatura, mas o Parlamento aprova uma lei de finanças locais ou regionais que frustram decisivamente aqueles objectivos. O Governo pretende uma reforma do sistema de avaliação de professores com implicações sérias na estruturação do sistema educativo e na redução da despesa, mas as oposições bloqueiam essa reforma e obrigam o Governo a abandoná-la ou a ceder em pontos capitais.

Ora, estas eventualidades, que são, entre nós, triviais nas situações, frequentes, de Governo minoritário, têm as maiores consequências negativas, não apenas do ponto de vista estrito da governabilidade, da eficácia da acção governativa —o que, todavia, por si só, sobretudo nos períodos de maior crise económica e social, já constitui um problema gravíssimo—, mas também do ponto de vista da racionalidade do funcionamento do sistema político em democracia representativa.

2.2.1. Eleições, democracia, governabilidade

a) Dir-se-á, e é comum ouvi-lo, que tudo isto é *a democracia a funcionar*, que o Governo não pode pretender agir como maioritário quando o Povo lhe recusou a maioria, que é o voto popular que determina a natureza e a força dos Governos.

No entanto, isto só em parte é verdade. O eleitorado vota, mas não é o voto ou seu sentido que determinam directamente a composição do Parlamento e, consequentemente, a natureza maioritária ou minoritária de um Governo. A responsabilidade pelo resultado que concretamente se traduz numa dada composição do Parlamento já é, em grande medida, obra do sistema jurídico, da norma constitucional, do concreto sistema jurídico adoptado para a transcrição do número de votos apurados nas eleições em número de mandatos parlamentares.

Por isso, com o nosso sistema eleitoral, umas eleições determinaram a constituição de um Governo minoritário, mas, eventualmente, com um outro sistema eleitoral, por exemplo, no Reino Unido, o mesmo número de votos obtido pelo Partido do Governo nas mesmas eleições teria determinado a existência de um Governo de maioria absoluta. Num outro país, a mesma distribuição de votos poderia ter, ao invés, determinado a vitória de um partido da oposição. Quando, por exemplo, numa eleição presidencial, o candidato menos votado é eleito Presidente[383], isso não foi *obra* da vontade do eleitorado, mas sim *obra* do sistema jurídico, do sistema eleitoral que consagrou um dado sistema de apuramento dos resultados eleitorais, de tradução do número de votos em mandatos.

Por isso, o debate acerca do problema da governabilidade não é uma discussão acerca de respeitar ou não a vontade do eleitorado, mas uma discussão acerca do enquadramento jurídico da relação entre Governo e Parlamento no pós-eleições, tal como a discussão sobre o sistema eleitoral a adoptar é uma discussão acerca do enquadramento jurídico que deve regular a transformação de votos em mandatos parlamentares. Uma e outra questão —relacionamento Governo/Parlamento e sistema eleitoral— não são determinadas por um qualquer efeito mecânico do resultado das eleições, mas são opções políticas que, respeitando directamente ao tema da governabilidade, se fazem no plano jurídico ou, se se quiser, no plano da *engenharia constitucional* tendo em vista a prossecução de uns ou outros objectivos.

As eleições parlamentares são cada vez mais, nos nossos dias e para a maioria dos eleitores, não uma escolha particular sobre os candidatos a deputados, mas uma forma de os cidadãos *escolherem* o novo Governo, especialmente o novo Primeiro-Ministro. Da mesma forma, e associada a esta escolha, desde que o anterior Primeiro-Ministro —ou o partido que o apoia— se reapresente a eleições, o voto individual é determinado, para a maioria do eleitorado, por uma intenção de premiar ou de punir a actuação desse Governo, renovando-lhe o mandato ou votando pelas alternativas apresentadas pelas oposições.

Pode-se considerar que isto é uma forma redutora de conceber e praticar a democracia, que é uma perspectiva de anulação da cidadania, que tais eleições não são mais que escolher *quem vai oprimir o Povo nos próximos quatro anos*, ou, ao invés, pode-se considerar que dar ao cidadão esta possibilidade efectiva de premiar e punir e de, assim, participar na escolha dos governantes, é a única modalidade de, nas sociedades de massas dos nossos dias, garantir minimamente a igualdade de cidadania

[383] Como aconteceu, nos últimos exemplos mais mediáticos, com a eleição do Presidente Bush contra Al Gore, nos Estados Unidos da América, em 2000, e de Trump contra Clinton em 2016, quando a candidata derrotada obteve mais de três milhões de votos que o seu opositor.

e de dar a cada indivíduo, do mais poderoso ao mais humilde, um instrumento efectivo de ter uma palavra a dizer, com igual peso e dignidade, sobre o destino comum.

Daí, também, a importância decisiva dos partidos políticos enquanto instrumentos de mediação e responsabilização em democracia representativa. Nas eleições parlamentares o que vemos nos cartazes é a *cara do Costa* ou a *cara do Rio*, o que temos para escolher, premiar e punir é *o Costa* ou *o Rio*, mas, não fora a existência dos partidos políticos, nem sequer isso poderíamos fazer, nem saberíamos como fazer de outro modo para ter alguma voz activa. É, no fundo, a associação *do Costa* ao Partido Socialista que permite, votando ou não no PS, castigar ou premiar *o Costa*, escolhendo-o, ou a outro candidato, como futuro Primeiro-Ministro.

Que as eleições parlamentares são isto e, mais, que devem continuar a sê-lo, é claramente assumido quando um dado sistema constitucional adopta o sistema eleitoral maioritário, que *empurra*, a prazo, os eleitores para uma única opção, entre dois partidos, entre duas hipóteses de Governo ou de Primeiro-Ministro. Com sistema eleitoral maioritário, em cada círculo ou circunscrição eleitoral, ou ganha um ou outro e, no fim, na composição do Parlamento, só tendemos a encontrar dois partidos. Logo, um deles, o mais representado, será Governo e o outro oposição, com a particularidade de, sendo praticamente só dois, o Governo ter com toda a probabilidade assegurada a maioria absoluta.

Nas eleições seguintes repete-se o ciclo de premiar, punir e escolher, mas, com um tal sistema ficaram ressalvadas duas garantias: a da governabilidade do sistema, que é, no fundo, a única preocupação do sistema eleitoral maioritário, e a da sua racionalidade de funcionamento. Como o Governo é maioritário, teve todas as condições para governar, definir e conduzir a política como considerou adequado e o eleitor tem, com muita ou pouca informação, todas as condições para decidir nas eleições seguintes: ou aprova ou reprova.

b) Já o sistema eleitoral proporcional, que vigora entre nós por imposição constitucional, tem uma outra ambição: a da justiça da representação, a da representatividade parlamentar de todas as correntes políticas significativas, a do pluralismo de representação e da integração social e política das várias correntes de opinião e de grupos sociais. Mas, isso arrasta inevitavelmente, como contrapartida, a tendência para a fragmentação e a dispersão de representação parlamentar partidária e, logo, a maior dificuldade em produzir maiorias parlamentares absolutas de um só partido.

Quando a essa dificuldade se somam dificuldades induzidas por um particular sistema partidário como o nosso, temos as condições criadas para a grande probabilidade de formação, entre nós, de Governos não maioritários. Com o que, afinal, o sistema eleitoral proporcional produziu justiça, integração e representatividade, mas negligenciou um fim não menos importante: o da governabilidade.

Isso não constituiria um problema, e poderíamos ter o *melhor dos dois mundos*, justiça e eficácia governativa, se o sistema jurídico-constitucional fosse capaz de garantir a governabilidade por outros meios. O nosso problema, ou seja, a nossa preocupação é a de saber como, aqui chegados, pode o sistema constitucional proporcionar aos Governos, mesmo se forem minoritários, a possibilidade de governarem efectivamente e de acordo com o programa com que se apresentaram ao eleitorado.

É que, se isto não for garantido, toda a racionalidade subjacente àquela forma de escolha dos governantes da democracia representativa nos nossos dias sai frustrada, *corrompida*.

É que aqueles mecanismos de retribuição ou de punição eleitoral só funcionam adequadamente quando o Governo em funções pode ser justamente retribuído nas eleições seguintes, quando o eleitorado, e não apenas o Parlamento, pode responsabilizar o Governo pela política que prosseguiu nos últimos quatro anos. Mas, e aqui a incongruência: se durante o mandato do Governo a política do país foi muitas vezes determinada, não pelo Governo em funções, mas pelo voto conjugado das oposições parlamentares, se durante o mandato o Governo foi impedido de executar as suas principais políticas ou os orçamentos que as sustentassem, então a lógica subjacente à natureza das eleições em democracia representativa, a ideia de *retribuição* feita pelo *julgamento* do eleitorado, é distorcida, o *julgamento* não é possível ou, no mínimo, é iníquo, injusto.

Pode-se pretender que a racionalidade do sistema não seria afectada por este disfuncionamento, uma vez que o eleitorado saberia distinguir, no termo do mandato, a responsabilidade do Governo e a das oposições no sucesso ou insucesso de uma dada política. Mas, uma tal pretensão não tem sustentação razoável. O eleitorado *julga* resultados globais e não uma política em particular, *julga* a actividade do Governo e não a das oposições; por último, uma coisa é a responsabilidade de um Governo, com uma *cara*, a do Primeiro-Ministro, e uma responsabilidade objectivamente identificável e imputável, justa ou injustamente, e outra é a responsabilização diluída e indistinta do conjunto das oposições que, ao longo do mandato, confluíram pontualmente nesta ou naquela decisão parlamentar e cuja retribuição proporcional objectiva não está, obviamente, ao alcance dos conhecimentos da generalidade do eleitorado.

Trata-se, portanto, de questionar a forma mais adequada de como pode o sistema constitucional, não se enveredando pela solução de alteração do sistema eleitoral —pelos motivos apontados acima—, produzir condições de governabilidade que assegurem eficácia governativa e racionalidade de funcionamento do sistema.

2.2.2. Uma solução inspirada na Constituição francesa

a) Em França, ainda durante o sistema parlamentar da IV República, houve uma tentativa de dar estabilidade aos Governos minoritários através de um sucedâneo da *moção de censura construtiva*[384], posteriormente acolhido no texto da Constituição de 1958: o mecanismo previsto no artigo 49º, 3, dessa Constituição.

Nos termos deste artigo 49º, para além das moções de censura e de confiança clássicas, o Governo podia também suscitar a questão da confiança parlamentar, não abstractamente através de uma moção de confiança, mas em torno da aprovação de uma proposta de lei que pretendesse ver aprovada[385]. Simplesmente, à modalidade *normal* de suscitar a confiança em sistema de governo parlamentar —que já vinha da Consti-

[384] Tratava-se do projecto de revisão constitucional apresentado pelo Governo Gaillard, em 1958, e que depois foi recuperado pela Constituição da V República. Cf. Pierre Pactet, *Institutions Politiques, Droit Constitutionnel*, Paris, 2001, pág. 482; sobre o artigo 49º, 3, cf., na mesma obra, págs. 488 e segs.

[385] Note-se como, entre nós, a formulação do artigo 193º da Constituição, sobre o "voto de confiança", parece excluir, implicitamente, a possibilidade de o Governo suscitar a questão da confiança parlamentar a propósito da aprovação de uma lei, uma vez que só dá expressamente ao Governo a possibilidade de "solicitar à Assembleia da República a aprovação de um voto de confiança sobre uma declaração de política geral ou sobre qualquer assunto relevante de interesse nacional". Cf., assim, a interpretação convergente desta norma em Gomes Canotilho/Vital Moreira, *Constituição da República Portuguesa Anotada*, 3ª ed., Coimbra, 1993; Jorge Miranda/Rui Medeiros, *Constituição Portuguesa Anotada*, Coimbra, 2006.

tuição de 1946—, a Constituição da V República acrescentou uma norma que acaba por funcionar, de algum modo, como sucedâneo da *moção de censura construtiva*. É que, nessa altura, isto é, quando o Governo empenha a sua confiança em torno da aprovação de uma proposta de lei, ela é considerada aprovada, mesmo sem votação parlamentar, se, entretanto, no Parlamento, no prazo de vinte e quatro horas, não for apresentada e depois aprovada uma moção de censura ao Governo.

Então, se o Parlamento não quer verdadeiramente derrubar o Governo, é *forçado* a aceitar a proposta de lei; se não quer deixar passar a proposta de lei, é obrigado a demitir o Governo.

Em França, esta *válvula de segurança* tem sido frequente e regularmente utilizada, seja como protecção de Governos minoritários, seja para impedir o prolongamento artificial de uma discussão legislativa, seja, sobretudo, como forma de *obrigar* os deputados da maioria a cerrar fileiras em torno do Governo e impedir eventuais tentações de desvirtuamento da proposta governamental através de propostas de alteração pontuais da iniciativa dos deputados[386].

Isto significa que se, por exemplo, o Governo empenha a sua confiança em torno da proposta de lei do orçamento, essa proposta presume-se aprovada, ainda que sem votação, se entretanto o Parlamento não votar a censura ao Governo. E, com efeito, este mecanismo do artigo 49º, 3, revela a sua maior importância no que se refere às leis orçamentais e financeiras. Por isso, em França, na revisão constitucional de 2008, a amplitude originária de utilização deste mecanismo por parte do Governo foi correspondentemente restringida, na medida em que continua a vigorar plenamente, como anteriormente, mas só relativamente a leis financeiras ou de financiamento da segurança social. No que se refere a outras propostas de lei, pode ser utilizado, mas com o limite de uma utilização por sessão legislativa[387].

[386] Este mecanismo do artigo 49º junta-se a outro afim, o do artigo 44º, também inexistente em Portugal, e segundo o qual o Governo, quando apresenta uma proposta de lei no Parlamento, pode *bloqueá-la*, no todo ou em parte: na parte bloqueada, o Parlamento só pode aprovar ou rejeitar a proposta do Governo (incluindo eventuais alterações que o Governo tenha entretanto aceitado); não pode aprovar alterações da sua lavra, com que o Governo não concorde, ou seja, embora possa rejeitar a proposta, em bloco, não pode *desnaturar* a iniciativa governamental.

[387] A versão actual do artigo 49º, 3, é a seguinte: *"Le Premier ministre peut, après délibération du Conseil des ministres, engager la responsabilité du Gouvernement devant l'Assemblée nationale sur le*

b) Ora, como facilmente se percebe, este mecanismo *francês* pode ser importado tendo, sobretudo, em vista as questões de garantia de governabilidade em situação de Governo minoritário, adquirindo então, em conjunto com a *moção de censura construtiva*, a plenitude dos efeitos de racionalização visados.

Como, em princípio, uma *moção de censura construtiva* é, nessas circunstâncias, dificilmente aprovada pelas oposições, o Governo em funções, mesmo que minoritário, adquire uma garantia firme de que, no que se refere às iniciativas legislativas mais importantes, designadamente as leis com significativas implicações financeiras, pode executar responsavelmente o programa com que se apresentou ao eleitorado e desenvolver as políticas sobre que será *julgado* nas eleições seguintes. Com efeito, as oposições só poderiam bloquear, com sucesso, as propostas de lei financeiras consideradas fundamentais pelo Governo minoritário se, simultaneamente, o censurassem, apresentando, igualmente, um Primeiro-Ministro de alternativa.

Na prática, um Governo minoritário teria, em princípio, plenamente garantida, no mínimo, a possibilidade de fazer aprovar, em cada ano que permanecesse em funções, o orçamento de que considera necessitar para executar a sua política. Dir-se-ia, objectivamente, ser esta uma garantia minimalista, imprescindível ao funcionamento regular de qualquer sistema de governo, mas, entre nós, e daí a irracionalidade do sistema, actualmente inexistente.

Esta combinação complementar da *moção de censura construtiva* com o mecanismo que associa a aprovação de propostas de lei governamentais com a responsabilização política do Governo perante o Parlamento constitui a substância da proposta de racionalização de que, em nosso entender, o nosso sistema de governo carece. Mas, como é natural, esse objectivo pode ser realizado em maior ou menor medida, consoante a combinação dos dois mecanismos se faça numa forma plena ou mais atenuada.

Assim, é perfeitamente possível concretizar a adopção do instituto *francês* numa modalidade mínima, por exemplo, fazendo-o aplicar exclu-

vote d'un projet de loi de finances ou de financement de la sécurité sociale. Dans ce cas, ce projet est considéré comme adopté, sauf si une motion de censure, déposée dans les vingt-quatre heures qui suivent, est votée dans les conditions prévues à l'alinéa précédent. Le Premier ministre peut, en outre, recourir à cette procédure pour un autre projet ou une proposition de loi par session".

sivamente às leis financeiras, ou às propostas de orçamento, ou a umas e outras, mas só uma vez por sessão legislativa. Poderia não ser a solução ideal, mas já constituiria um progresso sensível relativamente à situação insustentável e, em grande medida, incompreensivelmente irresponsável —sobretudo quando temos, hoje, uma experiência reiteradamente comprovada dos seus inconvenientes— que afecta o nosso sistema de governo.

BIBLIOGRAFIA

AAVV *A Revisão Constitucional e a Moção de Censura Construtiva*, Lisboa, 1988

AGUIAR, JOAQUIM "A história múltipla" *in Análise Social*, XXXI, 1996, págs. 1235 e segs.

AMARAL, FREITAS *A Lei de Defesa Nacional e das Forças Armadas*, Coimbra, 1983

ANDREEV, S. "Semi-presidentialism in Bulgaria: the cyclical rise of informal powers and individual political ambitions in a 'dual executive'" *in* ELGIE/MOESTRUP, *Semi-Presidentialism in Central and Eastern Europe*, Manchester, 2008, págs. 32 e e segs.

ARAÚJO, A./ TSIMARAS "Os poderes presidenciais nas Constituições grega e portuguesa" *in O Direito*, III/IV, 2000, págs. 381 e segs.

ARAÚJO, ANTÓNIO DE "El Presidente de la República en la evolución del sistema político de Portugal" *in* ANTÓNIO BARRETO/BRAULIO GOMEZ/PEDRO MAGALHÃES (orgs.), *Portugal: Democracia y Sistema Político*, Madrid, 2003

ARAÚJO, ANTÓNIO "Competências constitucionais relativas à Defesa nacional: as suas implicações no sistema de governo" *in* C. BLANCO DE MORAIS/A. DE ARAÚJO/ALEXANDRA LEITÃO, *O Direito da Defesa Nacional e das Forças Armadas*, Lisboa, 2000, págs. 135 e segs.

ARDANT, P./DUHAMEL, O. "La dyarchie" *in Pouvoirs*, 91, 1999, págs. 5 e segs.

ARTER, DAVID "Finland" *in* ELGIE (org.), *Semi-presidentialism in Europe*, Oxford, 1999, págs. 48 e segs.

ARTER/WIDFELDT "What Sort of Semi-presidentialism do Finns Want? An Intra-systemic Comparative Analysis" *in West European Politics*, 2010, 6, págs. 1278 e e segs.

AVILLEZ, M. JOÃO *Soares, o Presidente*, Lisboa, 1997

BAUDREZ/RAVAZ, "La Quinta Repubblica: regime semi-presidenziale o parlamentarismo presidenzialista?" *in Semipresidenzialismi*, Padova, 1997, págs. 45 e segs.

BAYLIS, T. "Embattled executives: Prime ministerial weakness in East Central Europe" *in Communist and Post-Communist Studies*, 2007, págs. 81 e e segs.

BARROSO, DURÃO "Les conflits entre le Président portugais et la majorité parlementaire de 1979 à 1983" *in* MAURICE DUVERGER (org.), *Les Régimes Semi--Présidentiels*, Paris, 1986, págs. 237 e segs.

BÉRTOA, F. "Parties, regime and cleavages: explaining party system institutionalisation in East Central Europe" *in East European Politics*, 2012, 4, págs. 452 e e segs.

BIRCH, S. "Ukraine: presidential power, veto strategies and democratisation" *in* ELGIE/MOESTRUP, *Semi-Presidentialism in Central and Eastern Europe*, Manchester, 2008, págs. 219 e e segs.

CAMPINOS, JORGE "Le cas portugais de 1979 à 1983" *in* Maurice Duverger (org.), *Les Régimes Semi-Présidentiels*, Paris, 1986

CANOTILHO, G. /MOREIRA, V. *Os Poderes do Presidente da República*, Coimbra, 1991

CANOTILHO, GOMES *Direito Constitucional e Teoria da Constituição*, Coimbra, 2003

CECCANTI, S. "Il sistema semipresidenziale francese: cosa dice la Costituzione, come funziona nella realtà" *in Semipresidenzialismo*, Bologna, 1996, págs. 55 e segs.

CERAR, MIRO *Slovenia in* ELGIE (org.), *Semi-presidentialism in Europe*, Oxford, 1999, págs. 232 e segs.

COHENDET, M-A "Quel régime pour la VIe République?" *in Revue du Droit Public*, 1/2, 2002, págs. 172 e segs.

COSTA, F. MARQUES "To boldly go where no man has ever gone: as decisões do Presidente Sampaio de Julho e Dezembro de 2004" *in* M. VILLAVERDE CABRAL/M. COSTA LOBO/RUI G. FEIJÓ (orgs.), *Portugal: uma democracia em construção. Ensaios de homenagem a David B. Goldey*, Lisboa, 2009, págs. 175 e segs.

CRUZ, M. BRAGA "O Presidente da República na génese e evolução do sistema de governo português" *in Análise Social*, XXIX, 1994, págs. 237 e segs.

DUHAMEL, OLIVIER "Remarques sur la notion de régime semi-présidentiel" *in Droit, Institutions et Systèmes politiques: Mélanges en Hommage à Maurice Duverger*, Paris, 1987, págs. 581 e segs.

DUVERGER, MAURICE *Xeque Mate*, Lisboa, 1979, trad., de *Échec au Roi*, Paris, 1978

DUVERGER, MAURICE "A new political system model: semi-presidential government" *in European Journal of Political Research*, 8, 1980, págs. 168 e segs.

DUVERGER, MAURICE "Le concept de régime semi-présidentiel" *in Les régimes Semi-présidentiels*, Paris, 1986

DUVERGER, MAURICE *Bréviaire de la Cohabitation*, Paris, 1986

DUVERGER, MAURICE *Le Systéme Politique Français*, Paris, 1996

DUVERGER, MAURICE (org.) *Les Régimes Semi-Présidentiels*, Paris, 1986

ELGIE/MOESTRUP (orgs.) *Semi-Presidentialism in Central and Eastern Europe*, Manchester, 2008

ELGIE, R. (org.) *Semi-presidentialism in Europe*, Oxford, 1999

ELGIE, R. "Semi-presidentialism and comparative institutional engineering" *in* ELGIE (org.), *Semi-presidentialism in Europe*, Oxford, 1999, págs. 281 e segs

ELGIE, R. "Semi-presidentialism: concepts, consequences and contest explanations" *in Political Studies Review*, 2004, 2, págs. 314 e segs.

FERREIRA, MEDEIROS "Um corpo perante o Estado: militares e instituições políticas" *in* M. B. COELHO (org.), *Portugal, O Sistema Político e* Constitucional, Lisboa, 1989, págs. 427 e segs.

FILIPE, ANTÓNIO *O Referendo na Experiência Constitucional Portuguesa*, Coimbra, 2016

FRAIN, MARITHERESA "Relações entre o Presidente e o Primeiro-Ministro em Portugal: 1985-1995" *in Análise Social*, XXX, 1995, págs. 653 e segs.

FREIRE, A. / MEIRINHO, M. / MOREIRA, D. *Para uma melhoria da representação política*, Lisboa, 2008

FREITAS, T. FIDALGO "As missões militares portuguesas no estrangeiro: breve enquadramento de Direito Constitucional e Administrativo" *in* M. LUÍSA DUARTE/R. TAVARES LANCEIRO (orgs.) *O Direito Internacional e o Uso da Força no Século XXI*, Lisboa, 2018, págs. 221 e segs.

FUSARO, C. "La Finlandia in transizione fra semipresidenzialismo reale, semipresidenzialismo apparente e parlamentarismo" *in Semipresidenzialismi*, Padova, 1997, págs. 79 e segs.

GABRIEL, JOÃO *A Década de Sampaio em Belém*, Lisboa, 2007

GALLAGHER/ANDRIEVICI "Romania: political irresponsability without constitutional safeguards" *in* ELGIE/MOESTRUP, *Semi-Presidentialism in Central and Eastern Europe*, Manchester, 2008, págs. 138 e segs.

GANEV, VENELIN *Bulgaria in* ELGIE (org.), *Semi-presidentialism in Europe*, Oxford, 1999, págs. 224 e segs.

GASPAR, CARLOS "O processo constitucional e a estabilidade do regime" *in Análise Social*, XXV, 1990 (1º e 2º), págs. 9 e segs.

GERHARDT, M. *The Federal Impeachment Process*, Princeton, 1996

HLOUSEK, V. "Is the Czech Republic on its way to semi-presidentialism?" *in Baltic Journal of Law & Politics*, 2014, 2, págs. 95 e e segs.

HLOUSEK, V. "The political role of Presidents in the countries of Central and Eastern Europe" *in Presidents above Parties? Presidents in Central and Eastern Europe, Their Formal Competencies and Informal Power*, Brno, 2013, págs. 271 e e segs.

IACOMETI, M. "Il rapporto tra Presidente, Governo e Assemblee parlamentari in alcune significative esperienze semipresidenziali: Finlandia e Portogallo" *in Semipresidenzialismi*, Padova, 1997, págs. 301 e segs.

KASAPOVIC, M. "Semi-presidentialism in Croatia" *in* ELGIE/MOESTRUP, *Semi--Presidentialism in Central and Eastern Europe*, Manchester, 2008, págs. 51 e e segs.

KOJA, F. "La posizione giuridica del Presidente della Repubblica federale austriaca" *in Semipresidenzialismi*, Padova, 1997, págs. 61 e segs.

KRASOVEC/LAJH "Slovenia: weak formal position, strong informal influence?" *in* ELGIE/MOESTRUP, *Semi-Presidentialism in Central and Eastern Europe*, Manchester, 2008, págs. 201 e e segs.

KRUPAVICIUS, A. "Semi-presidentialism in Lithuania: origins, development and challenges" *in* ELGIE/MOESTRUP, *Semi-Presidentialism in Central and Eastern Europe*, Manchester, 2008, págs. 65 e e segs.

LE GALL, JACQUES "La trosième cohabitation: quelle pratique des institutions de la Cinquième République?" *in Revue du Droit Public*, 1, 2000, págs. 101 e segs.

LIJPHART, A. "Constitutional design for divided societies" *in Journal of Democracy*, 15, 2004, 2, págs. 96 e segs.

LINZ, JUAN "Presidential or parliamentary democracy: does it make a difference?" *in* J. LINZ/ A. VALENZUELA (orgs.), *The failure of Presidential Democracy: Comparative Perspective*, Baltimore, 1994, págs. 3 e segs.

LINZ/ VALENZUELA (orgs.) *The failure of Presidential Democracy: Comparative Perspective*, Baltimore, 1994

LOBO, M. COSTA, "Governos partidários numa democracia recente: Portugal, 1976-1995" *in Análise Social*, XXXV, 2000, págs. 147 e segs.

LOPES, S/ BARROSO, D., *Sistema de Governo e Sistema Partidário*, Lisboa, 1980

LUCENA, MANUEL DE "Semipresidencialismo: teoria geral e práticas portuguesas, I" *in Análise Social*, vol. XXXI, 1996, págs. 831 e segs.

MAGALHÃES, JOSÉ *Dicionário de Revisão Constitucional*, Lisboa, 1989

MANCINI, SUSANNA "L'Islanda: tra forma semipresidenziale 'apparente' e 'reale'" *in Semipresidenzialismi*, Padova, 1997, págs. 151 e segs.

MASSARI, ORESTE "I sistemi semipresidenziali: differenze e analogie in prospettiva comparata" *in Semipresidenzialismo*, Bologna, 1996, págs. 9 e segs.

MIRANDA, JORGE *A Constituição de 1976*, Lisboa, 1978

MIRANDA, JORGE "O sistema semipresidencial português entre 1976 e 1979" *in RFDUL*, XXV, págs. 193 e segs.

MIRANDA, JORGE *Ciência Política*, Lisboa, 1996

MIRANDA, JORGE *Manual de Direito Constitucional*, Coimbra, I, 10ª ed., 2014

MIRANDA, JORGE "A experiência portuguesa de sistema semipresidencial" *in Direito e Cidadania*, 1, 1997, págs. 9 e segs.

MIRANDA, JORGE "Presidente da República" *in DJAP*, 1º supl., 1998, págs. 362 e segs.

MIRANDA, JORGE "A originalidade e as principais características da Constituição portuguesa" *in Cuestiones Constitucionales*, 16, 2007, págs. 253 e segs.

MIRANDA, J. / MEDEIROS, R. *Constituição Portuguesa Anotada*, Coimbra, 2006

MORAIS, C. BLANCO *O Sistema Político*, Coimbra, 2017

MORAIS, C. BLANCO "Le metamorfosi del semipresidenzialismo portoghese" *in Semipresidenzialismi*, Padova, 1997

MÜLLER, WOLFGANG "Austria" *in* ELGIE (org.) *Semi-presidentialism in Europe*, Oxford, 1999, págs. 22 e segs.

NADAIS, A./ VITORINO, A./ CANAS, V. *Constituição da República Portuguesa, Texto e Comentários à Lei nº 1/82*, Lisboa, 1983

NETO, A./ STRØM, K. "Breaking the parliamentary chain of delegation: presidents and non-partisan cabinet members in european democracies" *in British Journal of Political Science*, 36, 2006, págs. 619 e segs.

NOVAIS, J. REIS *Teoria das Formas Políticas e dos Sistemas de Governo*, 2ª ed., Lisboa, 2019

NOVAIS, J. REIS *Em Defesa do Tribunal Constitucional*, Coimbra, 2014

NOVAIS, J. REIS *Semipresidencialismo* I, Coimbra, 2007

NOVAIS, J. REIS *Semipresidencialismo* II, Coimbra, 2010

OTERO, PAULO *Legalidade e Administração Pública*, Coimbra, 2003

OTERO, PAULO "A subversão da herança político-liberal: a presidencialização do sistema parlamentar" *in Estudos em Homenagem ao Prof. Doutor Armando Marques Guedes*, Lisboa, 2004, págs. 251 e segs.

OTERO, PAULO *Direito Constitucional Português*, II, Coimbra, 2010

PACTET, P. *Institutions Politiques Droit Constitutionnel*, Paris, 2001

PASQUINO, GIANFRANCO "Duetti e duelli: l'adattabilità dei semipresidenzialismi" *in Semipresidenzialismo*, Bologna, 1996, págs. 99 e segs.

PEGORARO, L. /RINELLA, A. (orgs.) *Semipresidenzialismi*, Padova, 1997

PEREIRA, A. GONÇALVES *O Semipresidencialismo em Portugal*, Lisboa, 1984

PIÇARRA, NUNO "Inquérito Parlamentar" *in Dicionário Jurídico da Administração Pública*, 3º supl., 2007, págs. 426 e segs.

PIRES, F. LUCAS *Teoria da Constituição de 1976. A Transição Dualista*, Coimbra, 1988

PIRES, F. LUCAS "O sistema de governo: sua dinâmica" *in Portugal, o Sistema Político e Constitucional*, Lisboa, 1989, págs. 291 e segs.

PROTSYK, O. "Semi-presidentialism under post-communism" *in* ELGIE, MOESTRUP, YU-SHAN WU, (orgs.), *Semi-Presidentialism and Democracy*, London, 2011, págs. 98 e e segs.

Protsyk, O. "Politics of intraexecutive conflict in semipresidential regimes in Eastern Europe" *in East European Politics and Societies*, 19, 2, 2005, págs. 135 e segs.

Rapaz, Canelas "Le Portugal: un régime semi-presidentiel?", comunicação ao *Congrés AFSP* "Maurice Duverger aujourd' hui", 2009

Raunio, T. "The changing finnish democracy: stronger parliamentary accountability, coalescing political parties and weaker external constraints" *in Scandinavian Political Studies*, 2004, 2, págs. 133 e e segs.

Raunio, T. "Semi-presidentialism and European integration: lessons from Finland for constitutional design" *in Journal of European Public Policy*, 2012, 4, págs. 567 e e segs.

Reis, António "O Partido Socialista no poder e na oposição: da dialéctica com o projecto nacional-militar à dialéctica com o eanismo" *in* M. B. Coelho (org.), *Portugal, O Sistema Político e Constitucional*, Lisboa, 1989, págs. 291 e segs.

Rinella, A. "I 'semipresidenzialismi' dell' Europa Centro-orientale" *in Semipresidenzialismi*, Padova, 1997, págs. 219 e segs.

Rinella, A. *La Forma di Governo Semi-presidenziale*, Torino, 1997

Roper, S. D. "Are all semipresidential regimes the same? A comparison of premier-presidential regimes" *in Comparative Politics*, 34, 2002, págs. 253 e segs.

Rouvillois, Fréderic "La VIe République et le mythe du régime présidentiel" *in Revue du Droit Public*, 1/2, 2002, págs. 139 e segs.

Sartori, G. *Ingegneria Costituzionale Comparata*, Bologna, 1998

Shugart/Carey *Presidents and Assemblies*, Cambridge, 1992

Sedelius/Mashtaler "Two decades of semi-presidentialism: issues of intra--executive conflict in Central and Eastern Europe 1991–2011" *in East European Politics*, 2013, nº 2, págs. 109 e e segs.

Sedelius/Ekman "Intra-executive conflict and cabinet instability: effects of semi-presidentialism in Central and Eastern Europe" *in Government and Opposition*, 2010, 4, págs. 505 e e segs.

Sedelius, T. *The Tug-of-War between Presidents and Prime Ministers. Semi-presidentialism in central and Eastern Europe*, Örebro Univ., 2006

Siaroff, A. "Comparative presidencies: the inadequacy of the presidential, semi-presidential and parliamentary distinction" *in European Journal of Political Research*, 42, 2003, págs. 287 e segs.

Silva, Cavaco *Autobiografia Política*, I, Lisboa, 2002

Soares, Mário *Intervenções* 2, Lisboa, 1988

Sousa, M. Rebelo *Direito Constitucional*, I, Braga, 1979

Sousa, M. Rebelo *A Coabitação Política em Portugal*, Lisboa, 1987

Sousa, M. Rebelo *O Sistema de Governo Português*, Lisboa, 1992

Teles, M. Galvão "A segunda Plataforma de Acordo Constitucional entre o MFA e os partidos políticos" *in* Jorge Miranda (org.), *Perspectivas Constitucionais*, III, Lisboa, 1998, págs. 681 e segs.

Valenzuela, A. "Latin american presidencies interrupted" *in Journal of Democracy*,15, 2004, 4, págs. 5 e segs.

Vitorino, António "A moção de censura construtiva no projecto de revisão constitucional do Partido Socialista" *in* AAVV, *A Revisão Constitucional e a Moção de Censura Construtiva*, Lisboa, 1988, págs. 79 e segs.

Volpi, Mauro "Esiste una forma di governo semipresidenziale?" *in Semipresidenzialismi*, Padova, 1997, págs. 25 e segs.

Volpi, Mauro "Le forme di governo contemporanee tra modeli teorici ed esperienze reali" *in Perspectivas Constitucionais*, III, Coimbra, 1998, págs. 501 e segs.

ANEXO
TABELA CRONOLÓGICA DOS GOVERNOS CONSTITUCIONAIS E DOS MANDATOS DOS PRESIDENTES DA REPÚBLICA*

RAMALHO EANES (1976-1980)	**I Governo** Mário Soares —PS Julho de 1976 a Dezembro de 1977 (não aprovação de moção de confiança) **II Governo** Mário Soares —PS/CDS Janeiro de 1978 a Julho de 1978 (exoneração/demissão pelo Presidente da República) **III Governo** Nobre da Costa —GIP Agosto de 1978 a Setembro de 1978 (rejeição do programa do Governo) **IV Governo** Mota Pinto —GIP Novembro de 1978 a Junho de 1979 (pedido de demissão)

* 1. A sucessão cronológica dos Governos faz-se com relação aos mandatos dos Presidentes da República.
2. A data do termo dos mandatos dos Governos refere-se ao momento em que o Governo se considera juridicamente demitido, permanecendo, todavia, em funções de *gestão* até à nomeação do novo Primeiro-Ministro. Até 1982, para além da situação de não aprovação da moção de confiança e de rejeição do programa do Governo, era o acto de exoneração pelo Presidente da República que implicava a demissão do Governo. Desde a revisão constitucional de 1982, o início de nova legislatura e a aceitação do pedido de demissão do Primeiro-Ministro implicam também a demissão do Governo.
3. GIP significa "Governo de inciativa presidencial".

	V Governo M. Lurdes Pintasilgo —GIP Julho de 1979 a Dezembro de 1979 (exoneração pelo Presidente da República depois de eleições intercalares em Dezembro de 1979, realizadas por dissolução da Assembleia da República) **VI Governo** Sá Carneiro —PSD/CDS Janeiro de 1980 a Dezembro de 1980 (morte do Primeiro-Ministro) (eleições realizadas em Outubro de 1980)
RAMALHO EANES (1981-1986)	**VII Governo** Pinto Balsemão —PSD/CDS Janeiro de 1981 a Agosto de 1981 (pedido de demissão) **VIII Governo** Pinto Balsemão —PSD/CDS Setembro de 1981 a Dezembro de 1982 (pedido de demissão) (eleições antecipadas realizadas em Abril de 1983 por dissolução da Assembleia da República) **IX Governo** Mário Soares —PS/PSD Junho de 1983 a Junho de 1985 (pedido de demissão e dissolução da Assembleia da República) (eleições antecipadas realizadas em Outubro de 1985 por dissolução da Assembleia da República) **X Governo** Cavaco Silva —PSD Novembro de 1985 a [Abril de 1987]

<table>
<tr><td>MÁRIO SOARES
(1986-1991)</td><td>X Governo
Cavaco Silva —PSD
[Novembro de 1985] a Abril de 1987
(aprovação de moção de censura)

(eleições antecipadas realizadas em Julho de 1987
por dissolução da Assembleia da República)

XI Governo
Cavaco Silva —PSD
Agosto de 1987 a [Outubro de 1991]</td></tr>
<tr><td>MÁRIO SOARES
(1991-1996)</td><td>XI Governo
Cavaco Silva —PSD
[Agosto de 1987] a Outubro de 1991
(início de nova legislatura, após eleições realizadas
em Outubro de 1991)

XII Governo
Cavaco Silva —PSD
Outubro de 1991 a Outubro de 1995
(início de nova legislatura, após eleições realizadas
em Outubro de 1995)

XIII Governo
António Guterres —PS
Outubro de 1995 a [Outubro de 1999]</td></tr>
<tr><td>JORGE SAMPAIO
(1996-2001)</td><td>XIII Governo
António Guterres —PS
[Outubro de 1995] a Outubro de 1999
(início de nova legislatura, após eleições realizadas
em Outubro de 1999)

XIV Governo
António Guterres —PS
Outubro de 1999 a [Dezembro de 2001]</td></tr>
</table>

JORGE SAMPAIO (2001-2006)	**XIV Governo** António Guterres —PS [Outubro de 1999] a Dezembro de 2001 (pedido de demissão) (eleições antecipadas, realizadas em Março de 2002 por dissolução da Assembleia da República) **XV Governo** Durão Barroso —PSD/CDS Abril de 2002 a Julho de 2004 (pedido de demissão) **XVI Governo** Santana Lopes —PSD/CDS Julho de 2004 a Dezembro de 2004 (pedido de demissão após anúncio de dissolução da Assembleia da República) **XVII Governo** José Sócrates —PS Março de 2005 a [Outubro de 2009]
CAVACO SILVA (2006-2011)	**XVII Governo** José Sócrates —PS [Março de 2005] a Outubro de 2009 (início de nova legislatura após eleições antecipadas em Fevereiro de 2005 por dissolução da Assembleia da República) **XVIII Governo** José Sócrates —PS [Outubro de 2009 a Março de 2011] (início de nova legislatura após eleições realizadas em Setembro de 2009 e pedido de demissão após rejeição parlamentar do PEC)

CAVACO SILVA (2011-2016)	**XVIII Governo** José Sócrates —PS [Outubro de 2009 a Março de 2011] (pedido de demissão após rejeição parlamentar do PEC) **XIX Governo** Passos Coelho —PSD/CDS Junho 2011-Outubro 2015 (início de nova legislatura após eleições antecipadas realizadas em Junho de 2011 após dissolução da Assembleia da República) **XX Governo** Passos Coelho —PSD/CDS Outubro 2015 – Novembro 2015 (início de nova legislatura após eleições realizadas em Outubro de 2015 e demissão por rejeição parlamentar do programa de governo **XXI Governo** António Costa —PS Novembro de 2015 a [Outubro de 2019] (nomeação após demissão parlamentar do Governo anterior
MARCELO REBELO DE SOUSA (2016-2021)	**XXI Governo** António Costa —PS Novembro de 2015-Outubro 2019 **XXII Governo** Outubro de 2019-... (início de nova legislatura após eleições realizadas em Outubro de 2019)
MARCELO REBELO DE SOUSA (2021-...	**XXII Governo** [Outubro de 2019] a...